KB232724

흑룡강성 조선족 기업의 성장과 기업가정신

저자

임채완 전남대학교 정치외교학과 교수, 전남대학교 세계한상문화연구단 단장, 정치사회학 박사
이장섭 전남대학교 세계한상문화연구단 전임연구원, 경영학 박사

전남대학교 세계한상문화연구 4차 총서 9
흑룡강성 조선족 기업의 성장과 기업가정신

2012년 7월 25일 초판 인쇄
2012년 7월 30일 초판 발행

지은이 | 임채완 이장섭
펴낸이 | 이찬규
펴낸곳 | 북코리아
등록번호 | 제03-01240호
주소 | 462-807 경기도 성남시 중원구 상대원동 146-8
　　　 우림2차 A동 1007호
전화 | 02) 704-7840
팩스 | 02) 704-7848
이메일 | sunhaksa@korea.com
홈페이지 | www.bookorea.co.kr
ISBN | 978-89-6324-104-3 (94320)
　　　 978-89-6324-095-4 (전9권)

값 20,000원

이 총서는 2007년도 한국연구재단의 기초연구과제지원(인문사회분야)에 의하여 연구되었음(KRF-2007-322-H00001).

전남대학교 세계한상문화연구 4차 총서 9

흑룡강성 조선족 기업의 성장과 기업가정신

Entrepreneurship of Chinese-Korean Enterprises in Heilong Jiang

임채완 이장섭 지음

북코리아

| 총서를 펴내며 |

이 총서는 전남대학교 세계한상문화연구단이 2007년 8월부터 2010년 7월까지 수행한 한국연구재단 기초연구과제 "근현대 한인디아스포라 지식자원 발굴과 DB 구축" 사업의 연구 결과를 담은 것이다. 이 연구의 목적은 재외한인이 생산한 문헌정보자원(도서, 신문 등)의 발굴, 수집, 그리고 체계적인 정리와 데이터베이스(DB)화를 통해 자료의 영구보존과 학술적 활용체계를 갖추는 데 있다.

근대 한민족 역사에서 발생한 정치·사회적 급변은 우리 민족이 생산한 수많은 지적·문화적 유산들을 망실하게 하였다. 또한 재외한인이 집단적으로 거주한 지역에서도 이들이 생산한 많은 자료들 역시 관리 소홀과 체계적 정리의 미흡으로 망실되었다. 이러한 현실 인식을 바탕으로 우리 연구단은 해외 한민족 이주 100년사를 정리하는 중요한 학문적 접근의 하나로 그동안 생성된 해외 한민족의 지식자원을 발굴하고 이를 학문적으로 활용할 수 있도록 체계적 정리작업을 수행하였다.

현재 연구결과는 이미 DB화되어 있으며, 그 가운데 중요한 내용은 이 분야에 관심 있는 연구자와 후학들을 위하여 총서로 출판하게 되었다. 총 9권으로 구성된 이번 4차 총서의 내용은 다음과 같다. 즉『재일코리안 디아스포라 문화콘텐츠』,『근현대 중국 조선족 문헌집』,『중국 조선족 교육자료 해제』,『연해주 고려인의 법과 생활 그리고 교육(1920~30년대)』,『연변조선족 기업의 형성사』,『중앙아시아 고려인 지식자원 해제』,『재일코리안 디아스포라 문학』,『이미지로 보는 한인디아스포라와 한반도』,『흑룡강성 조선족 기업의 성장과 기업가정신』등이다.

연구의 내용은 구체적으로 러시아, 중앙아시아, 중국 지역에 한인디아스포라가 이주한 이후 1990년대까지 100년 동안 생산된 문헌정보자원의 핵심원문정보를 수집·정리하여 메타데이터를 작성하고 데이터베이스를 구축하는 것이다.

연구단은 사업기간 3년 동안 5개 국가, 50여 곳의 기록보관소와 도서관 및 언론사 등을 대상으로 자료조사를 수행하였다. 방문조사 지역은 러시아의 모스크바, 페테르부르크, 연해주, 사할린 지역의 국립도서관, 역사문서보관소, 대학도서관, 그리고 한인언론사 등이다. 또한 중앙아시아 지역은 우즈베키스탄, 카자흐스탄, 그리고 키르기즈스탄의 국립도서관, 국립중앙기록보존소, 대학도서관 등이다. 특히 카자흐스탄에서는 고려신문 등 한인언론사도 방문하였다. 중국 지역 조사대상은 길림성, 흑룡강성, 요령성, 그리고 북경 지역의 민족도서관, 대학도서관, 민족출판사, 연변일보 등 한인언론사 등이다. 재외한인 관련 자료 가운데 희귀한 것들은 개인이 소장하고 있는 경우가 많기 때문에, 시간이 촉박함에도 불구하고 일일이 개별방문을 통하여 개인 소장 자료들을 수집하였다.

지난 3년간 수집한 자료는 다음과 같다. 중국 지역에서 단행본 3,686건, 저널 3,449건, 신문 5,426건, 러시아 지역에서 단행본 2,327건, 논문 506건, 신문 1,964건, 그리고 중앙아시아 지역에서 단행본 1,167건, 논문 249건, 저널 494건, 신문 394건을 수집하였다. 제3차년도 한 해 동안 수집한 일본 지역 자료는 단행본 1,210건, 저널 226건, 신문 465건 등이다.

이러한 사업의 성과는 학술적으로 학문후속세대에게 귀중한 토대자료를 제공하고, 재외한인이 남긴 지적 유산을 영구 보존함과 동시에 교육적 활용 체계를 구축하는 데 그 의의가 있다. 또 구체적인 조사결과는 재외한인이 거주하는 국가의 초기 이주사를 비롯하여 재외한인들의 생활상, 사회상, 그리고 문화활동 등을 담고 있으므로 재외한인 연구의 귀중한 자료로 활용될 수 있을 것이다. 특히 거주국 재외한인과 관련하여 어떠한 자료가 어디에 어느 정도 있는지 소상히 밝혀 줌으로써 재외한인 관련 문헌자료에 대한 정보를 제공하는 데 큰 의의를 갖는다. 수집된 자료 중에는 거주국과 모국과의 관계를 엿볼 수 있는 자료도 포함되어 있어 지구화시대 국제경쟁력을 제고하는 데 기여할 수 있을 것이다.

9권으로 구성된 이번 총서는 전남대학교 세계한상문화연구단이 그동안 출판한 33권의 총서에 이어서 발간되는 네 번째 시리즈이다. 이번 4차 총서 역시 재외동포 연구자들에게 귀중한 자료로 활용되어 한국연구재단이 추구하는 사업성과의 사회적 확산이라는 사업목적에 부응할 수 있었으면 한다. 특히 재외동포학 또는 디아스포라학의 심화를 위하여 열심히 연구하고 있는 학문후속세대에게도 재외한인 사회와 문화연구에 큰 도움이 되기를 바란다.

총서 발간을 위하여 성원과 협조를 아끼지 않은 모든 분들께 이 기회를 빌려 깊은 감사의 마음을 전한다. 지난 3년간 현지 조사과정에서 많은 도움을 주신 관련 단체, 연구자, 현지 조력자들의 노고에 감사드린다. 그리고 이번 연구가 원활하게 수행될 수 있도록 배려해 주신 한국연구재단, 전남대학교 산학연구처에 진심으로 감사드린다. 특히 현지에서 연구조사를 수행한 연구원은 누구도 가지 않은 전인미답의 길을 개척하는 심정으로 현지조사에 최선을 다하여 임하였다. 또한 자료 복사의 시설과 조건이 너무도 열악하였으며, 자료의 열람 자체가 험난한 과정의 연속이었기 때문에 조사기간

동안 열성을 다하여 유종의 미를 거둔 연구원들의 노고에 진심으로 감사드린다. 끝으로 총서 출간을 위하여 애쓰신 북코리아 이찬규 사장님께도 심심한 사의를 표한다.

2012년 7월

전남대학교 세계한상문화연구단장 임채완

1960년대 후반부터 한국인의 미국 및 서구 국가로의 대량 이민과 1990년대 초기부터 한국 정부가 중국 및 독립국가연합(CIS)과 국교를 정상화함에 따라 재외동포는 한국과 점점 밀접한 관계를 유지하게 되었다. 이러한 과정에서 한국 내에서 재외동포에 관한 연구가 점차 활성화되었다. 1980년대 미국에서는 재외동포를 연구하는 한국계 학자들이 많았으며 일본에서도 재일동포를 연구하는 한국계 및 일본계 학자들이 상당히 있었다. 하지만 사회과학이 별로 발달하지 못했던 중국과 독립국가연합에서의 재외동포 연구는 한국 소재 대학과 학자들의 몫이었다. 한국에서는 그동안 재외동포를 연구하는 학자의 수가 급격히 증가했으며 전문연구소도 여러 개 설립되었다.

한국의 재외동포 연구소 중 지금까지 제일 큰 규모의 연구진을 구성하여 가장 큰 연구업적을 이룬 기관은 단연 전남대학교 세계한상문화연구단과 연구자 양성기관인 디아스포라학과이다. 세계한상문화연구단은 2002년 설립 이후 세계한상과 글로벌 디아스포라 연구를 통해 700만 한인디아스포라를 민족 자산으로 활용할 수 있는 대안과 구체적인 실천 방법을 모색하기 위해 노력해 왔다. 그동안 세계한상문화연구단은 어떠한 다른 연구소보다 월등히 많은 연구비를 한국연구재단으로부터 지원받아 세계 여러 나라에 흩어져 있는 재외동포와 그곳 동포사회의 구조에 대해서 다방면으로 연구해 왔다. 그 결과 33권이나 되는 거대한 분량의 책을 발간하기도 했다.

전남대학교 세계한상문화연구단이 이번에는 "근현대 한인디아스포라 지식자원 발굴과 DB 구축"의 연구 성과를 집약해서 총서로 발간하게 되었다. 재외동포를 연구하는 학자로서 임채완 교수와 연구단의 다른 관련 교수 및 연구원들에게 이 책의 출판에 대해서 심심한 축하를 보낸다. 총 9권으로 구성된 연구총서는 지난 2007년 8월부터 3년간 한국연구재단의 지원을 받아 수행된 결과이다. 이 책의 내용은 19세기 후반부터 1990년대까지 100년간 중국, 러시아, 중앙아시아 국가와 일본 등지로 이주한 한인디아스포라들에 의해 생산된 도서와 신문들 중 학술적 가치, 활용도가 높은 문화자원을 중심으로 발굴·수집하여 이들의 해제 및 소개에 중점을 두고 있다. 9권의 책 내용을 훑어보니 모두 중요해 보이는데, 특히『근현대 중국 조선족 문헌집』,『재일코리안 디아스포라 문화콘텐츠』및『중앙아시아 고려인 지식자원 해제』는 현지 동포를 연구하는 학자들에게 매우 중요한 자료가 될 수 있다.

한국 내 재외동포를 연구하는 학자들이 지금까지는 현지에서 동포와의 개인 인터뷰나 역사자료를 수집하여 분석함으로써 저서와 논문을 쓰는 데 바빴다. 하지만 이 총서는 재외동포가 크게 집중되어 있는 세 지역의 동포에 대한 중요한 문화·역사·지식자료를 정리하고 해설하였기 때문에, 다른 학자들이 재외동포를 연구하는 데 많은 도움을 줄 수 있게 만들었다는 점에서 재외동포 연구의 수준을 한 단계 높였다고 평가된다. 특히 독립국가연합과 중국지역에서 한인디아스포라 주요 문화자원에 대한 접근이 현지 사정상 갈수록 어려워지고, 또한 현지 한글사용세대의 고령화와 3~4세대의 무관심으로 개인소유 문화자원이 폐기와 훼손의 위기에 처해 있는 시점에서 이 총서의 발간은 매우 시의 적절한 것이다.

2012년 7월
뉴욕시립대학교 퀸즈칼리지 재외한인연구소장 민병갑

중국의 가장 북쪽에 위치해 있는 흑룡강성의 겨울은 유난히도 춥다. 특히 흑룡강성의 성도인 하얼빈시는 겨울이 되면 가로등도 얼음기둥으로 세울 만큼 도시 전체가 온통 얼음으로 뒤덮여 있다고 해도 과언이 아니다. 섭씨 영하 20도가 넘는 추위 속에서도 하얼빈 시민들은 행복해 보였으며, 또한 하얼빈시만큼 살기 좋은 지역이 없다고 자랑을 해서 마음속으로 놀라움을 금치 못했다. 두 번째 놀라운 것은 빙등축제이다. 얼음도시답게 해마다 겨울이면 송화강의 얼음을 가져다가 세계 각국의 유명한 건축물들의 형상을 얼음으로 쌓아올려서 축제 분위기를 만들고 세계 여러 나라의 관광객들을 유치하여 돈을 벌어들이는 흑룡강성 정부의 경영 마인드는 주어진 환경을 이용하여 경제력을 높이는 훌륭한 기업가정신이라고 판단된다.

그러면 흑룡강성에 살고 있는 우리 민족인 조선족과 조선족 기업가들은 어떠한가? 한편 흑룡강성은 중국의 대 러시아 무역액의 절반 이상을 차지하는 지역이며 또한 한국은 흑룡강성의 2위 무역 상대국으로서 수출입 총액만도 5억 달러에 이른다. 게다가 흑룡강성에는 중국에 거주하는 조선족의 20% 정도인 약 40만 명의 조선족이 거주하고 있으며 한국투자기업은 1,200여 개, 조선족 기업은 2,000여 개 정도가 경영활동을 하고 있다. 중국의 조선족 기업가 중 전설적인 인물이라고 할 수 있는 석산린과 최수진이 바로 이곳 흑룡강성의 조선족 기업인이었다고 하는 데는 의심하는 사람이 없을 것이다. 과거 조선족 기업가로서 중국전역에 이름을 떨친 석산린과 최수진의 기업가정신을 이어받아서인지 현대에 들어서도 중국 전역뿐만 아니라 세계 곳곳으로 뻗어나가는 흑룡강성 조선족 기업들의 비약적으로 성장하는 활약상이 눈에 뜨인다. 이는 과거 흑룡강성 조선족 기업인의 도전정신이 현대에도 연연히 이어져온 결과라고 하겠다.

이렇듯 한국과 중국 흑룡강성 한인사회와의 교류가 활발하고 조선족 기업가정신이 출중하며 다양한 네트워크가 구축되어 있는데도 불구하고 흑룡강성 조선족 기업에 대한 연구가 전무한 실정이었다. 따라서 본 연구는 흑룡강성 조선족 기업의 경영활동 및 네트워크 분석을 통해서 한민족경제 공동체인 세계한상네트워크 구축에 중요한 정책적·실무적 시사점을 제공함으로써 흑룡강성 조선족 기업과 중국진출 한국기업 및 한국에 있는 기업과의 네트워크 구축을 통하여 중국내수시장을 개척 또는 확장하는 데 시너지효과를 창출하며 나아가서는 세계한상네트워크 구축을 통하여 상생하는 데 목적을 두었다. 이를 위해 하얼빈시, 목단강시 등 흑룡강성에서 경영활동을 하는 53명의 조선족 기업가들을 대상으로 설문조사를 하여 자료를 수집·분석하였다. 또한 흑룡강성 조선족 기업의 경영실태 파악과 성장가능성을 제시하기 위해서 한상연구단조사(2005)와 비교하여 분석결과를 제시하였다. 또한 중국정부의 동북진흥정책에 따라서 우리 기업의 동북3성 진출에 흑룡강성 조선족 기업 네트워크를 활용하는 방안을 모색하였다. 따라서 본 연구에서는 흑룡강성 조선족 기업에 대한 네트워크의 특성을 파악하고 활용방안을 제시하였다. 그러나 흑룡강성 조선족 기업에 관한 첫 번째 연구이다 보니 부족한 점이 많았음을 시인하며 차후 더 심도 있는 연구를 통하여 좋은 연구결과물로 제시할 것을 기대한다.

본 저서가 출판되기까지 많은 분들의 도움이 있었다. 우선 흑룡강성의 하얼빈 등 현지에서 자료를 수집하는 과정에서 많은 도움을 주었던 조선족 기업인들과 흑룡강성 조선족상공회의 도움이 컸다. 특히 흑룡강성 조선족

상공회의 김인한 회장은 영하 20도를 오르내리는 하얼빈의 추운 거울 날씨
에도 불구하고 친히 조선족 기업들을 연계하여 자료수집과 면담을 주선해
주어서 독자적인 흑룡강성 조선족 기업 연구가 가능하였다. 또한 설문조사
과정에서 많은 도움을 주었던 흑룡강신문사의 한광천 사장과 박백림 국장
의 도움을 잊을 수가 없다. 그리고 흑룡강성 현지에서 자료를 수집하느라고
수고했던 연구보조원들과 한 권의 책이 출판되기까지 수없이 많은 자료들
을 검토하는 과정에서 지혜로운 조언과 워드작업 등 편집을 맡아 도움을 준
용태일 군과 이원하 군의 도움 또한 컸다. 끝으로 한 권의 책이 나오기까지
옥을 갈고 닦아서 빛을 내는 마음으로 수고해준 북코리아의 김수진 과장과
오늘도 한 권의 책을 통하여 세상을 변화시키는 일에 앞장서는 이찬규 사장
에게 감사드린다.

2012년 7월
공동저자 일동

Ⅲ 흑룡강성 조선족 기업의 성장과정

Ⅳ 흑룡강성 조선족 기업의 경영활동과 네트워크 사례

V 흑룡강성 조선족 기업의 경영활동과 네트워크 실태

VI 맺음말

표 차례

그림 차례

I

머리말

1. 연구의 목적 및 필요성

1978년 중국이 개혁개방을 선언한 이래 중국의 경제력은 급성장하였다. 1979년 1,766억 달러에 불과했던 중국의 국내 총생산액(GDP)은 2009년엔 4조 9,855억 달러로 28배 넘게 늘어났다. 중국은 2010년 일본을 제치고 세계 2위로 올라섰다. 중국통계국 발표에 의하면 2010년 실질국내총생산(GDP)성장률이 10.3%를 기록하며 39조 7,983억 위안에

〈그림 Ⅰ-1〉 흑룡강성

달해 GDP가 일본을 제치고 세계 2위로 올라선 것이 확실하다고 발표하였다.

이렇듯 높은 경제성장률이 지속되는 가운데 2011년에 들어서서도 중국의 중앙정부는 서부 대개발에 이어서 동북지역경제 부흥에도 적극 나서게 될 전망이다. 이처럼 중국 중앙정부가 동북지역경제 부흥에 적극 나서게 된 이유는 무엇일까. 그것은 지금까지의 경공업을 중심으로 한 경제발전 모델의 전환을 의미한다고 할 수 있다. 개혁개방 이후 경공업 주도발전 모델은 과거 계획경제 시기의 중공업 발전 모델에 대한 수정을 통해 그동안 긍정적 효과를 나타냈지만 현재는 자원이용의 지역 간 불균형 문제를 낳고 있으며 전력, 고급 철강, 화학원료, 에너지 등의 전반적인 부족현상이 심해지고 있다. 따라서 경공업 위주 공업화는 원료, 중간재 등 중공업제품의 가격을 낮게 유지하거나 경쟁력이 없는 국산보다는 수입에 의존함으로써 중공업 기반을 약화시키는 결과를 가져왔던 것이다.[1]

흑룡강성의 경우, 2009년 4월 하다치공업지대건설구, 동부석탄전기화기

---

1   강승호(2004), 『중국의 새로운 성장축 동북지역』, LG경제연구원, pp.2-3.

지건설구 등 '8대 경제구' 건설계획이 정식 비준을 받으면서 지역발전의 로드맵이 가시화되었다. 이와 함께 흑룡강성은 '10대 프로젝트' 추진을 위한 조치도 확정하였다. 즉 5,000만 톤 식량생산프로젝트, 사회주의 신농촌건설프로젝트, 노후공업기지 개조프로젝트, 중점공업프로젝트 건설공정, 현대교통망 건설프로젝트, 무역관광 종합개발프로젝트, 과학교육인재 강성·부성 프로젝트, 생태환경 건설보호프로젝트, 3우(양호한 서비스·질서·환경) 문명도시건설프로젝트 및 국민생활보장 개선프로젝트 등이 여기에 포함된다.[2]

한편 중국정부가 동북3성 진흥과 관련하여 우선적으로 자본을 유치하고자 하는 대상국이 바로 한국과 일본인만큼 우리 기업의 동북3성 진출에 있어서는 투자협상단계에서 우리 측이 비교적 큰 레버리지를 가질 수 있을 것으로 판단되며 발전수준이 높은 동남연해지역에서 외자기업 우대정책을 점진적으로 축소하는 움직임이 있는 가운데 동북3성 지역은 외자우대조치를 확대하거나 유지할 방침이어서 우리 기업의 진출대상지로서 고려가 가능하다는 평가이다. 그러나 동북진흥과 우리 기업과의 득실관계는 양면성을 띠고 있다. 즉 주요 프로젝트에 직간접 참여함에 따른 이익을 기대할 수 있고, 정책의 성공으로 경제규모가 커짐으로써 교역의 증가와 내수시장이 확대된다는 점 등이 긍정적 요인이라 할 수 있다. 반면에 우리 기업에 대한 위협요인은 조선, 석유화학, 철강, 기계 등 이 지역 핵심산업이 우리와 경쟁관계에 있다는 데 있다.[3]

우리에게 있어 동북은 지리적 근접성, 조선족 동포의 존재로 인한 상대적으로 낮은 언어장벽 등 접근성 면에서 유리하다. 또 중국에의 접근성 면에서 가장 유리한 수많은 화교계의 진출도 적은 편이므로 경쟁압력이 상대적으로 약한 상황이라 할 수 있다. 그렇지만 화남, 화동과 같이 부품과 자재의

---

2   최우길(2010), "중국동북진흥과 창지투(長吉圖) 선도구 개발계획: 그 내용과 국제정치함의", 『한국동북아논총』 제 15권 4호, pp.43-44.

3   장상해(2005), "中 동북진흥, 한국에 기회인가?", 『China Observer Weekly』72호, p.2.

소싱이 원활한 산업클러스터가 구축되어 있는 상황이 아니기 때문에 동북지역 내 생산 입지선택은 다른 지역보다 신중을 기해야 할 것이다. 그렇기 때문에 중국이 주는 기회와 위협에 어떻게 대처할 것이냐 하는 문제는 기업과 정부 모두에게 중요한 화두가 되어 있다. 따라서 위협을 기회로 전환할 수 있는 고도의 해법을 제시해야할 긴급한 상황에 처해있다.

중국에는 200여만 명의 조선족 동포가 거주하고 있으며 그들은 연변조선족자치주를 비롯한 동북3성과 북경(北京), 청도(青島), 상해(上海) 등 대도시에서 자영업과 기업을 경영하면서 우후죽순처럼 힘차게 성장을 거듭하고 있다. 흑룡강신문사의 자체조사에 의하면 중국 조선족 기업 수는 17,500여 개로 집계됐으며 이 숫자는 중국개혁개방 20여 년간 조선족 기업들이 상당한 자본축적을 거쳐 도시 중심의 새로운 산업화시대에 진입하고 제반 한인상권에서 자생력을 갖추고 있음을 시사해준다. 따라서 중국에 진출하여 경영성과가 부진한 상태에 있는 한국기업은 조선족 기업과의 네트워크를 구축하여 상생할 수 있는 방안을 강구하는 것이 국부의 유출을 막을 수 있는 유일한 대안이 될 것이며 나아가서는 국가의 경제를 업그레이드하고 조선족 사회의 번영을 가져올 수 있는 윈윈(WIN-WIN)전략이 될 것이다.

이 연구의 목적은 흑룡강성지역 즉 하얼빈시(哈尔滨市), 목단강시(牡丹江市) 등 10개 시와 동녕현(東寧縣) 등 3개 현에서 다양한 업종의 기업을 경영하고 있는 흑룡강성 조선족 기업의 경영활동과 네트워크의 특성 및 활용방안을 연구하고자 한다. 이를 통하여 중국내수시장 및 동북3성에 진출하려는 한상기업들에게 유용한 정보를 제공하는 데 목적을 두고 있다.

2. 연구 대상과 범위

이 연구의 대상은 흑룡강성 조선족 기업에 한정하였다. 즉 흑룡강성 조선족 기업의 경영활동을 근대와 현대로 나누어서 살펴보았다. 근대에 있어서는 흑룡강성에 조선족이 이주하여 어떻게 조선족 사회를 형성하였으며 이들이 어떤 형태의 기업을 경영하였는지를 살펴보았다. 특히 전설적인 근대 흑룡강성의 조선족 기업가였던 석산린과 최수진의 기업가정신에 대한 당시 정황을 살펴보기 위하여 중국 현지에서 수집해온 자료를 활용하였다. 또한 현대에 들어서서는 흑룡강성 조선족 최고의 기업 중 하나인 김춘학 금약그룹과 최용길 길신그룹 그리고 천옥금 흑룡강대천환보과학기술유한회사의 사례들을 중국현지에서 수집해온 자료를 활용하여 개발하였다. 그리고 설문조사를 통하여 수집한 자료를 분석하여 경영활동과 네트워크 실태를 파악하였으며 이러한 결과를 통하여 흑룡강성 조선족 기업의 경영활동과 네트워크 활용방안을 제시하였다.

3. 선행연구 분석

조선족 경제와 경영활동 관련연구로서는 이장섭(2011), 임채완·이장섭 외(2007), 이장섭·임채완 외(2006), 최웅용·임채완·이장섭 외(2005), 김시중(2003), 윤인진(2002), 김기석(1998)의 연구가 있다. 이들의 연구에 대한 개요를 살펴보면 다음과 같다.

이장섭(2011)은 중국 흑룡강성의 하얼빈시, 목단강시 등에서 기업을 경영하는 조선족 기업인 53명을 대상으로 설문조사와 면담조사 자료를 통하여 흑룡강성 조선족 기업의 경영실태를 파악하고 분석하였다. 이는 흑룡강성 조선족 기업의 경영실태에 대한 최초의 자료로서 중국 동북개발에 따른 우리 기업의 진출에 필요한 중요한 정보를 제공하였다. 그러나 흑룡강성의 조선족 기업 네트워크 정보가 필요한 상황에서 네트워크 정보가 제공되지 못했다는 데 아쉬움이 있다.

임채완·이장섭 외(2007)는 중국의 연변, 심양, 북경, 청도, 상해에서 기업을 경영하는 조선족 기업을 대상으로 설문조사와 면담 등을 통하여 조선족 기업의 네트워크 실태를 조사·연구하였다. 즉 중국 조선족 기업들의 네트워크 성공사례와 실패사례를 파악하였으며 나아가서 조선족 기업들의 네트워크 실태조사를 통하여 한상네트워크 구축방안을 제시하였다. 따라서 이 연구는 국내 최초의 중국 조선족 기업 네트워크 실태를 파악하고 시사점을 제시하였다는 점에서는 그 의미가 크나 흑룡강성 조선족 기업의 네트워크가 빠졌다는 데는 아쉬움이 있다.

이장섭·임채완 외(2006)는 중국의 5개 지역(연변, 심양, 북경, 청도, 상해) 조선족 기업의 성장과정과 경영활동을 분석하였다. 즉 조선족 기업의 성장과정과 조선족 기업에 대한 경영활동 및 수출, 수입, 투자 등에 대하여 연구하였으며 이를 중국진출 한국기업과의 대비를 통하여 상생하는 방안을 마련하는 데 초점을 두었다. 그러나 한 가지 아쉬운 점은 조선족 기업을 표본추출하면서 중국이라는 거대한 국가를 대상으로 함으로써 조선족 기업의 경영활동에 대한 지역적 특성을 나타낸 연구를 못했다는 점이다.

최웅용·임채완·이장섭 외(2006)는 연변, 심양, 하얼빈, 북경, 청도의 조선족 사회의 경제환경과 조선족 자영업자의 경영실태를 면담과 설문조사를 통하여 분석하였다. 이 연구는 중국 조선족 자영업자에 대한 경영실태를 분석한 연구로서는 국내에서 최초의 시도이나 방대한 모집단에 비하여 표본추출이 빈약했다는 아쉬움이 남는다.

김시중(2003)은 중국 내 조선족의 인구이동이 조선족의 경제활동에 큰 변화를 가져온 것을 파악하였으며 개혁시기 이전의 조선족 사회의 환경과 개방시기 중국 내 조선족의 변화를 주시했다. 또한 경제활동 변화에 따른 조선족 기업의 태동과 새로운 세대의 조선족 기업가의 등장을 전문가들의 인터뷰와 최근의 문헌 등을 통하여 밝혀냈다. 경제적 관점에서 조선족에 관한 최근의 연구는 극히 드물기 때문에 이 논문은 조선족 경제활동 연구라는 관점에서 선구적 연구물로 평가할 만하다. 그러나 이 논문은 전문가의 인터뷰와 문헌을 참고하여 연구하였기 때문에 조선족 기업의 실체와 경영활동을 분석하는 데는 한계를 가질 수밖에 없다.

윤인진(2002)은 재외동포 기업가들을 대상으로 한 설문조사와 2차 자료를 이용하여 재외동포 모국투자의 현황과 모국투자의 저해요소 및 문제점을 분석하였으며 투자환경개선을 위한 방안을 제시하였다. 특히 중국 조선족의 합법적인 국내취업 및 연수기회를 통하여 시장경제로의 빠른 전환은 매우 바람직하며 한국에서 번 돈을 생산적인 분야에 투자할 수 있도록 연변조선족자치주에 한국공단을 조성하여 조선족 기업과 중국진출 한국기업 간의 네트워크 형성 방안을 제시하였다. 이러한 방안은 조선족과 한국이 상생할 수 있는 선진적이고 획기적인 방안이다. 그러나 이 논문은 연변조선족자치주에 한정된 방안을 제시하는 데 불과하였다. 따라서 중국 대도시에서 태동하여 성장하는 조선족 기업의 경영실태를 파악하지는 못하였으며 설문조사자료 또한 정책적 대안을 제시하기에는 미흡하였다.

김기석(1998)은 연변통계연감 등의 2차 자료를 활용하여 연변조선족자치주의 기업현황을 분석하여 정리하고, 이를 지역별·산업별 등 다각도로 분석하였다. 이 연구는 조선족 집거지인 연변조선족자치주의 경영환경을 분석하였다는 데 선구적인 연구라 할 수 있다. 그러나 연변이라는 지역성과 주로 2차 자료에 의존한 연구이기 때문에 실증적 분석이 이루어지지 못했다는 한계를 갖는다.

4. 연구내용과 구성

이 연구는 큰 틀에서 흑룡강성 조선족 기업의 성장과 기업가정신에 대한 연구를 위하여 총 6장으로 구성되었다. 즉 근현대 흑룡강성 조선족 경제의 발전과정과 흑룡강성 조선족 기업의 성장과정 그리고 흑룡강성 조선족 기업의 경영활동과 네트워크 사례, 흑룡강성 조선족 기업의 경영활동과 네트워크 실태 등으로 전체 내용을 구성하였다.

이를 구체적으로 살펴보면 다음과 같다.

제 1장 머리말은 연구의 목적 및 필요성, 연구의 대상과 범위, 선행연구 분석, 연구내용과 구성으로 되어있다.

제 2장에서는 근현대 흑룡강성 조선족 경제의 발전과정을 기존문헌을 통하여 살펴보았다. 즉 흑룡강성과 하얼빈시의 일반현황과 거시경제동향, 산업별 경제동향을 서술하였으며 근현대 흑룡강성의 조선족 경제에서는 조선족의 이주와 자연환경, 인구 및 업종과 직업분포 등을 언급하였으며 근대 하얼빈 조선인 사회경제에서는 하얼빈의 도시형성과 조선인 사회 등에 대하여 서술하였고 개혁개방과 한중수교 이후의 흑룡강성 조선족 경제에서는 흑룡강성 조선족 사회의 경제환경과 한국과의 관련성에 대하여 서술하였다.

제3장 흑룡강성 조선족 기업의 성장과정에서는 중국기업의 역사적 발전단계와 유형 즉 중국기업의 역사적 발전단계와 구조변화, 개혁개방 이후 중국기업의 형태변화, 기업집단의 발전과 특성, 사기업의 발전에 대하여 서술하였다. 이어서 근현대 흑룡강성 조선족 기업의 성장과정에서는 흑룡강성의 초기 조선족 공·상업과 근현대 흑룡강성 조선족 기업의 업종별 성장사례로서 대표적인 조선족 기업가인 창녕집단의 석산린과 흑룡강성민족경제개발공사 최수진의 사례를 개발하여 제시하였다. 그리고 근현대 흑룡강성 조선족 기업의 경영활동에서는 하얼빈시 조선족상공회의 활동과 하얼빈시 조선족 기업의 경영활동, 하얼빈 코리아타운에 대해서 언급하였다.

제 4장 흑룡강성 조선족 기업의 경영활동과 네트워크 사례에서는 흑룡강성 조선족 기업의 대표적인 기업집단으로서 금약그룹과 길신그룹의 사례를 개발하였으며 조선족 사영기업으로서는 흑룡강대천환보과학기술유한회사, 하얼빈경공림펌프유한회사, 하얼빈광왕기전설비제조유한회사, 하얼빈쌍용급수설비제조유한회사의 사례를 개발하여 제시하였으며 흑룡강성 조선족상공회의 회칙과 활동상황을 서술하였다.

제 5장 흑룡강성 조선족 기업의 경영활동과 네트워크 실태에서는 흑룡강성 현지에서 설문조사하여 수집한 자료를 분석하여 경영활동과 네트워크

실태를 서술하였다. 즉 경영전략 및 위협요인, 마케팅활동, 재무관리활동, 원가관리활동, 인적자원관리활동, 생산관리활동, 정보관리활동으로 나누어서 분석하였으며 또한 네트워크 실태에서는 한국투자기업과 한국에 있는 기업, 중국기업, 해외 외국기업과의 네트워크 실태를 분석하여 제시하였다.

제 6장 맺음말에서는 전체 연구내용을 요약하였으며 또한 흑룡강성 조선족 사회와 조선족 기업의 미래비전을 위한 제언을 언급하였다. 그리고 부록에서는 본 연구에서 사용한 설문지 및 면담지를 제시하였다.

II

경제의 발전과정 근현대 흑룡강성 조선족

　이 장에서는 근현대 흑룡강성 조선족 경제의 발전과정을 보기로 한다. 이를 위하여 흑룡강성과 하얼빈시의 경제동향을 알아보고 이어서 근현대 흑룡강성의 조선족 경제와 근대의 하얼빈 조선인 사회경제를 파악하고자 한다. 이어서 개혁개방과 한중수교 이후의 흑룡강성 조선족 경제에 대하여 개관하기로 한다.

1. 흑룡강성의 경제동향

1) 일반현황

(1) 연혁

　구석기 말기에 이미 원시인류가 거주하였던 흑룡강성 지역은 약 2만 4,500년 전의 인골화석이 발견된 것이 최초의 거주인으로 추정되고 있다. 동 지역은 시대의 변천에 따라 말갈, 여진, 거란족들이 득세하였다가 청나라에 이르러 강희제가 1683년에 흑룡강 장군을 임명하여 흑룡강 지역을 관할토록 함으로써 흑룡강 지역이 최초로 단독 행정기구로 탄생하게 되었다.

　그 후 근대에 이르러 1856년부터 1860년까지 2차 아편전쟁 때 러시아는 흑룡강 지역의 상당부분을 강제 점거하였으며 청 말에 이르러 흑룡강성 지역은 전면개방 또는 이민개척 정책을 실시하였다. 이와 동시에 철로가 개통되면서 주민이 급증하고 경작지도 많이 개척되었다. 1907년에 청나라는 성경(지금의 심양) 장군을 동북3성 독으로 개칭하고 봉천(지금의 심양), 길림, 흑룡강의 3개 성의 사무를 관장케 하였다. 그 후 장작림이 흑룡강성 지역을 통치하기도 하였으나, 1933년 중국이 일본과의 전쟁에서 짐으로써 완전히 일본의 통치를 받게 되었다. 그 후 1945년 일본의 패망과 더불어 중국의 통치를 받고 오늘에 이르고 있다.

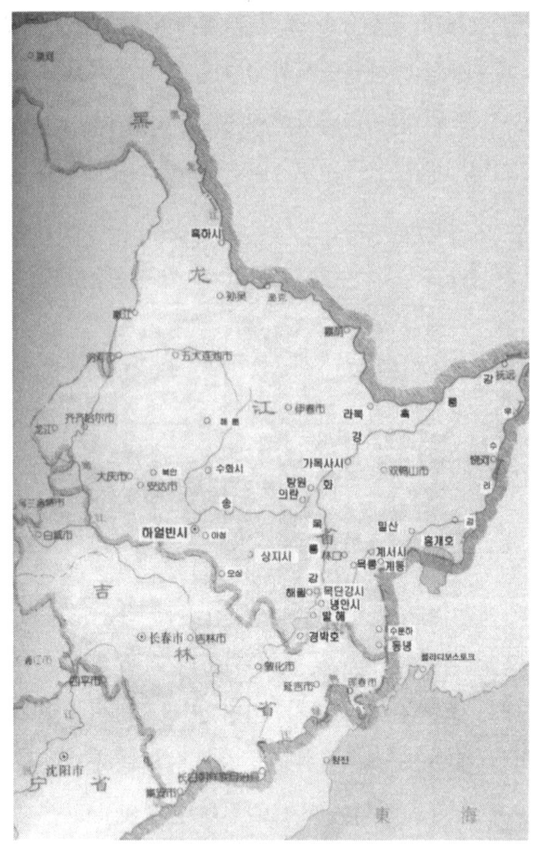

〈그림 II-1〉 흑룡강성 지도

(2) 위치와 면적

중국에서 6번째로 큰 면적을 차지하고 있는 흑룡강성은 북위 43도 25분에서 53도 33분에 걸쳐 있으며, 위도상으로는 동경 121도 11분부터 135도 5분에 걸쳐있다. 동부와 북부는 3,045km에 걸쳐서 러시아와 국경을 이루고 있으며, 서부는 내몽고, 남부는 길림성 및 러시아와 접하고 있다.

흑룡강성의 토지면적은 45만 4,000km^{2}로서 경지면적이 전국 1위를 차지하고 있다. 흑룡강성 토지의 큰 특징으로는 첫째, 토지가 비옥하여 유기질과 양분 함유량이 전국수준의 2~5배에 이르며 둘째, 경지가 밀집하여 있고 경지면적의 90% 이상이 서부에 집중되어 있다. 셋째, 지세가 평탄하여 경사로가 5도를 밑돌고 있다는 점을 들 수 있다.

(3) 기후 및 자연자원

기후는 연평균 기후가 4.3℃에 불과할 정도로 낮으며, 최고기온은 35.4℃, 최저기온은 영하 36.2℃에 이를 정도로 혹독한 겨울날씨를 보이는 대륙성기후를 띠고 있으며 연 강수량은 543mm로 건조한 기후이다.

흑룡강성에서 지금까지 조사된 광산자원은 111종에 이르며 그중 이미 매장량이 조사된 것은 석유, 석탄, 금, 흑연, 동, 아연, 납, 보크사이트 등이다. 석유는 매장량과 산유량이 전국 1위이며 주로 대경유전에 분포되어 있다. 대경유전은 유전층이 두껍고 매장량이 많아 중국 최대의 유전으로 꼽히고 있다. 다음으로 석탄의 매장량은 224.5억 톤이며 연간 7천만 톤가량 생산되어 전국 석탄 생산량의 10% 정도를 차지하고 있다. 그리고 금은 매장량이 전국 2위를 차지하고 있으며 그중 사금의 매장량은 전국 1위를 차지하고 있다. 흑연의 매장량은 1억 1,140만 톤으로 전국 최대 규모이며 생산량으로는 전국 2위를 기록하고 있다. 따라서 중국 3대 양질의 흑연광이 모두 흑룡강성에 있다. 기타 지하자원으로는 철광석 3.7억 톤과 동광 376.9억 톤 그리고 아연광 48.9억 톤, 마그네슘 891.3억 톤, 시멘트 2천 4백만 톤 등이 있다.

(4) 인구

흑룡강성의 인구는 2000년 이래 꾸준히 증가하여 왔다. 2008년 말 기준으로 보면 인구출생률은 7.9%이고 사망률은 5.7%로서 인구자연성장률은 2.2%이다. 인구는 3,825만 명인데 그중 도시 인구가 2,119만 명으로 55.4%를 차지하며, 농촌 인구가 1,706만 명으로서 44.6%이다. 성별로 보면 남자는 1,933만 명으로 50.5%를 차지하고 여자는 1,892만 명으로서 49.5%를 차지한다. 따라서 추세를 보면 알 수 있듯이 최근 들어 흑룡강성의 인구가 그다지 크게 증가하고 있지 않으며 농업인구가 감소하고 있는 반면에 비농업

〈표 II-1〉 흑룡강성의 인구 추이

(단위: 만 명)

구분	인구	남자	여자	농업인구	비농업인구
2000	3,807	1,946	1,861	1,930	1,977
2004	3,817	1,938	1,879	1,802	2,014
2005	3,820	1,933	1,886	1,792	2,028
2006	3,823	1,943	1,881	1,778	2,045
2007	3,824	1,931	1,893	1,763	2,061
2008	3,825	1,933	1,892	1,706	2,119

자료: 중국통계출판사(2009), [흑룡강통계연감]

인구가 증가하고는 있지만 이 또한 큰 변화를 보이고 있지는 않다.

2) 거시경제 동향

(1) 거시경제

흑룡강성은 2008년도에 남부지방에 발생했던 폭설재난 및 지진과 금융위기의 영향에도 불구하고 적극적으로 어려움을 극복하여 안정적으로 발전하고 있다. 2008년 기준으로 부가가치는 8,310억 위안으로 17.6% 성장하였고 따라서 5년 연속 11.6% 이상의 성장속도를 유지하였다.

그 가운데 1·2·3차 산업의 부가가치는 1,089억 위안, 4,366억 위안, 2,855억 위안으로 각각 19.0%, 18.1%, 16.3% 성장하였고 산업별 구조는 13.1 : 52.5 : 34.4로 2차 산업의 비중이 50% 이상을 차지하고 있다. 부가가치에 대

〈그림 II-2〉 흑룡강성의 투자환경

〈표 Ⅱ-2〉 흑룡강의 거시경제지표 추이

구분	단위	2000	2005	2006	2007	2008
인구	만 명	3,807	3,820	3,823	3,824	3,825
지역생산	억 위안	3,253	5,512	66,201	7,065	8,310
-1차 산업	〃	357	685	750	915	1,089
-2차 산업	〃	1,869	2,972	3,365	3,696	4,366
-3차 산업	〃	1,028	1,855	2,086	2,454	2,855
1인당 생산	위안	8,545	14,434	16,228	18,478	21,727
고정자산 투자	억 위안	859	1,732	2,236	2,864	3,669
재정	〃					
-수입	〃	373	738	882	1,010	1,295
-지출	〃	409	861	1,065	1,326	1,718
소비자 물가	%		2.4			
수출입	억 달러	30	96	129	173	229
-수출	〃	15	61	84	122	166
-수입	〃	15	35	44	50	63
실제이용 외자	〃	11	15	18	22	27
외국인 직접투자	〃	8	20	22	27	26
외국관광객	만 명	55	82	106	141	201
외국인 관광수입	억 달러	2	3	5	6	9

자료: 중국통계출판사, [흑룡강통계연감], 각 연도

한 기여율은 각각 7.8%, 55.7%, 36.5%이다. 한편 1인당 국내생산은 21,727 위안으로 17.6% 성장하였으며 물가는 소폭 올랐다. 그리고 소매가격은 전년의 5.4%에 비해 0.2% 올랐으며 증가율이 도시 5.0%, 농촌 7.2%로 상대적으로 농촌의 물가상승률이 높은 것으로 나타났다. 따라서 각 업종별로 보면 식품, 거주가격, 의료보건과 개인용품이 각각 12.0%, 4.5%, 4.3% 올랐고, 담배 및 용품, 가정용품 및 서비스, 교통과 통신이 각각 3.8%, 3.1%, 0.6%씩 증가하였다. 또한 농업생산요소의 가격, 공업제품가격, 원자재 연료 동력의 구입가격, 고정자산 투자가격이 각각 22.7%, 14.0%, 14.1%, 9.0% 상승하였다.[1]

(2) 고정자산 투자

2008년 현재 고정자산 투자는 3,656억 위안으로 27.7% 성장함으로써 3년 연속 27% 이상 성장하였다. 그 가운데 도시 투자는 3,368억 위안으로 28.5% 증가하였고 농촌 투자는 301억 위안으로 24.2% 성장하였다. 도시 투자 형태를 보면 민간투자가 빠른 속도로 성장하였는데 금년에 민간 고정자산 투자가 1,297억 위안으로 34.4% 성장하였으며 국유 및 국유가 투자한 기업체에 대한 투자는 1,991억 위안으로 24.6% 성장하였다. 외국기업 및 홍콩, 마카오, 대만의 투자는 80억 위안으로 36.5% 성장하였다. 그리고 장비, 석유화공, 에너지, 식품 등 4대 기간산업에 대한 투자는 1,194.3억 위안으로 32.9% 제고되었으며 도시 공업투자의 82%를 차지하였다. 또한 1억 위안 이상의 건설 프로젝트 개수는 750개로 7개 증가하였다. 이어서 부동

〈표 II-3〉 흑룡강성의 고정자산 투자 현황

(단위: 억 위안)

	2000	2004	2005	2006	2007	2008
고정자산 투자	859	1465	1732	2236	2864	3656
국유부문	450	610	755	911	1178	1522
집체부문	36	56	21	21	35	45
개인부문	91	214	289	217	277	348
기타부문	283	584	668	1088	1375	1741
목적						
-부동산개발	104	214	268	321	382	440

자료: 중국통계출판사(2009), [흑룡강통계연감]

---

1 민유성(2009), 『중국동북3성의 투자환경과 한국기업의 투자사례』, 한국산업은행심양사무소, pp.199-211.

산개발 투자는 440억 위안으로 15.2% 상승하였다.

그러나 고정자산 투자의 효율성이 감소되었다. 즉 '08년 도시에서 건설 완료 생산개시의 프로젝트 개수는 5,559개로 445개 하락하였다. 그리고 각종 건물 준공 면적은 3,795.3만평으로 0.6% 감소되었고 준공률은 48.0% 떨어졌다.

(3) 재정, 금융, 증권과 보험

흑룡강성의 재정수입이 비교적 빠른 성장을 하였다. 2008년 기준으로 지방재정수입은 767억 위안으로 32.4% 성장하였다. 그리고 지방재정지출은 1,718억 위안으로 29.6% 상승하였으며 그중 일반재정예산지출이 1,542억 위안으로 29.9% 상승하였다. 재정지출은 도시와 농촌지역사회 사무, 농림, 교육과 의료위생 각각 42.5%, 39.9%, 28.4%, 24.6% 성장하였다.

금융상황은 상당히 안정되어 있다. 연말까지 금융기관의 각종 예금잔액이 8,994억 위안으로 1,434억 위안 증가하였다. 그중 기업예금이 2,097억 위안으로 143억 위안 증가했으며, 저축성 예금이 5,545억 위안으로 1,067억 위안 증가하였다. 금융기관의 각종 대출잔액은 4,533억 위안으로 705억 위안 증가하였다. 그중 단기대출이 2,151억 위안으로 234억 위안 증가하였고, 중장기대출이 1,953억 위안으로 288억 위안 증가하였다. 증권업도 지속적으로 발전하였다. 국내외 상장기업은 41개이며 2008년 국외에서 상장한 기업이 3개 있었으며 융자금액은 35억 위안에 이르렀다.

보험업 역시 빠른 발전을 가져왔다. 한 해의 보험료 수입은 251억 위안으로 61.5% 성장하였으며 그중 재산보험료 수입이 48억 위안으로 40.1% 성장하였으며 생명보험료 수입은 203억 위안으로 72.2% 성장하였고, 건강보험과 의료피해보험수입은 12억 위안으로 19.2% 성장하였다. 2008년 한 해 동안 지불한 각종 보험금은 103억 위안으로 25.4% 상승하였는데 그중 재산보험금이 33억 위안으로 111.9% 성장했고, 생명보험금이 66억 위안으로 4.1% 성장하였으며, 건강보험과 의료피해보험금은 4억 위안으로 25.9% 성

〈표 II-4〉 흑룡강성의 지방재정수지 추이 (단위: 억 위안)

구분	1990	1995	2000	2005	2006	2007	2008
수입	77	101	214	393	480	579	767
지출	93	175	409	861	1,065	1,326	1,718
예산수지	△16	△74	△195	△468	△585	△747	△951

자료: 중국통계출판사(2009), [길림통계연감]

장하였다.

(4) 대외경제협력

흑룡강성의 수출입은 229억 달러로서 32.4% 성장했는데 그중 수출이 166억 달러로 35.1% 성장했고, 수입이 63억 달러로 25.7% 성장했다. 대외무역의 주요 거래 국가는 러시아, 일본, 한국, 미국, 독일 등 5개국인데 기업성격을 보면 민영기업 수출입이 172억 달러로 35.7% 상승하였고 공기업 수출입은 42억 달러로 24.2% 증가하였다. 그리고 상품종류를 보면 수출제품의 구조는 계속 개선되고 있으며 그중 기계전자제품 수출은 39억 달러로 76.7% 증가하였다.

한편 '06년, '07년 한국과의 수출입 규모는 크게 변화되지 않았는데 '08년도 수출은 8.4억 달러로 빠르게 증가한 반면에 수입은 1.1억 달러에 그쳤다.

〈표 II-5〉 흑룡강성의 대외경제 추이 (단위: 억 달러)

	2005	2006	2007	2008
수출입	96	129	173	229
-수출	61	84	123	166
-수입	35	44	50	63
실제이용 외자	15	18	22	27
-외국직접투자	20	22	27	26

자료: 중국통계출판사, [흑룡강통계연감], 각 연도

〈표 II-6〉 흑룡강성의 한국과의 수출입규모　　　　　　　　　　(단위: 억 달러)

구분	수출입	수출	수입	무역수지
2006	47	3.3	1.4	1.9
2007	42	3.3	0.9	2.4
2008	95	8.4	1.1	7.3

자료: 중국통계출판사, [흑룡강통계연감], 각 연도

(5) 국내무역

　2008년도에 도시와 농촌시장은 지속적으로 발전하였는데 즉 소비품판매가 2,839억 위안으로 21.8% 증가함으로써 7년 연속 두 자리 숫자로 성장하고 있으며 1997년부터 최고기록을 세웠다. 그 가운데 도시소매는 2,527억 위안으로 22.0% 성장하였고, 농촌시장의 소매는 312억 위안으로 20.2% 성장하였다. 업종별로 보면 도소매 무역업의 소매가 2,446억 위안으로 21.7% 성장했으며 음식업과 숙박의 소매는 351억 위안으로 23.7% 성장했다. 기타 업종의 소매는 42억 위안으로 10.1% 성장하였다. 이를 상품유형별로 보면 식품류 상품의 소매가 27.6% 성장했고, 의복류 상품은 27.0%, 자동차, 석유 및 석유제품, 가정용 전기는 각각 35%, 31.8%, 14.4% 성장하였고 화장품과 잡지는 각각 17.4%, 15.3% 성장하였다.

(6) 사회보장

　그동안 도시와 농촌 주민생활의 질이 제고되었다. 즉 '08년도 도시주민의 1인당 가처분소득이 11,581위안으로 13.0% 제고되었으며 농민의 1인당 순수입은 4,856위안으로 17.5% 성장하였다. 또한 도시의 엥겔계수가 36.3%, 농촌의 엥겔계수는 33.0%였다. 한편 도시주민의 1인당 주택건축면적은 24m^{2}로서 0.65m^2 늘었고, 농촌의 1인당 주택건축면적은 22m^{2}로서 0.2m^2 늘었다. 그리고 사회보장체계가 계속 강화되었다. 즉 860만 명이 양로보험에 가입하고 467만의 근로자가 실업보험에 가입하였고, 788만 명의 근로자가 의료보험에 가입하였다. 한편 최저생활보장 구제비를 받는 사람이 151만 명에 달해 3.4% 늘었다.

3) 산업별 경제동향

(1) 농업

2008년도는 대풍년이라고 할 수 있다. 즉 식량파종 면적은 1,099만 헥타르에 달하였고 생산량은 4,225만 톤으로 최고기록을 세웠는데 주요 곡물로는 벼 1,518만 톤, 옥수수 1,822만 톤, 콩 620.5만 톤, 식물성 기름 36.5만 톤, 과일 59.4만 톤, 육류 303.3만 톤, 우유 581.5만 톤, 수산물 35.6만 톤을 각각 생산하였다.

한편 목축업도 크게 발전하였는데, 고기, 계란, 우유의 생산량이 각각 28.4%, 15.3%, 21.6% 성장했으며 농업 생산조건도 어느 정도 개선되었는데 즉 농기계의 동력은 3,018만kw로서 8.4% 증가하였으며 농업용 트랙터는 120만 대로서 4.9% 늘었다. 또한 농촌에서 사용한 전기량은 44억kw로

〈표 II-7〉 흑룡강성의 농산물 생산량 추이 (단위: 만 톤)

	1990	2000	2003	2006	2007	2008
식량	2,313	2,546	2,512	3,780	3,966	4,225
쌀	314	1,042	843	1,360	1,659	1,518
밀	475	96	40	93	77	90
옥수수	1,008	791	830	1,454	1,569	1,822
콩	326	450	561	653	491	621
식물성 기름	17	44	45	63	50	37
담뱃잎	22	10	5	6	7	-
채소류	564	1,326	1,198	1,136	1,059	1,058
과일	5	20	40	47	52	59

자료: 중국통계출판사, [흑룡강통계연감], 각 연도

서 8.0% 증가하였다. 그리고 밭의 유효 관개면적은 211만 헥타르로서 전년과 비슷하였다.

(2) 공업과 건축업

2008년도 기준으로 공업 생산이 빠르게 성장하였는데 즉 일정규모 이상 공업의 부가가치는 3,445억 위안으로 13.1% 성장하여 6년 연속 13% 이상으로 성장하였다. 한편 국유 및 국유가 지분 참여한 기업의 부가가치는 2,837억 위안으로 12.9% 성장했고, 주식회사의 부가가치는 2,821억 위안으로 13.0% 성장했으며, 집단소유기업은 48억 위안으로 12.2% 성장했다. 그리고 경공업의 부가가치는 422억 위안으로 13.8% 성장했고, 중공업의 부가가치는 3,023억 위안으로 13.0% 성장했다. 그리고 기업규모를 보면 중대형 기업의 부가가치는 3,041억 위안으로 13.0% 성장하였고, 소형기업의 부가가치는 404억 위안으로 13.9% 증가하였다. 한편 장비, 석유화학, 에너지, 식품 등 4대 기간산업의 공업생산액은 6,541억 위안으로 규모이상 공업의 89.1%를 차지했으며 이익은 1,390억 위안을 달성하였다. 이어서 주요 공산품의 생산추이를 살펴보면 석탄은 소득증가에 따라 지속적으로 증가하고 있으며, 원유는 점차 감산되고 있다. 그리고 전력 및 시멘트 생산량도 꾸준

〈표 Ⅱ-8〉 흑룡강성 주요 공산품 생산추이

	단위	2003	2006	2007	2008
컬러TV	만 대	0.9	0.6	1.7	0.8
자동차	〃	20	28	26	21
석탄	만 톤	6,653	7,899	7,997	8,185
원유	〃	4,840	4,341	4,170	4,021
전력	억kw/h	487	632	682	719
철강	만 톤	166	315	436	475
시멘트	〃	1,063	1,456	1,615	1,968

자료: 중국통계출판사, [흑룡강통계연감], 각 연도

히 늘어나고 있다.

한편 지방공업 수익성은 대폭 성장하였는데 즉 '08년 규모이상 지방공업의 경상이익은 352억 위안으로 32.5% 성장하였고, 이윤은 176억 위안으로 29.9% 증가하였으며 건축업이 줄곧 안정된 상승세를 보이고 있다. 그리고 부가가치는 438억 위안으로 28.1% 성장하였으며 자산등급 3급 이상의 건축기업이 이룩한 이윤은 9억 위안으로 23.2% 성장하였다. 그리고 건물 공사면적이 3,992만m²에 달하였는데 그 가운데 입찰을 거쳐 도급을 맡은 건설사업의 면적은 전체의 76.3%를 차지하였다.

(3) 교통, 체신과 관광

2008년도 기준으로 교통운송 능력도 안정적으로 제고되었다. 즉 화물운송량은 1,375억km톤으로 6.0% 성장하였는데 그중 철도가 1,007억km톤으로 10.7% 성장했고, 항공운수는 0.4억km톤으로 20.4% 증가했다. 한편 여객운수는 608억 명으로 7.7% 상승하였으며 그중 철도가 221억 명으로 4.8% 증가하고, 도로가 342억 명으로 9.0% 상승했고, 수상운수가 0.4억 명으로 12.8% 늘었으며 항공운수가 445억 명으로 12.6% 증가했다.

체신통신업 또한 계속 빠른 속도로 성장하였다. 체신통신 업무량은 601억 위안으로 17.2% 성장하였는데 그중 체신업무량은 32억 위안으로 11.0% 상승하였다. 한편 광케이블은 길이가 40,482km로 늘어났으며 유선전화 사용자가 1,026만 명으로 7.7% 하락한 반면 휴대전화 사용자는 1,641만 명으로 13.2% 늘어났으며 전화 보급률이 69.7%로서 2.6% 성장하였으며 국제인터넷 사용자는 307만 명으로서 2.5% 각각 성장하였다.

제 3차 산업인 관광업도 지속적으로 성장하였는데 즉 관광업의 한 해 수입은 563억 위안으로 31.0% 성장하였으며 국내관광도 상승세를 나타내고 있는바 국내관광객을 8,353만 명 맞이하여 28.2% 상승하였다. 그리고 국내관광수입은 502억 위안 이룩하여 32.0% 성장하였으며 외국관광객은 201만 명으로 41.9% 증가하였고 관광외화수입도 9억 달러로 35.4% 상승하였다.

2. 하얼빈시

1) 일반현황

(1) 연혁

하얼빈의 역사는 유구하여 22,000년 전 구석기시대 말기 인류가 이곳에서 살았는데 약 5천 년 전 하얼빈 지역은 신석기시대에 들어선다. 그리고 약 3천 년 전 은나라와 상나라의 말기에 하얼빈은 청동기시대에 들어서며, 흑룡강 지역 중 가장 빠른 고대 문명국가에 속하게 된다.

하얼빈은 금과 청 두 왕조의 발상지로서 1,115년에 금나라는 이곳에 도시를 세웠는데 19세기 말에는 하얼빈에 이미 수십 개의 마을이 나타나 주민이 약 3만 명이 되었으며 하얼빈 지역은 교통과 무역의 중심지가 되면서 도시기초를 형성할 수 있었다. 1896년부터 1903년까지 중국동부의 철도건설에 따라 상공업과 인구가 하얼빈 일대에 집중하기 시작하여 중국동부의 철도건설 시 하얼빈은 이미 근대 도시로서의 면모를 형성했다. 그리고 20세기 초에는 이미 국제적인 무역도시가 되어, 33개 국가의 16만 동포가 모여 살았으며 16개 국가가 영사관을 두었다.

1932년에는 동 지역도 어김없이 일본군의 점령을 당하였지만 1946년에 해방되어 신중국이 성립한 후에 하얼빈은 신중국이 중점적으로 육성한 도시가 됨으로써 기존의 무역과 소비의 도시가 공업도시와 무역도시로 변모하게 된다. 그리고 1958년부터 1965년까지 하얼빈은 "대약진"과 "문화대혁명"을 거쳐 사회·경제적으로 심각한 타격을 받게 된다. 그러나 대경유전 발견을 전후로 석유, 석탄, 철광석 채굴업과 관련된 장비제조업, 석유화학업, 그리고 비옥한 토지를 이용한 농작물과 관련 가공업 등의 발달과 상품교역의 증대로 하얼빈은 경제적으로 다시 부상하기 시작했다.

〈그림 II-3〉 하얼빈시 도시전경

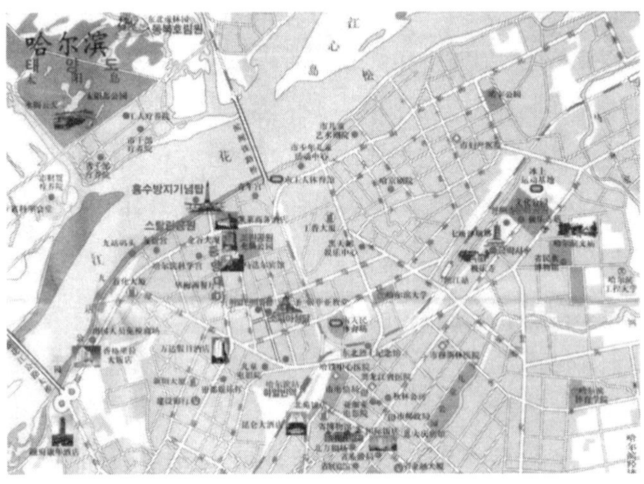

〈그림 II-4〉 하얼빈시가지

(2) 위치와 지형

하얼빈시는 흑룡강성의 남부에 위치하고 있으며 흑룡강성의 성도로서 그리고 정치, 경제, 문화 및 교통의 중심지로서, 위도상으로는 북위 44도 04 분부터 46도 40분에 위치하며 경도상으로는 동경 125도 42분부터 130도

10분 사이에 위치하여 흑룡강성 서남부에 위치하고 있다. 그리고 지형은 평탄하고, 해발은 북쪽에 위치하고 있으면서도 평균 151m에 불과하다. 주요 강으로는 송화강과 호란허, 표허 등이 있다. 지형은 산지가 21%, 구릉이 5%, 평지가 21%로 구성되어 있다.

(3) 기후 및 자연자원

하얼빈시는 온대대륙성 계절풍 기후에 속하는데 따라서 겨울이 길고 여름이 짧으며 4계절이 뚜렷하다. 한편 겨울철에는 건조하고 한랭한 서북풍이 많은 편이며 여름에는 습하고 비가 많이 내리며 동남풍이 많이 분다. 그리고 연평균 기온은 6℃, 최고기온은 34.2℃에 최저기온은 25.9℃이지만 겨울의 혹한은 매서울 정도로 춥기 때문에 단순한 수치상의 온도로는 설명하기 어렵다. 자연자원으로는 풍부한 삼림자원으로 백양나무, 자작나무, 낙엽송 등이 있으며, 약용식물로는 인삼, 황백, 오미자 등이 유명하고 광산물로는 철, 아연, 동 등 약 15종이 있다.

2) 거시경제 동향

(1) 거시경제지표

2008년 기준으로 하얼빈시의 인구는 990만 명인데 그중 농업인구는 513만 명이고 비농업인구는 477만 명이며 이를 성별로 보면 남자와 여자는 각각 500만 명, 490만 명에 이르렀다.

한편 하얼빈시의 지역생산은 2,868억 위안으로 13.2% 성장하였는데 1차 산업의 생산은 390억 위안으로 6.9% 성장하였고, 2차 산업은 1,078억 위안으로 14.5% 성장하였으며, 3차 산업은 1,400억 위안으로 13.9% 성장하였다. 그중 공업은 810억 위안에 이르렀으며 1인당 지역생산은 29,012위안이다. 따라서 산업별 경제성장에 대한 기여도는 각각 7.5%, 40.7%, 51.8%이며 산업별 구성은 지난해 14.3 : 37.0 : 48.7에서 13.6 : 37.6 : 48.8로 2차 산

〈표 II-9〉 하얼빈시의 주요 거시경제지표 추이

구분	단위	2005	2006	2007	2008
인구	만 명	974	980	987	990
지역생산	억 위안	1,830	2,094	2,437	2,868
-1차 산업	〃	300	312	348	390
-2차 산업	〃	646	771	902	1,078
공업	〃	491	590	690	810
-3차 산업	〃	885	1,011	1,187	1,400
1인당 지역생산	위안	na	21,374	24,768	29,012
고정자산 투자	억 위안	639	810	1,031	1,341
수출입	억 달러	27	28	33	36
수출	〃	12	13	19	17
수입	〃	15	15	14	19
재정수입	억 위안	98	148	132	164
재정지출	〃	165	195	232	301
금융기관저축	〃	2,630	3,037	3,340	3,975
금융기관대출	〃	1,964	2,190	2,385	2,637
소매물가상승률	%	0.5	1.1	4.1	0.6
실제이용 외자	억 달러	4	4	5	6
외국관광객	만 명	20	24	27	30

주: 공업은 규모이상의 부가가치 / 자료: 중국통계출판사, [흑룡강통계연감], 각 연도

업의 비중이 다소 높아졌다.

고정자산 투자는 1,341억 위안에 이르렀고 수출입은 36억 달러로서 재정수입이 지속적인 성장을 유지하였으며 재정수입은 281억 위안으로 27.2% 성장하였다. 그 가운데 지방재정 일반예산수입이 164억 위안으로 27.2% 성장하였고 지출은 301억 위안으로 25.6% 상승하였다. 한편 금융기관저축과 대출은 각각 3,975억 위안, 2,637억 위안에 이르렀으며 소매물가상승률은 0.6% 상승하였으며 실제이용 외자는 6억 달러이고 외국관광객은 30만

명이었다.

(2) 고정자산 투자

하얼빈시는 고정자산 투자가 빠르게 성장하였다. 즉 연간 고정자산 투자가 1,341억 위안으로 30.2% 성장하였는데 그 가운데 1차 산업에 대한 투자가 34억 위안으로 92.2%, 2차 산업에 대한 투자가 364억 위안으로 36.8%, 3차 산업에 대한 투자가 943억 위안으로 26.3% 각각 성장하였다. 그리고 민간투자가 지속적으로 성장하였는데 즉 연간 민간의 고정자산 투자가 646억 위안으로 33.4% 성장하였고 민간투자가 전체 사회투자에서 차지하는 비중도 47.0%에서 48.2%로 성장하였다. 그리고 공업투자 또한 급속히 발전하였는데 공업투자는 350억 위안으로 34.0% 성장하였다. 한편 고정자산에서 신규로 시작한 사업이 2,171개이며, '08년 이전부터 시작된 기존사업의 비율이 82.2%이고, 새로 늘어난 고정자산은 874억 위안에 달했으며 도시의 고정자산 투자는 1,199억 위안에 이르렀다.

〈표 Ⅱ-10〉 하얼빈시 주요 업종별 고정자산 투자 추이

(단위: 억 위안)

구분	2006	2007	2008
농임어업	17	17	34
광업	8	7	6
제조업	153	205	290
건축업	3	5	15
교육	38	53	41
사회보장	16	21	40
교통	87	89	109

주: 도시 고정자산 투자 / 자료: 중국통계출판사, [흑룡강통계연감], 각 연도

(3) 대외경제협력

① 대외무역

하얼빈시의 대외무역은 안정적으로 성장하는 추세를 보여주고 있다. 즉 수출입은 36억 달러로 21.6% 성장하였는데 그 가운데 수입이 19억 달러로 33.3%, 수출이 17억 달러로 11.0% 각각 상승하였다. 한편 대외무역에서 국유기업의 수출입이 18억 달러로 26.5%, 외상투자기업의 수출입이 10억 달러로 21.5% 각각 상승하였으며 대외무역은 이미 110개의 나라 또는 지역으로 확산되었고 그 가운데 아시아, 아프리카, 유럽에 대한 수출입 비중이 각각 32.7%, 2.6%, 34.3%를 차지하였다.

② 외자유입

하얼빈시의 연간 실제이용 외자는 6억 달러로 28.1% 상승하였는데 신규 허가한 외상투자기업은 82개로 투자가 4억 달러이며, 실제로 투자한 외자는 5억 달러로 22.3% 상승하였다. 한편 연간 1,000만 달러 이상의 사업을 21개 허가하였으며 투자는 8억 달러 수준이다.

③ 국제 기술노무협력

하얼빈시의 대외경제기술협력은 안정적으로 발전하고 있었다. 즉 연간 신규 허가한 경외기업(기관)이 8개이고 해외 비무역성격 기업의 투자는 1억 달러로 14.0% 하락하였다.

(4) 물가

하얼빈시의 소비자 물가는 2008년 기준으로 0.6% 상승하였는데 그중 식품류 9.6%, 일용품 9.1%, 의류 1.0%, 가정설비용품 및 수리 서비스가 8.5% 각각 상승하였으며 반면에 교통과 통신 가격은 오히려 1.0% 하락하였다.

(5) 국내무역

하얼빈시의 소비품시장이 지속적으로 확대되고 있는데 즉 사회소비품 소매는 1,264억 위안으로 22.0% 증가했으며 그중 도시소비품의 소매가 1,109억 위안으로 22.0% 증가했고, 현의 소비품 소매는 66억 위안으로 21.3% 증가하였으며 현급 이하의 소비품 소매는 89억 위안으로 21.6% 성장했다. 업종별로 보면 석유 및 석유제품이 29.1% 증가하였고 자동차, 화장품, 일상생활용품은 각각 9.8%, 13.8%, 26.1% 성장하였는데 다만 가구류가 19%, 통신기자재가 5.2% 각각 감소하였다.

한편 상품교역시장이 활성화되고 있는데 즉 연간 거래액 1억 위안 이상의 상품시장은 47개이고 거래액은 482억 위안에 이르렀다. 또한 신형상업이 급속히 발전하고 있는데 즉 연간 체인점의 상품소매는 70억 위안으로 7.3% 성장하였으며 백화점 소매는 107억 위안으로 16.5% 상승하였고 전문대리점 소매는 3억 위안으로 9.2% 성장하였다.

(6) 구조조정

① 소유제 구조

하얼빈 시내의 규모이상 공업 중에서 국유경제가 이룩한 부가가치는 85억 위안으로 5.7% 성장하였고, 집단경제 부가가치는 5억 위안으로 17.0% 성장하였으며 비국유경제가 이룩한 부가가치는 1,451억 위안으로 14.5% 성장하여 부가가치의 50.6%를 차지하였다. 그리고 주식제도 기업이 이룩한 부가가치는 292억 위안으로 18.4% 성장하였으며 홍콩, 대만, 마카오가 이룩한 부가가치는 125억 위안으로 12.3% 성장하였다.

② 국유기업의 개혁

하얼빈시에서 국유기업 개혁에 참가한 기업은 669개이고 청산이 완료된 기업은 644개로 96%를 차지하였다. 한편 시의 38개 국유기업 중 8개 기업은 이미 파산절차에 들어갔으며 24개 기업은 파산절차가 진행되고 있다.

(7) 사회보장

하얼빈시에서 2008년 말까지 보험에 가입한 근로자가 117만 명이며 9천 명 증가하였다. 한편 실업보험에 가입한 직원은 128만 명으로 3만 명 증가하였다. 그리고 168만 명 도시의 직원이 기본의료보험에 가입하였고 보급률은 71.0%이며 신형농촌협력의료에 가입한 주민은 344만 명이 되었다.

(8) 주민생활

① 노동취업

하얼빈시의 노동취업이 지속적으로 확대되었는데 연말까지 도시의 취업인구는 239만 명으로 4만 명 증가하였는데 개인기업의 취업인구가 72만 명으로 3만 명 증가하였으며 도시의 구조조정 실직인원과 실업인원 중 12만 명이 재취업하였다. 그리고 연말까지 등록된 실업인구는 7만 명으로 3천명 감소하였으며 따라서 도시의 실업률은 2.97%이다. 노동시장은 날로 제도화되고 있으며 공공직업중개소가 19개, 민간직업중개기관은 70개이다.

② 주민 수입

하얼빈시의 도시와 농촌주민의 수입이 지속적으로 성장하였는데 샘플조사에 의하면 도시주민가정의 1인당 가처분소득은 14,589위안으로 14.2% 상승하였고, 1인당 소비지출은 10,791위안으로 16.1% 상승하였다. 한편 농촌주민의 1인당 순소득은 5,961위안으로 17.6% 상승하였고, 1인당 소비지출은 3,416위안으로 18.2% 상승하였다.

③ 주민 저축

도시와 농촌주민의 저축은 안정적으로 증가하였는데 주민저축은 1,917억 위안으로 376억 위안 증가하였다. 따라서 도시주민의 저축이 1,780억 위안으로 345억 위안 증가하였으며 농촌주민의 저축은 137억 위안으로 30억 위안 증가하였다.

④ 거주

도시와 농촌주민의 거주조건이 계속 개선되고 있는데 연말까지 도시의 1인당 주택사용 면적은 $20m^2$로 $0.7m^2$ 증가하였고 농촌주민의 1인당 거주면적은 $24m^2$로 $0.5m^2$ 증가하였다. 따라서 농촌에서 벽돌, 기와 및 철제로 된 주택의 비중이 83.8%로서 2.5% 상승하였다.

3) 산업별 경제동향

(1) 2008년도 동향과 특징

① 농림어업

그동안 하얼빈시의 농림어업이 안정적으로 발전하였는데 연간 이룩한 농업, 임업, 목축업, 어업 생산은 670억 위안으로 7.0% 성장하였고 그중 농업은 310억 위안으로 7.7% 증가하였으며 임업이 22억 위안으로 3.9% 증가하였고, 목축업이 310억 위안으로 6.8%, 어업이 15억 위안으로 3.4% 증가하였다. 한편 농업, 임업, 목축업, 어업 등 서비스업의 생산은 14억 위안으로 5.8% 성장하였다.[2] 한편 식량생산량은 역사상 최고 기록을 이루었다. 즉 연간 식량작물 파종면적은 2,561만 무로 1.4% 성장하였으며 연간 식량생산량은 105억 kg이고 8.1% 증가하였는데 그중 벼 생산량은 6.4% 상승하였

---

2 민유성(2009), 『중국동북3성의 투자환경과 한국기업의 투자사례』, 한국산업은행 심양사무소, pp.212-223.

〈그림 II-5〉 하얼빈 개발구 지도

고, 옥수수와 콩은 각각 3.5%, 58.3% 상승하였다. 경제작물에서 기름생산량은 1만 톤으로 5.7% 증가하였고 사탕무 생산량은 5만 톤으로 109.6% 증가하였으며 채소생산량은 187만 톤으로 3.9% 하락하였다. 한편 목축업이 급속히 발전하고 있는데 시 전체 목축단지는 500개, 개인 전업 양식은 11만 개에 이르고 있으며 연말까지 대형가축이 193만 마리로서 8.7% 증가하였으며 그 가운데 황우 및 육용우가 136만 마리로서 7.9% 성장하였으며 또한 젖소가 47만 마리로서 12.3% 늘었다. 그리고 돼지가 347만 마리로서 8.8% 증가하였다. 한편 육류생산량이 69만 톤으로 10.2% 증가했으며, 우유생산량이 138만 톤으로 14.3% 증가했고 계란생산량이 30만 톤으로 9.3% 증가했다. 그리고 수산품 생산량은 10만 톤으로 2.0% 성장하였으며 그동안 농업생산조건이 개선되었다. 즉 연말까지 농업기계의 동력은 584만kw로

6.3% 성장했고 비료투입은 39만 톤으로 7.0% 증가하였으며 농촌용 전기량은 13kwh로 6.1% 성장하였다. 그리고 연간 새로 증가한 관개면적이 5,370헥타르이고 물 절약형 관개면적이 3,640헥타르에 달했다.

② 공업

하얼빈시의 공업경제가 안정적으로 발전하였다. 즉 규모이상 공업의 부가가치가 514억 위안으로 14.7% 상승하였는데 그 가운데 경공업의 부가가치가 230억 위안으로 18.5%, 중공업의 부가가치가 283억 위안으로 11.7% 각각 성장했다. 한편 주도산업이 급속히 발전하고 있는데 즉 시의 4대 주도산업이 실현한 부가가치가 427억 위안으로 15.7% 증가하였으며 규모이상 공업 부가가치의 83.1%를 차지하였는데 그 가운데 장비제조의 부가가치가 173억 위안으로 13.5% 증가하였고 의약공업이 40억 위안으로 13.9% 증가하였으며 식품공업이 158억 위안으로 22.1% 증가하였다. 한편 석화공업이 달성한 첨단기술산업의 생산액은 68억 위안으로 12.7% 성장했으며 규모이상 공업기업의 생산액은 326억 위안으로 17.2% 증가하였다. 또한 시멘트, 발전설비, 유제품, 음료 등 주요 공업제품의 생산량은 대폭 증가하였지

〈그림 II-6〉 하얼빈 개발구

〈표 II-11〉 2008년 하얼빈시 주요 공업제품의 생산량

구분	단위	생산량	증가율(%)
시멘트	만 톤	821	25.1
발전량	억kwh	141	△3.7
발전설비	만kw	3,510	12.3
알루미늄	만 톤	8	△1.1
철강	〃	72	10.8
유제품	〃	62	11.7
화학원재료	톤	4,914	△1.4

자료: http://www.stats-hlheb.gov.cn/xw!detaPage.action?tid

만 다만 수익성은 하락하였다. 따라서 연말까지 규모이상 공업경제 수익성의 종합지표가 165로서 3.2% 하락하였으며 이윤은 55억 위안으로 26.0% 감소하였다. 그리고 세금은 138억 위안으로 7.7% 하락하였다.

③ 건축업

하얼빈시의 건축업은 안정적으로 성장하였다. 즉 건축업체의 부가가치는 103억 위안으로 20.4% 성장하였는데 그 가운데 건축공정의 생산은 440억 위안이고 설치공정의 생산은 82억 위안에 달하였다. 한편 건축업체의 노동생산율은 1명당 146,485위안이었다.

④ 교통운수와 체신통신업

하얼빈시의 교통운수업은 안정적으로 발전하였다. 즉 연간 화물운송량은 11,489만 톤으로서 6.8% 성장하였는데 그 가운데 철도가 1,456만 톤으로 4.9%, 도로가 9,665만 톤으로 7.3%, 수상운수가 366만 톤으로 2.5%, 민항이 2만 톤으로 19.5% 각각 성장했다. 그리고 여객 운송량은 10,373만 명으로 8.9% 성장하였으며 그중 철도가 3,627만 명으로 9.4%, 도로가 6,497만 명으로 8.6%, 공항 이용인원은 499만 명으로 12.4% 각각 성장했다. 한

편 체신통신업 또한 안정적으로 발전하였는데 체신업무량은 185억 위안으로 39.6% 성장했고 우편업무량은 8억 위안으로 13.0%, 전신업무량은 177억 위안으로 41.2% 증가하였다. 그리고 유선전화 사용자가 249만 명으로 5.4% 증가하였는데 그중 도시의 전화사용자가 189만 명으로 12.2% 증가하였다. 한편 휴대전화 사용자는 727만 명으로 58.0% 증가했으며 고속인터넷 사용자는 117만 명이고 인터넷 사용자는 83만 명으로 0.8% 각각 상승하였다.

⑤ 금융과 증권업

하얼빈시의 연말까지 금융기관의 각종 예금잔액은 3,975억 위안으로 635억 위안 증가했으며 금융기관의 각종 대출잔액은 2,637억 위안으로 361억 위안 증가했다. 또한 각 대출잔액 중에서 단기대출잔액은 976억 위안으로 76억 위안이 증가하였고, 중장기 대출잔액은 1,408억 위안으로 181억 위안 증가하였으며 연간 농촌신용사 대출 잔액은 152억 위안으로 43억 위안 증가하였다. 한편 개인소비 대출의 연말잔액은 173억 위안으로 20억 위안 늘었으며 증권시장 거래금액이 하락하였다. 즉 연말까지 증권회사 수는 27개이고 각종 증권 거래액은 7,792억 위안으로 54.5% 하락하였으며 그 가운데 주식 거래가 5,554억 위안으로 56.9% 하락하였다.

〈그림 II-7〉 하얼빈시 금융가

⑥ 부동산업

하얼빈시의 부동산업이 안정적으로 발전하였는데 즉 부동산업에 대한 투자는 216억 위안으로 15.1% 상승하였으며 이는 사회고정자산 투자의 16.1%를 차지하였다. 한편 연간 부동산개발 시공면적은 1,611만m^2로서 7.2% 증가하였으나, 준공면적은 467만m^2로서 33.1% 하락하였다. 한편 주택분양 면적은 586만m^2으로 21.7% 감소하였다.

⑦ 관광업

하얼빈시의 관광업이 급속히 발전하였는데 즉 연말까지 국내외관광객은 3,020만 명으로 19.9% 상승하였다. 그중 국내관광객이 2,990만 명으로 20.0% 상승하였으며 국외 및 홍콩, 대만, 마카오 관광객은 30만 명으로 10% 증가하였다. 따라서 관광수입은 246억 위안으로 20.3% 증가하였는데 그중 국내관광수입이 233억 위안으로 21.0% 증가하였고 해외관광의 외화수입은 2억 달러로 17.7% 증가하였다.

3. 근현대 흑룡강성의 조선족 경제

앞 절에서는 흑룡강성과 하얼빈의 경제동향을 살펴보았다. 이 절에서는 근현대 흑룡강성의 조선족 경제 즉 조선족의 이주와 자연환경, 인구분포, 업종과 직업분포, 조선족 촌락의 경제분포에 대하여 살펴보도록 한다.

1) 조선족의 이주와 자연환경

(1) 조선족의 이주

조선족의 흑룡강성으로의 이주는 동북의 길림성이나 요령성에 비해 다소 늦은 편인데 대체적으로 19세기인 1880년대부터 끊임없이 이주해오게 되었다. 당시 대부분의 조선족들은 조선반도에서 직접 이주해왔고 일부분은 길림성과 요령성이나 러시아 연해주를 거쳐 흑룡강성으로 이주해왔다. 조선인의 흑룡강성으로의 이주는 대체적으로 청조말기, 민국시기, 위만주국시기 등 3개 시기로 나눌 수 있는데 시기마다 이주 원인, 이주 경로, 이주 형식과 분포 등에 있어서 각기 다른 특징을 나타내고 있다.

① 청조말기

1879년에 청조와 조선은 "중한조약 15조"를 체결하여 양국 간의 우호관계를 유지하고 청조영토에서의 조선인의 거주와 생명재산을 보호할 것을 확정했다. 이는 실질적으로 1626년 "강도희맹" 이후 300여 년간 지속되어온 청나라와 조선간의 국경지역봉금정책이 점차 와해되기 시작하였음을 의미한다. 그리하여 조선인들은 동북지역에 비교적 자유롭게 이주해오게 되었으며 이미 길림성과 요령성 및 러시아 연해주에 이주한 조선인들은 흑룡강성으로 끊임없이 이주하게 되었다.

예를 들면 1867년에 조선인들은 러시아 해란포에서 애훈 파벨라하구와 대공하류역으로 이주하였다. 1882년에는 함경북도 경원군 송하면의 리창호 일가가 훈춘을 거쳐서 동녕현 삼차구에 와서 정착하기 시작하였다. 1886년에는 3명의 조선인이 약초채집을 위하여 간도 즉 지금의 연변지역으로부터 출발하여 길림, 밀산 등지를 지나면서 30여 명의 조선인을 모집하여 료하현 대화진(당시 의순호라고 불렀음)으로 이주하였다. 1929년에 출판된 만철조사보에 의하면 1888년 20여 호의 조선인들이 동녕현 고안촌에서 황무지를 개간하여 농사를 짓고 있었다고 한다. 그 후 1892년에 많은 수의 조선인이 하얼빈에 와서 정착했고 1894년에 횡도하자 고령자 일대의 조선인들이 "십리사방"이란 넓은 곳에 집결하였다고 한다. 1895년에는 이미 길림성 서란현 주기구로 이주했던 조선인들이 흑룡강성 오상현 사하자향 소고산 일대에 와서 호아무지를 개간하여 벼를 심었다고 한다. 그 후 1898년에는 러시아 연해주 우수리 등 경내에 거주했던 일부 조선인들이 흑룡강성 목릉현으로 이주하여 농사를 지었다. 처음에는 봄에 와서 씨를 뿌리고 가을에 와서 걷어가는 "춘경추귀"의 형식으로 농사를 짓다가 나중에는 아예 "신한촌"을 만들어 정착하기 시작하였다. 또한 조선 북부와 기타 각지에서 온 노동자들은 중동철도건설노동에 참가하였는데 1903년 철도가 완공된 후 노동자들은 하얼빈, 일면파, 횡도하자, 목릉, 수분하 등지에 정착하여 농사와 기타 생업에 종사하게 되었으며 기타의 조선인들은 각처를 유랑하면서 품팔이로 연명하였다고 전한다.

1910년 "한일합방" 이후에 조선은 일제의 식민지로 전락하였다. 그리하여 파산한 수많은 농민들이 살길을 찾아 동북각지로 이주하였고 수많은 애국지사들도 일제를 몰아내고 나라의 독립을 쟁취하기 위하여 동북각지로 이주하였다.

19세기 말엽에 조선인들이 흑룡강성으로 이주한 노선은 주로 세 갈래가 있었다. 그 첫 번째 노선은 조선 함경북도 경흥이나 경원 등지에서 두만강을 건너 연변의 훈춘-후부투하대-수분하-대두천-동녕이나 영안, 해림 등 현으로 이주한 노선이다. 당시 대부분의 조선인들은 약 보름가량 도보로 목적지에 도착했다고 한다. 두 번째 노선은 조선의 평안북도 압록강을 건너 동변도지구 즉 지금의 입안, 관천, 통화, 환인, 림강, 홍경 등지를 거쳐 흑룡강성의 오상, 아성, 빈강 등지로 이주한 노선이다. 세 번째 노선은 러시아 연해주 일대에서 흑룡강성 동부와 북부변경의 각지로 이주한 노선이다.

1860년에 "북경조약"이 체결된 후 연해주 일대의 조선인들은 흑룡강성 동부의 삼차구 등지에 자유롭게 왕래할 수 있었고 1903년에 중동철도가 건설된 후에는 철도를 이용하여 흑룡강성으로 이주할 수 있게 되었다.

② 민국시기

1910년에 일제는 조선의 서울에 조선총독부를 설치하여 조선에 대한 식민지 통치를 전면적으로 실시하였다. 이어서 일제는 경제면에서 이른바 "토지조사사업"을 진행하여 조선의 토지를 미친 듯이 약탈하였는데 "토지

조사사업"을 진행한 결과 농촌경제가 붕괴상태에 직면하였고 80% 이상의 농민들은 파산하여 유리걸식하게 되었다. 그리하여 수많은 애국지사들과 파산한 농민들이 흑룡강으로 이주하기 시작하였다. 「로아시보」 1925년 6월의 보도에 의하면 1919년에 이르러 하얼빈의 조선인은 380명에서 722명으로 증가되었다 하였으며 1923년 현재 중동철도연선 각지에 정착한 조선인 호수와 인구수는 〈표 Ⅱ-12〉와 같다.

〈표 Ⅱ-12〉 중동철도연선의 조선인 분포상황(1923년)

지 명	호수(호)	인구수(명)
하얼빈	322	868
일면파	140	558
석두하자	60	199
횡도하자	25	68
해 림	1,034	2,887
영고탑	686	2,246
목 릉	196	1,310
수분하	176	940
삼차구	324	2,125

자료: 「만몽연감」, 대정 13년

〈표 Ⅱ-13〉 1930년 흑룡강성 조선인 호수와 인구분포

지 명	호 수	인구수	지 명	호 수	인구수
아성현	501	2,011	납하현	4	23
빈 현	180	812	배천현	86	430
빈강현	450	1,855	용강현	72	252
오상현	262	1,235	란서현	47	235
쌍성현	146	400	호란현	2	8
주하현	438	1,667	파언현	20	100
위하현	94	394	수화현	2	10

(계속)

지 명	호 수	인구수	지 명	호 수	인구수
영안현	2,003	10,015	망규현	2	11
동녕현	1,040	5,200	경성현	33	266
목릉현	268	1,265	철력현	30	150
동빈현	438	1,665	해륜현	7	34
방정현	70	347	수화현	8	37
의란현	168	715	극산현	26	130
벌리현	116	576	용진현	8	30
화천현	20	125	밀산현	803	4,207
부금현	43	139	태래현	223	766
보청현	43	252	청강현	100	501
동강현	3	16	목란현	188	836
수원현	594	2,823	통하현	188	836
요하현	454	2,296	탕원현	187	895
호림현	81	311	수동현	280	1,250
경성현	76	256	라북현	158	740
계주현	7	35	오운현	160	1,000
계동현	5	22	애훈현	6	30
안달현	15	49	오마현	12	56
림전현	8	40	막하현	2	10
눈강현	46	230	흑하현	110	550

자료: 「만주농업이민방책자료」

③ 위만주국시기

이 시기는 1931년 9·18사변부터 1945년 8·15광복 이전까지를 가리킨다. 이 시기에는 일제의 강제적인 이민정책 하에서 조선의 수많은 농민들이 직접 흑룡강성으로 강제이주를 당하였다.

1931년에 조선총독부는 이른바 "조선인이민회설립계획"을 제정했고 이어서 1932년에는 이른바 "선농사회설립계획"을 제정하였다. 이 계획에 의하여 일제는 매년 2만 호에 약 10만 명을 만주에 이주시키려고 하였으며 15년 내에 30만 호에 150만 명을 이주시키려고 계획하였다. 즉 일제는 조선이민을 이용하여 만주에서의 자기들의 권익을 담보하려 시도하였다. 1932년 8월에 일제는 또 "재만조선인이민대책요강"을 제정하였는데 그 내용은 첫째로 조선인 이민의 선차적 문제는 동북지역에 이미 이주한 조선인의 안전을 보증하는 문제이고, 둘째로 조선인의 시범농장을 꾸려 정치·경제·사상 면에 있어서의 여론준비를 잘함으로써 조선인의 이주를 격려해야 한다는 것이었다. 따라서 1932년부터 1935년까지 일제는 동부에서 반일독립운동단체와 조선인의 왕래를 단절하기 위하여 "집단부락"과 "안전농장"을 만들어서 9·18사변과 1932년 송화강 대홍수 중에서 피해를 입은 조선인들과 그리고 중동철도연선에 산재해있는 조선인 농민들을 "집단부락"과 "안전농장"에 집결시켰다. 따라서 흑룡강성 경내에는 일제가 꾸린 "안전농장"이 모두 53개나 되었다. 그중에는 조선총독부 산하의 소위 "안전농장"이 2개가 있었는데 즉 지금의 상지시인 주하현의 하동 "안전농장"과 수화 "안전농장"이었다. 하동의 "안전농장"은 1933년 4월에 설립되었는데 850호 마을에 3,485명의 농민들이 1,700정보(1정보는 0.99헥타르)의 토지를 경작하였다. 한편 수화의 안전농장은 1934년 4월에 설립되었는데 290호 마을에 940명의 농민들이 412정보의 토지를 경작하였다.

일제는 동북각지의 자연자원을 약탈하고 정치와 군사통치를 강화하기 위하여 1932년부터 1936년 사이에 동북각지에 철도를 부설하였다. 즉 짧은 5년 동안에 부설한 철도선은 장도선(장춘—도문), 목도선(목단강—도문), 목가선(목단강—가목사), 림밀선(림구—밀산), 빈북선(하얼빈—북안) 등이었는데 이 철도들은 조선인의 대량적인 이주에 유리한 조건을 마련해주었다. 따라서 1934년 12월 목도선의 개통으로 목단강 일대의 이주민이 급증하였으며 1936년에는 도가선의 개통으로 합강지역의 이주민이 급증하였다.

일제가 이민정책을 실시한 결과 1936년부터 1945년 사이에 흑룡강성 경내의 조선인 인구는 대폭적으로 증가하였다.

〈표 II-14〉 1935년 흑룡강성 각 현의 조선인 호수와 인구분포

지 명	호 수	인구수	지 명	호 수	인구수
동녕현	1,433	7,703	부유현	7	30
밀산현	2,131	11,348	극산현	61	157
호림현	458	3,585	극동현	2	7
요하현	1,443	6,765	감남현	2	7
무원현	439	2,243	배천현	19	40
목릉현	785	3,163	덕도현	5	41
보청현	179	780	경성현	3	16
영안현	5,365	25,074	태래현	157	559
벌리현	624	2,776	청강현	86	241
목란현	194	735	안달현	12	41
통하현	163	716	계동현	8	20
방정현	179	534	림전현	2	4
의란현	511	1,729	태강현	6	9
화천현	254	769	계주현	2	8
탕원현	172	625	명수현	1	2
부금현	153	495	란서현	1	1
호란현	27	74	오상현	189	955
파언현	40	200	아성현	457	2,161
철력현	82	321	연수현	189	698
수릉현	6	36	주하현	1,202	4,587
망규현	3	15	빈현현	263	1,063
동강현	170	392	룡진현	72	240
수화현	408	1,582	막하현	2	5
경성현	251	1,016	호마현	39	105
해륜현	286	1,276	애훈현	76	349
통북현	184	718	기극현	2	7
나하현	118	374	오운현	46	201
용강현	30	99	라북현	32	96
불산현	2	5	손하현	4	15

자료: 「만주국 지방사정」, 삼강성

1936년 8월에 일제는 위만주국 정부를 사촉하여 "재만조선인지도요강"을 제정하였는데 이 요강에 의하면 조선으로부터 매년 1만 호의 이민을 동북에 이주시키며 조선인 이민의 이주구역을 간도 및 동변도의 23개 현으로 제한하고 중국과 소련의 국경에 거주하고 있는 조선인 농민을 강압적으로 지정한 구역에 이주시키는 것이었다. 같은 해 9월에는 조선 서울과 동북의 장춘에 "선만척식주식회사"와 "만선척식유한주식회사"를 각각 설립하여 조선인을 강제로 동북각지에 이주시켰다.

1937년에는 수전경작을 위주로 하고 있는 조선남부의 경기도와 6개 도에서 2,500호의 농호를 이민으로 선정하고 간도성과 봉천성 영구현 구역에 강제로 이주시켰으며 1938년 7월에는 남만과 북만에 16개 이민현을 더 증가하였다. 따라서 1937년부터 1939년까지 집단, 집합, 분산 등 형식으로 이주한 조선이민은 2만 360호에 8만 8,309명이나 되었다.

1939년 12월에 일제는 더 많은 조선인을 동북에 끌어들이기 위하여 조선인을 23개 현에만 이주하게 하던 규정을 바꾸어서 철수하고 전 동북을 모두 이민지점으로 확정하였다. 따라서 이때부터 조선인들은 개척이민으로 전락하여 인적이 드문 제2 송화강지구와 목단강유역의 몽룡하, 합강과 하이랄의 황야에 이주하였는데 당시 통계에 따르면 1938년에 흑룡강성 목단강지구의 목릉현에 이주한 조선인만 하여도 266호에 1,249명에 달했다고 한

〈표 Ⅱ-15〉 1939년 새 규정에 의한 **흑룡강성 조선인 이민분포** 상황

지 명	촌(개)	호수(호)	인구(명)
목릉현	7	588	3,325
영안현	2	323	1,799
위하현	3	282	1,515
연수현	1	70	371
태래현	1	51	292
벌리현	1	70	350

자료: 「만주연감」, 강덕 7년

다. 1939년 새 규정에 의해 흑룡강성으로 이주한 조선인 이민분포 상황은 아래와 같으며, 1940년에서 이르러서는 흑룡강성의 조선인은 이미 153,357명에 달했다.

2) 조선족의 인구분포

(1) 거주지방 및 민족향별 분포[3]

흑룡강성 조선족은 1997년 현재 460,560명으로 소수민족 인구의 26.7%를 차지하였다. 1986년 자료에 의하면 도시 인구는 19만 명이고 농촌 인구는 27만 명으로, 자연증가율은 급격히 낮아지는 가운데 농촌 인구는 줄어들고 도시 인구는 늘어나는 등 인구의 이동이 심하였다. 그것은 흑룡강성뿐만 아니라 길림성, 요령성에서도 마찬가지로 도시로 몰려드는 조선족들은 대부분 장사를 하거나 식당을 운영하는데 이들의 현 거주지를 지역별로 나누면 다음과 같다. 흑룡강성에는 조선족자치향이 17개, 조선족·만족자치향이 2개이며 여기에 약 11만 명의 조선족이 대규모로 집결되어 살고 있다(표 II-17참조). 그리고 나머지 16만 명은 여러 지역에서 조선족이 압도적 우위를 점하여 작은 조선족 촌을 이루거나 한족들과 섞여서 살든지 아니면 도시지역에 살고 있다. 조선족이 압도적 우위를 점하는 조선족촌은 491 (499)개이며

〈표 II-16〉 거주지방과 인구분포

지역구분	조선족 거주 지방 명	인구
동부지역	목단강, 해림, 영안, 동녕, 림구, 목릉, 밀산, 계동 등	190,000명
중부지역	하얼빈, 수화, 상지, 아성, 오상, 연수, 방정, 홍하, 이란 등	138,524명
북부지역	가목사, 쌍악산, 학강 등	88,412명
서부 및 서북지역	치치하얼, 대흥안령, 분강, 흑하(黑河) 등	37,011명

---

3 강위원(2005), 『흑룡강성의 조선족』, 서울: 고향커뮤니케이션, pp.68-72.

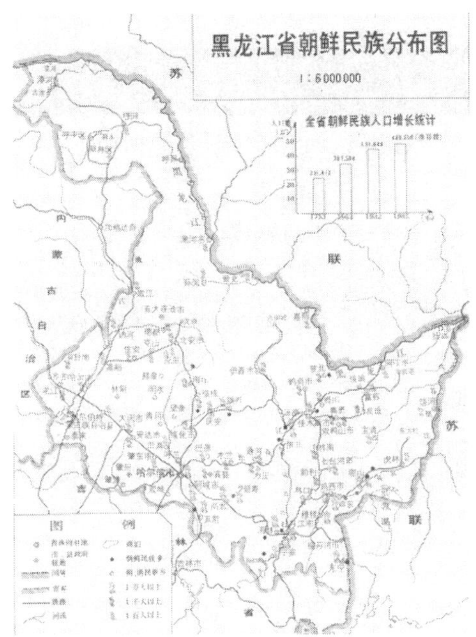

〈그림 Ⅱ-8〉 흑룡강성 조선민족 분포도(1953~1985)

〈표 Ⅱ-17〉 흑룡강성 조선족 민족향의 구조와 인구

		건립시기	행정촌	호수	인구	인균수입	조선소학	조선중학	조선고중
가목사시	화천현 성화조선족향	1984.4	6(6)	1251 (1256)	5671 (5683)	750	6	1	1
	탕원현 탕왕조선족향	1983.3	11(18)	1940 (2813)	10013 (12291)	650	8	1	1
	이란현 영란조선족향	1984.1	26(24)	552 (2122)	2521 (9890)	508	5	1	1
	몽북현 동명조선족향	1984.8	10(10)	824 (830)	3691 (3728)	789	5	1	1
목단강시	해림(海林)현 신안조선족향	1984.4	14(24)	1563 (4914)	10029 (20014)	789	6	1	
	해림(海林)현 해남조선족향	1984.4	5(16)	1526 (3523)	6822 (15583)	701	6	1	

(계속)

		건립시기	행정촌	호수	인구	인균수입	조선소학	조선중학	조선고중
	밀산현 화평조선족향	1984.10	6(19)	1145 (3570)	5180 (16302)	664	6	1	
	밀산현 홍개조선족향	1984.10	6(15)	918 (2748)	4040 (10501)	420	4	1	
	영안현 화룡조선족향	1986.9	7(17)	?	4920 (15000)	?	?	?	
	영안현 성동조선족만족향	1986.9	6(18)	1042 (4272)	5272 (18243)	630	6	1	
	영안현 강남조선족만족향	1986.9	8(28)	? (5029)	4659 (22383)	740	6	1	
	동녕현 삼차구조선족향	1984.3	8(20)	1785 (3600)	7495 (17305)	635	6	1	
이춘시	철력현 연풍조선족향	1985.2	5(12)	530 (2358)	2497 (11924)	500	2		
계서시	계동현 계림조선족향	1983.7	10(10)	2157 (2157)	9242 (9447)	420	7	2	1
계서시	계동현 명덕조선족향	1985.3	5(11)	648 (2190)	2946 (10150)	670	3	1	
송화강지구	오상현 민락조선족향	1984.3	13(24)	1425 (2798)	6484 (12592)	550	3	1	
송화강지구	상지현 하동조선족향	1985.4	7(14)	1260 (3260)	6430 (15165)	896	3	1	
수화지구	수화시 홍화향조선족향	1984.4	4(4)	842 (857)	3685 (3805)	754	2	1	
흑화지구	북안시 주성조선족향	1983.7	6(12)	470 (950)	2040 (4394)	540	2	1	

도시 중에서 조선족이 가장 많이 사는 목단강시에는 향급에 해당하는 행정 단위로 조선족가도(朝鮮族街道)가 한 개 있다(표 II-18 참조).

〈표 Ⅱ-18〉 흑룡강성 조선족 분포

지역	인구	세부지역	인구	세부지역	인구
하얼빈시	29	교구	15	아성시	13
		호란현	1		
치치하얼시	13	치치하얼시 교구	3	납하현	3
		극동현	1	용강현	3
		감남현	1	태래현	2
목단강시	176	목단강시 교구	12	해림현	39
		밀산현	31	영안현	43
		목릉현	20	동녕현	12
		호림현	4	임구현	15
가목사시	70	가목사 교구	4	동강시	4
		경하현	3	탕원현	20
		의란현	9	몽북현	10
		부원현	3	집현현	1
		화남현	6	보청현	1
		우의현	2	화천현	6
		부금현	1		
이춘시	11	의춘 교구	1	철력현	10
학강시	2	학강시 교구	2		
계서시	37	계서시 교구	9	계동현	28
쌍압산시	2	쌍압산시 교구	2		
칠대하시	15	칠대하시 교구	1	발리현	14
송화강지구	116	연수현	16	방정현	8
		통화현	6	보현	1
		상지현	32	목난현	5
		파언현	1	오상현	47
수화지구	19	수화시	7	경안현	7
		수릉현	3	해륜현	2
흑하지구	9	손극현	1	숙강현	1
		북안시	6	손오현	1
합계	499				

(2) 도시와 농촌 및 호적 구분에 의한 분포

① 호적인구

흑룡강성에 거주하는 조선족 인구는 길림성에 버금갈 만큼 많다. 흑룡강성 조선족 총인구는 388,458명이다. 그중에서 목단강지역에 분포된 인구가 가장 많은데 그 인구수는 120,363명으로서 전 성 조선족 인구의 30.98%를 차지하였다. 다음으로 많이 분포된 인구는 하얼빈시의 조선족 인구인데 119,883명으로 전 성 조선족 총인구의 30.86%를 차지하였다. 계서시의 조선족 인구는 50,580명으로 전 성 조선족 총인구의 13%를 차지하였다. 나머지는 치치하얼에 16,806명, 가목사에 26,558명, 흑하와 수화에 17,577명, 학상, 쌍압에 13,791명이 분포되어있다. 조선족 인구 중 농촌 인구는 241,220명으로 전 성 조선족 총인구의 62.0%를 차지하였다. 그중에서 조선족 농촌 인구가 가장 많은 지역은 목단강지역인데 인구는 62,500명으로 전 성 조선족 농촌 총인구의 25.9%를 차지하였다. 그다음은 하얼빈시의 인구가 57,424명으로 전 성 조선족 농촌 총인구의 17.9%를 차지하였다. 가목사의 인구가 13,744명으로 전 성 조선족 농촌 총인구의 5.6%를 차지하였고 치치하얼의 인구가 12,444명으로 전 성 조선족 농촌 총인구의 5.1%를 차지하며 이춘, 칠대하의 인구가 11,276명으로 전 성 조선족 농촌 총인구의 0.46%를 차지하였다. 그밖에 흑하, 수화, 학강, 쌍압산에 모두 18,524명이 있다.

② 도시 인구

불완전한 통계에 따르면 흑룡강성에서 도시에 살고 있는 조선족은 134,938명으로 전 성 조선족 총수의 34.7%를 차지하였으며 연령구성은 비교적 젊은데 주로 교원, 간부, 기술인원, 서비스 등 직업에 종사하고 있다. 다음으로 조선족 도시 인구가 가장 많은 지역은 하얼빈시인데 그 인구는 62,459명으로 전 성 조선족 도시 총인구의 42.2%를 차지하였다. 다음으로 많은 곳은 목단강시인데 인구는 57,863명으로 전 성 조선족 도시 총인구의

39.3%를 차지하였다. 기타 지구의 조선족 도시 인구는 5,000~7,000명 사이 이다.

③ 농촌 인구

불완전한 통계에 따르면 흑룡강성의 조선족 농촌 총인구는 241,220명으로 전 성 조선족 총인구의 62%를 차지하였다. 그중에서 농민이 141,036명으로 전 성 조선족 농촌 총인구의 58.46%를 차지하고 향진기업인구가 1,859명으로 전 성 조선족 농촌 총인구의 0.77%를 차지하였으며 상업인구가 4,740명으로 전 성 조선족 농촌 총인구의 1.96%를 차지하였다. 나머지는 93,585명으로 전 성 조선족 농촌 총인구의 38.8%를 차지하였다. 농촌 인구의 인구수는 지역에 따라 다르다. 그중 가장 많은 지역은 목단강지구인데 농촌 인구는 62,500명으로 전 성 조선족 농촌 총인구의 25.9%를 차지하였다. 다음으로 많은 곳은 하얼빈지구인데 농촌 인구는 57,424명으로 전 성 조선족 농촌 총인구의 23.8%를 차지하였다. 계서시는 농촌 인구가 43,287명으로 전 성 조선족 농촌 총인구의 17.9%를 차지하였다. 기타지구는 농촌 인구가 적다. 자세히 살펴보면 수화지구에 3,331명, 치치하얼에 12,444명, 이춘지구에 7,836명, 칠대하지구에 7,782명 학강지구에 7,351명, 쌍압산지구에 6,440명이 있다. 본성의 유출인구는 대부분이 농촌 인구인데 그 수는 110,133명에 달하였다. 청장년 남녀들이 많이 유출되어 현재 이 지역의 농촌에는 어린이와 학생 및 노인들만 남아있다.

④ 유출인구

개혁개방 후 농촌의 많은 인력들이 해외에 나가 많은 수입을 올리고 있다. 특히 흑룡강성의 조선족들은 대부분이 한국의 경상도, 전라도, 충청도와 강원도 후예들이여서 친인척관계를 이용하여 많은 인력들이 한국에서 외화를 벌어들이고 있으며 중국내 연해지구 즉 북경, 천진, 청도, 상해, 광동, 심수 등지에 나갔다. 그중 중국내에서 일하는 인구는 53,652명이고 한

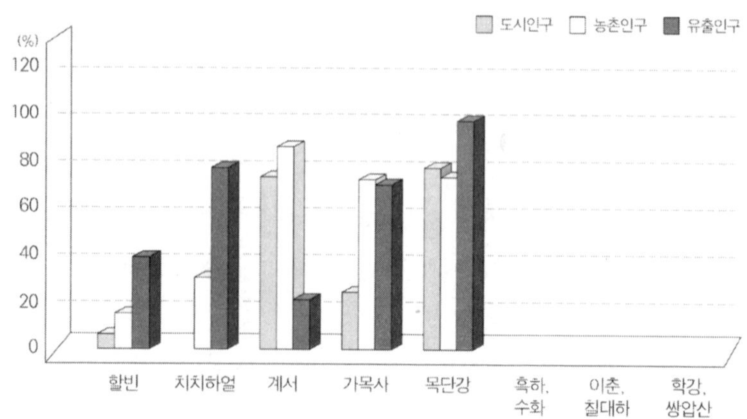

〈그림 II-9〉 흑룡강성 조선족 도시, 농촌 인구와 농촌 유출인구

국, 일본, 미국 등 외국에 나가 일하는 인구는 56,481명으로 도합 110,133명에 달하였다. 이는 전 성 조선족 농촌 총인구의 45.7%를 차지하였다. 조선족 농촌 인구의 유출 인구수와 비례율은 지역에 따라 다른데 유출인구가 가장 많은 지역은 하얼빈시로서 45,895명으로 전 성 조선족유출인구의 39.8%를 차지하였다. 다음으로 많은 곳은 목단강시로 유출인구가 22,365명에 달하여 전 성 조선족유출인구의 20%를 차지하였다. 또한 계서시의 유출인구는 5,869명, 흑하, 수화지구의 유출인구는 3,323명, 이춘, 칠대하 지구의 유출인구는 3,451명, 학강, 쌍압산 지구의 유출인구는 2,604명에 달하였다. 총괄적으로 보면 유출인구는 대도시인 하얼빈시, 목단강시, 계서시 등 지구에 많고 외각에 있는 농촌마을에는 상대적으로 적은데 가장 전형적인 곳은 무원현인데 3개 마을에서 해외로 나간 인구가 한명도 없다. 그중한 개 마을은 중국내로 나간 사람도 없다.

흑룡강성 조선족 도시, 농촌 인구와 농촌 유출인구는 〈그림 II-9〉와 같다.

(3) 조선족의 인구분포 특징

인구분포는 사회, 정치, 역사, 경제 등 제반요소의 영향을 받는 동시에 자연적조건 즉 기후, 지형, 물, 풍토, 지하자원 등 영향을 받는다. 조선족은 벼 농사를 많이 짓기 때문에 수전개발에 유리한 지역 즉 지형이 평탄하고 토질이 좋으며 적산온도가 2,600℃ 좌우인 지역에 많이 분포되어있다. 흑룡강 지역에서 상술한 조건에 부합되는 지역은 주로 홍개호평원, 삼강평원, 목단강평원, 송화강평원, 눈강평원이다.

① 삼강평원과 홍개호평원

본 지역에 포함된 시는 하얼빈시, 목단강시, 가목사시, 계서시, 학강시, 쌍압산시, 칠대하시 등이다. 이지역의 조선족 총인구는 219,074명으로 전 성 조선족 총인구의 56%를 차지하고 있는데(구체적으로 보면 계서시에 5,080명, 학강시에 7,351명, 쌍압산시에 8,874명, 가목사시에 38,470명, 칠대하시에 11,165명, 목단강시에 64,616명, 하얼빈시에 83,518명이 있다) 이 지역의 마을은 주로 목단강, 송화강, 흑룡강 하천유역의 평탄한 범람지에 분포되어 있는데 지형은 저위와 고위 범람지이고 부분적으로 하적호도 있다. 토양은 니탄토가 위주인데 개량된 후 점차 비옥도가 높아져 산량이 높다.

② 송눈평원

본 지구는 흑룡강성 중서부에 위치하였는데 눈강이 그 가운데를 가로지르고 있다. 조선족 인구는 156,176명으로 전 성 조선족 총인구의 40%를 차지한다. 각 지역의 분포를 보면 하얼빈시에 119,883명, 치치하얼시에 16,806명, 대경시에 3,176명, 수화시에 6,684명이 있다.

③ 북부지구

여기에는 이춘시, 흑하시, 대흥안령 등의 지구가 포함되는데 이 지구의 조선족 인구는 전 성 조선족 총인구의 3.4%를 차지한다. 주요도시의 인구를 보면 이춘시에 7,836명, 흑하시에 4,246명, 대흥안령지구에 1,126명이 분포되어있다.

따라서 조선족 인구의 분포특징을 크게 두 가지로 나눌 수 있는데 하나는 하천유역 즉 목릉하류역, 목단강유역, 송화강유역과 눈강유역에 분포된 것인데 그 분포형태는 수지상을 이루었고 적지 않은 구간은 하천을 사이에 두고 대칭형을 이루고 있다. 다른 하나의 특징은 이주시기에 조선족들이 철도를 따라 이동하였기에 조선족 마을들은 철도연선에 많이 분포되어있으며 또한 도시의 주변에 마을들이 많이 분포되어 인구 밀집형 분포의 특징을 나타내고 있다.

3) 조선족의 업종과 직업 분포

(1) 업종상황

2000년도의 전국인구 전반적조사자료에 의하면 전 성 각 업종의 조선족 재직인구는 171,779명인데 그중 농업, 목축업, 임업, 어업에 종사하는 인구는 100,516명으로 전 성 조선족 업종인구수의 58.51%를 차지하고 채취공업에 종사하는 인구는 1,937명으로 1.13%를 차지하고 전력, 석탄가스, 수돗물 생산과 상업에 종사하는 인구는 1,526명으로 0.89%를 차지하며 지질탐사와 수리관리에 종사하는 인구는 600명으로 0.35%를 차지하였다. 제조업에 종사하는 인구는 2,200명으로 7.1%를 점하고 건축업에 종사하는 인구는 6,242명으로 3.63%, 교통운수와 우정통신업에 종사하는 인구는 4,495명으로 2.62%, 도매, 판매, 무역, 음식업에 종사하는 인구는 17,200명으로 10.0%를 차지하였다. 부동산관리에 종사하는 인구는 274명으로 0.16%를 차지하고 서비스업에 종사하는 인구는 4,358명으로 2.54%, 위생, 체육과 사회복지에 종사하는 인구는 3,168명으로 1.84%, 교육, 예술, 방송, 신문, 출판 등 업에 종사하는 인구는 8, 948명으로 5.52%, 과학연구와 종합기술 서비스업에 종사하는 인구는 621명으로 0.32%, 금융, 보험업에 종사하는 인구는 1,432명으로 0.83%를, 당정기관, 사회단체에서 근무하는 인원은 5,421명으로 3.16%를, 기타 업종에 종사하는 인구는 2,305명으로 1.34%를

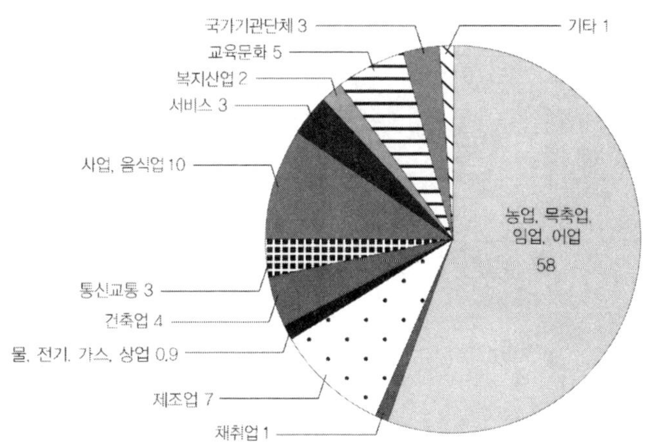

〈그림 II-10〉 흑룡강성 각 업종의 조선족 인구 구성

차지하였다(〈그림 II-10〉).

상술한 통계내용을 1990년대의 통계자료와 비교하면 모든 업종의 인구 가 증가되었는데 다만 부동산업에 종사하는 인구는 감소되었다는 것을 알 수 있다.

(2) 직업상황[4]

제5차 전국인구 전반적조사자료에 따르면 2000년의 조선족 재직인구는 171,779명이다. 그중 기술인원이 1,830명으로 전 성 조선족 재직인구의 1.07%이며, 당정기관, 당과 군중조직, 기업과 사업단위의 인원이 4,586명 으로 2.67%, 사무 인원과 유관 인원이 5,823명으로 39%, 서비스업 인원은 20,458명으로 11.98%, 농업, 임업, 목축업, 어업의 노동자와 수리생산인원 이 약 10만여 명으로 58.24%를 차지하였다. 생산노동자, 운수노동자와 유 관 인원은 21,369명으로 12.44%를 차지하였으며 기타 노동자가 1,047명으 로 0.61%를 차지하였다.

4　류충걸 · 김석주 · 김화(2008), 『흑룡강성 조선족 인구와 경제』, 연변: 연변인민출판사, pp.39-41.

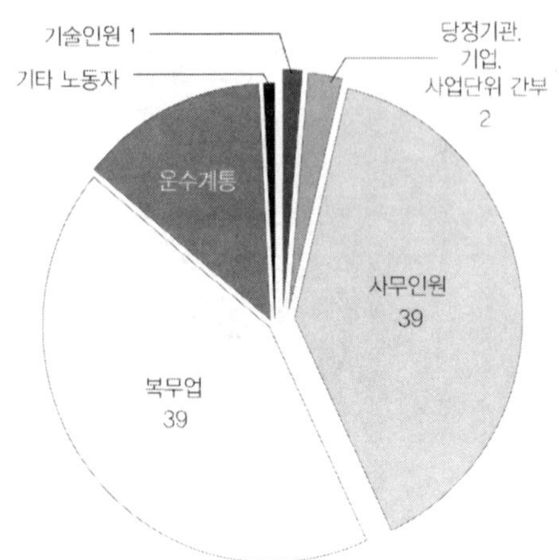

〈그림 II-11〉 흑룡강성 조선족 인구의 직업상황

2000년도 무직업인구는 129,663명인데 그중에서 재학생이 25,084명으로 19.35%를 차지하였고 요리, 가무 인구가 23,337명으로 1.80%를 차지하였다. 시, 진에서 취업대기인구가 10,600명으로 8.18%를 차지하였고 실업과 재취업 인구가 622명으로 4.8%이며 퇴직인원이 22,168명으로 17.1% 차지하였고 노동력을 상실한 인원이 15,884명으로 12.25%를 차지하였으며 기타 인원이 12,874명으로 9.93%를 차지하였다.

4) 조선족 향진의 경제

(1) 향진기업

개혁개방 후 조선족 농민들은 지난날의 단일한 벼생산만을 하던 산업구조를 조정하고 향진기업을 점차 발전시키고 있다. 특히 도시와 진의 부근에 있는 마을들에서는 도시와 진과 연합하여 대형·소형기업을 꾸리기도 하고 도시에 있는 기업과 연계하여 물품생산계약을 체결한 다음 계약에 따라 물품을 생산하고 보수를 받는 방법도 취하였다. 그중에서 대표적인 것이 화천현 성화향인데 초기에는 자동차수리로 시작하여 점차 성장하여 자동차

부품을 생산하여 수입을 증가시켰는데 이는 마을총수입의 41%이상을 점유하였다. 그리고 해림현 해남향에서는 그곳의 자원을 이용하여 건축자재를 생산하는데 그 수입은 마을총수입의 58%를 차지하였으며 그리고 계동현 계림향과 명덕향에서는 채탄업을 발전시켜 수입을 늘렸는데 그 수입은 각각 마을총수입의 31%와 26%를 차지하였다. 이외에 목릉현 강서향 갱신촌에서는 현지의 지하자원인 석탄과 금을 채취하여 전 성에서 가장 빈곤한 마을에서 가장 부유한 마을로 변신하였다.

(2) 건축업

농촌 생활수준이 높아짐에 따라 농촌주택 건설수요도 높아져서 주택건설조직이 이루어졌는데 이런 주택건설조직은 자기 마을의 주택을 건설했을 뿐만 아니라 시내에 들어가 다른 주택건설을 도맡아 건설하여 수입을 늘리기도 하였다. 특히 개혁개방 이후 주택건설조직은 더욱 활성화되었다.

(3) 공업품가공업

도시와 진의 부근에 있는 조선족 마을에서는 도시와 진의 공장과 연계를 맺고 계약을 체결한 다음 부품을 가공하거나 필요한 설비를 가공하고 있는데 이를테면 화천현 성희향에서는 1978년에 농기수리공장을 설립하여 초기에는 주로 향과 촌의 농기구를 수리하다가 후에는 외부와 연계를 맺고 자동차수리를 하였으며 1983년에는 하얼빈 성광기계공장과 연계하여 부분적인 자동차부품을 생산함과 동시에 소형 여객운수용 자동차를 생산하여 연간생산액 460만 위안에 세금 25만 위안을 창출하였다. 공장에서는 350명의 농민을 노동자로 채용하였는데 그중에는 2명의 공정사, 3명의 조리공정사, 27명의 기술원이 있다. 이런 공장은 중국농촌의 농민들이 농경사회로부터 산업사회로 넘어가는 데 있어서의 중요한 발판이기도 하다. 이외에도 하얼빈, 대경, 치치하얼 등 대도시 주변의 농촌에서도 국영기업과 계약을 체결하고 용접봉, 철문과 철창문, 알루미늄 통 등을 생산하여 수입을 높이고 있다.

(4) 건축자재공업

도시건설의 신속한 발전에 따라 몇몇 조선족 농촌에서는 벽돌, 채석장, 모래장도 경영하여 수입을 높이고 있다. 이를테면 해림현 해남향 향진기업에서는 연간수입이 150만 위안에 달하여 전 향 총수입의 58%를 차지하였으며 또한 방정현 서광촌에서는 마그네사이트기와를 생산하여 연간이윤이 5만 위안에 달하였고 이어서 밀산 부근의 조선족 마을에서는 소형 탄광과 금광을 경영하여 수입을 높였다. 계동현 계림향에서는 소형 탄광을 경영하여 연간 수입이 60만 위안에 달하였고 목릉현 조선족촌에서는 금광을 경영하여 전 성에서 가장 빈곤한 촌에서 부유한 촌이 되었다. 그리고 일부 농촌에서는 볏짚을 이용하여 제지공업을 발전시켰으며 또한 정미에서 나오는 싸라기와 볏겨를 이용하여 양조업을 발전시켜 높은 수입을 올리기도 하였다.

(5) 제3산업

개혁개방 이후 계획경제체제로부터 점차 상품경제와 시장경제체제로 이전됨에 따라 흑룡강성의 조선족농민들도 점차 전통적인 농업경제 위주에서 제3산업으로 적극적으로 발전시키기 시작하였다. 그리하여 전 성 각지의 조선족 농촌에는 수많은 소매점, 식당, 복장점과 수리소 및 이발소가 나왔고 김치류와 여러 가지 장조림반찬을 경영하는 전문농가가 나와 당지와 부근의 도시 심지어는 관내에까지 진출하여 경영하고 있으며 일부 경제적 여유가 있는 농민들은 도시의 여관을 인수하거나 혹은 부동산을 구입하여 여관업주가 되었으며 또한 어떤 농민들은 목욕탕까지 경영하고 있다. 그리고 많은 젊은 여성들은 도시에 나가 식당, 초대소, 호텔, 상점 등에서 종업원으로 일하는데 그 수입도 매달 900~1,000위안에 달해 농민수입의 상당한 비중을 차지하고 있다. 그리고 농한기에는 많은 농촌부녀들이 보따리장사를 하거나 나이 많은 여성들은 도시에 가서 파출부를 하거나 가정보모를 담당하여 경제수입이 증가되고 있다.

(6) 운수업

많은 조선족 농촌에는 현재 운수업을 발전시킬 수 있는 토대가 마련되어 있다. 이를테면 농번기에는 트랙터 밭갈이 등 농지작업을 하고 농한기에는 도시에 들어가 운수업을 도맡아한다. 즉 소달구지와 경운기는 농한기에 도시에 진출하여 건축업이나 상점과 연계하여 운수를 맡고 있다. 그리하여 운수업 수입도 농촌수입에서 차지하는 비중이 점차 커지고 있다.

(7) 부업

조선족 마을에서 부업으로 할 수 있는 일거리가 매우 많다. 70년대와 80년대에는 조선족 마을에 경작지가 적고 개간할 수 있는 황무지가 거의 없었기 때문에 수많은 조선족 농민들이 한족촌의 벼재배기술자로 초빙되었는데 그 수입도 비교적 많았다. 지금은 조선족 농촌의 젊은 세대의 상당수가 외지로 진출하여 농촌노동력의 부족으로 한족들을 고용하여 수전을 도맡게 하고 토지세를 받아 경제적 수입을 늘리고 있다. 그리고 한전이 있는 조선족 마을에서는 약재, 과수, 야채 등을 재배하여 수입을 늘리고 있다.

4. 근대 하얼빈 조선인 사회 경제

1) 하얼빈의 도시 형성과 조선인 사회

앞 절에서는 근현대 흑룡강성의 조선족 경제에 대하여 개관하였다. 즉 조선족의 이주와 자연환경, 인구분포, 업종과 직업분포 그리고 조선족 향진의 경제에 대하여 살펴보았다. 이 절에서는 오래전 도시인 하얼빈의 도시형성과 조선인 사회에 대하여 알아보고자 한다.

(1) 하얼빈의 도시형성[5]

하얼빈은 제정 러시아의 중동철도[6] 부속지를 중심으로 개발된 계획도시였다. 1896년 러시아가 중동철도 부설권을 획득했을 당시 송화강 연변에 자리 잡은 하얼빈은 육상교통이 발달하지 못한 만주의 상황에서 중시되던 하천 수송망과 신설 철도가 교차하는 입지조건 때문에 최상의 거점도시로서 기대를 모았다. 1898년 철도 기공식을 거행했을 당시만 해도 하얼빈은 송화강 연변에 민가 대여섯 채밖에 없는 한적한 어촌에 불과했지만, 철도건설에 따른 시가지 조성과 인구유입에 의해 도시화가 급격히 진행되었다. 특히 1903년 중동철도가 모두 개통된 시기를 전후하여 철도부속지가 확대되면서 러시아인, 중국인 인구가 급증했고, 이후 하얼빈은 거대도시로 변모해 가기 시작했다.[7]

〈그림 II-12〉 일본인 상가가 밀집한 하얼빈 지단가

출처: 동아시아의 민족이산과 도시(역사와 비평사, 2004, p.1.)

---

5   김경일 · 윤휘탁 · 이동진 · 임성모(2004), 『동아시아의 민족이산과 도시: 20세기 전반 만주의 조선인』, 서울: 역사비평사, pp.281-288.

6   일본의 경우 일반적으로 신해혁명 전까지는 동청철도라는 명칭을, 이후에는 동지철도, 만주사변 이후로는 북만철도를 공식 명칭으로 삼았다. 한편 중국은 신해혁명 이후 줄곧 중동철도라는 명칭을 사용했다.

7   이하 하얼빈의 도시 형성과정에 관해서는 주로 월택명(1989), 『하얼빈의 도시계획』, 총합사, 재인용.

처음 러시아의 중동철도 건설진은 해로로 블라디보스토크에 도착한 뒤 하바롭스크에서 흑룡강(아무르)과 송화강(숭가리)을 거슬러 올라 하얼빈에 당도했다. 그들은 송화강 연변에서 약간 떨어진 지역인 향방의 한 양조장 건물을 임시 철도관리국으로 삼아 도시 건설에 착수했다. 향방에는 곧 러시아 정교회의 니콜라이성당 건축을 시작으로 해서 임시 시가지가 조성되었다. 한편 향방과 송화강 사이에 자리 잡은 하안단구 지형의 진가장에 대한 정지 작업이 실시되어 관청가가 조성되었고, 강 주위의 습지대가 매립되어 상점가가 들어서게 되었다.

그 결과 하얼빈시의 골격을 구성하는 세 개의 주요 지구가 모습을 갖추게 된다. 먼저 향방은 관청가인 진가강과 상업지인 매립지가 조성되기 전까지 임시 시가지로서 하얼빈시의 원형을 만든 곳이라 하여, 스타르 하얼빈 혹은 구시가라고 불리었다. 한편 진가강은 이 구시가와 대비해서 노브 고로드, 즉 신시가라고 불리었는데, 중동철도 하얼빈역, (향방에서 옮겨온) 철도관리국, 그리고 구역 중심에 자리 잡은 니콜라이 대성당(통칭 중앙사원)[8]이 들어서 있어 시의 중추부임을 과시했다. 이곳은 나중에 남강이라 불리게 된다. 한편 송화강 연변의 매립지는 프리스탄, 부두구라 불리었다. 부두구는 원래 중동철도의 철도부속지가 아니었으나, 송화강을 통해 운송된 건설자재가 이곳을 거쳐 신시가 즉 남강과 구시가 방향으로 운반되었기 때문에 공사장의 중국인 노동자들이 거주하게 되고 러시아인의 여관·상점이 들어서면서 자연스럽게 시가지로 확대되었다.

1903년 중동철도 개통 시 러시아에 의해 철도부속지로 편입되면서 부두구는 일약 번화가로 변모하게 된다. 나중에 하얼빈, 나아가 북만주의 긴자라 불리게 되는 키타이스카야(중국인 거리)는 당시 중국인 노동자들이 자재를 운반하던 길이라고 해서 그대로 거리이름으로 남은 것이다. 만주국 시기 이

---

8 1966년 문화대혁명 당시 홍위병에 의해 파괴되어 현존하지 않는다. 만주지역 러시아 정교회의 총본산으로 동아시아 최고의 정교회 성당으로 알려져 있다.

후 지금도 중앙대가로 불리는 이키 타이스카야는 하얼빈역 북쪽으로 육교를 끼고 프리스탄과 노브 고로드를 잇는 대로로 러시아 자본가의 상점들뿐만 아니라 (특히 러일전쟁 이후로) 미국과 영국 등 구미자본의 상점과 은행이 들어서 하얼빈 경제의 심장부가 되었다. 키타이스카야를 중심으로 한 부두구 일대는 만주 유수의 상업중심지 하얼빈의 상징적 존재이기도 했다.

〈그림 II-13〉 하얼빈 중앙대가

이상 세 지구와 함께 중국인의 밀집 거주지구인 부가전이 중동철도 철도 부속지 외곽 북동쪽에 들어섰다. 부두구가 러시아인과 구미인의 상업지구로 발전하게 되면서 이들과 거래하기 위해 모여든 중국인 상인들에 의해 형성된 거주지구이다. 신해혁명 이전에 빈강천 관할 아래 놓여있던 이 부가전은 1916년부터 시가지 확장과 도로정비가 본격화되면서 중국인의 상업중심지로 변모했다. 이는 당시 중국 각지 외국 조계지의 외곽에 중국인 상점가가 분포하고 있던 것과 마찬가지 현상이었다. 조계나 철도부속지의 행정권을 열강이 장악하고 있었기 때문에 중국인 상인들이 상업활동상의 제약을 피하기 위한 조치였던 것이다. 부가전은 행정구역상으로는 길림성에 속해있었다.

이리하여 하얼빈시를 구성하는 4대 핵심지구가 그 원형을 형성하기에 이르렀다. 중동철도 동남부의 구시가 향방구와 신시가 남강구 그리고 송화강 연변에 인접한 부두구(혹은 도리) 부가전(혹은 도외)이 바로 그것이다. 이러한 도시의 각 지구 구성은 만주국 시기를 거쳐 현재의 하얼빈시에도 기본적으로 이어지고 있다.

이렇듯 하얼빈은 중동철도의 기점으로 러시아 만주지배의 거점도시이자

'동양의 모스크바'로 건설된 계획도시였다. 또 키타이스카야를 중심으로 한 부두구의 상업중심지화 과정을 통해 살펴본 바와 같이, 20세기 전반 러시아, 영국, 미국, 일본 등 제국주의 열강의 각축전이 펼쳐진 무대이기도 했다. 하얼빈은 이른바 '국제도시'로서 '동양의 파리'라는 별명으로 불리기도 했다.

열강 각축전의 일환이었던 러일전쟁 이후 일본은 관동주와 만철을 획득하여 남만주지역에 지배거점을 마련했지만, 하얼빈을 포함한 북만주는 아직 일본의 직접적 영향권에서 벗어나 있었다. 단지 1907년 3월 하얼빈에 일본 총영사관이 설치되었고, 이듬해 10월에는 치치하얼에 영사관이 설치되었을 뿐이다.

일본의 영향력이 하얼빈을 비롯한 북만주 일대로 확대되기 시작한 시작점은 역시 러시아혁명이었다. 혁명과 그 여파로 하얼빈의 백계 러시아인과 일본인 인구가 일시 급팽창했기 때문이다. 즉 시베리아 등 동부 러시아지역에서 전개된 반볼셰비키 백군의 내전과 영·미 주도하에서 일본이 두각을 나타낸 이른바 '시베리아 출병', 즉 반혁명 침략전쟁에 따른 단기적 인구팽창이었다. 하얼빈시의 (백계)러시아인은 1916년 3만 4,115명에서 1920년 13만 1,073명으로 늘어나 소비에트 정권에 반대한 정치적 망명의 흐름을 읽을 수 있다. 이 중에는 약 2만 명으로 추산되는 유태인도 포함되어있다. 한편 일본인은 697명에서 3,759명으로 급증했고 조선인 인구도 63명에서 722명으로 늘어났다.9 혁명에 이은 내전으로 인해 (소비에트) 러시아의 영향력이 약화됨으로써 열강의 각축전이 본격화하고, 그 와중에 최대의 육군 병력을 파견했던 일본이 (소련과 조선 사이의) '완충국' 구상을 실현시키기 위해 세력권을 강화하려 했던 것이 인구팽창의 배경으로 작용했다고 하겠다.

이러한 인구팽창 현상은 콜차크나 세묘노프 등 일본 참모본부가 지원한 백군 반혁명세력이 궤멸되어 반혁명 침략전쟁이 최종적으로 종식되는 1922년 말 시점 이후 각 민족의 인구가 감소하고 있다는 데서도 잘 드러난

9 『하얼빈 시지』(1999), 흑룡강인민출판사, pp.537-538. 재인용.

다. 즉 1922년과 1924년의 하얼빈시 인구를 민족별로 비교하면, 러시아인이 15만 5,402명에서 2,376명으로, 조선인은 714명에서 345명으로 절반가량 감소를 보이고 있다.[10] 만주국 수립 이전 하얼빈시 인구는 1911년에는 9만 9,371명에서 1923년에는 31만 9,355명으로 그리고 1931년에는 33만 1,019명으로서 1920년대 내내 30만 명 규모를 유지하게 되지만, 이 중 조선인 인구는 1,000명 이하에 불과했다.[11]

(2) 하얼빈의 조선인 사회

1920년대 조선인의 북만주 이주상황을 살펴보면 〈표 II-19〉와 같다.

1922년 5월 하얼빈 일본총영사관의 조선총독부 파견원이 작성한 보고서 『북만주 거주 조선인』의 상황에 따르면, 1922년 초 북만주의 조선인 이주자는 모두 2,312호 9,217명이었다. 이를 출신지별로 나누어보면 함경북도가 전체의 50% 이상을 차지하고 평안북도, 함경남도, 경상북도, 경기도가 많은 편이었다. 그러나 조선에서 직접 이주한 경우보다 일단 간도와 남만주로 이주해 있다가 다시 북만주로 이주한 경우가 더 많았다. 연해주와 서부 시베리아에서 온 이주자도 상당수였다는 점에 주목할 필요가 있다.

〈표 II-19〉 북만주 조선인의 지역별 인구분포(1922년, 인구규모 순)

지역	호수	인구	지역	호수	인구
영안현	953	3,705	상선현	26	78
동녕현	285	1,544	복금현	13	32
밀산현	298	1,192	이란현	5	17
목릉현	172	895	빈강현	5	15
하얼빈	132	691	기타	314	661
동빈현	109	423	합계	2,312	9,217

---

10 위의 책, pp.537-538, pp.509-514쪽. 재인용.

11 위와 같음.

1922년 현재 하얼빈의 조선인 인구규모는 132호, 691명으로 영안, 동녕, 밀산, 목릉현에 이어 다섯 번째이지만, 직업별로 볼 때 절대다수를 차지한 농업종사자(농장노동자 포함 7,797명)를 제외하고 잡화상, 노동자, 숙박업, 정미·곡물상, 작부·창기 등은 모두 도시 인구로서 대부분 하얼빈 거주자였다고 봐도 무방하다.

도시 인구 중에서 특히 아편매매업자 수가 압도적으로 많았던 것이 북만주 조선인 사회, 하얼빈 조선인 사회의 큰 특징이었다. 이는 1926년에 시행된 조선총독부 내무국 사회과의 조사결과와도 일치한다. 즉 "북만주의 도회지 중 조선인이 비교적 다수 거주하는 곳은 하얼빈뿐인데, 여기 거주하는 조선인 중 약 1할 남짓은 무역상, 의사, 민회직원, 상점 등의 사무원 및 노동자이고, 나머지 약 9할은 아편밀매와 연관업(아편흡읍소)으로 의식주를 해결하는 자들"이었다는 것이다.

〈표 Ⅱ-20〉 북만주 조선인의 직업별 분포(1992년)

직업	호수	인구	직업	호수	인구
농업·농상노동	1,837	7,797	중매·용달	5	17
의사	5	24	전당포	1	4
치과의	1	2	잡화상	37	112
약종매약	8	26	토목건축	-	2
교육자	9	19	인쇄 직공	-	2
노동자	27	88	창녀	-	35
재봉업	4	14	대서업	1	1
세탁업	-	1	숙박업	13	59
이발업	1	6	시계수선	1	1
요리·음식업	7	20	아편매매	107	549
종교인	4	14	무직	13	63
경미·곡물상	8	46	직업불명	222	309
무역업	2	7	합계	2,313	9,218

총독부 사회과에 따르면, 1926년 당시 하얼빈의 조선인 인구는 300호, 1,200명으로 되어있으므로 270호 가량이 아편매매 관련업으로 생계를 유지하고 있었던 셈이다. 당시 만주지역 전체의 조선인 인구는 9만 6,852호, 55만 3,190명, 시베리아지역 조선인 인구는 18만 8,480명이었다.

물론 하얼빈 총영사관이나 총독부 사회과의 조사 자료를 액면 그대로 믿을 수는 없다. 왜냐하면 당시 일본이 만주지역 조선인을 개개인에 이르기까지 정확히 파악하고 있었다고 볼 수는 없기 때문이다. 일본이 만주지역 거주자를 실질적으로 파악하게 된 시점은 만주국이 건립되고 나서도 근 10년이 지난 1940년대 이후부터라는 것이 일반적 평가이다. 만주국 수립 이후의 상황이 이러했다면, 1920년대 일본의 조선인 사회 파악은 훨씬 더 힘들었을 것이 분명하다. 따라서 북만주 조선인 도시 인구의 무려 9할이 직업상으로 아편과 관련되어 있었다는 보고 역시 단편적 정보와 민족적 편견에 입각해있을 가능성이 높다. 그러나 도시지역 조선인의 열악한 생활여건 때문에 아편밀매와 같은 '부정업' 관련자가 많았던 것만은 사실이었던 것 같다. 예컨대 만주사변 이후의 자료이긴 하지만, 재만조선인의 실업문제와 사상문제를 연관시켜 분석한 어떤 자료에서는 부정업 관련자의 발생에 대해서 다음과 같이 언급하고 있다.

방대한 조선 내 고등유민은 끊임없이 만주진출의 기회를 기민하게 모색하고 있는 관계상, 만주의 지식 선인은 나날이 증가하는 추세이다. 그런데도 만주의 각 기관은 앞서 말했듯이 조선인의 존재 같은 것은 안중에 두지 않고 강 건너 불구경이나 하는 것처럼 무관심한 태도를 취하고 있기 때문에, 자연스러운 추세로서 실업의 구렁텅이에 빠지게 되어 배고픔과 추위 앞에서 이상이나 체면 따위는 돌아볼 겨를도 없이 다음과 같은 부정업에 손을 대거나 자포자기 상태에서 불온사상으로 치닫는 자가 끊이지 않는 상태이다. 즉 아편 또는 금제품 매매나 국경지방의 밀수출입 사업, 또는 철도 연선에서의 각종 브로커, 그리고 소위 직업적 불량배 가맹 등 이러한 부정업으로 호구지책을 꾀하고 있는 그들을 증오하기 전에 우선 각 위정 당국은 종래와 같은 조선인 차별주의 혹은 경원주의를 스스로 타파해야 할 것이다.

결국 도시지역 재만조선인 중 아편밀매 관련자가 많았던 이유 중 하나는 지식층 실업문제가 중요한 요인이었음을 알 수 있다. 이로써 실업 문제가 사상문제로 직결되는 구도가 존재했다고 하겠다. 재만조선인의 실업문제는 조선 내부의 사정과 연동될 수밖에 없었다는 점도 주목해야 할 대목이다. 만주국 초기의 이러한 상황은 1920년대 후반 상황의 연장선에 서있다고 볼 때, 앞서 인용한 '9할'의 도시 부정업자 수는 재만조선인 현실의 일면을 어느 정도 반영한다고 볼 수 있다.

만주사변 이전 시기 하얼빈의 조선인들은 거의 모두 거류민단체인 조선인회에 소속되어 있었던 것으로 보인다. 하얼빈 조선인회(회장 신태현)가 설립된 시기는 1920년 4월인데, 1922년 현재 회원 수가 132호, 691명으로 되어 있어 앞서 총영사관에서 조사한 그해의 조선인 총수와 일치한다. 하얼빈 일본 총영사관은 러일전쟁 이후인 1909년에 설립된 조선인 친목단체 공제회를 흡수해서 조선인회로 재편했던 것인데, 1920~21년에는 하얼빈을 비롯한 북만주지역에 모두 7개의 조선인회가 집중적으로 설립되었다. 내전의 혼란 속에서 조선인들이 자신의 권익을 지키기 위한 의도도 물론 있었겠으나, 러시아혁명 이후 권력의 일시적 공백상황에 편승하여 전개된 일본의 세력부식 의도와 연동되었음도 부정할 수 없다. 그것은 회원 회비를 중심으로 한 조선인회의 재정이 일본 외무성과 조선총독부의 보조금에 의존하고 있는 데서도 알 수 있다. 1921년도 하얼빈 조선인회의 회계를 보면, 지출(6,007위안)이 수입(5,104위안)을 초과해 900여 위안의 적자재정인데, 이를 외무성·총독부 보조금(600위안)으로 메우고 있었다. 같은 시기에 설립된 북만주의 다른 조선인회들 중 절반 이상이 폐쇄된 것과 달리 하얼빈 조선인회는 1931년 10월 만주 전역의 조선인 거류민회들이 전만조선인민회연합회로 통합될 때까지 지속되었다.

2) 하얼빈의 확장과 경제권 형성

(1) 만주국의 수립과 하얼빈의 변용[12]

만주사변과 만주국 건국 이후 관동군은 소련 지배하에 있는 중동철도 부속지를 제외하고 구하얼빈시 구역과 주변지역을 편입시킨 뒤, 1933년 7월 수도 신경과 같은 특별시로 격상시켰다. 관동군은 구시가, 신시가, 부두구, 마가구, 부가전, 편검자(나하로프카) 등으로 구성되어있던 하얼빈시에 대해 향후 인구 1백만을 목표로 하는 대(大)하얼빈 건설계획을 수립하고 도시개발에 착수했다. 그 결과 하얼빈은 총면적 930㎢에 달하는 광대한 면적에, 봉천시 다음으로 많은 인구를 가진 거대 도시로 확대되었다.

하얼빈특별시는 구북만특별구 지역인 부두구(도리)와 신시가(남강), 구시가(신안부 및 향방)와 그 외곽 지역들(구향헌), 마가구, 팔구 등을 중심으로, 당시 길림성 빈강시였던 부가전(도외), 흑룡강성 송포시였던 송화강 건너편의 송포 그리고 길림성 빈강현과 아성현의 31개 둔, 흑룡강성 호란현의 10개 둔을 병합하여, 종래 4개 시와 41개 둔을 거느린 거대 도시로 비약했다. 특별시의 행정구획은 부가전구, 부두구, 팔참구(혹은 팔구), 남강구, 신안구(혹은 신안부구), 정양하구, 사만구, 마가구구, 구하얼빈구, 고향구, 태평구, 송포구, 수향구 등 13개 구로 나뉘어져 이후로도 기본적으로 유지되었다.

이러한 대확장에도 불구하고 만주국 수립 이전에 형성된 4개 구역이 하얼빈의 핵을 구성하였던 점에는 변함이 없었다. 도리, 즉 부두구는 경빈선 하얼빈역과 송화강 사이의 일본인 거주지로 변모하여 도리공원, 야마토 호텔 등이 자리 잡았으며, 하얼빈의 긴자인 키타이스카야, 태양도 등의 유락시설, 외국인 고급주택가도 들어서 있었다. 도리와 마주보는 위치의 도외, 즉 부가전구는 중국인 밀집지구로서 상점가와 유흥가, 아편굴이 들어섰으

---

12 김경일·윤휘탁·이동진·임성모(2004), 『동아시아의 민족이산과 도시: 20세기 전반 만주의 조선인』, 서울: 역사비평사, pp.289-302.

며, 도리와 도외 사이에 빈주선(하얼빈-만주리)이 부설되면서 팔참구에 소규모 공장지대가 형성된다. 신시가, 즉 남강구는 경빈선 하얼빈역의 내륙부에 러시아인이 밀집한 복합 거주구역을 형성하여 중앙사원과 러시아인 묘지가 자리 잡았다. 오리엔트, 아시아, 모던, 하얼빈회관, 평안좌 등 극장이 밀집되어 '문화가'를 형성하고 있었다. 신시가지 외곽의 마가구구와 부두구 인근의 나하로프카, 즉 신안구 등지에도 러시아혁명 이후 이주한 백계 러시아인 거주지가 형성되어 있었다. 이 중 나하로프카는 러시아인 빈민층 거주지였다. 남강구에는 이밖에도 북만주 최대의 사찰인 극락사와 하얼빈 신사 등 중국, 일본의 종교시설과 건국기념탑, 군관구 사령부 등이 자리 잡고 있었다. 구시가, 즉 향방은 구하얼빈시 구역으로 외곽에 경마장과 비행장이 들어서 있었다.

하얼빈의 특별시화와 치안안정 추세에 발맞추어 인구도 급격하게 팽창 일로를 밟았다. 즉 1928년 말에 28만 2,962명, 1930년 말에 30만 5,627명, 만주사변 직후인 1931년 말에는 33만 1,019명이던 하얼빈 인구는 만주국 수립 이후 40만 명 선을 돌파하게 되었고, 소련으로부터 중동철도를 접수하게 되는 1934~35년에는 일시적으로 50만 명을 넘는 규모로까지 급팽창하여 봉천을 제치고 만주국 제1의 도시 인구를 자랑한 적도 있다.(〈표 Ⅱ-21〉).

1920년대 후반부터 특별시 시기까지 하얼빈은 북만주의 상업중심지로서뿐만 아니라 만주 전체로 보더라도 그 위상이 확고부동하여 부분적으로 봉천이나 신경을 능가할 정도였다. 예컨대 하얼빈 남강에 위치한 만철북만경제연구소의 분석은 다음과 같았다.

하얼빈시는 북만주 경제의 대동맥인 북만철로 및 송화강을 중심으로 한 비옥한 배후지에 의해 배양되어 오늘날과 같은 규모를 갖추었고, 또 북만철로 등의 각종 경제공작 역시 이 배후지들을 대상으로 해서 시행되었다. 이에 하얼빈을 중심으로 한 단위 경제구역이 형성되었다. 그 결과 북만주 경제는 남만주 경제와 확연히 구별되어 여러 가지 특수성이 존재할 뿐만 아니라 때로는 남만주 경제를 압박하는 사태를 파생시키는 경우도 여러 차례 있

〈표 II-21〉 만주국시기 하얼빈의 민족별 인구추이(1932~40년)

연도	조선인	일본인	중국인	소련인	무국적인	기타 외국인	합계
1,932	3,245	5,582	345,365	21,839	26,234	2,532	404,797
1,933	5,207	9,096	342,332	24,908	29,346	2,497	413,386
1,934	5,631	15,655	420,922	20,801	34,178	3,339	500,526
1,935	6,066	27,399	389,430	7,384	29,493	2,288	462,060
1,936	3,346	32,472	388,658	6,561	27,992	2,450	464,812
1,937	4,355	26,347	393,157	5,578	25,751	2,792	457,980
1,938	5,056	28,238	394,540	4,457	25,366	2,549	460,206
1,939	6,330	38,197	439,491	2,548	28,103	2,458	517,127
1,940	8,962	51,448	549,536	1,845	31,346	2,394	645,531

었으며 특히 콩 등 특산물은 남만주시장을 리드하는 상태를 유지하면서 만주사변을 맞이했다.

만주사변을 전후한 시기에 형성된 이른바 북만주 경제권, 즉 하얼빈경제권은 서쪽으로 만주리, 동북으로 송화강 하류 전역에 걸치는 지역에서 광역시장권으로 형성되었다. 하얼빈이 북만주 경제의 중심일 수 있었던 것은 중동철도 건설 이래 하천교통까지 포함한 각종 교통기관의 중심지였던 것, 정책적으로 철도운임이 하얼빈 본위로 책정되었던 것, 또 각종 경제활동이 하얼빈을 중심으로 전개되었던 것 때문이다. 여기에는 만주사변 이전부터 구미 열강의 각종 금융기구가 하얼빈에 집중해 있었던 것도 큰 요인으로 작용했다.

1929년 말 현재 만주주재 주요 외국은행을 살펴보면, 하얼빈에 본점을 둔 은행은 극동차관은행(소), 극동은행(소), 극동유태인상업은행(유태계) 등 3행이었으며, 하얼빈에 지점을 둔 은행으로는 노아은행(중러합판), 회풍은행(홍콩), 화기은행(미국), 중화무업은행(중미 합판), 불아은행(프랑스) 등 6행이 있었다. 조선은행과 횡빈정금은행도 지점을 개설했다. 키타이스카야는 이 외국은행들의 금융가를 형성하고 있었다. 이밖에도 하얼빈에 지점이나 연락소를 개설한 러시아 외의 구미의 기업들은 1925년 현재 100개를 넘었고 미국, 영국, 프랑스, 독일 상업회의소도 조직되어 있었다.

영국·미국·독일·소련은 총영사관을, 프랑스·이탈리아·포르투갈·벨기에·폴란드·에스토니아·스웨덴·네덜란드·덴마크·라트비아·체코슬로바키아·리투아니아는 영사관을 설치하여 자국민들의 경제활동을 도왔다. 그 결과 인구의 절대다수는 중국인과 러시아인이었지만 경제활동 면에서는 정반대여서, 구미인의 상업활동은 "인원이 적은 데 비해 다대한 바 있어 일본, 러시아, 중국인이 따라잡을 수 없는바"라는 평가를 받았다. 만주국 수립 후에도 상당기간 동안 이 같은 구미자본의 지배력은 불식되지 않았던 것으로 보인다.

이러한 지정학적·역사적 조건 위에서 하얼빈은 북만주의 교통중심지로서 물자공급도시 겸 거대 소비도시로 발돋움했다. 만주국 수립 이전부터 육상·수상교통의 요충이었던 상황이 만주국 건국 이후 집중적인 자본투하로 가속화된 결과였다. 육상교통으로 경빈선, 빈주선, 빈수선(하얼빈-수군하), 납빈선(나팔-하얼빈), 북안선(하얼빈-북안) 등의 철도와 자동차도로가 사통팔달로 뻗고, 이들이 송화강, 흑룡강, 우수리 강의 수상교통과 연결되었다. 신경까지 1시간 걸리는 항공교통도 그 일익을 담당했다. 교통요지로서의 지정학적 위치는 무역량 등에도 반영되어 대련과 함께 일본 본토와 중국, 독일 그리고 소련 등 다양한 수입선을 가진 물자공급 겸 소비도시로서 면모를 과시할 수 있었다.

만주국 건국 이후 1933년 6월부터 개시된 소련 지배의 중동철도 접수교섭은 철도의 '남북 통일'로 하얼빈의 경제적 위상을 제고시킬 절호의 계기로 비쳤다. 만주국은 1935년 3월 철도대금 1억 4,000만 위안, 철도원 퇴직금 4,000만 위안, 도합 1억 8,000만 위안으로 소련과 중동철도 접수에 최종 조인했다. 공식 접수 5개월 후인 8월 31일 오전 5시부터 8시까지 3시간 동안 242km에 달하는 신경-하얼빈 구간의 광궤(5피트) 철로를 표준궤(4피트 8인치)로 줄이는 공사를 성공리에 진행하여 당일부터 대련에서 하얼빈까지 특급열차 '아시아'를 운행했는데, 이는 일본의 북만주 장악을 상징적으로 알리기 위한 일종의 의례로 기획되었다고 할 수 있다. 이러한 기대는 하얼빈 인구의 일시적 급증을 초래했는데, 특히 경기 진작을 기대한 일본인 인구유입이 두드러졌다. 그 결과 1934년 말 하얼빈은 만주국 최대의 도시 인구를 자랑하던 봉천을 제치고 50만 명 선을 넘어서게 된다. 따라서 1935년 말에도 하얼빈은 만주국 25개 도시 중 상주인구 1위를 차지하였다.

(2) 중동철도 접수와 하얼빈 경제권의 쇠퇴

그러나 중동철도 접수를 전후한 시기의 이러한 기대와 달리 만철의 철도정책은 치안악화에 따른 농촌경제의 부진과 함께 하얼빈의 경제적 지위를 급격하게 변화시키는 결과를 초래했다. 본래 중동철도 접수를 가장 중시했던 것은 관동군 측이었다. 중동철도는 파리와 블라디보스토크를 잇는 대륙 횡단철도의 간선이기 때문에 물동량에 의한 경제적 영향 외에도, 대소관계상 안보면에서 중요시되었다. '반공'을 표방하는 만주국 내부에 소련 영향권 아래 있는 기관이 존재한다는 사실 자체가 정치적 불안요인이라고 판단했을 것이다. 만주사변 이후 만철에 의한 새로운 철도선의 부설이 군사적 관점에서 주로 북만주지역에 집중되었던 것도 중동철도를 의식한 조치였다. 결국 중동철도 매수는 경제적 의미보다 군사적 의미가 우선시되었다고 할 수 있다. 실제로 그 여파는 1930년대 중반 새로운 철도선의 영업이 개시되면서 현저하게 나타나기 시작했다. 즉 신설 철도가 북만주의 물자유통망에 결정적 변화를 가져와 북만주 도시부의 개발에 엄청난 파장을 미치게 되었던 것이다.

새로운 철도선의 건설과 중동철도 접수가 하얼빈 중심의 기존 북만주 유통경제망에 끼친 영향과 변화를 구체적인 사례를 통해 살펴보자. 먼저 납빈선 개통의 영향을 알아본다.

종래 하얼빈과 길림 사이의 최대 집산지인 오상현의 수출 특산물은 그 전량이 마차 수송에 의해 중동철도 동부선의 일면파나 남부선의 삼차하로 운송되고 있었다. 그러나 납빈선 개통 이후 이 수출입 노선이 근본적으로 변화를 보이게 된다. 즉 오상역의 1934년 4월부터 1935년 3월까지 1개년간 화물발착량을 보면, 북만주 특산물인 콩 3만 3,400톤 전량이 만철선으로 발송되어 이를 포함한 총발송량의 90.5%가 만철선(=대련행)이었으며, 하얼빈행은 2.6%에 불과했다. 납빈선은 또 북부조선-동해-일본(니기타)을 잇는 이른바 '일본해 루트'를 개척하리라고 기대되었지만, 오상역에서 조선북부행 역시 0.6%에 불과했다. 다만 오상역에 도착한 화물발송지들을 볼 때 만철선 12.9%, 북철선(=하얼빈행) 13.2%로서 소비물자는 아직 하얼빈에 의존하고 있으나, 납빈선 연선의 특산물 유통은 하얼빈 경제권에서 이탈하는 경향에 있었다.

두 번째로 도녕선 개통의 영향을 꼽을 수 있다. 중심지인 목단강역의 경우 1933년 7월부터 1936년 3월까지 발송화물의 76%는 도녕 및 도가선행이고 나머지 23%가 북부조선행이었으며, 도착화물의 45%는 도녕, 도가선행, 23%가 북부조선행이어서 북부조선과의 연계를 일부 확인할 수 있다.

목단강은 도녕선이 개통되기 전까지 작은 한촌이었으나, 1935년 이후의 20개년 계획, 30만 도시계획에 의해 1931년 인구 3,549명에서 1936년 5월 말 4만 2,627명의 신흥도시로 급팽창하였고, 이후 1940년대 동만총성의 거점도시로서 이 지역의 핵으로 발돋움했다.

세 번째는 빈북선, 빈주선, 재북선(치치하얼-북안) 개통이 연선 곡창지대에 미친 영향이다. 이 지역은 1934년 현재 북만 전체 곡물 수확고의 50%를 차지하고 있었다. 빈북선의 경우 양대 집산역인 해륜과 수화의 1934년 농산물 도착지별 발송톤수는 해륜산 콩 중에서 만철선행이 61%, 하얼빈행이 38%, 조선북부선행이 1%였다. 농산물 전체로 보면 만철선행이 56%, 하얼빈행이 42%였다. 수화의 경우 농산물 발송량 중 80%가 만철선행이고, 하얼빈행은 17%에 불과했다. 즉 북만주 특산물은 하얼빈을 건너뛰어 직접 대련으로 남하하는 추세를 보였고, 소비물자 또한 남만주발이 점차 지위를 강화해나갔음을 읽어낼 수 있다. 이 경향은 재북선의 경우에서 두드러졌다. 즉 태안발 농산물의 98%, 극산발의 경우 88%가 만철선이어서, 하얼빈 시장은 재북선 연선에서 거의 배제되는 상태가 되어 하얼빈의 유방공업은 원료 조달마저 어려운 상황이 발생했다.

네 번째는 북흑선(북안-흑하) 개통이 하얼빈 항운에 미친 영향을 들어야 할 것이다. 흑하는 흑룡강의 항운으로 성립한 도시로 강이 결빙되는 반 년간은 경제적 봉쇄상태가 불가피했다. 북흑선의 개통은 이 현상을 타파하는 돌파구가 되었다. 더욱이 항운운임과 철도운임의 격차, 수송시간 등으로 인해 하류 항운은 대타격을 받게 되는데, 하류 항운의 중심지가 바로 하얼빈이었다. 따라서 흑룡강 항운의 쇠퇴는 기존 유통로와 하얼빈 상권을 후퇴시키는 결과를 초래했다.

이 현상은 임밀선과 도가선 개통에 의해 송화강, 우수리강 항운에 의존해온 지방도시들(이란, 가목사, 복금, 소하, 호림, 밀산 등)이 받은 영향과 동일한 것이다. 그 결과는 하얼빈 부두화물의 이출입 양과 선박 수를 연차별로 비교해 보면 곧 알 수 있다. 1937년도 통계를 보면 하얼빈 부두의 연간 발착 선박척

〈표 II-22〉 하얼빈 부두의 화물 이출입 현황(1937년) (단위: 척/천톤)

부두별	선박수		출				입				
	입항	출항	계	염	마대	기타	계	땅콩	소맥	석탄	기타
팔구	2,298	2,292	74.4	7.9	5.0	52.9	274.4	173.2	75.6	-	5.3
도리	1,892	1,892	3.8	-	-	2.0	106.6	-	1.7	67.9	0.7
복가현	2,141	2,141	12.6	-	-	7.6	45.0	-	-	40.6	0.9
삼과수	32	32	3.5	-	-	0.3	0.4	-	-	-	0.4
합계	6,495	6,486	94	7.9	5.0	62.8	426.4	173.2	77.3	108.5	7.1
1,936	9,127	9,141	100.0	11.9	4.5	70.8	559.1	180.0	110.0	149.8	16.7
1,935	10,376	10,362	77.8	9.5	3.2	53.4	434.2	185.5	76.3	106.9	2.5
1,934	9,134	11,012	44.5	7.6	4.4	23.3	460.6	250.2	55.1	96.7	2.6

수는 1935년을 정점으로, 화물 이출입 톤수는 1936년을 정점으로 해서 각각 감소하는 경향을 보이고 있다(〈표 Ⅱ-22〉).

이상의 동향을 요약하자면 중동철도 접수 이후 하얼빈 경제권, 즉 북만경제권은 쇠퇴하는 경향을 보였고, 이와 반비례하여 목단강과 가목사 등 소위 동만경제권이 새로이 대두하기 시작했다고 할 수 있다. 특히 중일전쟁 이후 만주국 4대 국책사업의 하나가 되는 북변진흥계획이 빈강성 동북부의 삼강성과 동안성 등지를 중심으로 전개되면서 하얼빈은 그 중간 기착지 역할에 머물러야 했고, 따라서 하얼빈 경제권의 경향적 쇠퇴는 필연적이었다. 또 중일전쟁 이후 구미 자본까지 점차 빠져나가게 되면서 하얼빈의 경제적 위상은 가속적으로 쇠퇴해져갔다. 1939년 현재 하얼빈의 외국상사는 176개로서, 영국계의 530만 위안을 최대로 하여 약 1,000만 위안의 자본규모를 갖고 있었으며, 연간 거래액이 1억 2,000만 위안에 달하였다. 그러나 이 자본이 차츰 후퇴하는 움직임을 보였다. 즉 "구정권시대에 만철을 통해 일본자본이 차지하고 있던 남만에 대항하여 북만에서 번영하고 있던 외국자본의 활동이 만주국의 탄생으로 일본자본의 손이 뻗치고 들어오자 퇴영의 빛을 보이다가, 더욱이 요사이 전시하의 각종 통제로 말미암아 전면적 타격을 받고 영업부진으로 속속 폐쇄"되어 갔던 것이다.

3) 하얼빈 조선인 인구 및 직업분포

(1) 하얼빈 조선인 사회의 사회인구학적 실태[13]

만주국 수립 후 특별시제가 시행된 초기 하얼빈시 인구의 민족별·구역별 분포를 살펴보면 〈표 Ⅱ-23〉과 같다. 여기서 알 수 있듯이 하얼빈의 조선인 인구는 도시 전체 인구의 1.1%에 불과했다. 일본인 인구(3.1%)의 1/3, 러시아인(소련인과 무국적인=백계 러시아인 합산) 인구(11.0%)의 1/10에 해당하는 소수였던 것이다. 중동철도 접수 이전 시기임을 감안한다고 하더라도 러시아

---

13 위의 책, pp.303-310.

〈표 II-23〉 하얼빈의 민족별·구역별 인구분포(1934년)

	조선인	내지인	본국인	소련인	무국적인	기타 외국인	합계
복가전구	1,661	511	177,828	23	78	123	180,224
부두구	1,510	9,963	40,780	3,930	7,783	1,294	65,260
팔전구	101	344	10,717	79	86	1	11,328
남강구	314	2,744	23,467	6,499	5,081	766	38,871
신안구	749	286	31,213	4,517	7,746	438	44,949
정양하구	21	16	5,757	701	877	71	7,443
사만구	36	0	4,406	952	1,430	45	6,869
마가한구	195	1,338	20,851	3,162	8,827	626	34,999
구하얼빈구	226	76	17,686	519	1,086	82	19,675
구향구	513	6	54,920	8	51	21	55,519
태평구	339	353	20,770	9	21	3	21,495
송포구	0	15	7,432	4	0	0	7,451
수향구	1	3	3,727	288	939	22	4,980
총계	5,666	15,655	419,554	20,691	34,005	3,492	499,063

인(소련 국적인과 백계 러시아인 포함) 인구에 비해 약 1/6 내지 1/7 정도였다고 할 수 있다.

참고로 하얼빈시가 포함되어있던 빈강성 지역 전체의 인구를 1940년 만주국 최초의 공식 인구센서스 자료를 통해 살펴보면 〈표 II-24〉와 같았다.

만철 홍보과의 한 자료에 따르면, 백계 러시아인은 러시아혁명 이후 약 70~80만 명이 세계 각지로 망명한 것으로 추산되며, 만주로 피난한 것은 혁명 직후 제정러시아군 잔당 700명 유입에서 시작되어 1922년까지 모두 약 14만 명에 달했으나, 그 중 8만 명 정도는 연해주, 남중국, 미국, 캐나다 등지로 다시 이주해갔다. 만주 내에서 하얼빈 이외 지역으로 이주한 경우에도 대부분 중동철도 연선에 거주했으며, 신경, 봉천, 대련을 합쳐도 1,500여 명에 불과했다. 즉 이주 종착지는 아니었지만 적어도 만주국 내에서 하얼빈

〈표 Ⅱ-24〉 빈강성의 민족별·지역별 인구분포(1940년)

지역	총계	만주인						일본인				제3국인	무국적인
		합계	만주기인	한인	몽골인	회교인	기타	합계	내지인	조선인	기타		
총계	4,234,206	4,055,781	298,435	3,734,613	7,315	12,297	3,121	137,681	71,399	66,032	250	1,612	39,132
하얼빈시	660,756	561,423	26,398	529,122	163	5,119	621	61,811	52,534	9,209	68	1,408	36,114
호란현	305,342	304,453	9,563	292,782	35	838	1,235	885	253	632	-	3	1
빈현	285,099	280,486	6,687	273,781	-	18	-	4,609	387	4,221	1	-	4
아성현	263,355	254,381	39,890	211,384	5	2,997	105	8,619	2,021	6,598	-	3	352
오상현	237,924	222,950	2,471	220,125	6	131	217	14,972	3,799	10,998	175	-	2
쌍성현	534,927	532,870	182,476	349,067	342	347	638	2,022	594	1,428	-	2	33
조주현	233,693	233,640	1,265	232,089	119	167	-	53	50	3	-	-	-
조동현	199,894	199,324	2,053	196,702	3	500	66	450	412	38	-	1	119
난서현	191,663	191,584	5,696	185,591	555,559	151	87	79	79	-	-	-	-
안달현	126,800	125,737	124,338	124,338	2	895	16	503	431	72	-	174	386
청강현	205,396	203,871	203,871	202,440	4	160	-	1,525	64	1,461	-	-	-
동흥현	39,321	36,701	36,701	33,237	11	151	30	2,620	440	2,180	-	-	-
파언현	312,737	309,882	309,882	306,419	12	263	18	2,861	590	2,271	-	-	4
목란현	87,072	83,471	83,471	82,879	-	90	4	3,599	687	2,912	-	1	1
연수현	152,460	140,999	140,999	134,655	3	23	1	11,456	871	10,585	-	-	5
주하현	123,846	107,714	107,714	103,510	6	388	31	15,804	6,794	9,807	3	20	308
위하현	61,742	54,223	54,223	52,597	-	8	113	5,720	1,338	4,379	3	-	1,799
곽이라사후기	212,248	212,151	212,151	203,913	6,545	51	-	93	55	38	-	-	4

은 백계 러시아인이 가장 밀집하여 살았던 도시였다.

만주국은 중동철도 접수에 즈음하여 1934년 백계 러시아인 사무국을 공인기관으로 창설하고 이들을 등록시켰는데, 1936년 11월 말 현재 사무국 하얼빈 본부 등록자수는 2만 5,942명이었고, 만주국으로 전적을 신청 중인 소련 국적자는 하얼빈에만 2,000명가량 되었다. 소련 국적자는 대부분 구 중동철도 종업원들이었다.

앞에서 하얼빈 특무기관의 중요성에 대해 언급했지만, 하얼빈 특무기관의 첩보활동에서 러시아인은 필수 불가결한 존재였다. 조사, 통역 등 인적 첩보, 서류에 의한 문서첩보 그리고 암호해독 등 통신첩보 등 모든 방면에서 러시아인의 존재는 절대적이었다. 예컨대 '하얼빈 특별첩보'(약칭 하특첩)를 주도적으로 창설한 인물은 러시아 반혁명 정부('콜차크 정부')의 대장대신 역임자(미하일로프)였으며, 문서첩보 담당직원의 구성을 보면 일본인 37명, 러시아인 52명(1941년 현재)이었다. 요컨대 군사도시이자 정보도시 하얼빈에서 소수민족 가운데 가장 '유용'했던 존재가 백계 러시아인이었다는 것, 이로 말미암아 이들에 대한 일본의 '배려'가 있었음을 지적해둘 필요가 있다.

다음으로 거주지역을 보면, 조선인은 시내 13개구 가운데서 중국인 밀집지구인 부가전(도외)과 일본인들이 주로 모여 살던 부두구(도리) 구역에 각각 1,600명 정도씩 거주하고 있었고, 백계 러시아인 빈민가인 신안구에도 750명이 거주했음이 확인되어, 이 세 구역의 인구가 전체 조선인 인구의 약 70%를 차지하고 있었다. 하지만 각 구역 전체 인구 속의 비율을 볼 때 독자적인 조선인 거주지역을 이룰 정도로 밀집되어 있지는 못하였다. 이는 만주국 대도시 가운데 신경의 매지정, 팔리보, 봉천의 십간방 그리고 목단강 서구 등지에 조선인 집단거주지가 존재했던 것과는 사뭇 대조적인 현상이다.

조선인들은 부가전 중에서도 승덕가(24호 117명), 대신가(22호 101명), 장춘가(30호 129명), 평강호동(23호 67명), 정양가(10호 35명), 난민구(18호 71명)에 많았지만, 부두구에서 수도가(12호 77명), 지단가(14호 81명), 매매가(26호 185명), 일면가(21호 201명), 대안가(12호 60명), 전지가(26호 182명), 북시장육도가(15호 54명), 사각호동(16호 74명) 등에 가장 많은 수가 거주하고 있었다. 이 가운데 부두구의 매매가와 일면가는 각각 남 70명/여 115명, 남 65명/여 136명으로 여성인구가 비정상적으로 많아 이 지역에 조선인경영 유흥가가 있었음을 쉽게 알 수 있다. 그밖에 태평구의 삼과수에 32호 147명이 거주하고 있는데, 이들은 대부분 하얼빈 부두노동에 종사했던 것으로 보인다.

이러한 거주지역 분포는 조선인 관련 주요 시설의 위치와도 조응한다. 1934년 당시의 주요 기구 중 조선인 거류민회(도리 지탄가. 1936년 치외법권 철폐와

민회 해산 이후 신설된 협화회 조선인 분회는 도외 남마로로 이전), 조선은행 지점, 조선은행 출장소(도외 남이도가)나, 이후 1930년대 후반의 반도연합소비조합,『만선일보』북만주 지사는 모두 부두구와 부가전에 자리 잡고 있었다.

한편 일본인 인구의 81%는 하얼빈의 노른자위인 부두구와 남강구에 거주하여 지배민족의 위상을 반영했고, 러시아인은 부두구와 남강구 이외에 마가구와 신안구에 골고루 분포했다. 이 중 신안구 거주자들이 러시아인 빈민층이었는데, 이 지역에 조선인이 다수 거주하고 있었다는 것은 앞서 지적한 바와 같다. 부두구의 일본인 밀집지인 지단가(237호 1,153명), 매매가(369호 1,547명), 일면가(79호 566명) 가운데 매매가와 일면가에 조선인 기관이 밀집해 있는 것도 주목할 점이다.

다음으로 조선인의 직업구성을 살펴보면 〈표 II-25〉와 같다. 무업자는

〈표 II-25〉 하얼빈의 민족별·직업별 인구 구성(1934년)

직업	조선인	내지인	본국인	소련인	무국적인	기타 외국인	합계
농목임업	768	45	34,787	42	185	15	35,842
수산업	0	5	345	0	3	0	353
광업	5	3	409	14	53	12	496
공업	190	1,034	60,268	1,247	2,451	224	65,414
상업	682	3,465	73,620	801	2,880	426	81,874
교통업	80	1,448	26,196	3,176	1,945	134	332,979
공무 자유업	225	2,049	14,460	1,658	3,669	474	22,535
가무	63	265	10,685	1,637	3,353	224	16,227
기타 유업자	62	197	19,216	706	1,881	88	22,150
유업자 합계	2,075	8,511	239,986	9,281	16,420	1,597	277,870
무업자	3,593	7,145	180,397	11,520	17,758	2,243	222,656
총계	5,668	15,656	420,383	20,801	34,178	3,840	500,526

전체의 63%나 차지한다. 전체적으로 과반수를 상회하는 이들 무업자의 내역은 좀 더 자세하게 밝혀질 필요가 있으나, 현재 남아있는 인구통계자료로는 그 구체적인 규명이 힘든 실정이다. 다만 일본인(내지인)과 중국인(본국인)에 비해 무업자 비율이 유업자보다 압도적으로 높은 것이 특징적이다.

민족별로 볼 때 63%는 최고 수치에 해당하기 때문이다. 나머지 37%를 차지하는 조선인 유업인구의 구성은 농목임업 37%, 상업 33%, 공무자유업 11%, 공업 9% 순으로 되어있다. 상업과 공무자유업의 비중이 높아 보이지만, 다른 민족과 비교해볼 때, 농목임업 비율이 전체 인구의 13.5%로 월등히 높음을 알 수 있다(중국인 8.3%, 러시아인 0.4%, 일본인 0.3%).

하얼빈 총영사관이 1935년 말에 조사한 영사관 관내의 전체 통계에 따르면, 직업구성상 관공리는 일본 측 관공리와 만주 측 관공리로 대별되어 있다. 일본 측 관리는 32호 170명, 공리는 14호 57명이고, 중국 측 관리는 31호 159명, 공리가 29호 107명으로 227명, 266명으로 거의 동수를 점하고 있다. 또한 은행회사원이 68호 182명 포함되어있고, 그 내역은 철도국 114명, 금융인 34명, 동아권업주식회사 13명, 기타 7명으로 되어있어 접수된 중동철도 철도국 관련 직원이 다수 있었음을 알 수 있다.

조선인의 직업구성은 1935년 제1차 임시인구조사 결과의 중분류(40개)와 소분류(210개) 통계에 의해 좀 더 자세히 살펴볼 필요가 있다. 특히 상업과 공무자유업에서 다수를 점한 직종이 무엇이었는지 파악해낼 수 있기 때문이다. 먼저 공업(281호)을 보면 190호 중 1/3 이상인 70호가 토목건축업에 종사하고 있는데, 이 가운데 5호만이 단독영업 혹은 고용주이고 나머지 65호는 모두 사영 사용인의 지위였다.

기술자, 직원이 15호, 목수가 14호로 가장 많고 토공도 6호였으며, 기타로 분류된 것이 16호였다. 상업(679호)의 경우 물품판매업이 229호로 이 중 141호가 단독영업 형태였고, 접객업이 단연 많아서 417호(61.4%)를 차지했다. 접객업은 74호가 고용주(남 62, 여 12), 343호(남 115, 여 228)가 고용인이었다. 즉, 여성인구 전체(2,714명)의 약 40%가 접객업 종사자였던 셈이다.

한편 공무자유업(142호)의 경우 정무가 46호로 가장 많고 의업과 기타 자유업이 각 28호, 군무가 16호, 교육이 15호 순으로 되어있다. 정무는 국가사무가 31호, 지방사무가 15호인데, 전자는 관리 10호, 관공고용원 12호, 후자는 관공고용원이 12호로서 하급고용원과 과반수의 서기가 대부분을 차지하고 있었음을 알 수 있다.

극소수의 관리 중에서 인명이 확인되는 경우는 하얼빈 농정과장 이사관 이강준, 하얼빈 경찰청 경정 홍기만, 하얼빈 관세과장 이사관 김승식, 하얼빈 세무감독서 사무관 이동봉, 빈강성 개척청 사무관 배정도, 빈강성 세관 사무관 조봉준, 그리고 준관리로는 만주국협화회(후술할 것임) 하얼빈 시본부 사무관 탁춘봉, 하얼빈 조선인 분회장 황의명, 하얼빈 동문국민고등학원장 김중화 등이다. 의사로는 제세의원을 경영한 의학박사 김두종을 꼽을 수 있다. 통계자료의 제약 때문에 1934~35년의 실태 이외에 인구구성상의 특징을 연차적으로 파악할 수 없어서 결론을 내리기에 신중할 수밖에 없지만, 요컨대 하얼빈의 조선인은 직업구성면에서 토목건축 노동자, 각종 판매업 종사자 그리고 접객업소 종사들이 절대다수를 차지하고 있었다. 물품판매업 중에서는 약품판매업의 비중이 높은데, 이는 아편매매와도 관련이 있을 것으로 추정된다. 반면 관리 등 상층부에 진입할 수 있었던 조선인은 극소수에 불과했다. 지배민족인 일본인은 물론 러시아인, 중국인과 비교할 때도 현격하게 취약한 사회적 지위에 놓여있었던 것이다. 무업자 수가 압도적으로 많았던 것과 만주국 건국 이전부터 성행했던 아편거래에 조선인이 검거되는 기사가 심심찮게 등장한 것도 이러한 상황과 결코 무관하지 않을 것 이다.

5. 개혁개방과 한중수교 이후의 흑룡강성 조선족 경제

앞 절에서는 하얼빈이 어떤 과정을 거쳐서 도시가 형성되었으며 당시 조선인 사회는 어떠했는지를 알아보았다. 즉 하얼빈의 확장과 경제권이 형성되면서 하얼빈 조선인 사회의 인구와 직업분포를 알아보았다. 이는 현재의 하얼빈 조선인 사회와 조선족 경제 및 조선족 기업을 이해하는 데 중요한 기초자료를 제공한다. 따라서 이 절에서는 개혁개방과 한중수교 이후 흑룡강성 조선족 경제 및 한국과의 관련성에 대하여 살펴보고자 한다.

1) 개혁개방과 한중수교 이후 조선족 사회의 변화

(1) 개혁개방과 한중수교 이후 조선족 사회의 변화[14]

중국의 경제개혁과 문호개방정책으로 오랫동안 폐쇄 상태에 있던 조선족 사회도 문호를 개방하고 경제·문화 교류를 활발하게 추진해 오고 있다. 이러한 조선족 사회의 변화에는 같은 민족 국가인 한국이 지리적으로 인접해 있다는 사실과 한국이 60년대 이래 고도의 경제 성장을 이룩하여 외부 노동력을 수용할 수 있는 능력을 갖추었다는 사실이 크게 작용했다. 한국 기업이 중국으로 진출하기 시작하고 편벽한 시골에 살던 중국 조선족은 한국에 거주하는 친척을 방문하면서 경제적으로 부유해졌을 뿐만 아니라 한국의 선진 문화로부터 많은 것을 배우고 경험할 수 있었다. 그리고 그들은 한국행을 통해 시야를 넓혀 한국 이외의 다른 외국으로 진출할 수 있는 도전 정신을 가지게 되었다. 이제 중국 조선족은 한국기업을 통해 세계를 상대로 한 시장경제 원리를 체험했으며 선진 기술과 경영관리방식을 배웠다. 조선족은 한국기업에서 하루의 업무를 미루지 않고 당일에 끝내는 것, 말한 것을 실천하는 것, 일을 효율적으로 신속히 처리하여 실력 있는 자가 승진하는 것을 배웠다. 또한 그들은 개인적으로 중국 내에서는 감히 엄두도 내지 못하던 경제적 부를 축적하여 공장을 세워 생산을 하거나 사업을 시작할 수 있는 자본을 축적할 수도 있게 되었다. 그리고 자신들 문화의 특수성과 중요성을 깨닫게 되었을 뿐만 아니라 중국 공민으로서의 정체성을 확인하

---

14 임계순(2003), 『우리에게 다가온 조선족은 누구인가』, 서울: 현암사, pp.294-300.

게 되었다. 그러나 중국 동북3성에 거주하던 조선족이 중국 연안 지방과 한국으로 진출하게 된 결과 조선족 문화를 보존해왔던 일부 집거지, 특히 농촌 집거지가 해체되기 시작하면서 전통 조선족 문화의 특성인 공동체의식과 문화의 이중성이 약해지면서 조선족 문화는 존립 위기에 처하게 되었다.

개혁개방 이후 중국 국내시장이 활성화되고 연안 지방으로 한국기업이 진출하자 많은 조선족이 농촌에서 도시로, 소도시에서 연해개발도시로 이주하기 시작하면서 조선족이 모여 사는 집거지가 해체되기 시작하였다. 그 원인을 몇 가지로 나누어 보면, 우선 1980년대에 토지경작권이 농민에게 귀속되고 정책적으로 생산경영의 자주성이 보장되자, 농민이 적극 생산에 참여하여 노동의 효율성이 제고되었다. 그리하여 개개인이 실제 농업생산에 종사하는 시간이 크게 줄어서 잉여 노동력은 새로운 삶에 도전할 수 있게 되었다. 둘째, 빈곤에서 하루빨리 탈출하려는 욕구는 모험심과 창의력을 자극하여 도시로 해외로 진출하게 하였다. 셋째, 도시경제체제의 개혁과 더불어 엄격하던 간부인사제도 호적제도의 완화는 객관적으로 농촌 인구가 도시로 이동하는 데 편의를 제공해 주었다. 그리고 한중수교 이후 한국행 열풍으로 조선족은 생계·직업을 버리고 한국으로 떠났다. 초기 친척방문에서 시작하여 산업연수·인력 송출·국제결혼 등 여러 가지 경로를 통해 한국으로 진출하고 있다. 이 외에도, 조선족 농민이 집거지를 떠나 도시로 이동하게 된 또 다른 원인은 농촌 조선족학교 교육이 부진한 데에서 찾을 수 있다.

(2) 조선족, 한국과 중국 양국의 인적 자원

중국 조선족과 한국과의 교류가 비록 혈연적인 유대 관계에서 시작되었으나 지난 10여 년 동안의 여러 가지 상황으로 미루어 동포애만으로는 양측의 교류가 긍정적으로 지속될 수가 없다는 것을 알 수 있다. 그렇다면 미래에 한국과 조선족의 관계는 어떻게 정립해야 하는가?

현대자동차·LG·SK·삼성전자 등 한국을 대표하는 기업들은 본사의 사업 전략을 모두 중국에 집중하고 있다. 즉 '제2의 본사'를 중국에 둔다는 각 기업의 전략적 판단에 따라 인력과 자본을 집중 투자하고 있다. 이것은 중국 시장을 잡지 못하면 살아남지 못한다는 기업의 사활을 건 도전이라고 할 수 있다. 여기에서 정부의 역할 또한 매우 중요하다. 경제매거진인 『중국경제(中國經濟)』가 외국인 투자 기업 126개 사를 대상으로 투자 대상국 선호도를 조사한 결과 조사 대상의 69.4%가 방대한 내수시장과 저렴한 노동력을 이유로 한국보다 중국에 투자하는 것이 유리하다고 응답했다. 중국에는 많은 개발구가 형성되어 있는데 정부와 민간부문이 하나가 되어 외자유치만이 살길이라는 인식을 공유하고 세계를 향해 마케팅을 펼치고 있다. 그 결과 중국은 WTO 회원국이 된 후 1년 만에 미국을 제치고 세계에서 투자가 가장 많이 몰리는 나라가 되었으며 해마다 경제성장률은 평균 10%에 달했다. 그러므로 한국 정부는 경제 발전을 위하여 중국과 관련한 새로운 비전과 정확한 정책을 제시하고, 연구 개발 및 투자 지원을 확대하며, 중국 내 한국의 이미지 개선을 위한 다양한 문화 행사를 개최하고 지원하는 등 전면에 나서야 한다. 중국을 뛰어넘지 못하면 한국은 절대 선진국 대열에 진입할 수 없다. 중국은 계속해서 고성장을 유지할 전망이므로 한국은 중국 시장에서 경제 도약의 실마리를 찾아야 한다.

(3) 조선족 사회의 이중성이 갖는 의의

한중수교 이후 한국의 수많은 기업이 중국에 진출했지만 성공한 경우보다 실패한 예가 더 많다. 주요 원인은 제도·운용 메커니즘·문화를 이해하지 못했기 때문이다. 우선 기업은 중국 행정부의 직제에 관한 용어부터 이해해야 할 것이다. 예를 들면 우리한테 서기, 주임의 직책은 주요한 직책이 아니지만 중국에서는 다르다. 당서기는 중국 중앙정부의 정책이 그 성(省)에서 제대로 지켜지는지 살피며 중앙과 연계하는 핵심 인물이다. 그리고 주임은 소속된 기관의 최고 결정자일 수 있다. 또한 중국어를 할 줄 안다고 해서 문화에 내재된 정신과 생활양식을 이해하는 것은 아니다. 예를 들면 중국인은 신용과 의리를 대단히 중요하게 여긴다. 공적인 장소이건 사적인 장소이건 신용을 중시하여, 만일 술자리에서 협상을 하였다고 해도 중국인은 그 협상 내용을 지킬 것이다. 그러나 한국인은 술자리에서 한 말은 잘 지키지 않는다. 중국인과의 술자리에서 한국인이 한국식으로 생각하고 무책임한 말을 함부로 했다면 그의 신용은 떨어지게 된다. 그러므로 중국 조선족은 한국과 중국의 교류에서 나타나는 이러한 문화적인 차이를 해소하고 교류를 원활하게 하는 중요한 역할을 할 수 있다. 이러한 역할은 단순한 언어 번역의 기능을 훨씬 초월하는 '문화 전환 기능'인 것이다. 역으로 중국이 한국을 통해 동북아 각국에 대한 정치적이고 경제적인 영향력을 행사하려는 전략을 가졌다면 중국 조선족이 이 전략에서 매우 중요한 역할을 할 수 있다.

중국전문가들은 한국 기업이 중국 진출에 실패한 원인은 한국인이 중국 문화를 이해하지 못한 탓도 있지만 중국 조선족 사회 문화의 이중적인 특성을 제대로 활용하지 못한 데서 비롯되었다고 본다. 즉 한국인과 중국 조선족이 제대로 서로를 이해하지 못했기 때문이라는 것이다. 양측 모두 같은 민족이라는 감정적인 면이 강하게 작용하여 기대가 너무 커서 실망도 컸다. 집단의식이 강하고 공동체 성향이 강한 조선족은 자본주의적이고 개인주의적인 한국인을 이해하지 못하고 부유한 동포이므로 함께 무엇이든지 공유하기를 강하게 바랐다. 반면, 한국인은 조선족을 같은 동포라고 믿었을 뿐만 아니라 과대평가하여 중국에 관한 모든 것을 위임하다시피 하여 낭패를 보기도 했다. 이는 양쪽이 상대방의 특성이나 사회적 위치와 능력을 이해하지 못했기 때문에 일어난 현상이다.

이제 한국인과 조선족은 불신과 갈등을 해소하고 서로 신뢰하고 협조하여 공동 번영을 위한 적극적인 방법을 찾아야 할 시기이다. 한국문화와 중국문화의 융합으로 이루어진 조선족이 가진 이중적 문화는 한중 교류에 다리 역할을 할 수 있는 귀중한 유산이다. 그뿐만 아니라 중국 조선족 사회가 지닌 문화적인 성격은 남북 정치의 결합과 문화의 이질성 극복에서도 중요한 자원이 될 수 있다. 또한 연변과 조선족 집거지인 중국 동북3성을 중심으로 중국과 한국이 협력 관계를 이룰 수 있다면 중국 조선족의 사회적 지위는 급격히 높아질 것이다.

중국 조선족 사회의 건전한 발전은 한국과 중국의 교류에 중요한 의미를 가질 뿐만 아니라 한반도 통일에 중요한 연결 고리로 작용할 수 있다.

2) 흑룡강성 조선족 사회의 경제환경

(1) 기본환경[15]

① 조선족 인구 분포

흑룡강성은 행정상 하얼빈, 치치하얼, 목단강, 계서, 쌍압산, 칠태하, 대경, 이춘 등 10개 지구급 시와 수화, 흑하, 대흥안령, 송화강 등 4개 구로 나뉘는데 어느곳이든 조선사람이 살지 않는 곳이 없다.

10개 시, 4개구 가운데 조선족이 가장 많이 사는 곳은 목단강시다. 목단강시는 연변과 인접해 있으므로 일찍부터 연변의 사람이 그곳으로 간 것이다. 목단강시에는 2000년 통계로 13만 4,000명의 조선족이 살고 있는데, 이는 전체 흑룡강성 조선족의 34.5%가 되는 셈이다. 목단강시에서도 조선족이 비교적 집중해 살고 있는 곳은 해림현, 밀산현, 동녕현 및 목단강시이다. 흑룡강성에는 조선족 자치향이 도합 19개 있는데 그 중 8개가 목단강시 구역이다. 목단강시에는 9개 자치향으로는 해림현의 신안향, 해남향, 밀산현의 화평향, 홍개향, 영안현의 와룡향, 성동향, 강남향, 동녕현의 삼치구진이다. 이런 향(진)은 대다수가 조선족 인구가 1만 5천 명에서 2만 명에 이르는 민족향들이다.

목단강시 다음으로 조선족이 많이 사는 곳이 가목사와 하얼빈이다. 가목사 지구에는 47,000여 명, 하얼빈시에는 49,000여 명의 조선족들이 살고 있

---

15 최웅용 · 임채완 · 이장섭 외(2005), 『중국 조선족 사회의 경제환경』, 서울: 집문당, pp. 144-148.

으며 가목사 지구에는 화천현의 성화향, 탕원현의 탕왕향, 의란현의 양양향, 동명향이 모두 조선족 자치향들이다. 하얼빈시에는 조선족들이 시 중심의 하나인 도리구에 비교적 집중되고 있다. 그리고 시 중심과 좀 떨어진 향방구 성고자와 태평구 민족향에 많이 살고 있다. 민주향에는 민족촌이 여러 개 있다. 물론 시 중심에서 사는 조선족들은 여러 가지 직업에 종사하고 있지만 교외농촌에서 사는 사람들은 대다수가 벼농사에 종사하고 있다. 하얼빈시 북쪽인 치치하얼시, 이춘시, 수화지구와 흑하지구에도 조선 사람이 적지 않게 살고 있다. 조선족 인구분포 정황을 보면 치치하얼시 19,115명, 이춘시 3,622명, 수화지구 14,789명, 흑하지구 4,654명, 대경시 5,035명, 대흥안령지구 1,798명이다. 그중에도 수화시, 북안시, 치치하얼시의 부근 농촌에 조선족 농민들이 비교적 많이 살고 있다.

1982년의 제3차 인구조사에 의하면 흑룡강성의 조선족 인구는 도합 431,644명으로 전 성 총인구의 1.4%를 점한다. 그중 남성 인구가 214,107명이고 여성 인구가 217,537명으로, 성별 비례는 98.4%(여성을 100으로 함)이다. 전 성의 조선족 인구의 연령구조를 보면 0~14세 아동이 30.1%, 65세 이상의 노년 인구가 4.0%를 점하고 연령 중위수는 23.7세였다. 전 성의 조선족 노동연령인구(남 16~59세, 여성 16~54세)의 취업률은 69.3%로서 취업총수는 209,106명(남성 119,239명, 여성 89,867명)이었다.

중국의 2000년 제5차 인구조사자료에 의하면 흑룡강성 조선족은 408,061명이고 그중 49,000명이 하얼빈에 살고 있는 것으로 조사되었다. 직업 상황을 보면 회사원 중에는 사무직 34,000명과 생산직 82,000명, 상업과 서비스 제조업에 종사하는 인원이 27,801명이고 전문직 2,700명과 농·수산·임업직에 135,000명이 종사하고 있는 것으로 조사되었다.

② 조선족 경제

흑룡강성의 조선족 경제는 조선족의 농촌경제와 도시경제가 포함된다. 흑룡강성의 조선족 농촌경제는 조선족의 2/3가 거주하는 491개 조선족 농촌의 경제 위주로 하고, 1/3을 차지하는 22개 민족향이나 조선족-민족향식의 농촌경제를 보조로 하고 있다. 조선족 농촌의 경제는 벼농사를 위주로 한 것이나 향·진의 공업(촌기업 포함), 임업, 목축업, 어업, 건축업, 상업, 음식업, 서비스업, 대외 인력송출, 변경무역 등이 포함된다. 조선족 도시경제는 국유의 조선족 백화점, 조선족 병원, 조선족 여관, 조선족 공기업, 민영기업, 외자기업 등이 있다. 이런 곳의 주요 경영자와 종사자는 모두 조선족이다. 조선족 종업원이 총인구의 30% 이상을 차지하며, 경영하는 품목도 주로 조선족을 상대로 하고 있다. 흑룡강성 조선족은 지금까지 벼농사에 주력해 많은 쌀을 생산하여 국가 건설에 지원했다. 흑룡강성 조선족은 인구가 비록 성 전체 인구의 1.3%밖에 안 되지만, 그들이 경작하는 논 면적은 성 전체 논 면적의 1/3에 해당하며 벼의 생산량은 총 생산량의 45% 정도를 차지한다. 국가에서 개혁개방 정책을 실시한 후 많은 조선족 농민들이 도시와 연해지구로, 그리고 해외로 나갔다. 그들은 시야를 넓히고 낡은 관념을 바꾸게 되었으며 소득을 높여 가난에서 벗어나게 되었다. 그러나 다른 한편으로 상품산업이 발전함에 따라 벼 생산을 위주로 하는 조선족의 단순한 산업구조가 해체되기 시작했다. 따라서 갈수록 많은 농민들이 도시와 국외로 나아가고 있다. 1998년 통계에 따르면 조선족 농촌 인구의 15.5%가 본 고장을 떠남으로써 조선족 농민들이 경작하던 농토의 24%가 한족 농민들에게로 넘어갔다.

조선족이 도시와 국외로 대거 이동하는 것이 소득을 높이고 삶의 질을 윤택하게 하는 데 긍정적인 측면이 있는 반면, 자신들의 전통문화는 소실시키는 원인이 되고 있다. 또한 출산율 하락으로 인한 조선족 인구의 축소와 함께 빈부격차를 심화시키는 등 부정적인 측면도 있다.

도시의 조선족들은 기업소나 단위로부터 받는 노임으로 살아가고 있는데 크게 잘살지는 못해도 못사는 사람은 거의 없는 편이다. 한 사람의 연간 노임은 평균 1,500위안 정도이다. 이전에 조선족들은 장사꾼을 천하게 보았다. 그런데 지금은 장사에 나선 우리 민족이 많아지고 있다. 어떤 이는 남

새(채소)장사, 어떤 이는 떡장사, 또 어떤 이는 짠지장사를 하고 있는데 별의 별 장사를 하는 사람이 다 있다. 지금 전국 각 대도시마다 조선족 '짠지장사 대군'이 진주한다. 신강 우룸치에도, 남방 대도시 광주에도 모두 조선족 짠 지장수가 있다. 짠지장사꾼 중에는 꼭 흑룡강사람이 있다. 전에는 앉아서 큰돈 벌 궁리만 하고 푼돈벌이를 꺼려했고 장사는 못할 짓으로 여겨오던 조 선족들의 의식과 관념에 큰 변화가 일어났다. 대외개방정책을 실시하면서 흑룡강성의 조선족들은 외국자본과 기술도입에도 활약하고 있다.

흑룡강성 조선족의 대부분은 고향이 한국이기 때문에 한국에 친지들이 많다. 흑룡강 성정부에서는 조선족들의 이런 친연관계를 빌려 한국자본과 기술을 도입하려고 신경을 쓴다. 성정부에서는 한국자본이나 기술을 도입 해 들여온 사람에게는 일정한 사례를 한다고 규정했다. 하얼빈시, 목단강 시, 해림현에도 이런 정책 규정이 있다. 확실히 흑룡강성의 조선족들은 한 국에 친지방문을 다녀오면서 흑룡강성과 한국간의 경제협력에 적지 않게 기여했다. 현재 하얼빈시에만 60여 개 소 한국기업이 하얼빈시에다 공장을 차렸는데 이로써 한국과 흑룡강성 조선족들의 취업의 길을 넓혔고 수입을 높일 수 있게 했다.

최근 조사에 의하면 흑룡강성과 내몽골자치구를 포함한 부분적 조선족 향진 도시진출(국외진출 포함) 농민들의 농촌 이탈 목적이 삶의 질 향상, 취직, 생업, 자식공부 순위로서 그중 90%에 달하는 농민은 국내외 인력송출 경력 자였음이 밝혀졌다.

흑룡강성 해림시 신합촌의 경우 570호 가정에 전체 인구가 2,376명으로 서 그중 840여 명은 한국에, 200여 명은 북경·상해·청도·위해 등 대도 시에 나간 상태이며, 평균 한 가정에 한두 명씩 이농한 상황이었다. 도시진 출(국외진출 포함)로 인한 농촌 이탈 목적이 '삶의 질 향상', '취직', '생업', '자식 공부'가 주축을 이루고 있었는데 현지 인구의 절반가량이 '타향살이'를 하고 있는 것으로 추산됐다.

한편 2003년 9월 1일부터 전개한 4년 이상 불법체류자에 대한 한국정부의 강력한 단속 실시에 따라 자진출국 최후시간(11월 15일) 전에 귀국한 상당 수 귀향자들은 한국으로의 재출국을 제1선택으로 체크하고 있었으며 그중 대부분은 부를 기초로 한 '삶의 질 향상을 위해서'를 그 첫 번째 이유로 서슴 없이 꼽았다. 흑룡강성의 9개 조선족 향진과 내몽골자치구의 1개 조선족향 진을 조사한 자료에 의하면 도시진출(국외진출 포함) 농민 중 평균 66.1%가 '삶 의 질 향상'을 위해 농촌을 이탈했고, 63.1%가 '취직' 때문이었으며, 44.7% 가 생업, 19.85%가 자식공부 때문이었다.

이로부터 알 수 있는 바와 같이 조선족들은 자신과 가정을 단위로 한 '삶 의 질 향상', '취직'에 보다 큰 관심을 기울이고 있었으며, 지난날 '소 팔아서 자식 공부시킨다' 라는 전통적인 관념 역시 서서히 변화되고 있음을 나타내 고 있다.

불완전한 통계에 따르면 전국적으로 근 20여만 쌍의 조선족 부부가 외국 돈벌이로 5년, 8년, 심지어는 10여 년 세월을 견우직녀 생활을 하고 있다. 현재 동북3성의 도시진출(국외진출) 조선족 농민은 족히 50만여 명으로 추정 되는데, 조선족 전체인구를 200만 명으로 집계한다면 25%가 대이동을 한 것으로 추정된다.

한중수교가 성사된 후 흑룡강성에는 한중합자기업이 많이 나왔는데 금 년 상반기까지의 통계만 보더라도 87개 소에 달한다. 한중 합자기업의 대 다수가 경공업 항목이므로 여성인력을 많이 쓰게 되었고, 이는 조선족 여성 들의 취직에 커다란 편리를 주었다. 한중합자기업인 하얼빈태일정밀유한 회사를 예로 들면 1년에 취직인원이 200~300명인데, 그 가운데 80% 이상 이 조선족 여성들이다. 또한 합자기업의 취직은 도시와 농촌호구를 제한하 지 않으므로 많은 농촌여성들 특히 젊은 여성들이 도시로 들어왔다. 그리고 합자기업 임직원들의 월급은 국영기업보다 보통 2~3배가 높아서 원래 고 정직장이 있던 사람들이 사직을 하고 합자기업에 들어가는 경우도 적지 않 다. 어떤 조선족 여성들은 자신의 능력을 더 잘 펼쳐보려고 안정된 직장을 버리고 스스로 직업을 찾거나 장사를 하기도 한다. 예를 들면 하얼빈시 부련회 조직부에서 사업하던 이광옥 여사는 개혁개방의 물결 속에서 원래 종사했던 시정부기관의 중요한 자리를 내놓고 북경에 들어가 처음에는 자그마한 조선족 술집을 꾸리다가 후에 여행사를 꾸려 본격적인 경영자로 발전하고 있다. 흑룡강성 조선족 여성들은 10여 년간 개혁개방의 물결 속에서 경제참여의식을 크게 높여갈수록 많은 사람들이 경제분야에 참여하여서 조선여성들이 갖고 있는 근면성, 인내성, 세심성 등 특징을 마음껏 펼쳐 경쟁에서의 강자로 발돋움하고 있다. 이들은 대부분이 서비스업, 이를테면 식당·이발관·미용원 등을 경영하고 있다. 지금 하얼빈시에 있는 조선족 식당은 200여 곳이 되는데 거의 다 조선족 여성들이 운영하며 대다수 식당의 경제효익이 다른 식당들보다 높다. 국영기업소, 사업소들에서도 많은 여성 일꾼들이 남성들과 같은 지위에서 사회에 기여를 하고 커다란 업적들을 쌓고 있다. 하얼빈시 조선민족상점의 경리 3명 중 2명이 여성이고 하얼빈시 조선민족호텔의 총경리 역시 여성인데 모두 경영관리 경험이 많은 기업의 주인들이다.

하얼빈 조선족들의 안식처인 새로 조성된 코리아타운을 개관해보면 코리아타운 내의 여러 업소가 속속 개업하고 투자자가 잇따라 방문함으로써 하얼빈 코리아타운은 새 기상, 새 모습을 보이고 있다. 하얼빈 코리아타운에 자리 잡은 총투자가 380만 위안에 달하는 한국 독자기업인 대전사우나가 신년 들어 개업했다. 아울러 투자를 노리는 업주들도 늘어나고 있다.

코리아타운 주변 아파트 입주 조선족 가정도 이미 50가구를 넘어서고 있다. 지난해 개업한 평양아리랑 음식점은 고객들로 붐벼 미리 예약을 하지 않으면 안 되고, 한성불고기, 장승음식점, 제일식당도 많은 고객들이 찾고 있다. 하얼빈 코리아타운 관계자는 향방구 정부가 코리아타운 내 입주상가에 한해서는 '선개업 후수속', 6개월 시 영업기간 세금·비용감면 등 우대정책을 제공하고 있으며 또한 한국 기업을 상대로 상가를 임대해 주는데 첫 5개월은 임대료를 받지 않는 등 파격적인 우대정책도 내놓았다. 끊임없이 들어오는 투자를 원하는 사람들의 문의는 새로운 하얼빈 코리아타운의 형성을 예시하고 있다.

(2) 주력산업[16]

① 외국인투자 장려 품목

○ 전력을 주로 하는 에너지 산업: 풍부한 석탄, 석유자원을 이용하여 전력자원을 발전시키는 것

○ 교통운수와 우편통신 위주의 기초시설 건설: 러시아와 합작하여 건설하는 흑하 도로계선 다리, 변경무역의 화물수송능력 확대, 치치하얼 연강 도로 대교 건설, 컨테이너 운송공업, 흑룡강 각 도시의 전화교환시스템, 통신시설 공업 등

○ 기계전자공업: 자동차부품 생산에 관한 기술 도입과 설비투자, 화력·수력 발전소 건립, 자동화 지능화의기 생산 공업, 농기계 및 그 부품의 생산, 농산물 가공설비 등

○ 석유화학공업을 주로 하는 화학공업: 석유공업 발전이 시급하며 주로 합성 암모늄, 요소, 페인트, 세척제, 비닐공업, 염색공업 등

○ 경방직공업, 건축자재와 광산제품 가공공업, 야금공업, 여행 서비스업 등도 외자유치 중점항목에 속함

○ 양식업을 주로 하는 농업과 가공공업: 대두, 옥수수, 밀, 벼, 수수, 감자 등이 많이 생산되는 관계로 이와 관련된 가공공업의 발전이 필요함. 삼강평원 개발, 사료가공, 전분가공, 목재가공, 진귀한 모피 동물의 양식과 가공, 목축업 등에 외국투자를 중점 유치하고 있음

② 외국인 투자 유치분야

○ 식량 및 사료산업: 대규모 황무지 개척 등 농지개발, 특산물가공, 배합

---

16 위의 책, pp.159-164.

사료, 사료첨가제 등의 개발 및 생산

○ 에너지 분야: 수력발전소 건설, 석유·석탄 등 지하자원 개발, 코크스 생산

○ 사회간접자본 건설: 공항, 고속도로 등 인프라 확충

○ 4대 중점 산업 부문

 - 전자: 이동통신부품, 광역통신설비, 브라운관, 키보드 등 컴퓨터 하드웨어, 컬러초음파기기, 공기정화, 수질정화 등 환경설비. 컬러 TV, 음향기기 등 가전제품, IC, 자기카드 등 전자금융설비

 - 기계: 제련설비, 광산, 석유 등 자원개발용 대형설비, 디지털 선반, 첨단농기계, 발전설비, 초정밀 공구, 특수절단기, 표면검사기, 정밀기기

 - 석유화학: 합성소재, 석탄화학제품, 화학비료와 농약제품, 타이어

 - 자동차공업: 경차, 오토바이형 엔진, 자동차 부품

○ 기타산업

 - 경방직공업: 신문용지·고급아트지·발포지 등 제지산업, 합판, 가구, 아마직물 및 의류생산

 - 식품공업: 대두 가공(분말, 인지질 등 영양소 추출), 옥수수 가공(옥수수유, 알코올, 주정, 분말 등), 고급분유, 고기능 우유 등 유제품, 과일 가공식품, 사탕무 가공, 광천수, 광천수 음료, 육류가공

 - 제약: 항생제, 화학합성 약재, 전통의학 응용 약재, 보건 약품, 약품 포장재료, 전통약제 재배

 - 건축자재: 발포유리, 건축용 석재, 타일, PVC 장식재, 신형벽재

 - 제련: 건축용 특수강 및 알루미늄강, 자동차 기어, 베어링 등 특수강

○ 관광산업 등 3차 산업 분야: 관광산업, 정보컨설팅, 부동산, 유통업, 운수, 은행, 보험 등

3) 한국과의 관련성

(1) 한국기업의 진출 현황[17]

하얼빈의 한국인과 한국기업 진출은 위만주국 시기로 거슬러 올라간다. 1936년에 출판한 하얼빈 상공 인명록과 1938년에 출판한 하얼빈 경제연감에 따르면 음식업을 중심으로 소시민의 생활을 유지하였음을 파악할 수 있다.

첫째, 현재 하얼빈에 거주하는 한국인의 규모는 다음과 같다. 인구 현황을 보면, 대한무역투자진흥공사에 의하면 2005년도 한 해 평균 354만 명의 한국인이 중국을 방문한 것으로 집계되고 있다. 이는 중국의 외국 방문객수의 17.5%에 차지하는 것으로 한국인의 상당수가 중국을 방문하고 있다. 또한 동북3성에 주재하는 한국인 수는 다음과 같다.〈표 II-26〉의 중국 한국상회 자료에 의하면 현재, 중국 거주 한국인은 현재 약 70만 명으로 추정되고 있다. 수교 5년 만인 1997년 10만 명을 돌파한 뒤 2000년 20만, 2005년 50만을 넘어섰고 매년 10만 명 이상씩 증가한다. 베이징(12만 명), 칭다오(10만 명), 상하이(6만 5,000명), 텐진(5만 명) 등 한국인이 1만 명을 넘는 도시만 중국에 14곳이 됐다. 그중 동북이 12만 명으로 17.1%가 상주하고, 하얼빈에는

〈표 II-26〉 중국소재 한국인 현황

	전 체	동북3성	북경	천진	산동성	상하이	광동성	중서부 기타
인원	700,000 (e)	120,000	120,000	50,000	160,000	100,000	80,000	70,000
구성비	100.0%	17.1%	17.1%	7.1%	22.8%	14.3%	11.4%	10.0%

자료: 중국 한국상회 추정(2006), 장단기 거주자 포함.

17　김월배, 최배근(2007), "하얼빈 진출 한국기업의 실태 조사 연구", 『선경연구』 제 32집 제 2호, pp. 49-54.

0.7%인 5천 명이 거주하는 것으로 나타났다. 한편 2007년 북경올림픽을 기점으로 백만 명 이상 중국에 거주하는 인원이 증가할 것으로 보고 있다. 이를 통해 중국에 대한 한국인의 필요 인식이 증가되었음을 알 수 있다.

둘째, 하얼빈 소재 한국기업 현황은 산업별로 보면 다음과 같다. 한국과 1992년 수교한 다음 해인 1993년의 중국 산업구조는 주로 2차 산업의 중화학공업 중심이었으나, 2005년까지 1차 산업의 비중이 급속도로 줄어들었고 3차 산업이 40.3%로 크게 증가했음을 알 수 있다. 하얼빈시도 중국 전체 산업구조와 유사한 패턴을 보이고 있다. 중국 전체의 산업구조 고도화가 하얼빈시에도 그대로 적용되고 있음을 알 수 있다. 그러나 흑룡강성 전체를 보면 서비스산업 중심으로 개편되고 있는 하얼빈시와 달리 아직도 중화학공업 중심임을 알 수 있다.

한편, 하얼빈에 소재하는 한국기업들은 투자액이 상대적으로 적게 소요되는 3차 산업에 69%가 집중되어 있듯이 3차 산업 중심으로 운영되고 있음을 알 수 있다. 이는 늘어나는 하얼빈의 인구 증가와 하얼빈 내 한국 교민들을 대상으로 운영되는 업체들의 증가(요식업, 물류, 교육 사업, 유통업 등)를 반영하고 있다. 또한, 한국기업의 37%가 법인에 해당되고, 63%가 개인기업체로

〈표 II-27〉 하얼빈 소재 기업현황(산업별)

구분	1차 산업	2차 산업	3차 산업	소계	비고
하얼빈 소재 한국기업의 숫자와 비중(2006)	1 (1.3%)	18 (22.5%)	69 (75%)	80 (100%)	2005년 하얼빈시 외자국 등록 현황에는 한국기업체가 554개이나 여기서는 하얼빈 한국상회에서 파악된 80개 업체 대상으로 분석한 것임.
하얼빈(2004)	13.0%	39.0%	47%	100%	
흑룡강성(2004)	10.0%	59.0%	31%	100%	
중국전체(2005)	12.4%	47.3%	40.3%	100%	
중국전체(1993)	21.2%	51.8%	27%	100%	

자료: 하얼빈 한인회 면담과 면담결과의 재가공 중국성시발전보고(2004); 중국통계연감(2005).
　　　동북삼성개황(2003).

〈표 II-28〉 하얼빈 소재 기업 투자 현황

투자액(만 불)	매출액(만 불)	종업원 전체	한국인	중국인
4,850	6,910	1,121	63	1,058

자료: 재 하얼빈 한인회 면담 및 재가공, 중국 한국상회(2006).

나타났다. 이는 투자 규모가 소규모임을 반영하고 있다.

셋째, 중국 한국상회에 등록된 자료에 의하면 하얼빈 소재 한국기업들의 설립연도를 보면 2000년도 이전에 설립된 기업이 전체 19%이고, 2000년도 이후에 설립된 기업이 81%로 나타났다. 이는 하얼빈 한국 기업의 역사가 아직 짧고, 동일 사업주를 중심으로 폐업과 재창업이 자주 반복된 결과에 따른 것으로 추정된다. 또한 종업원 수 기준으로 기업체를 분류하면 대기업(300인 이상)은 한 개도 없고, 중소기업(50인 이상 299인 이하)이 15.2%를 차지하여 중소기업이 하얼빈 한국기업의 주축을 형성하고 있는 실정이다. 마지막으로 한국기업의 매출액과 투자규모 그리고 고용 규모를 보면 4천8백만 달러 정도를 투자하였고, 1천1백 명의 종업원을 고용하는 것으로 나타나고 있다. 이는 한국기업체 1개당 백만 달러 정도로 소규모 투자임을 알 수 있다.

(2) 하얼빈 진출 한국기업의 애로사항과 과제

전술한 바와 같이 하얼빈에 진출한 한국기업들은 소규모 기업과 개인업체 중심의 서비스 형태의 기업들이 다수를 차지하고 있다. 그러나 중소기업 규모의 기업체들도 15.2%가 있음을 알 수 있었다. 하얼빈 진출 한국기업의 현황과 문제점들을 파악하기 위해 지난 2006년 6월 19일부터 25일까지 7일간 하얼빈에 진출한 한국기업체들을 대상으로 애로사항을 조사하였다.[18] 이에 대한 구분은 내수보다는 수출을 하는 생산 거점형 기업(2개 업체)과 중국 시장을 (작게는 하얼빈 시장을) 겨냥한 시장 접근형 기업(3개 업체)들로 구분하

---

18 위의 글 pp.55-62 인용.

여 심층 인터뷰를 진행하였다. 심층인터뷰는 책임 있는 총경리나 동사장을 연구진이 직접 방문하여 정형화된 질문을 통하여 의견을 도출하였다. 정형화된 질문은 이미 중국에 진출한 기업들이 공통적으로 가지고 있는 문제점들로 문항을 선별하였다. 주요 문항을 보면 언어문제, 손익분기점 도달시기, 월평균 임금, 잦은 단수나 단전, 물류문제, 인력수급(단순, 전문 인력), 노사문제, 상품대금 회수, 하얼빈 시정부의 건의(별도편성) 등으로 구분하였다.

첫째, 손익분기점 도달시기의 경우 중국에 이미 진출한 한국의 기업체들은 평균적으로 40개월 정도가 되어야 손익분기점을 도달함을 선행연구들(KOTRA, 중소기업진흥공단)은 밝히고 있다. 그러나 조사에 의하면 제조업체 중 한 곳은 1년 2개월 만에 손익분기점에 도달하였는데 이 업체는 한중 합작의 형태였으며, 유통업 및 건설부동산을 하는 업체는 7년 만에 손익분기점을 달성하였다. 그러나 대부분의 업체는 아직도 손익분기점에 도달하지 못한 것으로 나타났다.

둘째, 월평균 임금은 제조업의 경우 고졸자가 900위안 정도, 대졸자가 1,700위안 정도였다. 그러나 유통업의 경우 학력구분 없이 1,200위안 정도로 하얼빈시의 유통업 평균임금 800위안 보다 대체로 높게 책정되었다. 이는 외국기업의 특성상 우수한 인재를 모으고, 기업에 근무하는 자긍심을 고취하려는 노력의 일환으로 파악되었다. 그러나 한국기업의 월평균 임금 상승이 하얼빈 인력시장의 임금상승 요인으로 작용되었는지는 분명치 않았다.

셋째, 단전 및 단수 문제인데, 하얼빈 지역에는 아주 작은 단수문제는 가끔 있지만 기업의 경영에는 크게 영향을 주지 않는 것으로 나타났다. 그러나 제조업이나 유통업 구분 없이 작은 단전과 단수일지라도 기업에는 치명적이므로 당국의 사전 통보를 요구하고 있었다.

넷째, 물류문제의 경우 수출지향형 기업들은 물류문제를 심각하게 인식하고 있었다. 또한 철도운송을 통한 물류는 과거보다 많이 개선되고 속도도 빨라졌지만 여전히 비용 증가의 큰 원인으로 지적되어 대안 마련에 부심하고 있었다. 아울러 러시아와 시정부 차원의 협상을 통해 진행되고 있는 블라디보스토크를 활용한 대미 수출, 그리고 유라시아 철도를 활용한 유럽시장을 준비하는 기업들은 물류문제를 긍정적으로 바라보고 있었다.

다섯째, 인력문제는 크게 단순인력과 전문인력으로 구분하고 있다. 단순인력은 아직 흑룡강성 및 하얼빈 시장이 인력을 수급하는 데 아무런 문제가 없는 것으로 조사되었다. 다만, 전문인력은 주로 상해, 북경, 천진 등을 선호하는 관계로 전문인력 수급에 애로사항을 가지고 있었다. 아울러 한국으로 직접 연수를 통하여 전문인력을 양성하기도 하고, 기업체 자체의 직장 내 교육훈련(On Job Training, OJT)을 통하여 인력을 재교육시키거나 양성하고 있었다. 다만 유통업에서는 단순인력의 예절교육에 많은 노력을 하고 있지만 체계화된 교육기관 및 교육프로그램의 부족을 토로하고 있었다.

여섯째, 언어문제는 대체로 모두가 경영주의 책임으로 인식하고 있었다. 과거에는 언어의 습득 없이 경영을 하여 실패한 사례가 많았고, 통역을 통하여 실패한 사례도 무수히 많았다. 그러나 최근에는 책임 있는 관리자나 경영자가 직접 언어를 습득함을 당연시하고 있었다.

일곱째, 노사문제는 대체로 중국의 노동법을 준수하여 경영을 하고 있었다. 아울러 공회나 공산당지부를 형성하여 긍정적인 기업의 파트너로 활용하는 성공적인 기업들도 있었다. 그러나 아직도 신생기업들은 공회까지 이르지 못하고 있었다. 이는 아직도 한국의 대다수 경영진이 공회를 한국의 노조와 같이 인식하는 수준에서 못 벗어나고 있기 때문이라고 할 수 있다. 현지화된 기업을 위해서는 공회의 설립이 필요조건임을 알 수 있었다.

마지막으로 상품대금 회수문제의 경우 현지인과의 상관습에서 아직도 어음거래가 형성되고 있어 상품대금회수에 애로사항을 토로하는 기업들이 있었다. 현금결제를 관행시하는 중국에서 상품대금 회수에 심각한 애로사항에 접해있는 하얼빈 진출 한국기업들에게는 상당한 독소로 작용할 수가 있다.

Ⅲ

흑룡강성 조선족 기업의 성장과정

앞 장에서는 근현대 흑룡강성 조선족 경제의 발전과정에 대해서 살펴보았다. 즉 흑룡강성과 하얼빈시의 경제동향과 근현대 흑룡강성의 조선족 경제, 그리고 근대 하얼빈 조선인 사회경제를 개관하였다. 끝으로 개혁개방과 한중수교 이후의 흑룡강성 조선족 경제에 대하여 살펴보았다. 이로써 근현대에 흑룡강성에 살았던 조선족들의 사회와 경제환경을 알 수 있었다. 따라서 본 장에서는 이러한 경제환경을 토대로 흑룡강성의 조선족 기업인들이 어떻게 성장하였는지를 살펴보고자 한다. 이를 위해서 중국기업의 역사적 발전단계와 유형, 근현대 흑룡강성 조선족 기업의 성장과정과 경영활동에 대하여 개관하고자 한다.

1. 중국기업의 역사적 발전단계와 유형

1) 중국기업의 역사적 발전단계와 구조변화

중국은 봉건시대를 지나 개항을 하면서 기업이 발전하기 시작하였다. 이러한 중국기업의 발전과정은 크게 세 시기로 나누어 볼 수 있다. 첫 번째 시기는 1840~1949년의 기간으로 중국 자본주의 기업의 형성과 발전 시기라고 볼 수 있다. 중국에는 1840년 아편전쟁 이후 서구 자본주의 국가의 침략을 계기로 현대적 의미의 자본주의적 기업이 형성되기 시작하였다. 특히 1911년의 신해혁명으로 인하여 중국 봉건사회는 붕괴되었으며, 자본주의 기업이 빠른 속도로 발전하기 시작하였다.

그러나 1949년 중화인민공화국이 건립된 후, 전인민소유제와 계획경제를 주축으로 발전했던 중국의 자본주의 기업은 커다란 장애에 부딪치게 되었다. 따라서 중국기업 발전의 두 번째 시기는 1949~1978년의 기간으로 이는 사회주의 개조 및 공유제 기업의 정착시기라고 할 수 있다. 1949년부터 1957년까지의 사회주의 개조단계에서 공산당 정부는 국민당 정부가 소유하고 있던 기업을 국가소유 경영기업으로 개조하였으며 협동조합적이고 공동소유적인 집체기업(集體企業)을 발전시켰다. 이에 따라서 이전에 사회 전반의 80% 이상을 점하고 있던 사적소유의 기업은 국유기업과 집체기업에 통합되었다. 그러나 1958년에 이르러서 계획경제의 문제점이 발생되면서 공유제(公有制) 기업 체제는 비효율과 많은 사회적 문제를 야기했다.[1]

세 번째 시기는 1978년부터 현재까지의 기업구조 개혁 시기이다. 1978년 11기 3중 전회를 계기로 중국은 개혁개방의 정책을 펼쳤다. 중국정부는 사회 전반에 걸친 기업구조개혁을 진행하여 사기업을 부활시키고 집체기업의 발전을 추진하였으며, 외자유치과정에서 3자 기업 형태를 발전시켜 외국의 선진적인 관리 경험과 기술을 도입함으로써 커다란 성공을 거두었다. 특히 중국경제의 가장 큰 문제점으로 드러난 국유기업의 개혁도 초기부터 꾸준히 진행되었다. 1992년에는 계획경제에서 시장경제로의 정책전환을 거쳐 현재 중국은 여러 가지 소유형태의 기업이 공존하는 경제체제를 확립하게 되었다.[2]

이상과 같이 중국기업은 세 번의 시대적 흐름에 의하여 발전을 거듭하여 왔으며 특히 개혁개방 이후에는 많은 내부구조 변화가 있었다. 아래에서는 개혁개방 이후 중국기업이 어떤 형태로 변화되었는지를 기존 문헌자료를 통해서 살펴보고자 한다.

2) 개혁개방 이후 중국기업의 형태변화

소유제 유형에 따라 중국의 기업을 분류하면 국유기업, 집체기업, 사기업 및 외자기업이 있다. 전통적 의미에서 국유기업은 전체 국민이 소유한 기업을 국가가 국민을 대표하여 직접 경영 혹은 통제하는 생산조직을 말하

1 　국유기업과 집체기업을 합하여 공유제 기업이라 한다.
2 　오세철 · 박헌준 · 정승화(1999), "중국 사회주의 기업의 구조변화", 『경영학연구』 28권 4호, 한국경영학회 p.4.

며 전민(全民)소유제기업이라고도 한다. 전민소유제기업은 1992년까지는 국유가 아닌 '국영'이라는 명칭이 사용되었는데, 1993년 3월에 헌법이 개정되면서 국영은 '국유'로 개칭되었다. 국유는 국가가 소유권을 가지고 있되, 기업이 자율 경영한다는 것으로서 소유권과 경영권의 분리를 내포한다.

집체(集體)기업이란 사회 근로자들이 공동으로 출자하고 공동으로 소유하며 경영하는 기업을 말한다. 반면, 사(私)기업은 특정 개인사업자가 타인을 고용하여 운영하는 기업으로 자본주의적인 고용관계를 가진 기업이다. 이러한 유형의 기업은 고용인 수에 따라 개체(個體)기업과 사영(私營)기업으로 구분하는데, 종업원 8인 미만을 고용하면 개체기업이고 8인 이상을 고용하면 사영기업이다. 개혁개방 이후 부유해진 농민들이 단독으로 투자하여 설립하는 기업이 많아졌다. 이에 따라 1984년부터 농민들이 투자한 집체기업과 사기업을 합하여 향진기업이라 하였다.

외자기업은 3자 기업이라고도 하는데, 이는 외국에서 중국에 투자한 합자기업(equity joint venture), 합작기업(contractual joint venture), 독자기업(wholly foreign owned enterprise) 등 세 가지 외자 유형을 통칭하는 것이다. 그 외 중국 내의 여러 가지 소유제기업이 출자하여 공동으로 운영하는 기업을 합영기업이라 한다.[3]

〈표 Ⅲ-1〉은 중국 내에 존재하는 다양한 소유제 형태의 기업을 보여주고 있다. 모든 인민이 기업을 소유하는 전민(全民)소유제기업(즉 국유기업)이 있고, 향·진정부(과거 인민공사)가 소유하는 집체소유제 기업이 있으며, 민간부문이라 할 수 있는 사영기업(종업원 8명 이상의 개인소유제기업)과 개체공상호가 있다. 중국에서는 후 2자를 비국유기업(집체와 사영·개인)이라고 하고 전 2자를 공유기업(국유와 집체)이라 칭한다. 또한 기업은 관할기관이 어디인가에 따라, 중앙정부 통제하의 중앙기업, 지방정부(성·시·지구·현·진 등) 통제하의 지방기업, 중앙정부·지방정부 공동통제하의 기업으로 나뉜다. 또한 자산·종

---

3   위의 책, p.5.

〈표 III-1〉 중국기업의 소유제별 기업형태

국유	전민소유제	• 중앙기업(중앙정부 관리) • 지방기업(성 직할시 정부관할, 전구(시)정부관할, 현(시)정부관할)
비국유	집체소유제	• 도시집체기업 • 농촌집체기업(과거 사대기업)
	민간소유	• 개인소유기업: 개체공상호(개체기업, 개체호) 개인 · 공동경영기업 • 사영기업: 개인기업 중 종업원 8인 이상의 기업
	연영기업	• 국유 · 집체연영 • 국유 · 사영연영 • 집체 · 개인기업연영
	주식제기업	• 유한책임공사 • 주식유한회사
	외자기업	• 합자기업(중외합자경영기업) • 합작기업(중외합작경영기업) • 독자기업(외자기업) • 홍콩 · 대만 · 마카오기업

주: * 향진기업 = 농촌 향촌기업(과거 사대기업: 향반기업+촌반기업)+농촌 연영기업+농촌 개인기업
출처: 1) 인민일보(1992. 12. 19)
　　　 2) "농촌 농업부문의 경제용어 및 지표 해설," 「중국통계연감」, 1993.

업원 규모가 얼마나 크냐에 따라 대중형기업과 소형기업으로 분류된다.

외자기업은 이 같은 다양한 소유제 형태 중에서 비국유 부문에 속하며 종사업종, 투자규모, 중요성 등에 따라 관할 지방정부의 등급과 행정관할이 달라진다. 외자기업이 중앙정부의 직할에 들어가는 경우는 거의 없으며, 가장 높으면 성급(성 · 직할시 · 자치구)정부, 가장 낮으면 향 · 진정부의 통제를 받는다. 외자기업은 〈표 III-1〉에 나타나 있는 바와 같이, 중외합자경영기업(이하 '합자기업'), 중외합작경영기업(이하 '합작기업'), 독자경영기업(이하 '독자기업')으로 나뉜다.[4]

3) 기업집단의 발전과 특성

(1) 기업집단의 의의

그동안 국유기업 개혁은 초기의 이윤유보제, 승포제, 주식회사화, 현대기업제도의 도입 등으로 전개되어 왔으며, 최근 기업집단화가 중요사항으

4　김익수(1999), 『중국투자론』, 서울: 박영사, pp. 203-204.

로 등장하고 있다. 특히, 자발적인 집단의 출현뿐 아니라 정부주도의 중점
기업집단의 육성은 최근 한국의 IMF관리체제 진입 이후 재벌체제의 공과
논의와 맞물려, 국제적 중요 이슈로 등장하고 있다.

중국의 기업집단은 횡적기업연합으로부터 출발하여 자본참여 없이 계약
에 의해 설립된 협력체계식의 기업집단을 거쳐 자본참여에 의해 모회사-자
회사의 구조를 갖춘 기업집단으로 발전되어 왔다. 현실에 있어서는 자본참
여가 있는 기업집단과 그렇지 않은 기업집단이 혼재해 있으며, 후자는 사후
적인 자본참여 관계의 수립을 통해 전자의 형태로 이행하는 과정에 있다.
이러한 기업집단의 형성과 발전과정은 민간의 자발적인 제도혁신을 정부
가 사후적으로 승인하고 나아가 적극적으로 주도하는 식의, 중국의 경제개
혁과정에서 관찰되는 중요한 제도혁신 과정상의 특징과 기본적으로 동일
한 것으로 볼 수 있다. 그러나 정부주도와 민간주도를 막론하고 이러한 발
전과정의 배후에는 중국 내수시장에서의 경쟁심화라는 시장요인이 놓여
있다고 할 수 있다.[5]

중국의 기업집단 육성현황을 살펴보기 전에 우선 분명히 해야 할 것은 기
업집단에 대한 개념 정의이다. 1987년 12월 국무원이 공표한 내부지침에
의하면, 기업집단은 "사회주의 계획적 상품경제와 사회주의적 대량생산의
객관적 수요에 부응하기 위해 만들어진 일종의 다층적인 경제조직으로, 그
핵심층은 자주경영, 독립체산, 납세 등 법적 · 경제적 책임을 지는 구체적인
법인객체이다."라고 규정되어 있다. 정의가 너무 추상적이므로 중국의 기업
집단의 특징을 보다 구체적으로 살펴보면 다음 네 가지로 정리할 수 있다.

첫째, 중국의 기업집단은 하나의 법인격을 지닌 기업들의 집합체이므로
한 개의 대기업과는 다르다. 둘째, 기업집단에 속한 기업군은 하나의 경영
목표 하에 유기적인 경제적 유대관계를 갖고 있는 경제적 실체이므로 독자
적으로 경제활동을 영위하는 기업들의 단순집합체와는 성격이 다르다. 셋

---

5   이근 · 한동훈(2002), 『중국의 기업과 경제』, 서울: 박영사, pp.153-154.

째, 핵심기업과의 업무상의 긴밀도가 상이한 여러 층의 기업이 결합된 다층적인 조직이라는 점에서, 기업집단은 핵심기업이 없는 느슨한 형태의 수평적 연합조직인 기업연합(enterprise associations)과 구별된다. 마지막으로 기업집단 전체의 발전을 위해 투자를 하고 경제적 책임을 지는 법인격체라는 점에서 국가계획 집행에 관하여 정부의 하수인 역할만을 담당하는 행정적 공사와도 구별된다.

그러나 중국 내에 존재하고 있는 모든 기업집단이 이 같은 개념정의에 부합되는 것은 아니며, 중국의 많은 기업집단은 아직도 발전 · 변모하는 과정에 있다. 어떤 의미에서 이 같은 규정은 바람직한 방향으로 성장 · 발전하고 있는 몇몇 기업집단의 대표적인 성격을 사후적으로 규범화시킨 것에 불과하다. 또한 명시적으로 규정되어 있지는 않지만 중국의 기업집단은 잠정적으로 경영의 분권적 영리를 허용하되 궁극적으로는 경영의 일체화와 소유와 경영의 분리를 지향하는 대규모의 다층적인 조직이라는 점에서, 비교적 소규모의 기업결집체로서 수직적 관리기능이 약하고 경영의 일체화를 지향하고 있지 않은 기업 간의 느슨한 연합체와는 구별된다고 하겠다.[6]

(2) 기업집단의 발전

1987년 12월에 국가체제개혁위원회와 국가경제위원회에 의해 공표된 「기업집단의 건립과 발전에 대한 몇 가지 의견」은 기업집단의 조직구조에 대해 다음과 같은 정의를 내리고 있다.

"기업집단은 다층차(多層次)의 조직구조를 갖추며 일반적으로 긴밀히 연합된 핵심층, 반긴밀연합층, 그리고 느슨한 연합층으로 이루어진다. 집단공사(集團公司)는 기업집단의 긴밀한 연합층으로서, 점차 자산과 경영의 일체화를 이루어 나간다. 반긴밀연합층의 기업은 자금이나 설비, 기술, 특허권, 상표 등에 의한 상호출자를 행할 수 있으며, 집단의 통일적 경영 하에서 출

---

6   김익수(1992), "중국의 기업집단 육성현황과 전망", 대외경제정책연구원, pp.35-36.

자비율이나 협의된 규정에 따라 이익과 책임을 향유한다. 느슨한 연합층의 기업은 집단의 경영방침의 지도하에 집단의 정관(定款)이나 협의된 규정에 따라 권리와 의무를 향유하며, 독립적 경영을 실시한다.”

횡적기업연합과 마찬가지로 기업집단의 생성과 발전 역시 일반적 인식과는 달리 정부에 의해 위에서부터 아래로 실시된 강제적 제도혁신이 아니라 자발적 제도혁신이었다는 것이다. 그리고 정부는 이를 사후적으로 승인하고 재무회사의 설립 및 대형 기업집단에 대한 계획단열(計劃單列)의 적용 등 각종 우대조치를 실시함으로써 그 발전을 촉진하는 역할을 하였다.

그러나 자본출자관계가 아닌, 생산·유통·개발 등에 있어서의 유대관계를 중심으로 기업 간의 계약과 국가공상행정관리국에의 등록에 의해 형성된 기업집단은 그 다층차의 위계적 구조에도 불구하고 응집력 부족이 여전히 집단경영의 일체화를 크게 제한하는 등 문제점을 노출하게 되었다. 특히 시장화의 진일보한 진전은 기업집단 소속기업들의 기업집단 잔류에 따른 기회비용을 더욱 증가시켜 기업집단 유지의 거래비용(transactions cost)을 높이는 요인이 되었다. 이러한 문제의 해결책으로 시도된 것이 기업집단 소속기업 간에 자본출자관계를 사후적으로 수립하는 것이었으며, 또한 기업집단의 형성 시 기업 간의 계약보다는 투자에 의한 신설이나 기업인수 등 자본출자관계에 의존하는 방향으로 그 설립방법이 전환되어 왔다. 이러한 전환에 따라 기업집단에 대한 정의도 변화하였는데, 1996년에 국가경제무역위원회, 국가체제개혁위원회, 국가계획위원회가 공동으로 국무원에 보고한 「기업집단 설립과 관리에 대한 잠행방법」에서는 기업집단을 ‘모회사·자회사관계를 주체로, 투자 혹은 생산·경영상의 협력 등 다양한 방식을 통해, 재산권을 주요 매개수단으로 하여, 다수의 기업이 공동으로 설립한 경제연합체’로 새로이 정의하고 있다.

계약에 의해 설립된 기업집단 내부에 자본출자 관계를 사후적으로 수립하기 위해 사용되는 방법은 첫째, 집단의 핵심기업에 긴밀층기업에 대한 수권경영권(授權經營權)을 부여하는 방법 둘째, 집단소속기업을 행정적 수단을 통해 핵심기업의 자회사로 전환시키는 방법 셋째, 집단소속기업을 공사(公司: 주식회사 혹은 유한책임회사)로 개조할 때 핵심기업이 지분참여를 하거나 핵심기업이 소속기업을 인수하는 방법 넷째, 기업자산의 일부분리(分社化)를 통하여 자회사를 설립하는 방법 등을 들 수 있다. 기업집단의 이러한 발전과 관련하여 1994년의 공사법(公司法) 실시는, 집단소속기업 간 자본출자 관계의 수립을 위한 제도상의 보장을 제공하였다는 점에서 매우 중요한 의미를 갖는다고 할 수 있다.[7]

(3) 기업집단의 특성

중국의 기업집단은 자본출자관계에 의해 형성된 기업집단 및 자본출자 관계 없이 계약에 의해 형성된 기업집단 등 두 가지 유형이 공존하고 있다.

전체적으로 중국의 기업집단은 한국의 재벌과 비교할 때 작은 절대적·상대적 규모, 낮은 다각화 정도, 국가지분 위주의 단순한 수직적 지배구조, 낮은 부채비율을 가지고 있다. 그리고 중국의 독립기업과 비교하면 상대적으로 크게 낮지 않은 수익성, 상대적으로 낮은 성장률 등 차이를 보이고 있다. 부채비율에 있어서는 대기업 집단이 독립기업에 비해 높은 수치를 보이고 있다는 점은 한국 재벌의 경우와 공통적이나, 그 원인은 상이한 것으로 보인다.

① 작은 규모와 낮은 다각화 정도

작은 규모와 낮은 다각화 정도(높은 집중화 정도)는 기업집단 형성의 역사가 짧다는 점 외에 한국의 재벌 혹은 일본의 기업집단과 달리 소속기업수가 적고 업종분포가 덜 다각화되어 있다는 점이 큰 원인으로 보인다. 중국 30대 기업집단의 평균 자회사 수는 9.6개로, 한국의 22대 재벌의 평균 소속기업 수 15개에 비해 현저히 낮은 숫자이며, 진출해 있는 업종의 수가 평균 3.1개

---

7   이근·한동훈(2002), 『중국의 기업과 경제』, 서울: 박영사, pp.157-158.

에 불과한 상황이다. 예를 들어 상해석유화학공단(上海石油化學工集團)의 소속 기업 수는 8개이지만, 투자관리회사 1개사를 제외하고는 석유화학 및 플라스틱의 제조·판매에 종사하고 있다. 이는 계열사가 수십 개에 달하고 거의 모든 업종에 진출해 있는 한국의 재벌 및 일본의 기업집단과 좋은 대조를 이루며, 동일 업종의 관련기업들이 수직적으로 조직되어 있는 일본의 게이레츠(系列)에 더 근접한 형태라고 할 수 있다.[8]

② 단순한 수직적 지배구조

작은 규모와 낮은 다각화 정도 외에 중국 기업집단의 주요한 특징의 하나는 단순한 수직적 지배구조라고 할 수 있다. 중국의 기업집단은 한국의 재벌이나 일본의 기업집단과 달리 복잡한 상호출자 관계보다는 모회사가 100% 혹은 적어도 50% 이상을 출자하여 자회사를 설립하는 단순하고 수직적인 지배구조를 가지고 있다. 중국 30대 기업집단의 경우 평균 자회사수 9.6개 가운데 모기업이 100% 출자한 기업의 수는 평균 5.5개에 달하였다.

중국 기업집단 지배구조의 이러한 특징은 짧은 기업집단 형성의 역사, 미발달된 자본시장 등의 요인에 일부 기인하지만 중국의 독특한 기업집단 형성방식에도 크게 기인한다고 할 수 있다.

또한, 중국의 기업집단은 국가지분의 비중이 전반적으로 높고, 특히 기업집단의 규모가 클수록 국가지분의 비중이 높은 특징을 보인다.

③ 낮은 부채비율

중국의 기업집단은 전반적으로 양호한 자산구조를 가지고 있는 것으로 보인다. 상위 30대 기업집단의 평균 자기자본비율(자기자본/자산)은 49.7%로 한국 22대 재벌의 1/2에 불과하며, 부채비율(부채/자기자본)은 138.7%로 한국 재벌의 1/3가량에 불과하다. 한국 재벌과 비교하여 중국 기업집단 자산구

---

8   위의 책, pp.161-166.

조의 상대적 양호성은 중국의 기업집단이 부채에 의존한 다각화적 팽창전략을 추구한 한국 재벌에 비해 상대적으로 덜 팽창 지향적이라는 것을 말해준다. 실제로, 아래에서 기술하는 바와 같이 중국의 기업집단은 독립기업에 비해 더딘 성장속도를 보이고 있다.

④ 낮은 수익성

수익성에 있어서는 집단의 규모에 따른 차이가 현저하게 나타나지 않는다. 30대 집단과 기타 집단 그리고 독립기업의 평균 세전 매출액이익률(이자비용 포함)은 각각 57.5%, 46.4%, 17.5%로 차이를 보이지만 통계적으로 유의하지 않고, 자기자본이익률 역시 각각 13%, 9.4%, 13.3%로 큰 차이를 보이지 않고 있다. 다만 자산이익률에 있어서만 각각 5.5%, 5.7%, 7.6%로 유의수준 10%에서 30대 집단이 독립기업에 비해 낮은 수익성을 나타내었다.

⑤ 더딘 성장 속도

성장성에 있어서는 매출액증가율을 제외하고는 30대 집단과 독립기업 간에 통계적으로 유의한 차이를 보인다. 즉, 30대 집단의 평균 자산증가 속도는 독립기업군의 자산증가율 32%에 크게 못 미치는 14.6%로, 독립기업군이 오히려 훨씬 빠른 속도로 규모를 팽창시켜 가고 있다. 30대 집단은 자기자본증가율에 있어서도 독립기업군의 32.8%에 비해 현저히 낮은 8.5%를 기록하는 데 머물렀다.

이상에서 본 바와 같이 중국의 기업집단은 계속 발전해가고 있으며 기업집단의 내부지도체계 또한 단순한 사장책임제보다는 이사회 지도하의 사장책임제로 보편화되어 가고 있다.

다음에서는 중국 사기업의 발전에 대해서 알아보고자 한다. 즉 사기업의 역사적 발전과 사영기업의 구조 및 경영관리, 대 사영기업 정책에 대해서 개관해 보고자 한다.

4) 사기업의 발전

(1) 사기업의 역사적 발전

사기업은 개체기업과 사영기업으로 구분되는데 사영기업은 기업자산이 개인에 의해 소유되고, 8명 이상을 고용하여 이윤 추구를 목적으로 하는 경제조직을 말한다. 사기업 부문의 재생과 빠른 발전으로 인하여 개체·사영 기업은 중국국민 경제에서 무시할 수 없는 중요한 부문으로 자리매김하였다.

개혁개방 이후 중국의 사기업은 크게 3단계의 발전과정을 거쳤다. 첫째, 1978~88년 동안의 사기업의 재생과 발전단계이다. 개혁 초기에 중국 정부는 사기업 존재의 장기적 필요성을 인식하고 사적 경제의 합법적 권익을 보장하는 정책을 채택하였다. 따라서 개체 공상업 戶(hu)가 중국의 도시와 농촌에서 회복, 발전되었다.

1981년에 이르러서는 상당한 자금을 축적한 많은 개체 공상업자들이 생산규모를 확대하여 고용인원이 8명을 초과한 사영기업으로 발전하였다. 1988년에 이르러 전국 도시와 농촌의 사기업은 615만여 개로 발전하였고, 1,585만여 명이 사기업에 종사하게 되었으며, 790여억 위안의 공업 총생산가치를 실현하여 중국 공업총생산가치의 4.3%를 점하기에 이르렀다. 1988년에 등록된 사영기업이 4만여 개나 되었으며, 고용인원이 70여만 명에 이르렀고, 등록자본금은 32억 위안에 달하였다.

두 번째 단계는 1989~91년의 짧은 기간으로서 사기업 발전의 침체기라 할 수 있다. 1988년 하반기의 '치리정도(zhili shengdun)'와 1989년의 천안문 사태의 정치파문으로 인하여 사기업 부문은 많은 충격을 받았으며, 사영기업의 발전 속도가 급속히 감소하여 짧은 기간이나마 침체가 있었던 것이다. 1991년 말 사영기업은 기업수와 고용인의 측면에서 87년에 비하여 52%와 55.6%가 감소하였다.

세 번째로는 1992년부터 현재까지의 사기업 부문의 빠른 발전 단계이다. 1992년 등소평(Deng Xiaoping)의 '남순담화(nanxun tanhua)'는 사영경제 발전에 대한 일반인들의 우려를 해소하였다. 중국공산당 14대회에서 사회주의 시장경제 체제를 도입하는 것에 관한 결정에서 '여러 가지 경제성분의 장기적 공동발전' 방침을 제기하였다. 그리고 사영기업 발전에 좋은 경제환경을 마련하였다. 1992년 하반기부터 사영기업은 빠른 발전의 새로운 단계에 진입하였다. 1994년 말에 이르러서는 전국의 도시와 농촌의 개체공상호가 2,147만 호, 종사 인원이 3,694만 명, 개체공업 총산치가 8,853억여 위안으로 전국 공업 총산치의 11.5%를 차지하여 1991년에 비해 배로 증가하는 한편, 사영기업은 42만 호, 635만 명의 종사인원이 있어 1991년의 4배에 이르렀다.[9]

이상과 같이 중국의 사기업(개체호와 사영기업)은 개혁개방 이후 지난 20여 년 동안 빠른 발전을 가져왔으며 중국경제에서 핵심부문으로 자리매김하였는데 아래에서는 문헌자료를 통하여 사영기업의 구조와 경영관리, 대 사영기업 정책에 대하여 간략하게 살펴보고자 한다.

(2) 사영기업의 구조

① 인력과 자금

개체·사영기업이 발전함에 따라 사기업에 종사하는 인원 구성도 변하였다. 농촌의 개체기업은 초기에는 농민 가정에서 부업을 발전시키기 위해 형성·발전하였으나 후에는 많은 농민들이 도시에 진출하여 도시 사기업의 중요한 구성원이 되었다. 도시 사기업은 처음에는 실업자와 퇴직 노동자들이 종사하였다.

그러나 90년대 이후 일반의 인식이 변하기 시작하여 많은 공공기관, 국유기관, 과학연구단체 등에서 업무 경력이 있는 인력이 추후에 사기업에 종

---

9   오세철·박헌준·정승화(1999), "중국 사회주의 기업의 구조변화", 『경영학연구』 28권 4호, 한국경영학회 pp.20-21.

사하게 되었다.

자금조달 측면에서 보면 개체·사영기업의 자금조달은 주로 기업 소유자의 자금축적과 은행의 대출이 대부분이었다. 즉 정부에서는 투자하지 않았고 부채비중은 낮은 편이었다.

② 부문별 구조와 지역 분포

개체기업은 주로 제3차 산업에 종사하며, 사영기업은 1990년 이전에는 주로 제2차 산업에 종사하였으나, 1990년 이후에는 제3차 산업에 종사하는 경향을 나타내었다. 1995년 상반기에 이르러 제3차 산업에 종사하는 사영기업은 전체의 48.3%를 차지하였다. 업종별로는 개체기업은 주로 상업, 음식업, 서비스업에 종사하며, 사영기업은 서비스업, 건축업, 과학기술자문업 등의 비중이 높아지는 경향이 있었다.

지역적으로 볼 때, 사기업은 주로 농촌을 위주로 발전하였는데 예를 들면 1988년의 790여만 개체공업 중에서 농촌이 722만 개를 차지해 91.4%를 차지했다. 1990년 이후 도시의 사기업도 빠른 발전을 하였다. 즉, 1994년 통계에 의하면 도시의 개체·사영기업은 88만여 개로 발전하여 전체의 11%를 차지하였다.

③ 기업규모와 조직

기업의 인원과 자금규모로 보면 개체·사영기업은 작은 규모의 기업이다. 특히 개체기업은 규모가 아주 작은데, 1994년 개체기업은 평균 1.7명의 인원에 5천 위안 정도의 등록자본금 규모였으며 반면 사영기업은 평균 15명의 고용인원과 33.5만 위안의 등록자본금 규모였다.

그 후 사영기업의 규모는 부단히 커졌는데 1994년 사영기업의 등록 자본금은 90년의 3.5배에 달하며 등록자본금이 100만 위안이 넘는 것이 1만 9천 호에 이르렀다. 또한 100명 이상을 고용한 기업이 2천6백25개였는데, 1995년 상반기에만도 3만 648개로 증가하였다. 따라서 자금의 증가와 함께 사영기업의 생산규모 또한 부단히 커지는 추세에 있었다.

(3) 사영기업의 경영관리

일반적으로 소규모 사영기업은 가족적 관리방식을 취하며 세습적인 경영을 한다. 또한 소유자의 권한이 지나치게 집중되어 있고, 사영 기업주에 대한 정보 서비스가 많이 부족하다. 이러한 소규모 사영기업은 과학적인 경영관리, 생산, 마케팅, 재무 등에 대한 체계적인 제도가 수립되어 있지 않다. 그러나 신속한 발전을 한 대형 사영기업은 소형기업의 문제점을 극복하였지만 사업영역과 관리 등에서 많은 문제점이 존재하는 것으로 나타났다.

2. 근현대 흑룡강성 조선족 기업의 성장과정

앞에서는 중국기업의 역사적 발전단계와 유형을 살펴보았다. 즉 기업집단과 사기업의 발전 및 특징을 개관하였다. 따라서 다음에서는 근현대 흑룡강성 조선족 기업의 성장과정을 살펴보기로 한다.

1) 흑룡강성의 초기 조선족 공·상업

건국 전후 조선족의 민족공상업은 규모가 작고 수가 많지 않았으며 생존하는 시간도 길지 못했다. 해방 전에 크고 작은 도시들에 조선족들이 경영하는 정미소, 철공소, 농기구 수리공장, 고무신 공장 등이 있었고 식당, 여관, 상점들도 있었다. 이런 기업들은 대부분 규모가 작고 설비가 간단하였다. 따라서 일제가 투항한 후 이런 공상업자들이 대부분 도망치다보니 남은 기업은 얼마 안됐다.

건국 후 인민정부의 지원을 받아 심양, 하얼빈, 목단강, 길림, 연길 등 도시들에서는 조선족이 경영하는 개체기업이 우후죽순처럼 생겨났고 일부 집체소유제 기업들이 설립됐다. 이런 기업은 비록 설비가 간단하고 규모가 크지 않았지만 기술자들의 진영이 비교적 강하고 제품이 시장의 수요에 맞았으므로 점차 나라에서 규정한 제품을 생산하는 기업으로 발전하였다.

(1) 하얼빈시 조선족 공상업[10]

건국 초기 하얼빈시 조선족들 가운데 적지 않은 공상업자들이 공업, 복무업, 음식업 등 분야에서 활약하였다. 1951년 9월, 하얼빈시 정부에서는 조선족 공상인들의 발전을 위하여 시공상련에다 조선인과를 설치하고 원길송을 파견하여 통일적으로 관리하게 하였으며 당의 방침정책을 전달하고 공상인들의 어려운 문제를 정부에 반영하고 해결해주어 조선족 공상업체가 정상적으로 발전할 수 있도록 도와주었다. 해방 직후에 군중단체인 하얼빈시 조선인회에서 설립한 조선인회 건축공사, 조선인회 진료소, 조선인회 농구공장, 조선인회 소비합작사, 조선인회 농장 등은 50년대 초기에 이르러 비교적 큰 규모로 발전하였으며 공사합영 직전에 이미 국영기업에 편입되거나 국영기업으로 변하였다.

사영기업으로는 삼국전구공장, 고성농구공장, 동아전구공장, 동광장갑공장 등이 비교적 유명했고 이밖에도 파룽명화가공소 등 수공업자들도 여럿 되었다. 서비스업에는 정대여관, 동홍여관, 대륙여관, 신생여관, 화평여관, 송강여관, 대성여관, 충남여관, 창녕여관, 부산여관, 의주여관, 평화여관 외에도 사진, 이발, 목욕탕이 있었으며 음식업에는 한양식당, 우리식당, 조선식당, 달성식당, 평양냉면옥 등이 비교적 인기를 끌었다.

이상에서 보는 바와 같이 50년대 초기 하얼빈시 조선족 사영공상업은 여관, 식당 등 서비스업이 다수였고 기업은 수적으로 적고 규모 면에서 작은 편이었지만 그들이 국가 경제건설과 인민생활에 일으킨 역할은 대단하였

---

10 감천·김종운(1994), 『중국조선민족발자취총서 6권: 창업』, 북경: 민족출판사, pp.427-430.

다. 중국, 조선, 일본 세 나라를 다니며 공장을 꾸렸다고 삼국전구공장이라 이름을 단 이 공장 기업주 김정도는 자동차 전조등 전문가였다. 항미원조 시기 이 공장은 국가로부터 군사가공 예약공장으로 지정되어 전문자동차 전조등을 만들어 조선전선에 보내어 정부의 표창을 받았다. 그리고 종업원이 60여 명이나 되는 동아전구공장은 흑룡강성의 유일한 조명용 전구공장으로서 경제건설과 인민생활에 큰 기여를 하였다. 공사합영 시기에 이 두 공장은 통합되어 지금의 국영 하얼빈전구공장, 국영 하얼빈 시침직공장으로 발전하여 하얼빈시 농구, 침직업의 선구자로 인정받고 있다.

(2) 목단강시 조선족 공상업의 발전과 성장[11]

① 제조업의 발전

1945년 8월 16일, 목단강시가 해방된 후 중국공산당 목단강시위와 시인민정부에서는 후방근거지를 튼튼하게 하기 위한 토비숙청사업과 사회치안사업을 강화하는 한편 여러 민족 인민들을 동원하여 생산복구사업에 나섰다. 이때 해방을 맞은 조선족 인민들은 생산복구사업에서도 앞장을 섰다. 민주동맹에서는 일제시기에 남겨놓은 정미소 하나를 복구하여 조선족 열사자 가족과 군인가족들의 생계를 해결해주었다. 그리고 양식상점과 신생서점도 세웠다. 그 뒤를 이어 조선족들이 경영하는 정미소, 철공소, 여관, 음식점과 상점들이 우후죽순처럼 늘어나 현재 목단상점 서쪽에 조선족 시장까지 서게 되었는데 음식점만 하여도 40~50집이나 되었으며 그중에서도 무궁화식당은 비교적 큰 식당이었다.

이와 아울러 조선족의 사영공업도 걸음마를 하기 시작했는데 1946년 10월부터 시작하여 선후로 무산정미소, 삼홍기계공장, 동화철공장, 평안고무신공장, 우호공업사, 목단강철공소, 평광공업소, 유색금속제품공장 등 10

---

11 김수철, 위의 책, pp.436-439.

여 개소의 소형기업소들이 세워졌다. 그 가운데서도 문포성과 신학봉이 자금을 내여 세운 삼홍기계공장에는 대포나 탱크까지 수리할 수 있는 기술자와 숙련공이 있었다. 그 공장에서는 철로공장에서 필요한 부속품도 가공하고 마차나 소달구지의 축도 가공하였으며 화림고무공장에 필요한 형틀도 만들어내어 명성이 높았다. 그리고 칼이나 낫을 생산하는 동화철공장, 숟가락, 밥주걱 등 식탁용 도구를 생산하는 평광공업소나 조선고무신을 생산하는 평안고무신공장 등은 비록 규모가 작고 설비가 간단하였지만 해방 초기 목단강지구의 생산발전과 인민생활 수요를 위해 큰 역할을 하였다. 정부에서는 개인공상업을 계속 발전시킴과 아울러 1950년부터 합작화 성격을 띤 규모가 비교적 큰 조선족 상점과 기업소들도 세워지기 시작했다.

1950년 봄, 목단강시 정부에서는 시내에 거주하는 조선족들을 동원하여 자금을 모아 목단강시 조선민족합작사를 세웠다. 이 상점은 천, 복장, 신, 모자, 생활용품, 각종 부식물을 경영하는 종합적인 상점으로서 후에 점차적으로 발전하여 지금의 목단강시 조선민족상점이 되었다. 그리고 연농기계공장은 온수난방 부속품과 기름 짜는 기계 등을 생산하여 목단강시 기계공업의 새싹으로 자라났으며 농구생산합작사는 각종 농기구와 조선수레 등을 만들어내 농업생산 발전에 큰 기여를 하였다.

1953년부터 중국에서는 국민경제복구 발전단계를 결속짓고 사회주의 건설과 사회주의적 개조를 위한 새로운 시기에 들어섰다. 당에서는 사영공상업에 대해 가일층 「이용, 제한, 개조」의 정책을 관철, 집행하면서 사회주의적 개조의 서막을 열기 시작하였다. 1953년 1월 5일, 목단강시 공상연합회에서는 상당한 비중을 차지하는 조선족 공상업에 대한 지도사업을 강화하고 공사합영을 실시하는 본보기로 내세우기 위한 조치로 조선민족공상업 판사처를 따로 내왔다. 판사처에서는 최석복, 리정림, 허명숙 등 3명의 복무원을 두었는데 최석복이 주요책임자였다. 그들은 조선족 공상업자들을 노동치부의 길로 이끌었으며 공사합영의 길로 이끌었다.

그들의 인도하에 김한범, 김영길 등 10여 명 조선족들이 주금 내어 세운 신민고무신공장은 1953년 11월 13일에 목단강시적에서 제일 처음 공사합영기업으로 될 것을 신청하였다. 그들은 1954년 6월에 국가간부를 맞아들여 정식으로 공사합영을 실시하여 전 목단강시가 들썩거렸다. 그해 9월 흑룡강성 공업청과 성위 통전부에서는 조사조를 보내어 그들의 경험을 총화하고 공사합영의 본보기로 내세웠다. 후에 이 공장은 목단강 고무2공장으로 발전하였는데 지금은 종업원이 2,500명이나 되며 전국 32개 대중형 고무신공장을 운영하게 되었다.

그 뒤를 이어 신화, 화창 두 철공장이 공사합영으로 넘어가고 연농기계공장과 농구생산합작사도 다른 한족기업과 합하여 공사합영이 이루어져 공농기계공장으로 간판을 바꾸었다. 이 공장은 지금의 목단강 제2경공업공장으로 발전하여 국내의 주요한 목공기계 생산기지가 되었다. 특히 10여 개 조선족 사영기업이 합하여 공사합영으로 된 조선인연합철공장은 국가의 혜택으로 공장규모와 기술진이 부단히 발전하여 공사합영의 우월성을 남김없이 과시하였다. 정부에서는 경험이 있는 홍풍근을 공장장으로, 원 공상련조선인판사처의 책임자였던 최석복을 당지부 서기로 파견하였으며 1956년 2월말에는 라정재, 주지성, 리계숙 등 중등전문학교 졸업생을 배치하여 기술진을 강화하였으며 또 고봉천, 동치호 등 제대군인들을 배치하여 이음새 역할을 하게 하였다. 1957년에 이 공장의 종업원 수는 105명으로 늘어나고 1958년에는 361명으로 늘어났다. 기계가공, 가설, 주물, 용광로 등 4개 직장을 둔 이 공장에서는 주로 농업용 용수기를 생산하는 한편 자동차, 트랙터, 내연기 수리와 숟가락, 밥주걱, 식칼, 낫 등을 생산하였다.

그 후 전면적인 공사합영이 시작되면서부터 조선족 행상인들도 주금을 내고 공사합영으로 넘어가 조선합작사에 귀속되어 두 개의 분상점을 세우고 정착된 상업활동에 종사하였다.

공상업에 대한 사회주의적 개조와 더불어 큰 국영기업소들이 건설됨에 따라 조선족의 산업노동자와 종업원의 수도 날마다 늘어났다. 중요한 군사공업공장인 북방공구공장은 공장건설 초기에 종업원이 100여 명이었는데 조선족이 절반 이상을 차지하였고 1950년에는 종업원 수가 1,000여 명으로 늘어났으나 여전히 3분의 1이 조선족이었다. 그중에는 부공장장, 당위 부서기를 비롯한 직장장 이상급 조선족 간부가 10여 명이나 되었다. 또한 목단강방직공장, 화림고무공장, 목단강목공기계공장, 목단강임업기계공장 등 대형 공장이 세워지면서 목단강시내와 주위 현들의 수많은 조선족 청년들이 모여들었는데 1955년경에는 조선족 종업원들이 3,000~4,000명에 달하였다. 그들은 대부분 초중 문화수준을 갖고 있어 각 분야에서 이음새 역할을 하였다.

② 서비스업의 성장

목단강시 서3조로와 장안가가 교차되는 곳에 국영목단강조선민족상점이 우뚝 솟아있다. 1989년 1월 15일에 새로 개업한 영업청사는 투자액이 100만 위안이며 총 영업면적이 1,400평방미터에 달하여 흑룡강성내의 민족상점치고는 제일 큰 상점으로 알려져 있다. 목단강조선민족상점은 1972년 9월에 설립되었다. 이 상점은 시작부터 조선족들의 관심과 사랑을 받으며 성장하였다.

민족상점은 설립된 후 주로 다음 세 개 단계를 걸쳐 발전하였다. 1950년에 목단강시의 조선족들은 자금을 모아 목단강시조선족합작사를 세웠다. 당시 목단강시 정부에서는 조선족 합작사를 세우기 위해 주권을 팔았는데 조선족들은 앞다투어 주권을 샀다. 비록 규모는 크지 않았지만 민족 특색이 있는 종합적 상점으로서 소비자들의 환영을 받았으며 개혁개방 이래 점차 발전하여 오늘의 목단강조선민족상점이 되었다. 이것이 초창기의 민족상점이었다면 둘째 단계에는 새로운 규모를 가지고 일어섰다. 1972년 9월, 조선민족상점의 간판을 걸고 확장된 이 상점에는 종업원이 33명이고 그중 조선족이 22명이었으며 영업면적은 300평방미터로서 주로 천, 편직물, 학용품, 신, 모자 등을 경영하였는데 경영품종이 1,000여 종으로서 연간판매액이 14만 위안 정도였다.

그들은 힘써 영업액을 높이는 한편 자금을 축적하면서 상점규모를 늘리기 시작했다. 특히 당중앙위원회 제11기 제3차 전원회의 이후 개혁개방의 새로운 정세 하에서 조선민족상점은 크나큰 발전을 이루었다. 그 후 1978년에는 단층집을 3층집으로 짓고 1·2층은 영업실로, 3층은 창고·사무실로 썼는데 영업면적이 600평방미터로 늘어났다. 품종은 3,300가지로 늘어나 연간영업액이 185만 위안에 달하였다. 세 번째 단계는 이 상점이 새로운 영마루에 뛰어오른 획기적인 발전단계였다. 즉 1989년 1월 15일, 새로 건축한 새 영업청사에서 개업을 하였다. 총 영업면적이 1,400평방미터에 달하여 10년 전에 비해 2배 이상 늘어났으며 경영품종도 5,500여 가지로 늘어났고 연간영업액이 803만 위안에 달했다. 영업규모를 보면 주로 편직물, 신, 모자, 천, 복장, 철제품, 전기기계 상품, 부식물을 경영하면서 도매도 겸하여 하는 중형 종합상점이 되었다. 1987년부터 1989년 사이에 또 300평방미터나 되는 창고를 지어 상품경영 발전에 물질적 토대를 마련했다. 이 시기의 종업원수는 1972년도의 33명에서 127명으로 늘어났다. 조선민족상점의 경영진들은 이 상점을 성과적으로 경영하기 위하여 여러 면으로 신경쓰고 심혈을 기울였다.

그들은 우선 목단강시에 대형 상점들이 많고 또 시장경쟁이 심한 형편에서 서비스를 앞세우고 경영 면에서 소상품, 민용 대중적 상품에 초점을 맞추고 민족 특색을 살리기에 힘썼다. 그리하여 경영품목이 5,500여 가지나 되었는데 그중 조선족 용품만 해도 600가지나 된다. 상품판매대에는 단추에서부터 학생용 필기장에 이르기까지, 손수건에서부터 실내복, 복장, 이불, 요에 이르기까지, 또한 거기에다 철제품 소상품, 부식물, 생활필수품까지 갖추어 손님들을 많이 끌었다. 그들은 또 지정된 민족용품 판매단위란 우세를 충분히 이용하여 명표자전거, 재봉침 경영과 금목걸이, 금귀고리, 금반지 등 장신구들을 경영하면서 높은 질과 합리적인 가격으로 손님들을 끌기도 한다. 이런 전문 공급상품은 직접 국가관계 부문에서 내려 보내는 상품으로서 질적으로 우수하며 또 유통과정이 줄어들어 값도 여느 상점보다 싸다. 상점에서는 연변지구의 민족용품 생산단위들과 장기적으로 계약을 맺었다. 비록 민족용품 경영은 자금유통이 늦고 이윤이 낮다는 불리한 점들이 없지 않았지만 조선민족상점에서는 경제적 효과성과 사회적 효과성을 동시에 돌보면서 민족용품 경영을 민족상점의 특색으로 간주하고 있어서 시내의 조선족들뿐만 아니라 교외와 다른 현의 조선족들도 즐겨 찾아온다.

목단강조선민족상점은 상점 규모가 중형 상점인 만큼 대형 백화상점들과의 경쟁이 어렵기 때문에 스스로의 경영특색을 살려 시장경쟁에서 튼튼한 경쟁력을 갖추도록 하는 데 신경을 썼으며 거기에서 돌파구를 찾았다. 예를 들어서 영업원들의 봉사성을 높이기 위해 단기양성반을 개설하고 구체적 사업과 결부시켜 규정제도, 봉사규범, 상품지식을 학습시킴으로써 봉사수준을 높였다.

상점에는 조선족 손님들이 많이 찾아오는데 특히 한어를 잘 모르는 조선족들이 즐겨 찾아온다. 목단강시 교외 신흥촌의 청년 여성들은 늘 이 상점에 와서 화장품을 사곤 하는데 그들은 화장품 판매대의 영업사원들의 높은 서비스에 감동하여 연명으로 표창장까지 써 보내왔다.

조선민족상점에서는 시장경기가 나쁠수록 구입원을 외지로 파견하여 소비자들의 심리에 맞는 상품들은 구입했으며 될 수 있는 대로 공장으로부터 직접 상품을 구입하여 유통과정을 줄임으로써 소매가격을 낮추었다. 따라서 이 상점에서는 상품가격을 여느 상점들보다 싸게 하여 소비자들의 이익을 보호했고 따라서 손님들을 더 많이 끌었다. 또한 이들은 경영에서 시장동태에 유의하였다. 예를 들어 시장조사를 통해 소비자들이 고급옷감을 많이 필요로 한다는 것을 알아낸 후 내몽골의 한 모방직공장으로부터 모직물을 들여다 판매대에 내놓았는데 질이 좋고 값이 싸서 소비자들의 환영을 받았다. 소문을 들은 소비자들은 물론 개체업자들도 찾아와 도매가격으로 가져가는 바람에 짧은 기간에 20만 위안의 영업액을 올렸다. 또한 도매부에서는 앉아서 손님을 기다리는 것이 아니라 상인들을 찾아다니면서 경영범위를 넓혔다. 농촌에까지 방문하여 기층공소부들에게 물건을 실어다 주면서 관계를 밀접히 했으며 상점의 지도일꾼들은 매일 종업원들에게 모범을 보여줌으로써 사업규범과 본보기를 재인식시켰다.

1990년에 상점에서는 부식물 경영항목을 늘리면서 20만 위안을 투자하여 1층에 부식물 영업실을 새로 설치하였다. 그리고 경제적 효과성을 고려하여 부식물 영업실장식을 영업이 끝난 후의 시간을 이용하여 밤늦게까지 했다. 상점에서는 시공현장과 상점의 상품을 보호하기 위하여 호위대를 내오고 지도일꾼들이 윤번으로 밤 11시까지 당번을 섰으며 어떤 때는 잠을 자지 못한 채로 이튿날 아침에 또 출근하기도 했다.

상점일꾼들은 한 푼이라도 아껴 쓰면서 근검하게 상점을 운영해 나갔다. 따라서 출장 나간 사람들도 자발적으로 비용을 절약하였는데 한 해에 출장비만 해도 2,000여 위안씩 절약했다. 그들은 밤차를 타는 것이 이미 습관이 되었는데 밤차를 타면 고단하기는 하지만 도착한 후 이튿날 낮에 일을 볼 수 있고 또 여관비도 절약할 수 있었던 것이다.

직원들의 이러한 노력으로 인하여 조선민족상점은 수많은 영예를 안았다. 따라서 영업액은 해마다 뛰어올라 1972년 첫 시작의 14만 위안에서부터 1978년에는 185만 위안, 1982년에는 335만 위안, 1989년에는 803만 위안, 1990년에는 880만 위안으로 뛰어올라 연간영업액이 1978년보다 무려 4배 이상 늘어났다.

앞에서는 흑룡강성의 초기 조선족 공상업을 제조업과 서비스업으로 나누어 살펴보았다. 다음에서는 근현대 흑룡강성 조선족 기업의 발전개황에 대해서 살펴보도록 한다.

2) 근현대 흑룡강성 조선족 기업의 발전개황

중국의 동북변방에 자리 잡은 흑룡강은 풍요롭고 기름진 '흑토벌'로서 줄

곧 중국의 최대 상품 알곡기지로 자리를 굳히고 있어 명실상부한 '곡창'으로 소문이 높다. 흑룡강의 기름진 옥토에 개척의 첫 보습을 박으며 황무지를 개간하여 논을 일구고 진정한 '땅의 주인'으로 흑룡강 벼농사 발전에 마멸할 수 없는 기여를 해왔던 이곳의 조선족들은 개혁개방과 더불어 도시진출, 해외진출로 부를 축적하여 새로운 기적을 창조하고 있다. 하지만 이에 따른 부작용으로 조선족 마을들이 사라져가고 조선족 인구가 격감하며 민족간 단층현상이 날로 심해지는 등 엄청난 사회적 문제를 낳고 있는 것도 엄연한 현실이다. 동북3성에서 인구유실이 가장 심각한 지방으로서 현재 흑룡강성의 조선족 호적인구는 38만 8,458명(2000년말 기준)으로 단순한 호적인구만 해도 1990년(45만 4,091명)보다 6만 5천여 명이나 감소했다. 한국인은 약 5천 명 가량이 상주하는 것으로 나타났으며 유학생이 주류를 차지하고 있다. 흑룡강조선어학회, 하얼빈조선민족사업촉진위원회 등 조선족 단체가 활약하고 있으며 또한 하얼빈한국인회, 목단강한국인회 등 한국인 단체가 활동하고 있다.

　현재 흑룡강성과 한국 간의 인적·물적 교류도 날로 강화되고 있는데 하얼빈-인천 간에 아시아나 주5회, 남방항공 주5회, 하얼빈-목단강 간에 대한항공 주2회 등 정기항공편이 운항되고 있다.

(1) 흑룡강성 조선족 사회의 발전과정

　흑룡강성의 조선인 이민사는 대체로 청조말기, 민국시기, 일제강점시기로 나누고 있다. 1879년에 체결한 '중한조약 15조'는 조선인 이민자의 생명·재산을 보호하는 조약으로서 근 300년간 실시하던 변경출입금지정책을 해제했다. 따라서 많은 조선인들이 길림(훈춘을 거쳐 동녕, 영안, 해림에 정착), 료녕(동변도 지역을 거쳐 오상, 아성에 정착), 러시아 연해주 지역을 거쳐 흑룡강에 정착했다. 1910년 일본이 조선을 강점한 후 서울에 조선총독부를 설치하고 조선인의 권리 일체를 박탈했다. 따라서 일제의 약탈로 80% 이상의 농가가 파산하고 1919년 3·1운동의 실패와 더불어 많은 조선인들이 생계 혹은 독립운동을 위해 피난의 길에 올랐다. 자료에 따르면 1930년도 흑룡강의 조선족은 4만 5천 명에 달했으며 1931년도 9·18사변 이후부터 1945년 8·15 광복까지 일제의 강제이민정책으로 많은 조선인들이 흑룡강성에 정착하게 되었다.

1932년 조선총독부에서는 '만선농사회설립계획'을 제정하여 매년 10만 명씩, 15년간 150만 명의 조선인을 동북지역에 이주시키기로 했다. 따라서 자체의 통치 편리를 위해 집단부락, 농장 등을 만들어 조선인 이민자를 단체로 거주시켰는데 당시 흑룡강성 경내에는 53개 농장이 있었으며 조선총독부 직속의 하동안전농장과 수화안전농장이 있었다.

1940년에 이르러 흑룡강성의 조선족 인구는 15만 3천여 명에 달했다. 그 후 여러 민족과 함께 피 흘리며 항일투쟁을 견지하고 이 땅에서 새 중국의 탄생을 맞이한 흑룡강 조선족 사회는 부단한 성장을 거쳐 인구가 1982년 42만 1,644명에서 1990년에는 45만 4,091명에 달했다가 이후 감소세를 타면서 2000년에는 38만 8,458명에 달했다. 현재 실제 거주인구는 25만 명 선에 불과한 것으로 추측하고 있다. 한국기업으로는 처음으로 1991년 태일정밀(현 쌍태전자)이 선참으로 하얼빈에 진출하면서 전자, 의류, 식품, 제지, 서비스업체 등 한국기업들이 잇따라 하얼빈, 목단강 등지에 진출하기 시작했다. 흑룡강의 첫 한국인 유학생인 흑룡강중의약대학 김재윤 박사를 시작으로 흑룡강대학, 하얼빈공업대학, 흑룡강중의약대학, 하얼빈사범대학 등에 한국인 유학생이 급증하면서 현재 흑룡강 지역의 한국인은 약 5천 명에 달하는 것으로 알려졌다.

(2) 흑룡강성 조선족 기업 및 진출 한국기업의 발전과 성장

지리적·정책적 등 제반 요소의 작용으로 흑룡강성과 한국간의 경제거래는 동북3성의 기타 지역에 비해 상대적으로 발전이 느리다. 현재 흑룡강성정부에서도 이점에 중점을 두고 최근 2년간 부성장을 단장으로 한 투자유치단을 한국에 파견해 한국기업 유치에 열을 올리는 한편 투자환경 개선에도 노력하고 있다. 그리고 하얼빈, 목단강, 영안, 해림 등 지방정부들에서도 자체의 산업구조에 비추어 투자유치를 하고 있는데 좋은 결실을 보고 있다.

하얼빈에서는 지난해 심양을 본받아 제1회 한국주간행사를 개최하였는데, 처음이어서 미흡한 점도 많았지만 양호한 시작을 개시했다는 점에서 긍정적이라는 평가를 받고 있다. 그리고 한국의 부산·경기지역 기업들과 신제품·신기술전시회도 개최해 한중기업간의 합작교류의 물꼬를 텄다.

하얼빈한국상회에 따르면 현재 흑룡강성 한국기업수는 1,200여 개인데 그중 하얼빈 한국기업은 544개이며 그중 기업가동률은 20%대에 머물고 있어 한국기업의 현지 성공률이 매우 낮다. 주로 IT, 전자, 기계, 의류, 식품 등의 업종에 한국기업들이 많이 몰려 있으며 대표적 업체로는 만도, 아시아나, 쌍태전자, 동아, 신길 등이다. 2004년 말 기준으로 한국인 투자액은 4억 2,516만 달러, 대외무역에서 한국이 일본을 제치고 러시아와 버금가는 2위를 차지했다.

최근 동북진흥정책에 따른 흑룡강 시장을 겨냥해 한국기업 진출이 늘고 있는데 동인건설, 동방건설을 비롯한 한국건설업체도 이곳에 진출했다. 영안시는 지방정부치고 대 한국투자 유치에 제일 큰 정력을 투입하여 한국재계 서열 12위인 동부그룹 산하 동부한농화학(주)을 유치했다.

한편 흑룡강 조선족 기업의 발전은 찬란한 역사를 자랑하고 있다. 지난 20세기, 즉 1980년대 중반부터 1990년대 초반까지 당시 민족 업체는 물론 전국적인 민영업체에서도 앞자리를 차지하며 중국 전역을 주름잡던 조선족 업체들인 창녕그룹(총재 석산린), 흑룡강민족개발총공사(총경리 최수진)가 민족기업 발전에 크나큰 기여를 하였다. 또한 많은 민족기업 인재들을 양성한 창녕그룹은 '조선족공업대학'으로, 많은 민족 산업무역 인재들을 양성한 민족개발총공사는 '조선족산업대학'이라고 불리기도 했다. 후에 여러 가지 원인으로 창녕그룹이 본부를 진황도, 베이징으로 옮겨가고 민족개발총공사가 부채, 부실경영에 시달리다 민족호텔이 부도나면서 흑룡강의 조선족 기업발전이 크게 위축되었다.

현재 흑룡강 지역의 조선족 업체는 약 2천 개 정도에 달하는 것으로 추산되는데 서비스업체가 대부분이며 기계, 급수설비, 보일러, 펌프 등을 생산하는 제조업체가 200여 개, IT 등 첨단산업에 종사하는 업체는 극히 드물다. 또한 한국, 러시아, 일본 등 국제무역에 종사하는 무역업체도 여러 업체가 있다.

예를 들면 인력송출, 부동산 개발, 축산업 등을 경영하고 있는 흑룡강금산봉경제무역유한회사(총재 김명술), 흑룡강 대 러시아무역의 선두주자 흑룡강동녕길신그룹(이사장 최룡길), 흑룡강금약그룹(이사장 김춘학), 흑룡강우지미스키장(총경리 신창명), 흑룡강동원상무유한회사(이사장 박광종) 등 굴지의 기업을 위시해 하얼빈 대천건강식품유한회사(총경리 천옥금), 하얼빈우방장식회사(사장 이명호), 하얼빈 쌍용급수설비유한회사(이사장 김인한), 하얼빈녹색시품보건품유한회사(이사장 천기호), 하얼빈경공림펌프유한회사(이사장 박성공), 하얼빈고려원식품유한회사(이사장 김영학), 하얼빈남해직물유한회사(사장 임종원) 등 대표적인 기업들이 있으며 흑룡강이스터과학기술유한회사(사장 홍해), 하얼빈호천과학기술유한회사(총경리 오철웅) 등 첨단기술산업에 종사하는 기업도 있다.

현재 하얼빈조선족상공회, 흑룡강조선족상공회 등을 주축으로 조선족 기업들이 뭉치고 하얼빈한국기업투자협의회, 한국상회 등을 중심으로 한국업체들이 뭉치면서 다양한 산업변화와 발전을 시도하고 있다.

(3) 하얼빈시의 한국인회(유구준 회장 인터뷰)

현재 흑룡강성에는 5,000여 명의 한국인이 상주하고 있다. 흑룡강성 산하에 하얼빈 한국상회, 목단강 한국상회가 주축이 되어 현지 진출 한국인을 대변하여 정부와 기타 단체와의 활발한 접촉을 통해 이들의 애로사항, 사건사고를 해결함으로써 현지에서 한국인들의 구심점으로 자리 잡아가고 있다.

그에 따르면 현재 흑룡강성 한국기업수는 1,200여 개, 그중 하얼빈 한국기업이 544여개가 있다. 주로 IT, 전자, 기계, 의류, 식품 등의 업종에 한국기업들이 많이 몰려 있으며 대표적 업체로는 만도, 아시아나, 쌍태, 동아 등이 있는데 이들은 하얼빈 지역에서 활발한 경제 양상을 보이고 있다.

흑룡강성의 한국인 진출계기에 대해 유 회장은 다음과 같이 의견을 피력하였다. 흑룡강성은 자원이 풍부하고 농산물 자원이 우위인 데다 기술력과 저임금 및 안중근 의사의 의거 발원지로 한국인들에게 무한한 메리트로 자리매김 되고 있다. 게다가 하얼빈 지역은 중국어 표준어 사용의 기준지역으로 알려짐에 따라 한국 유학생들의 초기 남방지역 유학으로부터 점차 북방의 하얼빈으로 옮기는 추이를 보이고 있다. 또한 흑룡강성에 50만 명 조선족들이 집거하고 있어 파워풀한 언어적 우세로 한국기업들의 흑룡강 진출에 청신호가 켜지고 있다.

그동안 하얼빈한국인회는 설립 10여 년임에도 불구하고 관련지역 정부기관 및 현지인들과의 상호교류 측면에 소홀해 왔음을 인정하고 회장단이 취임한 이후 이미지 제고에 많은 노고를 아끼지 않았고 관련 정부기관과의 잦은 만남을 통해 한국기업과 한국인들의 어려운 문제들을 풀어나가고 있다. 이를테면 공안국과의 좌담회 개최, 하얼빈 시장, 시위서기와의 정기적인 간담회, 제1회 하얼빈 한국주간, 하얼빈 한국인 송년의 밤을 계기로 현지정부와 긴밀한 협조체제를 구축하여, 현지정부가 한국인회의 필요성을 인정하고 한국상회를 통한 외자유치가 지역경제 발전에 시너지 효과를 발생할 수 있다는 인식을 정부 측에 심어주었다.

또한 한국인 사회의 애로사항을 정기적으로 경청해 이에 따른 대책방안도 강구하고 있다. 이를테면 자녀교육을 위한 세미나 개최 및 한글학교 설립, 이등 영사업무 요청 실시, 하얼빈 한국인회 사이트 개통운영, 한국인 체육대회, 현지인들과의 좌담회 개최 등 다방면에서의 재 하얼빈 한국인사회의 현안해결에 적극 기여해 회원 간의 친목과 협력을 다졌으며 지역 한인사회 발전에 적잖은 기여를 해왔다.

한편 14만여 명이 거주해 있는 하얼빈시 조선족 사회와 화합과 공생을 다져가면서 한겨레 사회의 발전에 적극 참여했다. 한국상회에서는 흑룡강 신문사, 흑룡강조선말방송국, 하얼빈 조선족예술관, 하얼빈 조선족상공회,

하얼빈 코리아타운 고려회관 및 학교·기타 단체와의 적극적인 교류를 통해 상호간의 이해와 친목을 다졌다. 특히 하얼빈 한국주간, 재 하얼빈 한국인 송년의 밤을 통한 다양한 이벤트와 흑룡강신문사가 조직한 '한겨레 사회 어디까지 왔나' 특별기획보도에 앞서 특별취재팀과 중국 지역 한국상회와의 만남을 주선하여 본 행사가 무난히 이루어지도록 협조했다. 이는 한국상회와 하얼빈시 조선족 관련부서 간의 협력과 공생으로 한겨레 사회의 발전에 적극 일조하고 있음을 여실히 보여주는 일면이다.

유 회장은 초창기 한국유학생과 자영업자 위주의 하얼빈 진출이 위주였다면 현재는 가족과 함께 하는 한국인 하얼빈 진출이 대세라고 강조했다. 그러면서 한국인 하얼빈 진출이 급격히 늘어남에 따라 우선 현지 정부와의 창구를 통해 하얼빈 지역 한국인의 이익을 적극 대변할 것이라고 말했다. 또 그는 하얼빈 지역은 청도, 심양, 상하이 등의 다른 지역에 비해 투자유치에서 많이 뒤진 상황으로 투자환경 개선이 시급한 문제라고 지적했다. 본 한국상회의 노력으로 정부 측으로부터 한국인의 대 하얼빈 소액투자(10만 달러 이하) 시 투자프로젝트에 따른 저투자도 가능하다고 지적, 외자기업에 적용하는 은행융자제도 도입도 현지 정부와 적극 추진 중이라고 밝혔다. 그 외에 행정구역 변화로 인한 세금 납부 문제에 관해 처음 등록한 하얼빈시 개발구의 납세정책을 적용해야 한다는 제안도 정부 측으로부터 승낙 받았다. 또 한국인이 가장 많이 접촉하는 시공안국 출입국관리처에 조선족 직원을 두었으며, 사건사고 시 한국어를 구사할 수 있는 인원을 배치하도록 함으로써 언어적 불소통으로 인한 한국인들의 어려움을 해소시켰다.

지난해 말 제15대 하얼빈 한국인회 회장에 재당선된 유회장은 보다 나은 한인사회 발전과 더불어 한겨레 사회 정진에 적극 힘쓸 것이라고 강조했다. 그러면서 그는 올해 규모가 성대한 제2회 하얼빈 한국주간 개최, 도리구 북안가, 경위도가 중심의 코리아타운 설립추진 등등 다양한 행사로 하얼빈에 한류 붐을 조성할 것이라고 약조했다.

3) 근현대 흑룡강성 조선족 기업의 업종별 성장사례

지금까지 근현대 흑룡강성 조선족 기업의 발전개황에 대하여 살펴보았다. 다음에서는 흑룡강성의 전설적인 기업인인 석산린과 최수진을 제조업과 서비스업의 대표주자로 하여 소개하고자 한다.

(1) 제조업: 창녕집단(석산린)

① 회사 개요

회사명	창녕집단(흑룡강성 하얼빈시)	대표자명	석산린
회사형태	사영기업(독자)	업태 및 업종	제조업(급수설비)
계열사	◦ 대련창녕급수설비공장 ◦ 해구창녕급수설비제조공사 ◦ 하얼빈 금성창녕펌프공장(합자) ◦ 무한급수설비공장 ◦ 진황도급수설비공장	◦ 정황창녕인형주식회사(합자) ◦ 창녕무역공사 ◦ 창녕건축공사 ◦ 창녕조립공사	

② 대표자 인적사항

생년월일	1945년 9월	고향	흑룡강성 오상현
학력	하얼빈공대 핵물리학과(1968년)	직무	동사장

③ 연간생산액

창업	1985년 6월 12일				
연도	1985년	1986년	1987년	1988년	1989년
연간 생산액	220만 위안	1,260만 위안	3,500만 위안	8,590만 위안	1억2천만 위안

④ 석산린의 이력[12]

석산린은 당대 중국에서 이름난 조선족 과학기술형 창업가였다. 1992년

---

12 권영조(1994), "중국 조선족 기업가: 최수진과 석산린에 대하여", 『재외한인연구』, 재외한인연구회, pp.77-83.

〈그림 III-1〉 창녕집단 석산린 동사장

〈그림 III-2〉 하얼빈시에 있을 때의 창녕회사

현재 중국에는 한족을 포함하여 도합 56개 민족이 살고 있는데, 그중에서 조선족들의 평균 교육·문화수준이 제일 높은 것으로 나타나 있다. 중국 전체 5억2천만 재직인구 중 과학연구 및 종합기술사업에 종사하는 전문인력이 1백20만 명으로 재직 총인구의 2.3%를 차지하며, 55개 소수민족의 3천만 명 재직인구 중 과학연구 및 종합기술사업에 종사하는 전문인원이 4만 명으로 재직 총인구의 1.2%를 차지하고 있는데, 이 중 조선족은 91만 명 재직인구 중 과학연구 및 종합기술사업에 종사하는 전문인원이 3천5백89명으로 재직 총인구의 3.9%를 차지하였다.

이는 전국 평균수준에 비해 1.6%가 더 높고, 전국 소수민족의 평균수준에 비해 2배 이상 높은 수치이다. 중국의 개혁개방정책이 실시되면서 전국 각지 각 부문에 산재되어 있는 조선족 과학기술 인재들은 능력을 발휘하여 새로운 사업 영역에서 놀라운 성과를 거두었다. 석산린은 바로 이런 수많은 조선족 창업가들 중 한 분야의 특출한 대표인물이다.

○ 1960년대 하얼빈공업대학생

1963년에 석산린은 우수한 성적으로 하얼빈공업대학에 입학하여 핵물리학을 전공하였다. 그가 4학년이 되던 해에 전국을 휩쓰는 문화혁명이 시작되었는데 그는 모든 낡은 것들을 쓸어버리고 더욱 아름다운 미래를 위해 새로운 세계를 창조한다는 격정적인 심정으로 문화혁명에 뛰어들었다. 그러나 문화혁명의 실천은 그의 생각과는 달리 날이 갈수록 학생들은 공부하지 않고 노동자들은 직장에 나가지 않으며 농민들은 농사일을 제대로 못하는 등 대혼란에 빠졌다. 따라서 그는 학교 반란단에서 나왔으며, 문화혁명, 임표강청 4인방, 한 사람의 지휘권 수립 등에 대하여 의심하고 주변 사람들에게 현실에 대한 자기의 불만을 그대로 실토하였다. 이로 인해 정치투쟁, 종파활동 및 맹동분자들의 주목과 비난을 받게 되었고, 또한 그들에 의해 「석산린 반혁명언론」 51조가 작성되었다. 대동란으로 무법천지라 그들과 시비를 가릴 수도 없었고 또한 어디에 가서 말할 곳도 없었다. 그는 학교를 떠나 잠시 이 현실을 피하려 했다. 그러나 그가 가는 곳마다 사람들이 파견되어 그를 잡으려 했다. 그는 할 수 없이 먼 변강으로 도주하여 두만강물에 뛰어들어 월경하려다가 그만 체포되어 하얼빈으로 다시 압송되었다. 하얼빈공업대학의 반란단 조직에서는 그에게 반혁명 패찰을 채워 밤낮으로 고문하였으며, 두 차례나 사형선고를 내렸다. 최후로 법정에서 반혁명언론 반국가죄로 15년형에 처해졌다. 한때 혁명의 앞장에서 진리를 탐구해오던 열성분자가 오늘은 반혁명분자가 되었으니 23세 젊디젊은 나이에 앞날의 운명을 예견하기 어려웠다.

○ 1970년대 반혁명의 위기와 기회

1969년 겨울에 반혁명 판결을 받고 북안감옥으로 압송된 석산린은 법정에서와 마찬가지로 자기가 반혁명이 아니라는 것을 변호하였다. 감옥장은 그의 불복에 그를 서지도 눕지도 못하게 하고 밤과 낮을 가릴 수 없는 독감방에 가두고 엄밀히 감시하도록 하였다. 체포된 지 근 2년간 정신과 육체의 고통으로 허약해진 그는 이런 환경에서 스스로 죽음에 직면한 감을 느끼었다. 그는 정신을 가다듬어 나라와 국민을 재난에 빠뜨린 문화혁명은 오래지 않아 막을 내릴 것이며, 그때면 나도 자유인이 될 것이니 그때를 위해 생명을 보존해야겠다고 다짐하였다.

북방의 엄동설한 속 영하 40도에 감옥의 수도관이 얼어붙어 며칠째 물이 공급되지 않았다. 석산린은 감옥장을 청해 이 일을 자기에게 맡기면 3시간 내로 수도관에 물을 통과시키겠노라고 장담하였다. 며칠간 수리를 못해 난관에 처한 감옥장은 그에게 맡겨볼 수밖에 없었다. 일찍이 액체압력학, 금속재료학, 열동력학 등 원리를 배워 잘 알고 있는 그는 감옥 급수설비를 한 번 돌아보고 힘 좋은 죄수 몇 명을 동원하여 급수실 벽 모퉁이를 파헤쳐 수도관이 드러나게 한 후 고압전원을 수도관에 연결시켜 3시간도 걸리지 않아 수도관에 물이 통하게 하였다.

이때부터 석산린은 석공(공정사의 약칭)이라 불렸고 또한 독감방에서 나와 설계실에서 기술원 일을 보게 되었다. 석공은 감옥에서 자기가 보고 싶은 많은 기술서적을 마음대로 볼 수 있었고 또한 감옥공장에서 계획한 철판가공기, 도금설비, 제품검측기 등을 설계·제작하여 자기의 기술기능을 발휘하고 감옥공장의 생산도 크게 높였다. 그리고 그는 자청하여 매일 200여 명 죄수들의 체조훈련을 지휘하면서 신체도 많이 회복되었다. 그의 이런 노력으로 북안감옥공장은 중앙 제일기계부의 표창을 받게 되었고 전성 죄수집단 체조대회에서 일등상을 받게 되었다.

석공이 감옥에서 10년의 세월을 보낸 사이에 「4인방」은 퇴출되었고, 문화혁명은 그 어떤 정치적·경제적 의미가 없는 운동으로 종말을 고하였다. 그 후 1979년에 석공은 무죄로 석방되었다.

○ 1980년대 발명과 창업

북안감옥에서 돌아온 석공은 하얼빈대학 졸업증을 받고 흑룡강 상학원 강사로 교편을 잡았다. 그는 학생들을 가르치면서 여유가 있을 때 급수설비

〈그림 Ⅲ-3〉 공장건립 초기의 석산린(1986년)

설계에 대하여 연구했다. 당시의 급수설비는 질이 낮아서 집 지붕마다 물탱크를 두고 소음이 큰 전동력으로 물을 끌어올렸으며 집집마다 큰 물독을 준비하여 매일 밤마다 물을 받아두어야 했다. 석공은 급수설비 개선을 위해 밤낮없이 국내외 유관자료들을 찾아보고 자기 경비로 산동 등지의 여러 유형의 급수설비를 세심히 관찰한 끝에 마침내 전자동 기압급수설비기를 설계해냈다.

1985년 3월에 석공은 대학강사 직업을 사직한 후 하얼빈 제1조선족중학교 용접공장을 인수하고, 친구로부터 돈 3만 위안을 빌려 급수설비기 실험제작을 시작한 지 19일 만에 완제품 제작에 성공하여 생산에 돌입하게 되었다. 그리고 1985년 6월 12일에는 중국급수설비의 일대변혁을 상징하는 하얼빈창녕급수설비공장이 하얼빈 교외에 세워졌다.

창녕급수설비공장의 생산발전 속도는 매우 빨랐다. 그 주요 원인으로는 첫째, 시장수요에 맞춰 상품을 연구제작하여 공급한 것이다. 중국 경제건설의 신속한 발전은 전국 성향의 건축업의 발전을 한층 더 촉진시켰다. 새로 건축되는 공장, 주택, 특히 현대식 고층건물에는 그에 대응하는 새로운 급수설비 수요가 폭주하였다. 석공은 바로 이런 시장수요를 충족시킨 것이다. 창녕급수설비기가 시장에 출시되자 전국 30개 성시 자치구에서는 모두 이 상품을 다투어 구매하였다. 따라서 창녕의 생산규모는 해마다 확대되었으며 생산량 및 이윤세금도 크게 증가하였다. 1985년에는 총생산액이 220만 위안, 1986년에는 총생산액이 1,260만 위안, 1987년에는 총생산액이 3,500만 위안, 1988년에는 총생산액이 8,590만 위안 그리고 1989년에는 총생산액이 1억2천만 위안에 달하는 등 가히 폭발적이었다. 1990년도의 창녕의 고정자산은 2천만 위안(약 400만 달러)이며 유동자금은 1천여만 위안에 달하였다. 그리고 하얼빈시 10대 국영기업의 하나이며 30년의 역사를 가진 「하얼빈 양구인구창」의 실력을 넘어섰다. 그 후 창녕급수설비공장은 전성 특급기업으로 편성되었으며 전국 10대 사영기업 금메달을 수여받았다.

둘째, 최신기술로 상품의 품질을 끊임없이 개발한 것이다. 창녕에서 생산한 전자동 기압급수설비기는 80년대 국내외 선진수준에 도달했고 상품 매출도 매우 좋았으며 그들은 시후관리를 철저히 하고 또한 제품개량을 하여 지역과 건물에 적합한 다양한 품종을 생산했다. 현재 북경의 중국위성관찰측량소, 중국국제방송국, 북경아시아선수촌, 중국남극장성정 등에는 모두 창녕에서 특수 제조한 급수설비가 설치되어 있다. 또한 창녕은 농촌에 필요한 급수설비를 생산하였는데 국무원 농촌수질개조반공실에서 창녕급수설비기를 농촌수질개조 기초설비로 채택하였으며, 더 나아가 창녕급수설비기는 아프리카 여러 나라뿐만 아니라 미국으로도 수출되었다.

셋째, 독창적인 기업관리는 지속적인 생산발전을 보증해 주었다. 창녕의 공장장이며, 총공정사인 석산린은 당시 국영이나 집체기업들에서는 생각지도 못한 고임금제를 실시하였다. 즉 구체적인 노동업무량을 정하고 초과 달성한 자에 대해서는 높은 임금을 지불하였다. 즉 전공장 1,400명(그중 조선족이 95%를 점한다) 직원 중 상품을 판매하고 원료를 구입하는 업무원이 260명, 각종 전문기술원이 63명으로 그들의 평균월급은 모두 국가 동급직공에 비하여 3~4배나 높았으며 주택 및 기타 노동보호 조치도 국영에 비해 더 우월하였다.

그러나 노동임무를 완성하지 못하고 반복적으로 사고를 발생시킨 자에 대하여는 수시로 공장에서 내보냈다. 이런 조치로 공장은 잘 유지되었으나 장기적으로 공평한 환경에서 근무하던 노동자들의 불만과 모욕이 쏟아져 나왔다. 즉 "창녕은 소수사람들이 투기적으로 돈벌이하는 곳이다.", "창녕의 기술은 가짜다.", "창녕의 급수설비기는 물 오염이 크다." 등등 별의별 중상모략이 끊이지 않았다.

석공은 새 상품을 더 광범위하게 선전하고 더 널리 접수시키며 창녕의 실력을 보이기 위해 80만 위안을 투입하여 창녕예술단(전부 조선족 문예전문인원)을 꾸려 전국 주요도시 특히 북경 중남해까지 들어가 조선민족의 품격이 농후한 문예항목을 연출하여 아주 좋은 실제적 효과를 보았으며, 또한 재미교포 기업가들의 초청을 받아 미국에 가서 공연하여 좋은 호평을 받았다. 석공이 이렇게 하는 것은 물론 기업의 생산발전을 촉진하는 것이 주된 목적이었지만 한편으로는 기업의 힘으로 민족 문화와 교육을 발전시켜 보려는 데도 그 목적이 있었다. 그 후 그는 240만 위안을 투입하여 하얼빈시 제1조선중학교 교원주택도 지어주었다.

○ 1990년대 세계를 향한 도약

1989년 6월 석공은 집체기업으로 되어 있는 창녕급수설비공장을 사영기업으로 변경할 것을 정부에 정식으로 신청하였다. 그러나 하얼빈시 관계부문에서는 공장규모가 너무 크고 또 지금까지 집체기업으로서 국가로부터 면세와 토지점유의 혜택을 받아 발전하였으므로, 사영기업으로 변경하는 것이 합당하지 않다고 하며 창녕재산권이 발생되었다. 창녕급수설비공장은 1985년 석공이 33만6백22위안을 투입하여 하얼빈시 도리구 군력향신흥촌 경작토지 30무(3만㎡)를 구입하고 일부 설비를 갖추어 완전히 자체 힘으로 세운 것인데, 당시 집체기업으로 등기하게 된 것은 구체적 이유가 있었다. 1956년 중국에서 농업, 수공업 및 사영공상업에 대해 사회주의 개조를 진행하여 모두 국영 혹은 집체기업으로 전이시키고 사영기업과 개체기업을 취소했다. 80년대 개혁개방정책이 실시되면서 개체기업과 사영기업이 또다시 출현하였다. 이리하여 1988년 국무원에서 정식으로 「사영기업 관리조례」가 제정발표 되었는데 이 규정에 따르면 사영기업의 규모는 최대 한계가 없으며 집체기업으로 등기한 사영기업을 변경할 때 국가로부터 혜택 받은 경비를 다시 받아들이지 않는다고 하였다. 사실은 명확하나 시청에서는 창녕의 원 집조를 회수하고 새 집조는 발급하지 않았다. 경영권을 박탈당한 석공은 연해개방지구인 해남도 진황도에 가 더 큰 규모의 기업을 조직하여 세계시장으로 진출하게 되었다.

흑룡강방송국 조선말방송부 원정관과 흑룡강신문사 김순호 기자는 아래와 같이 보도하였다. "80년대 하얼빈에서 창녕을 만들어 새로운 기술을 창조해 세인을 놀라게 한 석산린이 오늘은 하북성 진황도에다 사영기업 창녕공업유한회사를 설립하여 급수설비기와 또 새로운 전지를 생산하여 90년대 폭발적 발전을 꿈꾸고 있다. 1992년 6월 12일에 국무원 부총리 주용기, 하북성 정위 고성장, 진황도 시장 왕대명 등이 새로 세워지는 창녕공업유한회사 현지를 시찰하고 그들을 고무 · 격려하였다. 1985년에 하얼빈 창녕급수설비공장을 설립하여 우리 민족경제와 문화발전에 큰 기여를 한 석산린이 한때 집체간판을 사영기업으로 회복하려다 하얼빈시 성정부와 마찰이

〈그림 III-4〉 하북성 진황도로 옮긴 창녕본부(1991년)

생겨 2천만 위안에 달하는 경제적 손실을 보았으나 그는 그대로 주저앉지 않았다.

1990년에 그는 해남성 해구시에다 한국정화회사와 합자한, 연간생산액이 900만 달러인 정화창녕완구유한회사를 세운 뒤, 뒤이어 1991년 10월부터 하북성 진황도에다 사영기업인 창녕공업유한회사를 세웠다. 그리고 한국 금성그룹과 합자하여 신식펌프공장을 설립하고 한국명주회사와 합자하여 식료품회사도 세웠다. 석산린은 어디에 가나 '창녕'을 붙이는데, 여기에는 뜻깊은 이유가 있다. 석산린의 원적은 경상북도 창녕인데 목사인 그의 조부는 일본의 민족동화에 저항하여 길림성 해룡 일대로 이주하여 계속 목회활동을 하였으며 광복 전에는 흑룡강성 오상으로 또 이주하였다. 조부와 부친은 이국 타향에서 고향 창녕을 잊지 못해 고향 이야기를 자주 하였다. 따라서 석산린은 고향 땅을 다시 밟아보지 못한 채 별세한 조부와 부친을 기념하여, 그리고 또 그도 창녕 땅의 후손임을 잊지 않기 위해 그가 세운 공장에 '창녕'을 붙였다. 1990년에 모국을 방문하여 조부와 부친을 대신해 창녕 땅을 밟았으며, 친척을 찾아보았고, 많은 한국기업들과 손을 잡게 되었으며, 또 미국 · 일본 · 구소련 및 동남아 각국에 진출하여 그곳 동포들과도 관계를 맺게 되었다."

⑤ 창녕집단의 발전과정[13]

○ 하얼빈시 창녕급수설비공장과 석산린

그는 언제나 바쁜 사람이다. 찾아오는 손님들에게 자그마한 명함을 내주는 것으로 자기소개를 끝내곤 한다.

---

13 박을룡(1989), 『중국당대조선족 기업가들: 개척자의 노래』, 연변: 인민출판사를 인용하였으며 여기에서는 박을룡 작가가 쓴 석산린이야기를 구체적인 사례로 제시하였다. 따라서 이 자료를 통하여 당대의 전설적인 조선족 기업가 석산린에 대하여 더 깊은 이해가 있기를 바란다.

단위: 하얼빈시 창녕급수설비공장 이름: 석산린 직무: 공장장

1988년 3월에 전국에서 처음으로 열린 「경제개혁인재선발」에서 15명 금컵상 수상자 가운데 유일한 조선족 기업가로서 그가 금컵을 안고 나섰을 때 수많은 기자들이 그에게 질문을 쏟아냈다. 당시 석산린은 가슴이 뻐근했다. 하고픈 말이 너무도 많았다. 어제와 오늘, 그리고 또 내일에 대하여. 그러나 그에게는 오래 앉아서 이야기할 시간이 없었다. 기자들은 그가 나누어 준 자료를 보고나서야 모두 입을 딱 벌렸다. 그럴 만도 했다. 1985년 6월 18일 - 공장이 건설되던 그날부터 짧디짧은 2년 반 남짓한 동안에 종업원이 단 한 사람에서 8백여 명으로 늘어났고 한 푼의 자금, 한 대의 기계도 없던 구상속의 공장이 지금은 1백여 대의 각종 설비와 20여 대의 자동차, 640만 위안의 고정자산과 600여만 위안의 유동자금을 가진 중급향진기업소로 성장하였으니 말이다. 제품 역시 ZQS-1형 한 가지 품종에서 88종의 계열급수설비로 늘어나 국내로는 중국남극장성고찰소, 중국위성관측소, 제11차 북경아시안게임을 포함한 28개 성에 3천여 대의 급수기가 공급되고 해외로는 미국, 파키스탄, 모잠비크, 탄자니아 등의 나라로 수출되고 있었던 것이다.

이렇듯 제품의 판로가 넓어지자 그만큼 매출 및 이익도 비약적으로 늘어났다. 즉 1985년 하반기에 총생산액이 340만 위안에 순이윤이 76만 위안, 1986년에는 총생산액이 1,260만 위안에 순이윤이 306만 위안, 1987년에는 총생산액이 3,403만 위안에 순이윤이 776만 위안이었으며 1988년에는 총생산액을 8,000여만 위안으로 올렸다. 따라서 종업원당 평균생산액이 1987년도에는 4만7천 위안이었다면 1988년도에는 10만 위안인데, 이것은 1만여 명의 종업원을 가진 대형공장의 연간생산액과 거의 맞먹는 금액이다. 이것이 바로 세인의 주목을 받고 있는 창녕속도, 창녕능률이다. 그러나 이렇게 되기까지 석산린이 걸어온 길이 그리 평탄하지만은 않았다는 것을 아는 사람은 그리 많지 않다.

○ 위기와 기회 그리고 도전

긴장하고 고달픈 사업에서 피로가 쌓일 때면 순간이나마 홀로 조용히 공장 구내길을 걷는 것이 석산린에게는 더없이 좋은 휴식이었다. 생각하면 잡초 우거진 이 황야에 첫발을 들여 놓은 지가 엊그제 같은데 오늘은 총건평이 2만3천여 평방미터나 되는 사무청사, 직장, 주택 등 건물들이 줄줄이 들어섰고 공장마다 철판모서리를 깎아내는 절삭기의 동음이 흘러나오며 크고 작은 철통들을 용접하는 파란 섬광이 빛을 뿌리고 있다. 이렇게 날로 변해가는 공장의 면모를 돌아볼 때마다 석산린의 얼굴에는 스스로도 가늠하기 어려운 미소가 어리곤 하였다. 사람들은 석산린을 모진 세파를 이겨온 사람이라고들 말한다. 60년대의 대학생, 70년대의 반혁명, 80년대의 기업가-이것은 석산린의 지난날과 오늘에 대한 한 필자의 개관이다.

흑룡강성 오상현 한 농민의 가정에서 태어난 석산린은 1963년에 하얼빈공업대학 공정물리학부에 입학하여 핵물리학을 전공하게 되었다. 그때 그는 포부도 컸고 희망도 푸르렀다. 그런데 누가 생각인들 했으랴! 희비가 전도되었다. 10년이라는 긴 기간에 그가 터무니없는 〈반동언론사건〉에 끌려들어 유기형 13년에 언도될 줄을……. 기가 막히고 너무도 원통했다. 어디에 가 고소할 곳도 없었다. 그러나 천성이 영악한 석산린은 이 절망 앞에서

〈그림 Ⅲ-5〉 하얼빈시 창녕급수설비공장

머리를 숙이지 않았다. 오히려 반발심이 솟구칠 뿐이었다. '이 10여 년을 헛되이 보내지 말자! 지식은 힘이다. 지식은 아무때 가서나 쓸 수 있을 것이다.' 이것은 석산린의 신조였고 결심이었다.

석산린은 감옥 안에서 기계제조학과 유체학을 독학했고 감옥공장의 설비를 개조하는 과정에서 수준 높은 공정설계를 해주었고 갖가지 난제도 해결했다. 이렇게 석산린은 그처럼 어렵던 나날에도 계속 지식을 쌓았고 성격도 더욱 굳세게 단련하였다. 고난 속에서도 세월은 소리 없이 흘러갔다. 10여 년 동안 대지를 짓누르던 먹장구름은 끝내 걷혔다.

1979년 12월, 석산린은 비로소 누명을 벗고 오매에도 그리던 자유를 얻게 되었다. 비극은 끝나고 육체는 해방되었지만 정치역사에 오점이 있다는 딱지가 붙어 다니는 바람에 그는 그때까지만 해도 정신적 압박을 느꼈고 이로 인하여 때로는 모진 심리적 고통 속에서 힘들어 하였다. 허나 자기의 존재와 가치를 중히 여긴 그는 새로운 시점에서 자기가 나아갈 길을 모색하였다. 그에게 행운이 찾아왔다. 1984년 9월에 석산린은 흑룡강상학원에서 유체학을 가르치는 강사로 채용되었던 것이다.

사회적으로 인정받는 대학교 교원, 매달 고정된 노임, 그때만 해도 그만하면 남들의 부러움을 자아낼 만한 직업이었다. 그러나 어쩐지 그는 만족스럽지 않았다. 그는 자기 말대로 이 세상에 살아있는 동안 꼭 후세에 무엇을 남겨놓을 벅찬 일을 하고 싶었다. 인생에는 우연한 기회가 있을 수 있고 그 우연한 기회 속에 필연이 깃들어있기 마련인 것 같았다. 석산린이 자동급수설비를 연구·제작하게 된 것은 한 차례 우연한 기회에 떠오른 영감에서였다.

1984년 말, 석산린은 공무로 출장을 나가게 되었다. 어느 한 고급호텔에 자리 잡은 그는 화장실에 갔었는데 물이 없었다. "이렇게 멋진 호텔에 왜 물이 없습니까?", "수도의 수압이 낮아 늘 이 모양이에요!" 접대원의 대답이었다. "수압이 낮다?" 하기야 큰 도시에서 수압이 낮아 물이 끊어지는 현상은 별로 드문 일은 아니었지만 손꼽히는 고급호텔에서도 예외가 아니라는 일을 놓고 석산린은 생각이 깊어졌다. 출장을 마치고 집으로 돌아왔으나 여전히 그 접대원의 안타까움에 찬 목소리가 귓가에서 사라지지 않았다. '고층 건물의 물 문제를 해결하는 것은 지금도 앞으로도 필요하다!' 석산린은 자기도 모르게 책상을 내리치며 자리에서 벌떡 일어섰다. 마음의 흥분을 억제할 수 없었다. 기계학과 유체학에 관심이 많은 석산린은 이때부터 새로운 급수설비 연구에 총력을 기울였다. 그는 일요일이나 짬짬이 시간을 내서 급수설비가 설치된 설계부문을 찾아다니며 정황을 이해했고 또 도서관에 가서 유관자료를 찾아보았다. 그는 이미 조사와 고찰을 토대로 자기의 독특한 설계방안을 창안해내리라고 마음속으로 결심하였다. 하얼빈시 고향구 신정가의 한 모퉁이에는 여름 장마철이면 집안에서 빗물을 받아내야 하고 겨울이면 성에가 새하얗게 벽을 덮는 초라한 초가집 한 채가 있었다. 여기에서 석산린은 밤과 낮이 따로 없는 창조의 나날을 보냈다. 반 년이 지나가는 동안 그의 땀은 헛되이 흐르지 않았다. 드디어 당시 상황에서 급수설비 혁명으로 불리는 「ZQS-1형기압자동급수설비」의 설계도가 이 오막살이집에서 완성되었다.

이러한 여러 가지 정황으로 볼 때 사람들은 석산린의 인생행로를 두고 고진감래라고 했으나 그가 걸어온 발자취를 더듬어볼 때 그의 성공은 우연히 얻어진 것이 아니라 피와 눈물과 땀의 결정체였음을 부인할 수 없다.

○ 석산린의 집념과 성공

1985년 4월 29일, 석산린이 연구제작한 「ZQS-1형자동급수설비」가 성급 기술감정에서 순조롭게 통과되었고 흑룡강성 과학기술성과증서를 받음과 아울러 정식으로 생산할 수 있다는 비준도 받았다. 건축물 위에 앉히는 물탱크와 높은 급수탑을 대신하는 이 자동급수설비는 규모가 작고 설비가 간단하여 50~80%의 비용을 절약할 수 있었다. 이 급수설비는 버튼만 누르면 지하실이나 지면에서 150미터 높이로 시간당 300톤의 물을 밀어올릴 수 있는 자동급수설비였으며 이는 80년대 중국 급수설비의 공백점을 메운 신형의 자동급수설비였다. 신형자동급수설비를 발명한 석산린은 그 어떤 난관과 위험이 있더라도 창업을 하겠다는 결심을 하였다. 그러나 이 선택과 결단은 석산린에게 있어서 확실히 모험이었다. 가난한 이 대학교원에게는 다만 설계도 한 장만 있을 뿐 한 푼의 자금도, 공장을 세울만한 한 평의 땅도 없었다. 그러나 공장을 시설할 초보적인 예산을 세워보니 적어도 40여만 위안의 자금이 필요했다. 그래서 석산린은 처음에는 국가대부금을 빌려보려고 생각했다. 그래서 하루에도 몇 번이나 은행을 드나들었지만 어느 누구도 빈 간판을 건 공장에 돈을 꿔주려 하지 않았다. 앞길은 막막했다. 석산린은 끝내 은행 대출을 포기하고 생각을 돌려 자기의 창업을 지지해주는 친구의 도움을 받았는데, 그 친구는 석 달 안으로 본전과 이자를 갚기로 계약을 맺고 48만 위안을 빌려주었다. 그러나 석 달 안으로 설비와 재료를 사들이고 공장을 마련하며 또 제품을 팔아서 이 빚을 갚는다는 것은 그 생각부터가 모험이 아닐 수 없다. 자칫하면 망하고 나앉아 자기가 재차 감옥살이를 할 것은 말할 것도 없지만 그 벗에게도 큰 짐을 지우는 것이 될 것이었다. 그러나 석산린은 의연히 그 모험의 길을 선택했다. 그는 자기가 연구한 급수설비의 기술성능을 믿어 의심치 않았고 신형의 이 급수설비가 반드시 모든 사용자들의 환영을 받으리라는 것도 확신했다. 석산린은 당장 공장을 세운다는 것은 시간상 불가능한 일이므로 심사숙고한 결정 끝에 우선 설비와 장소는 임차하고 생산 부속품은 가공되는 대로 사용지역에 가져다가 완제품 조립을 하기로 하고 생산에 들어갔다. 당시 석산린은 공장장이자 노동자였고 구입, 공급, 판매 등 일련의 과정을 모두 혼자서 책임지다시피 했다. 그때 그에게는 밤낮이 따로 없었으며 악전고투의 나날은 흘러 석 달 동안에 48만 위안의 무거운 빚을 제때에 갚고도 연말에 순수입 70여만 위안을 남겼다.

1985년 말의 어느 날, 하얼빈시 서남쪽 교외에 자리 잡은 도리구 군력항 신성조선족촌의 석산린은 신성촌의 땅을 사서 벽돌담을 쌓고 간이생산시설과 창고를 지었다. 장소와 설비를 빌려 쓰던 곁방살이에 비하면 볼품은 없지만 그래도 제 공장이어서 마음 놓고 생산할 수 있었다. 이때부터 생산은 본격적으로 시작되었다. 1986년 말에 이듬해인 1987년도의 생산계획을 수립할 때 석산린은 또 한 차례 모험을 하였다. 1986년도 연간생산액이 비록 1,260만 위안이고 순이윤액은 380만 위안이었지만 본래 큰 자본이 없이 시작한 공장이라 필요한 갖가지 설비를 늘리고 자동차도 마련하여 확대재생산을 하려 하니 남은 돈이 얼마 안되었다. 이러한 경우면 1987년도의 연간생산액을 1,500만 위안쯤 정하는 것이 가장 적합하였다. 이것만으로도 전년도에 비해서 20%가 늘어나는 셈이었다. 그러나 석산린은 상례를 좇지 않았다. 그것은 그가 당시 신형의 자동급수설비의 수요가 대폭 증가하는 시장형세를 꿰뚫어보았으며 또한 좋은 기회를 놓쳐버릴 수 없었기 때문이었다. 석산린은 생산 계획을 확정한 후 즉시 흑룡강성 내외를 대상으로 하여 기능공과 노동자를 모집하고 생산규모를 확대하기 위하여 낡은 설비를 개조하는 한편 새 설비도 사들였으며 500만 위안어치의 강판, 전기펌프와 기타 재료도 마련하였다. 또한 원활한 물류유통을 위하여 10만 위안을 들여 국제비행장으로 통하는 고속도로로부터 공장문 어귀까지의 500미터 구간에 새 아스팔트길도 닦아놓았다. 이런 생산준비와 때를 같이하여 전국 39개 주요 도시에 제품판매처를 마련하여 제품의 판로를 넓혔으며 시장정보도 수집하였다. 연초에 성공적으로 진행된 「창녕급수설비전시판매회」의 뒤를 이어 돈을 아끼지 않고 제품광고를 하여 공장의 이름도 알렸다. 그해에 순수하게 광고료로만 나간 돈이 무려 170여만 위안이었는데 이 금액은 전 성에서 으뜸을 차지하였다. 석산린의 이런 대담한 행동들은 다시 한 번 큰 성과를 이룩하게 했는데, 그해 연간생산액은 3,403만 위안에 이르러서 계획보다 400만 위안을 더 올렸다.

사실상 공장을 세운 그날부터 오늘에 이르기까지 석산린의 걸음마다에는 보통사람들로서는 엄두도 내지 못할 모험이 동반되어 있었다.

○ 창녕급수설비공장의 성장

석산린은 말을 해도 간단명료하게 하는 것으로 시간을 단축시켰고 식사도 걸음걸이도 속도전이었다. 창업의 나날에 석산린은 모든 일을 거의 다 자기가 처리해야 하는 형편에서 하루에 4시간 이상 잠을 자 본 적이 없었다. 석산린의 명망이 높아지고 공장도 이름이 알려진 지금에 와서는 더욱 쉴 틈이 없다.

ZQS-1형자동급수설비는 1984년 말에 연구제작에 착수해서부터 성급 기술감정에 통과되기까지 불과 일곱 달이란 시간밖에 걸리지 않았다. 세계의 선진수준에 도달한 이 연구 성과가 나오자 많은 사람들은 석산린더러 그것을 국가급 기술감정에 올려 특허권도 내라고 귀띔하였다. 물론 그렇게 하면 제품의 영향과 판로는 더욱 좋게 되고 시장경쟁에서 경쟁자가 적거나 없어 석산린에게는 더없이 유리할 수 있다. 그러나 그때 각급 기관의 사업효율로 봐서는 적어도 1년 시간이 아니고선 국가급 감정을 마치거나 특허권을 내기가 어려웠다. 당시 석산린에게 필요한 것은 연구 성과를 하루빨리 생산에 투입시켜 경제적 효과와 사회적 효과를 따내는 시간이었지, 결코 다른 그 무엇이 아니었다. 그렇게 했기에 석산린은 1985년 6월에 생산을 시작해서부터 반 년 동안에 70여만 위안의 순수익을 올려 이듬해부터 본격적인 대량생산에 들어갈 수 있는 기초를 닦아 놓았던 것이다.

1986년 3월, 동북3성 여러 도시들에 팔려나간 창녕급수설비의 사용정황을 조사하는 한편 사용자들의 의견을 청취하고 제품의 판로를 넓힐 생각으로 석산린은 부공장장과 함께 출장길에 나섰는데 그들은 기차나 비행기를 타지 않고 자기네 지프차에 몸을 실었다. 운전수 둘이 번갈아 교대해가며 밤새도록 남으로 남으로 차를 몰았다. 이튿날 이른 새벽에 장춘에 도착한 석산린은 아침식사도 하지 않은 채 직접 사용거래처들을 찾아갔다. 아직 출근시간이 되지 않아 사람들이 출근하지 않았지만 그는 자기의 계획대로 설비사용 정황을 살펴보았다. 한번은 장춘시 아파트경영공사에다 급수설비를 설치해 주었는데 거래처의 부주의로 인하여 부속품 하나를 잃어버려 급수설비를 쓸 수 없게 되었다. 한밤중에 전화로 이 소식을 들은 석산린은 거래처의 신뢰를 중히 여겨 당일 밤으로 부속품 하나를 자동차에 실어 다음날 10시에 진행되는 급수설비 가동식에 영향을 미치지 않게 했다. 이 일로 그 공사로부터 칭찬을 받았을 뿐만 아니라 자기 공장 종업원들에게 무슨 일이나 일사천리로 해야 된다는 교훈을 주게 되었다.

○ 성장을 위한 발판: 인재관리

창녕급수설비공장이 치열한 경쟁 속에서 계속 눈부신 성과를 올리게 된 것은 훌륭하고 유능한 인재를 모집하여 적재적소에 잘 쓴 덕분이다. 석산린이 공장을 설립하면서부터 줄곧 머리를 써온 다른 한 가지가 바로 인재문제였다. 석산린은 인재를 채용하는 데 명철하고 엄격한 표준이 있었고 자기가 정한 원칙에 어긋나는 것에 대하여는 추호의 용서도 없었다. 누구든지 창녕에 들어오려면 우선 자기가 근무했던 직장과 일체 관계를 끊어버려야 한다. 따라서 오직 공장과 운명을 같이할 사람만이 창녕에서 발전이 있을 뿐이었다. 예를 들면, 1986년 봄, 석산린의 친동생이 창녕에 들어와 잡일을 하였다. 그는 형님의 배경을 믿고 공장의 자동차를 남몰래 몰고 나갔다가 사고를 쳤다. 이 일을 알게 된 석산린은 두말없이 동생을 공장에서 몰아냈다. 석산린의 외조카도 한때 공장사무실 주임직을 맡았는데 일을 잘못 처리하고도 거짓말로 꾸며댄 것이 탄로나 즉시 공장에서 제명되고 말았다.

한번은 석산린과 제일 가까운 부공장장이 자기의 친척을 공장에 취직시켜 달라고 부탁을 하였다. 이미 자기의 친척을 창녕에 들여오지 않기로 다짐한 석산린은 그 부공장장의 청을 단호히 거절해 버렸다. "만약 동무가 이 공장에서 나간다면 동무의 친척을 받겠소. 두 가지 가운데서 한 가지를 선택하시오!"라고 하며 석산린은 부공장장이라도 양보하지 않았다.

창녕이 잘 성장하고 종업원과 노동자들의 노임이 높아지니 직급이 높고 권력이 있는 간부들이 자기 자녀를 창녕에 취직시키려고 애를 썼다. 이런 사람들의 요구를 들어주면 앞으로 그 관계를 이용하여 덕도 볼 수 있겠지만 석산린은 이런 사람들의 미움을 받을지언정 절대 받지 않기로 결심하고 누구든 공장에서 제정한 인재채용 원칙을 위반하지 못하게 했다. 석산린은 종업원들에 대한 요구가 높고 엄격했지만 그만큼 그들에게 후한 대접을 해주었다.

오늘날 창녕급수설비공장 종업원의 95% 이상이 조선족인데 그중에 대학생들만 50명이 된다. 비록 상황에 따라 공장의 감독이나 기술공들이 상황에 따라 바뀌기는 했지만 창녕은 믿음직한 기본역량과 성실한 종업원들의 게으름 없는 노력에 의하여 끊임없는 발전과 번영을 이어가고 있다.

흑룡강성으로부터 해남성에 이르기까지, 산동반도의 연해지구로부터 신강내륙에 이르기까지, 전국의 대중도시들에는 거의 다 창녕의 제품판매처가 설립되어 있는데 1988년에는 전 해의 87개 소로부터 114개 소로 늘어났다. 이런 판매처에서 활약하는 일꾼은 성실하고 부지런해야 할 뿐만 아니라 스스로 설비를 조립하고 고장을 고칠 줄 알아야 하며 고생을 두려워하지 않는 사람이어야 한다. 바로 석산린의 이런 인재등용 원칙에 의하여 종업원 총수의 30% 이상을 차지하는 판매일꾼들이 전국각지에서 활약하면서 급수설비의 투명도를 높이고 인기를 끌기 때문에 창녕이라 하는 이 향진 기업소는 불패의 터전 위에서 생기를 띠고 세인들이 놀라는 경제적 기적과 비약을 일으킨 것이다.

○ 기업이익의 사회환원: 민족 교육사업

공장이 알려지고 석산린의 명망이 높아짐에 따라 일부 시샘하는 사람들이 이런저런 유언비어를 퍼뜨려 석산린을 괴롭혔다. "석산린은 돈이 많은 것을 자랑하면서 높은 봉급과 후한 대우를 해주는 것으로 인재를 매수하고 이용한다."라고 원색적으로 비난하는 사람도 없지 않았다. 이와 유사한 비난과 험담에 석산린은 적응되었다. 그는 자기가 훌륭한 조선족 인재의 양성과 조선민족의 경제적 부흥을 목적으로 삼고 자기의 위치를 찾아 인생을 보람 있게 지내고 있다는 우월감으로 자신을 위안하며 정신적·심리적 균형을 잡고 있다. 석산린은 사업이 순조롭고 성과가 이루어졌을 때에나 아니면 사업이 난관에 처했거나 질곡에서 벗어나기 어려울 때에나 늘 이렇게 말한다. "사람은 포부가 없으면 아무것도 해낼 수 없습니다. 마찬가지로 포부와 패기가 없는 민족은 선진민족의 대열에 들어설 수도 없습니다." 석산린이 기업을 설립한 취지가 바로 이것이고 창녕에 예술단을 창단하여 민족인재를 끌어들이는 목적도 역시 이것이다.

석산린은 민족사업을 위한 자신의 뜻을 점차 실제행동에 옮기고 있었다. 그는 "창녕의 재부는 창녕사람들이 창조한 것이기에 우선적으로 그들에게 돌려야 한다."라면서 거액의 자금을 투자하여 종업원 주택을 지어 종업원들이 집에 대한 근심이 없이 살아갈 수 있는 조건을 마련해 주었다.

또한 석산린이 보다 많은 자금을 확대재생산에 투자하여 기업소를 더 크게 확대하는 한편 일부분의 돈을 떼어내어 하얼빈시 여러 조선족 중소학교와 민족문화 선전기관들에 경비를 보충해 주었고 기타 사회활동에도 기부를 했다. 몇 해 동안 이렇게 민족문화선전사업과 사회활동에 기부한 금액이 무려 30여만 위안이나 된다.

1988년 말까지 창녕급수설비공장에서는 연초에 제정한 3천만 위안의 연간생산계획을 넘쳐 수행하였고 순이윤은 1,500만 위안, 세금은 600만 위안이라는 뛰어난 성과를 올렸다. 오늘날 이 공장은 고정재산이 1,200만 위안, 유동자금이 2,000만 위안에 달하고 800여 명의 조선족 종업원을 가진 중형 향진기업소로 발전하였다. 여기에서는 하얼빈시 과학기술성과 1등상을 수여받고 국가특허권을 받은 ZQS-2형전자동급수설비를 비롯한 수도용 급수설비, 소방용 급수설비 등 4개 계열 88개 규격의 급수설비가 생산되는 외에도 이런 급수설비와 관련되는 각종 규격의 보일러와 보일러 기계부속, 물 처리설비, 펌프, 압력용구 등의 제품들까지 생산되어 조국의 장성내외, 장강남북의 각지들에 끊임없이 공급되고 있다. 그러나 석산린은 아직 이에 만족하지 않는다. 그는 또 장차 채색인쇄소, 고급음료 공장, 승용차 부속품 공장을 비롯한 새로운 공장들을 종합적으로 설립할 것이고 대외무역에도 투자해 「창녕집단」의 길을 걷는 동시에 창녕조선족대학과 창녕조선족 마을도 멋있게 건설한 구상을 하고 있다.

1989년 3월 18일, 석산린은 북경에서 진행된 전국소수민족 우수기업가, 기업가 평의활동에서 영광스럽게 우수기업가 칭호를 수여받았다.

⑥ 경영자와의 인터뷰

중국내 조선족 기업가들은 가장 성공적인 조선족 개인사업가로 하얼빈에서 창녕급수설비창을 경영하는 석산린 씨를 주저 없이 꼽는다.[14] 84년도에 48만 위안(8천 8백만 원)의 빚을 얻어 시작한 기업이 4년 만에 매상이 1억위안 순이익 1천여만 위안이 넘는 중국내 굴지의 민간 기업으로 성장, 인민일보와 중앙텔레비전에서 「석산린기인기창」, 「역경속의 사나이」라는 제목으로 소개할 만큼 대표적 민간기업인으로 꼽히고 있기 때문이다. '창녕'이란 회사이름은 선친의 고향 경남 창녕에서 딴 것이지요. 어머님을 올해안으로 친척 방문 차 고향에 보내드릴 예정입니다. 저는 사업 때문에 시간이 쉽게 나지는 않지만 회사이름에서 보듯 고향을 잊지는 않고 있습니다."

새 공장부지 답사를 위해 연길에 들른 석 사장은 급수설비창이란, 한마디로 고층빌딩의 맨 위층까지 물을 공급하는 기계를 설계하고 설치하는 회사라고 설명했다. "하얼빈 공대를 졸업하던 67년 문화혁명에 휩쓸려 이른바 54개 조목의 반혁명 발언이 문제돼 핵물리학을 전공한 보람도 없이 10년동안 감옥살이를 했습니다. 감옥에 있는 동안 감옥내 공장을 개선, 중국내에서 선진적인 수준으로 끌어올리기도 했는데 79년 문화혁명이 실패로 끝나게 되자 풀려나 흑룡강상업학원 강사가 됐지요. 이때 액압전동이론에 의한 자동급수장치를 개발, 제 발명에 자신을 갖고 사업을 꿈꿨습니다."

석 사장은 자신이 개발한 자동급수장치가 독창적인 탓도 있지만 굳이 사업이 번창한 이유를 대라면 판매전략 · 인재전략 · 제품전략의 결과라고 밝

---

14 "석산린과의 인터뷰"(1990), 매일경제.

혔다. 석산린 자신이 자본주의 교육을 받아본 적이 없지만 3대 전략내용은 사실상 서방사회의 경영전략과 다를 게 없다. "중국전역에 1백8개의 지사와 매매상담소를 두고 고객정보를 매일 보고토록 의무화했습니다. 공기업 같으면 안 되겠지만 보고를 안 할 경우 하루 2만 위안의 벌금을 물리고 대신 어김없이 보고하면 매일 20위안씩 장려금을 줬습니다. 동시에 인민일보와 중앙텔레비전에는 87년에 1백80만 위안, 88년에는 3백만 위안어치의 광고도 했지요."

석 사장은 인재전략에 대해 자신의 회사에 하얼빈 공대 대련선박대학 출신이 50명이 넘고 이들은 기술연구소 판매부문의 책임자가 되는 동시에 공기업과는 비교가 안될 만큼 우월한 대우를 해줘 창의성을 스스로 발휘하게 해주고 있다고 설명했다.

마지막으로 제품전략으로는 급수설비에서부터 시작했으나 요즘은 건축까지 해주면서 사업영역을 넓혀가고 있다고 말했다. 교통사정이 좋지 않은 중국 현실에서 석 사장은 주로 밤기차에서 자고 아침에 목적지에 도착, 일을 보는 방법으로 1주일에 평균 6개 도시를 방문하는 강행군으로 공사현장을 다니고 고객을 만난다고 말했다.

"언젠가는 한국기업과 같이 일해보고 싶습니다. 저희 회사제품을 소련에도 수출해 국제적인 무역과 공사경험도 축적하고 있습니다. 삼성, 현대, 대우, 금성 등 한국의 대표적 기업관계자들도 만나봤는데 한국회사 제품이 훌륭하기 때문에 합작 사업을 해보고 싶습니다."

석씨는 삼성, 럭키금성, 현대 등 주요 기업들과도 협력관계를 모색하고 있다.

"자동수압급수 설비의 한국 내 판매회사를 물색하는 일과 이 설비에 이용되는 모터의 합작 진출상대를 찾을 계획입니다. 무엇보다 중요한 일은 창녕그룹이 앞으로 주력할 전자사업의 합작 상대를 확보하는 일입니다."

그는 올해 북경에 전자공장을 설립, 워드프로세서의 생산까지 사업을 확대했다.

"현재 보급이 초보단계인 중국에서의 워드프로세서와 컴퓨터는 수요가 연 1백만 대에 이를 전망입니다. 향후 5년간 창녕그룹에 총 1억 달러를 투자, 중국 최고의 전자회사로 키우는 게 꿈입니다." 석씨는 이를 위해 국내 전자업체와의 합작을 적극 추진하고 있는데 지난 11일 삼성물산의 이필곤 사장을 만났으며 이건희 회장과의 면담도 예정돼있다. 급수설비에 이용될 모터합작공장을 위해 금성사 이헌조 사장과의 면담도 계획돼있다. 석씨는 "중국의 상대적으로 낮은 인건비와 광활한 공장부지를 활용할 필요가 있다."라며 "지난해 말부터는 외국인투자지분 49%상한선이 1백%까지 넓어졌고 합작기업은 3년간 완전면세에 6년까지 50% 감세 특혜가 있는 점 등을 이용해 달라."라고 말했다.

그는 특히 창녕그룹이 하얼빈과 무한에 대규모 공장부지를 갖고 있으며 경제특구인 해남에도 땅을 매입할 예정이어서 국내의 자동차부품기계, 신발 등 노동집약산업의 합작진출을 바란다며 12일로 예정된 정주영 회장과의 면담에서 이를 건의할 작정이라고 밝혔다.

(2) 서비스업: 흑룡강성민족경제개발공사(최수진)

① 회사 개요

회사명	흑룡강성민족경제개발공사	대표자명	최수진
회사형태	사영기업(독자)	업태 및 업종	서비스업(무역)
계열사		지역	

② 대표자 인적사항

생년월일	1949년	고향	흑룡강성 연수현 동명 조선족 마을
학력	중졸	직무	총경리

③ 연간생산액

창업		1985년 7월 1일	
연도	1987년	1988년	1989년
매출액	5천만 위안	1억4천만 위안	2억 위안

④ 최수진의 이력

○ 최수진이 기업가가 되기까지

지금 중국 대륙에 살고 있는 조선족은 도합 1백 92만 명으로 주로 동북의 길림, 흑룡강, 료녕 등 동북3성에 집중되어 있으며, 그중 60%의 인구가 농촌에서 벼농사에 종사하고 있는데 호당(평균 다섯 식구) 1.5향(1.5만㎡) 정도의 수전을 경작하며 1.5만 척(7.5t) 정도를 수확하는데 그 금액은 8천 위안에 달하며, 인구당 연평균 순수입은 8백 위안으로 가족이 먹고 살아가기에는 큰 근심이 없다. 그러나 지금 조선족촌에서는 경작지를 더 확대할 수 없을 뿐만 아니라 농업수입이 낮고 또한 중국 개혁개방정책과 문화수준이 비교적 높은 조건을 이용하여 일부 농민들이 농사를 버리고 수입이 더 높은 기타 산업으로 이동하고 있다. 최수진은 바로 이런 조선족 농민들 중의 특출한 대표인물이다. 농민 출신인 최수진이 한 사람의 기업가로 성장하는 과정은

〈그림 Ⅲ-6〉 흑룡강성민족경제개발공사 최수진 총경리

바로 현재 중국 조선족 농촌의 대변혁과 새로운 역사를 창조하는 그들의 시대정신 및 중국 개혁개방정책의 발전을 생생하게 반영해 주고 있다.

○ 최수진의 어린 시절과 성장과정

최수진은 1949년 중국 흑룡강성 연수현 동명 조선족 마을의 평범한 농민 가정에서 태어나 소학과 중학교에서 우수한 성적으로 공부하였다. 1968년에는 불행하게도 부친이 '경영지주'였다는 모함으로 비판을 받게 되었으며 이로 인해 18세 된 최수진은 집에 돌아와 농사일에 착수하게 되었다. 그는 농사일도 잘했거니와 농기구 사용과 수리에도 특출난 재능이 있어 촌농궤 수리청에 가서 일하게 되었는데, 한 달이 못되어 '지주자녀'라는 죄명으로 내쫓기었다. 그러나 복잡한 농기계 수리와 부속품 구매는 역시 그의 손을 빌리지 않을 수 없었다. 최수진의 독특한 재능을 발견한 현농궤청에서는 1974년 봄 그를 임시공으로 채용하였다. 이 소식이 전해지자 또 일부 사람들은 뒤쫓아 가 '지주자녀'를 채용하지 못하게 하였다. 다행히도 현농궤청에서는 그의 표현에 따라 혈통론에 대처하여 그를 정식 직원으로 승진시켰다. 이에 감동한 최수진은 자기의 모든 기술을 발휘하여 일을 더 열심히 하였다.

예를 들면 어느날 현농궤청에서 석탄이 급히 필요하여 그가 계서탄광에 갔을 때 거기에는 전국 각지에서 온 석탄 구매자들이 줄지어 기다리고 있었다. 탄광 책임자가 말하기를 석탄공급이 부족한 이유는 운반문제로서, 자동차가 시급하다고 하였다. 그는 말없이 돌아와 자기 현궤계 부속품 산품을 가져다 하얼빈 공구청에 팔아 그들의 수요를 만족시키고 또 공구청의 부속품을 가져다 무한 제2자동차청에 팔아 그들의 수요를 만족시켰으므로 계서탄광에서 필요로 하는 자동차도 해결하였다. 이리하여 돈 한 푼 내지 않고 자기들의 석탄수요를 해결했을 뿐만 아니라 기타 단위들의 수요도 해결해 주었다.

최수진의 성실한 노력과 출중한 사업능력에 의해 현농궤청은 잘 운영되었다. 그러나 불행은 그를 또 감옥으로 끌어갔다. 1976년 4월 어느날 그가 외출하고 돌아오자 '만자호'빈오분자로 족쇄를 채워 구류소에 가두고 '뇌물'을 주고 탐오한 죄를 실토하라는 협박을 받았다. 이는 기실 최수진을 중용한 영도자들을 뒤엎자는 수작이었다. 최수진은 당황하지 않았다. 그는 부인에게 죄가 없으니 걱정하지 말라고 위로하였으며 그의 진상을 잘 아는 그의 부인은 임신 중의 불편한 몸으로 날마다 남편에게 밥을 날라다주면서 그의 정신과 육체상의 고통을 덜어주기에 애썼다. 그 후 반 년이 지나서야 무죄로 석방되어 원래 다니던 직장에 복귀하여 또 일을 하였다.

○ 개혁개방과 창업

1978년 12월 중공 11계 3중전회가 개최되었고 중국에서 개혁개방정책이 실시되었다. 최수진은 현농궤청 직원들과 부모형제들의 권고도 아랑곳하지 않고 1980년도에 공청에서 퇴직하고 마을에 돌아와 대부금 1만 위안을 빌려서 사업을 시작하였는데 번창하여 화공, 제약, 식품, 주자 등 4개의 부서로 확장시켰고, 연수입은 20만 위안에 도달하였다. 원래 벼농사에만 의지해 빈곤한 생활을 해오던 동명촌은 전 현에서 으뜸가는 부유촌이 되었고 최수진도 '만 위안호'가 되었다. 그러나 최수진의 가정생활은 별로 변화가 없었다. 그는 개인생활과 사업에서는 돈을 퍽 아껴쓰는 사람이었다. 그러나 인재배양에는 어느때나 돈을 아끼지 않았다. 그는 마을사람들에게 "우리들이 더 잘 살자면 시장에서 잘 팔리는 상품을 더 많이 생산해야 하는데 상품의 경쟁력은 기술의 선진성에 있다. 선진적 기술은 선진기술을 장악한 인재에서 나온다. 인재 배양은 또한 교육에서 온다."라고 하면서 마을에 탁아소와 유치원을 세우고 소학교도 새로 벽돌집으로 바꾸었다. 그리고 그는 본 마을에서 대학에 입학한 두 학생의 학비를 자기가 부담하고 또 마을사람들과 상의하여 금후 대학에 합격하면 마을에서 매 1인당 2백 위안을 지원하고, 외국유학을 하게 되면 4백 위안을 지원하는 규정을 만들었다.

1985년 최수진은 자기의 활동범위를 더 넓히려고 하얼빈에 들어와서 당시 흑룡강성 민족사무위원회 이민주임을 비롯한 다방면의 지지를 받아 「흑룡강성민족경제개발총공사」를 설립하고 총경리직에 취임했다.

그러나 초기에는 경험부족과 시장형편을 잘 포착하지 못해 80만 위안의 투자가 전부 수포로 돌아갔으며 공사는 파산에 직면했다. 벼랑 위에서 그는 장사가 잘된다는 '유행'에 따라 다닌 것이 실패의 주요 원인이라는 생각을 하였다. 최 경리는 주위 시장형편을 다시 상세히 조사하고 당시 수입이 적다고 누구도 진출하지 않는 방직염료 장사에 매달렸다. 그는 공사인원을 조직하여 성내 30여 개 방직청에 가서 그들이 필요로 하는 염료품종과 수량 및 시간성을 파악하고 밤낮을 가리지 않고 제때에 공장문 앞까지 운송해 주었다. 이는 당시 국영상점에서는 상상할 수도 없는 훌륭한 서비스였다. 이리하여 성내외 대형 국영방직청들에서는 모두 이 공사에 와서 염료를 구매했고 염료청에서는 이 공사를 자기들을 구해준 은인으로 모셨으며 장사는 잘 되었다.

따라서 최 경리의 상업무역경험은 늘어났고 담력도 커졌다. 1986년에는 북한이 머나먼 유럽의 스위스에서 염료를 수입해온다는 정보를 안 최 경리는 친척방문 명목으로 평양에 가 중국염료를 수출하고 그 대신 중국시장에서 부족한 생고무를 수입하는 무역거래를 성사시키고 돌아왔다. 그런데 1987년 국내 염료가격은 단번에 50~100%로 올랐다. 원래대로 하면 손실을 보게 되었으나 최 경리는 거래를 그대로 이행하였다. 신용은 공사의 생명이기 때문이다. 매사에 신용을 지켜온 최 경리는 더욱 많은 무역상들을 사귀게 되었고 그를 찾아오는 사람도 날로 늘어났다. 그의 사업은 참으로 분명하였다.

○ **최수진 총경리의 일정**[15]
- 1987년 7월 하순 그의 일기 한 단락을 보면,

---

15 권영조(1994), "중국 조선족 기업가: 최수진과 석산린에 대하여", 『재외한인연구』, 재외한인연구회, pp.71-76.

- 7월 17일　흑룡강 데트론청에 가(아성) 데트론섬유 200톤 수출계약 맺음.
- 7월 18일　연수동 명화공청에 가서 생산정황 파악.
- 7월 19일　하얼빈에서 북경에 날아가서 외상과 무역상담.
- 7월 20~22일　북경에서 청도에 가서 전국방적염료회의에 참가
- 7월 23일　아침 8시에 통화에 도착하여 상품수출을 준비시키고 60차
　　　　　　열차로 북경으로 감.
- 7월 24일　북경에서 외상과 무역상담.
- 7월 25일　북경에서 장춘에 날아와서 일시 체류하고 통화로 감.
- 7월 26일　통화에서 출국준비.
- 7월 27~28일　출국하여 평양협의에 따라 수출수입의 구체적 문제를 협의.
- 7월 29일　통화에 돌아와 하얼빈으로 감.
- 7월 30일　하얼빈에 도착하여 데트론섬유를 발송.

○ **최수진 총경리와 세계화**

　최 경리는 담배와 술을 못한다. 그는 노정에서 시간나면 전화로 각지 주재소와 연계를 짓고 일정을 작성하여 각종 정보자료를 세심히 연구하여 대비하므로 매번 상담의 효과를 높였다. 그는 사업상 항상 바빴으나 약속을 어긴 일은 한 번도 없었다. 이는 또한 전공사 50여 명 직원들의 공동 행동지침이었다. 전국 10여 개 대성시 주재소에 파견되어 있는 인원들도 모두 침식을 잊고 일을 하였다. 이렇게 노력한 결과 1987년 이 공사의 무역액이 5천만 위안에 도달했고, 1988년에는 1억4천만 위안, 1989년에는 2억 위안을 초과하여 성내에서도 이름난 무역상의 하나가 되었다.

　최 경리가 도시에서 멀리 떨어진 연수 농촌에서 하얼빈으로, 또 하얼빈에서 전국, 나아가서 세계시장에 등장하게 된 것은 물론 중국의 개혁개방정책에 의해 이루어진 것이다. 그러나 그의 여정은 순조롭지 않았다. 그가 외상과 접촉하여 국내에 없는 상품으로 국내시장에 수요가 많은 양털, 생고무 등을 수입함으로써 많은 청을 살려주었고 생산을 촉진시켜 공을 세웠다. 그

런데 성정부 유관부문에서는 뜻밖에 허가 없이 외상과 접촉하고 국영기업에서만 경영할 수 있는 상품을 경영했다는 이유로 2만8천 위안의 벌금을 부과하였다. 최 경리는 시비할 시간도 없거니와 더 미움을 살 필요가 없다고 여겨 그대로 지나갔다. 그런데 또 더 큰 문제가 생겼다. 1988년 가을에 수출하던 종합사료에 통강냉이가 발견되어 반품을 당한 것이다. 정부 유관부문과 철로, 동식물검역소, 해관, 공상관리국 등 부문에서 "죄가 가벼우면 사기행위고, 무거우면 밀수행위"로 취급한다고 했으며 사회상에서는 "이번에 공사에서 외사법을 위반했으니 최 경리가 꼭 심판을 받으리라."라고 하였다. 최 경리는 처벌은 겁나지 않으나 자기가 착수한 일들을 다 하지 못하는 것이 안타까웠다. 그는 각 분공사 경리들에게 만약 자기가 잘못되어도 사업을 계속 잘 해줄 것을 부탁하고 고위급 간부가 부르는 장소로 갔다.

평시 말이 적은 최 경리는 고위급 간부와 유관부문 책임자들이 "정책을 계속 위반한다."라는 질책에 화가 나서 "우리나라 헌법에 외상을 접촉하는 데 꼭 허가를 얻어야 하고, 양털·생고무 등 원료를 수입하는 데 꼭 국영기업에서만 해야 하며, 사료수출에 통강냉이를 꼭 가루로 내어야 한다는 규정은 없다. 만약 중앙에서 이렇게 명문으로 규정했다면 나는 모르고 범한 것이다. 왜냐하면 지금까지 누구도 나에게 이런 명문을 보여주고 알려준 사람이 없다. 우리 당의 원칙은 모르고 범한 오류는 시정하여 사람을 구하는 것인데 어찌하여 문제만 있으면 사업을 정지시키고 벌금을 내라 하는가? 이 모든 것이 당전 중앙에서 제기한 개혁개방 정신에 부합되지 않는다."라고 발언했다. 최 경리 혼자서 오전 회의시간을 독점하였다. 회의장은 조용했고 고위급 간부와 기타 사람들의 어떤 발언도 없이 회의는 끝났다. 최 경리는 자기를 지지하는 말은 한마디도 듣지 못했으나 자기발언을 잘 들어준 것이 감사했다.

○ 부의 사회환원

1989년에 공사의 변경무역권은 정지되었고, 1990년에는 무역권이 취소
되었다. 최 경리는 하는 수 없이 무역권이 있는 공사와 합작하여 이미 조선,
중국, 홍콩, 일본, 미국, 구소련, 캐나다 및 동남아 각국 100여 개 무역상과
의 왕래를 이용하여 계속 대외무역을 진행하였다. 1990년과 1991년에는 진
출구 무역액이 전년과 동등하였고 각분 공사기업도 잘 운영되어갔다. 1989
년에는 밀산연주산석묵광을 개발하여 생산품을 국외로 수출하고 있으며
지금까지 도합 8천만 위안을 투자하여 하얼빈에서 가장 위치가 좋은 송화
강변에 22층의 건축면적 2만㎡가 넘는 공사종합 사무빌딩을 지어 금년부터
영업이 시작되었다. 공사의 번영·발전과 더불어 그들의 사회에 대한 공헌
도 날로 커지고 있다. 1988년부터 3년간 30만 위안을 투입하여 100명의 조
선족 농촌청년을 대학과 중등전문기술학교에 보내 공부시켰다. 1989년에
는 최 경리의 제의로 「흑룡강성 민족교육기금회」를 건립하게 되었고 또 20
만 위안을 내어 민족교육사업에 공헌하였으며 흑룡강성 소수민족중등직업
학교 건립을 위해 또 50만 위안을 헌납하였다. 등소평 남행강화가 공개되
면서 중국의 대외개방정책은 더욱 심화되었고 최 경리의 대외무역에 맺힌
문제들도 풀리기 시작하여 취소됐던 무역권도 회복되었다. 최 경리는 한발
더 나아가 국제시장에 접근하기 위해 활동거점을 싱가포르로 옮기었다.[16]

⑤ **흑룡강성민족경제개발공사의 발전과정**

○ 조선족 기업가의 태동 그리고 좌절

1985년 연초만 하더라도 최수진은 자기의 고향인 연수현 류하향 동명촌
에서 촌기업을 경영하고 있었다. 당시 기업은 경기가 꽤 좋아 수입이 많은
해는 연이윤이 20만 위안에 달하기도 하였다. 하지만 최수진은 만족해하지

---

16 홍만호(1989), 『흑룡강성 조선족 기업가편: 앞서가는 사람들』, 흑룡강성조선민족출판사.

않았다. 어쩐지 손을 마음껏 펴지 못하는 것 같았고 말로 설명하기 어려운 위기감을 느끼기도 하였다. 더 넓고 높은 하늘을 날아볼 수 없을까? 어깻죽지가 근질근질하였다. 마침내 그는 하얼빈에 집 한 채를 사고 전화를 놓고 오토바이를 샀다. 이름은 하얼빈주재사무소라 했지만 실은 하얼빈 진출의 거점을 마련하려는 것이었다. 낮이면 오토바이를 타고 하얼빈 시내를 누비며 정보를 탐문하였고 저녁이면 전문가들을 청해놓고 창업대계를 토의하였다. 그의 집은 자연 창업자들의 모임장소가 되었다. 1985년 1월 30일, 그들은 마침내 영업허가증을 땄으며 그들은 마치 보배를 얻은 듯, 그것만 가지면 만사가 순순히 풀릴 듯이 좋아하였다.

아니나 다를까 일을 시작하자 인재가 들이닥치고 희소식이 날아들었다. 그들의 말을 빌리면 날마다 명절이었다. 홍청홍청 분주한 가운데 반 년이 흘러갔다. 자체자금 50만 위안에 대부금 30만 위안이 몽땅 들어갔다. 그런데 결과는 어떠하였는가?

시장의 경쟁이 심하고 시민의 구매력이 제한된 형편에서 상점도 장사가 안 되었다. 판매액이 곤두박질치다가 나중엔 별로 팔리지 않았다. 남방에서 들여온 30만 위안어치 상품이 창고에 재고로 남게 되었다. 외국의 기업가들은 후한 대접을 받으며 의견도 교환하고 의향서를 쓰기도 하였다. 하지만 기쁘게 돌아간 후에는 감감무소식이었다. 80만 위안을 고스란히 밀어넣었지만 한 가지 장사도 성사하지 못하였다. 희망을 가득 안고 기운차게 첫걸음을 내디뎠지만 내디디고 보니 앞은 천길 벼랑이었다. 실패의 액운이 회사의 정수리를 짓눌렀다.

○ 새로운 시작

그의 고향 동명촌은 아름다운 마의하반에 있었다. 거기서 나서 자란 그에게 있어서 푸른 들과 물소리 정다운 강변은 그의 유년시절의 보금자리였다. 그때 그는 강변의 모래밭에 누워서 하늘에 둥둥 떠가는 흰 구름을 쳐다보며 출렁출렁 흘러가는 물소리를 들으며 얼마나 아름다운 꿈을 꾸었던가!

그러나 문화대혁명은 그 이상의 꿈을 산산이 깨버렸다.

총명하고 부지런하여 학업성적이 둘째가라면 서러울 정도로 좋았던 그가 초중 2학년을 못 끝내고 마을로 돌아와 농사일을 하지 않으면 안 되었다. 모 기르기, 소먹이기, 들캐기, 야장일… 그는 무슨 일이든지 하였고 일을 하면 뭐든지 열심히 하였다. 후에 우연한 기회에 현농기구공장 간부의 눈에 들어 그는 공장의 임시구매원으로 들어갔다. 구매원 일을 매우 잘하여 모두들 그를 훌륭한 일꾼이라고 칭찬하였다. 그러나 액운은 또 그를 좇아와 그의 목을 조였다. 1976년 5월, 그는 난데없이 1만 위안 탈취범 용의자로 지목당하여서 수용소에 갇히는 수모를 당하였다. 그 후 1979년에는 8년이나 고대하던 정식공이 비준되자 결연히 그것을 버리고 고향에 돌아가 공장을 꾸렸고, 그 공장이 잘되자 또 공장을 떠나 하얼빈으로 나왔다. 그는 자신의 용기와 능력을 믿었고 하늘은 결코 노력하는 자를 푸대접하지 않는다는 것을 믿었다. 1985년 7월 1일, 최수진은 천길 벼랑위에서 회사의 정식개업을 장엄히 선포하였다. 그러나 초창기 순조롭게 진행되던 사업은 여러 번의 암초를 맞이하게 되었다. 그 예를 아래서 들어보겠다.

○ **역발상**

컬러텔레비전, 강제, 쇠줄, 못, 양복. 이러한 것들은 실패하였는가? 8호 쇠줄매매는 깊은 생각을 던져주는 일례였다. 호북성 모 회사에서 100톤의 8호 쇠줄을 요구하였다. 한 달 내에 물건을 공급해주면 돈을 선불하겠다고 하였다. 좋은 장사거리라고 생각한 최수진은 그 회사와 계약을 맺었다. 그 회사는 즉시 돈 17만 위안을 보내왔다. 최수진은 모든 실무원을 내보내었다. 사처에서 쇠줄이 있다는 소식이 전해왔지만 실지 가보면 딴판이었다. 물건이 있어도 내오지 못하였다. 수요자는 많고 물건이 적은 형편에서 중간매매가 요란히 진행되고 있는 판국이었다. 결국 1개월 기한이 지나갔지만 물건을 사내기는커녕 도리어 4만 위안을 떼이다. 계약에 의하여 원금에 위약금 1만 5,000위안을 덧붙여 돌려줄 수밖에 없었다. 양복도 마찬가지였다.

양복 시세가 좋다고 많은 양복을 상해에서 들여왔지만 팔리지 않았다. 숱한 사람이 양복장사에 달라붙은데 반하여 시장수요는 제한되어 있고 시시각각 변하고 있기 때문이었다. 최수진의 생각은 회사를 벗어나 전반사회로 날아갔다. 유행을 따라서는 안 된다! 자기의 길, 자기의 수가 있어야 한다. 이것이 결론이었다. 그는 동료들에게 엄숙하게 선포하였다.

"이제부터 유행을 따르는 장사는 절대로 하지 않기로 하오! 반대로 경기가 나쁘다는 일, 그래서 남들이 잠시 거들떠보지 않는 일에서 우리가 할 만한 장사거리를 찾아야 하겠소." 생각의 전환이 선사한 첫 선물은 물감장사였다. 물감은 그때 공급과잉 상품이었다. 그래서 국영화학공업품상점을 내놓고는 누구도 경영하지 않고 있었다. "뭘? 물감장사를 하려고요? 웃기지 마시오!" 최수진이 한 국영상점을 찾아갔을 때 경리가 한 말이었다. 그는 고개를 저으며 창고에 적치된 물감을 가리켜 보였다. "당신들이 물감을 팔아주면 절을 하겠습니다. 돈에서 9%를 돌려주고 대리판매를 줄 수도 있습니다." 최수진이 물감공장들을 찾았을 때 공장장이 한 말이었다.

물감은 방직업의 필수품이다. 방직업이 있는 한 물감시장은 있기 마련이다. 지금 물감이 공급이 과잉되어 남들이 눈길을 돌리지 않는 곳, 말하자면 경쟁의 적수가 별로 없는 곳에 해답이 있다. 지금은 공급과잉 상태에 있긴 하지만 집체기업의 우세를 이용하기만 하면 얼마든지 성과를 올릴 수 있다. 게다가 화학공업사업에 종사한 적이 있는 그는 화학공업 부문에 아는 사람도 많은편이어서 무엇보다도 자신이 있었다. 대리판매를 할 수 있으니 자금부족 문제도 풀릴 수 있었다. 이것이 최수진의 추리였다.

한 화학공업회사로부터 물감을 경영해온 부경리를 초빙하여 전역의 주장으로 내세웠으며 성내외의 30여 개소 방직공장의 구입원들을 모셔다가 회의를 열었다. 회사의 취지를 소개하고 구매주들을 임금처럼 모시겠다고 다짐을 하였다. 그의 진정에 감동된 구입원들은 단번에 60만 위안어치의 물감을 주문했다. 따라서 믿음직한 거래처가 생기자 대부금도 풀리었다. 은행에서는 30만 위안의 유동자금을 대출해주었다. 이 전역에서 최수진은 총지휘자이자 전투원이었다. 손님접대부터 시작해서 전표를 떼고 장부를 기입하는 일까지 손수 해결하였다.

구매주를 임금처럼 모시겠다던 약속은 실현되었다. 양이 적든 많든, 품종이 구하기 쉽든 어렵든, 거리가 멀든 가깝든, 구매주가 전화만 주면 그들은 물건을 문 앞까지 송달해주었으며 시간이 급한 것은 밤사이에 실어 보냈다. 국영상점들에서는 상상도 할 수 없는 훌륭한 서비스였다. 처음에는 소수민족 집체기업을 지지하는 자태로 그들의 물건을 조금씩 사주던 가목사 방직공장, 아성방직공장 등 큰 공장들도 그들의 높은 서비스에 탄복한 나머지 거의 전부의 물감공급을 그들에게 위탁하기에 이르렀다.

그는 전국 물감시장 시세를 손금 보듯 하고 있었을 뿐 아니라 물감생산 공장들의 생산품종, 수량, 질을 꿰뚫고 있었으며 그들의 재고량까지 알고 있었다. 그는 이런 정황과 이미 얻은 신용에 의하여 거래하는 공장들의 자금과 창고를 이용하여 자기 것처럼 종합적으로 배당조절하기도 하였다. 따라서 어떤 구매주들은 유동자금이 5~6백만 위안을 넘나들게 되어 그들을 규모가 대단한 회사로 착각하기까지 하였다. 몇 달이 지나갔다. 그들은 물감장사에서 순이윤 10여만 위안을 올려 경제적으로 회사를 구했을 뿐 아니라 회사에 새 길을 열어놓았다. "처음에 나는 누구도 나를 도와주지 않는다고 사회를 원망했어요. 하지만 지금은 감사를 드리고 싶어요. 그때 대부금을 주었더라면 나도 많은 사람들과 마찬가지로 철저히 파산했을 겁니다. 돈이 없어 길이 막혔기 때문에 자기를 깊이 반성해보게 되었고 자기의 길을 찾으려고 애를 쓰게 된 것이지요."

○ 국제시장으로의 진출

우연한 기회에 최수진은 강 하나를 사이에 둔 제 3세계 나라에서는 대양 건너 머나먼 유럽으로부터 많은 물감을 수입한다는 정보를 입수하게 되었다. 이 정보는 최수진을 몹시 흥분시켰다. 우리나라에서는 물감이 남아돌아 걱정인데 그들은 유럽에서 수입하다니! 내가 만일 물감무역을 한다면 두

나라에 다 좋은 일이 아닌가!

하지만 그의 흥분은 오래가지 못하였다. 국제시장 진출이 쉬운 일이 아니라는 것을 그는 잘 알고 있었다. 국영무역 부문에서도 국제시장을 뚫고 들어가지 못해 애를 먹는데 하물며 대외무역권도 없는 소소한 집체기업에서 그것이 가능한 일이겠는가?

그는 얼마나 세계로 진출하고 싶었던가? 시골에서 도시로 나올 때부터 그는 그것을 갈망하였다. 그리고 기회만 있으면 외국실업가들과 접촉하였고 일본상인과 시험적으로 장사를 해보기도 하였다. 여러 번 시험해본 그는 자기 힘으로는 발달한 나라와의 무역이 어렵다는 결론에 도달하였다. 하지만 지금 제 3세계 나라가 불쑥 나타났고 그것도 자기에게 익숙한 물감인 것이다. 이렇게 좋은 기회를 어찌 그저 놓칠 수 있겠는가? 그는 짬짬이 대외무역에 대한 정책, 자료를 들추고 대외무역을 아는 사람을 찾아 수소문하였다. 그러나 대답은 한결같이 쌀쌀하였다.

1986년 6월 그는 친척방문의 명의로 출국의 길에 올랐다. 친척방문은 간판이고 무역대상자를 찾으려는 것이 목적이었다. 큰 길이 통하지 않으니 또 오솔길을 택한 것이다.

외국에서의 20여 일간 그는 끈질기게 달라붙어 끝내 변경무역을 책임진 상사와 연계를 맺고 첫 무역담판의 구체적 절차까지 약속하였다. 그의 눈앞에는 중국지도만이 아닌 세계지도가 펼쳐졌다.

하지만 세계진출의 한 걸음을 도대체 어떻게 떼야 하는가? 대외 무역권을 얻는 것은 어림도 없는 일이었다. 그렇다면 다른 길은 없을까? 그는 또 큰 길이 아닌 오솔길을 생각하였다. 대외무역권이 없으면 대외무역권이 있는 단위에 붙어 곁방살이를 하면 안 될까? 본선에 통상구가 없으면 외성에 가서 찾으면 안 될까? 그의 사유는 절대 한 점에 머물러 있지 않았으며 넓은 공간으로 활짝 열려 있었다. 그리고 남들이 보기엔 황당하다 할 생각이라도 스스로 된다고 마음만 먹으면 대담히 실천하였다. 실천하면서 배우고 방법을 찾았다. 그는 조수 한 사람을 데리고 결연히 통화로 갔다. 그는 먼저 대외무역 부문을 찾지 않고 직접 외국상인과의 담판에 들어섰다. 담판이 끝나자 최수진은 대외무역 부문을 찾아가 곁방살이 문제를 상담하였다. 그들에게도 대리임무는 없었다. 그러나 워낙 국가에 유리한 일인데다가 상당한 수입이 눈앞에 보이는데 그들이 왜 싫다고 하겠는가? 게다가 적지 않은 액수의 장사를 이렇게 빨리 홍정해낸걸 보니 이 사람이 거저 볼 사람이 아닌 게야!

꿈에도 그리던 대외무역이 시작되었다. 세계진출의 문이 드디어 열렸다. 그때 최수진의 감동은 말로 표현할 수 없었다. 하지만 그는 기쁨에 도취되지 않았으며 첫 수확에 만족하지도 않았다. 그는 무역에서 가장 좋은 경제적 효과성을 추구하였다. 그러자면 가장 좋은 수출입상품을 선택해야 하였다. 그는 이번에도 자기의 강점을 잊지 않았는데 그것은 화학공업품이었다. 그런데 조사에 의하면 국내에 급하게 수요가 발생하는 화학공업상품으로는 생고무, 아세톤, 무수후탈산 등을 들 수 있는데 이런 상품은 대방나라에서 생산하지 않았다. 그 나라에서 생산하지 않는 상품을 수입할 수 있을까? 그의 대답은 긍정적이었다.

상품은 흐른다. 수요가 있는 곳으로 흐르는 것이 상품이다. 그는 70년대에 구입원으로 있을 때의 일을 상기하였다. 그때 석탄은 아주 긴요한 상품이었다. 석탄을 사내려고 그는 먼저 탄광에서 무얼 급히 필요로 하는가를 알아본 결과 자동차였다. 자동차는 석탄보다 더 사기 어려웠다. 어떻게 하면 자동차를 사낼 수 있을까? 그가 있는 농기구 공장에서 생산하는 한 가지 부속품은 그 지역에서는 안 팔렸지만 하얼빈 공구공장에서는 잘 팔렸다. 그는 그 부속품으로 공구공장의 공구를 사내고 그 공구로 무한자동차공장의 자동차를 사낸 다음 다시 그 자동차로 석탄을 사냈다. 이것은 자그마한 흐름선이고 연쇄였다. 그렇다면 국제시장은 큰 흐름선이고 큰 연쇄가 아니겠는가? 상대방에서 생고무를 생산하지 않는다면 제 3국에서 수입하여 수출할 수 있지 않은가? 제 3세계 나라도 국제대연쇄의 한 고리이기 때문이다. 자기를 작은 울타리 속에 가두지만 않는다면 제 3세계 나라와도 얼마든지 큰 장사를 할 수 있는 것이다.

최수진은 이론가가 아니다. 그러나 그는 대담한 실천과 끈질긴 사색으로 자기 실정에 맞는 독특한 대외무역의 길을 찾아냈다. 즉 무역대상자 → 발전도상의 나라, 무역경로 → 변경무역대리, 수출품 → 국내에는 공급과잉이나 국외에는 급하게 수요가 발생하는 상품, 수입품 → 대방에서 생산하거나 제3국에서 수입하여 넘길 수 있는 국내에 부족한 상품, 이러한 공식이 성립되었다. 최수진의 남다른 대외무역은 거대한 성공을 가져왔다. 그들은 대외무역을 성공적으로 하여 2년 만에 연간무역액 5,000만 위안의 기록을 내여 전 흑룡강성 굴지의 대외무역회사로 등장하였다.

○ 신용은 기업의 생명

1987년, 국내물감시장에는 급격한 변화가 일어났다. 공급과잉상태가 풀리면서 어떤 품종은 단번에 50~100%로 값이 뛰어올랐다. 원 계약대로 하면 회사에서 큰 손실을 볼 것이 뻔했다. 당황한 실무원들은 계약을 고쳐야 한다고 한결같이 제기하였다. 그러나 최수진은 똑똑히 말하였다. "신용은 회사의 생명이요. 손실을 볼지언정 신용을 잃어서는 안 되오. 한 기업에 있어서 신용을 잃는다는 것은 파산을 의미하오!" 이윽고 그는 모든 영업사원들을 출동시켜 전국 각지로부터 물건을 구입하여 계약을 에누리 없이 집행하라고 지시하였다. 결과적으로 회사는 경제적 손실을 보았지만 계약을 원만히 집행하여 회사의 신용을 확보하였다. 이 일을 알게 된 상대측 무역대표단 단장은 그들의 정신에 깊이 감동된 나머지 자국으로 돌아간 후 만나는 사람마다 이 회사의 정신을 칭찬하였다. 뿐만 아니라 1988년에 스위스로부터 물감을 수입하려던 계획을 포기하고 최수진의 회사를 통하여 중국으로부터 수입하기로 계약을 맺었다. 무역활동에서 신용을 지켜 회사의 신망이 수립되었다면 최수진의 능란하고 탄력 있는 무역수완과 효율적인 처사능력은 회사의 신망에 금빛날개를 달아주었다.

한번은 길림의 한 무역회사가 외국상인과 명태무역을 하게 되었는데 건명태, 동명태, 탈피명태의 가격문제로 시비를 하다 보니 보름이 지나도록 합의를 보지 못하여 헤어지고 말았다. 이 담판을 이어받은 최수진은 두 시간 동안에 합의를 보고 담판을 끝내었다. 이는 별다른 비결이 있어서가 아니었다. 가격을 고정된 격식에서 풀어놓고 세 가지 고기의 비교가격을 조절하는 방법으로 쌍방이 다 접수할 수 있는 무역 안을 내놓았던 것이다. 이러한 협상은 국제시장가격에 대한 충분한 이해가 없고 임기응변의 능력 없이는 도저히 할 수 없는 것이었다. 회사의 사람들은 최 경리를 회사에서 제일 바쁘게 생활하는 사람이라고 한다. 하지만 그보다도 그들이 더욱 탄복하는 것은 그의 높은 사업효율이다. 또한 자그마한 기업의 신망은 이렇게 수립되고 이렇게 소문이 났다. 그것은 국내에서도 마찬가지였다.

1987년 10월 20일 오후, 최수진은 상해공항에 내렸다. 상해에 주재하는 회사의 유일한 실무원 윤종빈을 찾느라 두리번거리는데 뜻밖에도 윤종빈이 몇몇 간부차림의 사람들을 모시고 마주오고 있었다. 주차장에는 고급승용차들이 그를 기다리고 있었다. 알고 보니 상해시 제 3물감화학공장 등 몇몇 큰 국영공장 책임자들이 최 경리가 온다는 소식을 듣고 직접 마중을 나온 것이었다. 시간이 급하여 최수진은 그 몇몇 공장의 공장장들이 마련한 연회에 일일이 가주지 못하였다. 다만 한 공장에만 갔을 뿐이었다. 그러나 그들의 뜨거운 환대를 통하여 그는 자기와 자기회사의 위치를 발견하고 다함없는 긍지를 느꼈다. 그는 이것이 어떻게 온 것이라는 것을 잘 알고 있었다.

공사는 이미 적지 않은 돈을 들여 사회를 위해 많은 일을 하였다. 1986년에 광산업으로 소수 민족 빈곤촌을 부축하려고 많은 돈을 투자하여 밀산현 련주산흑연광을 개발하였으며 조선족 기술인재를 양성하기 위하여 3년래 30여만 위안을 투입하여 조선족 청년 100여 명을 뽑아 대학과 전문학교에 보냈으며 올해로부터는 또 해마다 이윤의 10%를 흑룡강성 민족경제개발기금으로 제공하기로 하였으며 20만 위안을 성민족교육기금회에 제공하고 5년 내에 200만 위안에 달하게 하려 하고 있다.

6월, 성정부는 일부분 단위의 변경무역권을 비준하였다. 그 가운데 최수진의 기업이 있었다. 집체기업 성적으로는 처음이었다.

8월, 최수진은 소련과의 무역을 본격적으로 개척하여 소련의 한 공사와 하얼빈에서 첫 담판을 가졌다. 이 담판에서 수출입액 1,000만 위안의 무역계약이 맺어졌다.

9월, 총공사는 미국 워싱턴국제기업유한회사와 합작하여 식료품유한회사를 세우고 개업을 하였다.

10월, 4,000여만 위안을 투자하여 건설하는 무역종합복무빌딩공사가 시공의 첫 삽을 떴다. 3년 사이 줄곧 자본주의 나라와의 무역금지를 못 박아온 총공사 북경주재소는 이미 미국, 캐나다, 일본, 홍콩 등의 나라와 지구의 70여 개 기업과 무역관계를 건립하고 전방위무역의 새로운 국면을 열어가고 있다.

1988년 9월 19일, 흑룡강일보는 또 제1면 머리기사로 놀라운 소식을 전하였다. 종업원이 100명가량인 이 공사의 금년 상반년 수출입총액은 6,000만 위안, 이윤은 800만 위안, 상납한 세금은 850만 위안, 종업원당 영업액과 세금액이 모두 전 성 상업계의 으뜸으로 보도되었다.

1989년 2월 3일, 흑룡강신문은 더욱 놀라운 소식을 전하였다. 1988년 공사의 총경영액 1억 4,000만 위안, 이윤세금액 2,200만 위안, 대외무역에서 처음으로 1억 위안 고비 돌파. 최수진의 이름은 성내외 각계층 인사들에게 널리 알려졌다.

지금까지 흑룡강성 조선족 기업의 성장과정을 살펴보았다. 즉 중국기업의 역사적 발전단계와 기업집단 및 사기업의 발전 및 특징을 이론적인 면에서 살펴보았다. 또한 근현대 흑룡강성 조선족 기업의 성장과정에서는 당시 기업인으로서 큰 족적을 남겼던 기업가 석산린과 최수진에 대한 시대적 흐름에 따른 경영활동과 네트워크를 알아보았다. 다음에서는 당시 기업가협회의 다른 이름인 하얼빈시 조선족상공회의 활동상황과 또한 회원사로 있었던 조선족 기업가들의 경영활동과 네트워크를 개관하였다. 이로써 1990년대에서 2000년대 사이의 흑룡강성 조선족 기업의 성장과정을 알 수 있었을 것이다.

3. 근현대 흑룡강성 조선족 기업의 경영활동

오늘날 중국은 세계적인 경제흐름에 합류하여 재래식의 경제발전구조를 급속히 바꾸어 가고 있으며 "과학적인 발전관"이란 이념으로 선도하고 있다. 조선족들의 기업운영도 이 같은 시대적 흐름에 맞추고 변화시켜가야 하는것은 물론, 동북과 같이 재래식의 기업이 대부분이고 신형 기업문화가 아직 미숙한 지역에서 기업을 운영하는 조선족 기업가들에게 있어서 이러한 과제는 더욱 심각하다.

하얼빈시 조선족상공회 천기호 회장은 산업성장 주기가 갈수록 짧아져 가는 현시대에 우리 기업인들이 거침없는 성장일로를 달리는 줄기찬 발전 기획도 중요하지만 산업변혁기를 민첩하게 포착하고 그 흐름을 적시적으로 감지하고 주동적인 자세로 기업의 발전일과를 스케줄 하는 능력이 필요하며 직면한 문제와 걸림돌을 변화의 기회로 바꾸고 적극 수용해가는 노력이 급선무라는 견해를 내놓았다.

1) 하얼빈시 조선족상공회의 활동

하얼빈 조선족 상공계가 가장 활발했던 시기는 1980년에서 1990년 사이에 하얼빈 창녕그룹 석산린 총재와 흑룡강성 민족경제개발 총공사 최수진 총재가 활약하던 시기로서 두 총재는 당시 전국적으로 조선족 기업의 큰 별이었으며 또한 이는 오늘까지도 하얼빈 조선족 상공계의 자부심이라 할 수 있다.

하얼빈시 조선족 상공회는 2000년 7월에 설립되었으며 현재 50여 개 회원사를 거느리고 있는데 회원사들은 주로 제조업, 무역, 음식업, 서비스업,

관광업, 정보기술업, 부동산 개발업에 종사하고 있으며 연령구조로 보면 30 ~40대가 70% 이상을 차지한다.

상공회 설립 이후 다년간 하얼빈 조선족 경제인들간에 협력을 도모하고 대외로 하얼빈의 민족기간 단체조직으로서 여러 가지 유익한 일들을 많이 해왔다. 협회는 회원사들간 공식·비공식으로 각종 경제형세 좌담회와 기업들의 성공경험, 실패교훈을 서로 나누는 기본 일과들을 진행해오는 한편 하얼빈조선족대학교수연의회, 조선족부녀연의회, 노인협회, 청년연의회 등 여러 단체들과 함께 여러 가지 친목활동을 진행하며 민족화합과 발전에 경제인단체의 노력을 게을리 하지 않았다.

2001년부터 상공회에서는 한국어린이보호재단의 협력으로 몇 년간 줄곧 선천성 심장병이 있는 100여 명 조선족·한족 어린이들을 한국의 세종병원 등 전문병원에 보내서 무료로 치료받게 하고 하얼빈의과대학 제1병원, 사립병원, 아동병원 등 병원의 20여 명 전문의를 한국에 무료연수를 보내는 등 공익적인 사업을 한 것으로 하여 2003년 베이징에서 중화자선회로부터 대상을 수여받았다.

한편 하얼빈의과대학 제2부속병원의 외과의사와 하얼빈시 조선민족병원의 원장 경력자인 천 회장은 최근에 "목란화청지", "하얼빈아태방수공정유한회사", "천기호서의외과진료소"를 설립한 뒤를 이어 2001년부터는 하얼빈녹색식품보건품유한회사를 설립, 성공적인 경영으로 현재 1,000여만 위안의 고정자산을 갖고 있으며 보건신제품 "봉황표" 강력캡슐은 쾌속피로회복제로서 국내외 보건품시장에서 널리 알려져 큰 인기를 모으고 있다.

현재 하얼빈시 제반 조선족 기업들의 발전현황에 대하여 진단하면서 천 회장은 새로운 형세 하에서 각고의 노력을 기울이며 성공을 거둔 기업인들을 소개하였다.

2) 하얼빈시 조선족 기업인의 경영활동

하얼빈의 러시아 거리와 인도 거리를 설계, 장식한 하얼빈우방장식회사를 경영하는 이명호(36) 사장은 지난해 러시아 거리와 최근 마무리된 인도거리를 양국의 문화와 전통에 맞게 재현해 냈다. 이 사장은 러시아와 인도거리 재현에 각각 1천만 위안과 1천300만 위안을 투자했는데 100여 미터에 이르는 인도거리는 밀폐식 지붕구조와 이국적인 건축 형식으로 지어졌고, 중국·인도·러시아 3국의 특색상품이 진열됐다. 이 중 눈에 띠고 볼거리가 많은 '유랑자 술집'은 이 사장이 직접 설계했다. 이사장은 현재 야부리 우지미스키장도 운영하고 있다.

그리고 대천건강식품유한회사의 천옥금 총경리는 건강식품과 버섯 연구개발·생산에서 흑룡강성의 1인자로 자리매김 됐다. 지난해 5천 600만 위안의 매출액을 올려 하얼빈시 10대 민영기업 청년 기업가로 선정됐다.

또한 하얼빈 호천과학기술개발회사 오철웅 사장은 심양항공학원을 졸업하고 하얼빈 비행기 공업그룹에서 10여 년간 기술과장으로 근무하며 쌓아온 경영노하우로 비표준장비제조에 초점을 맞추고 고급공정사 4명, 공정사 4명으로 경영진을 두고 500개 검측능력의 배터리 자동 품질체크 장비연구에 성공하여 중국 최초의 배터리탄소제조 도자기 금형특허를 신청하였는데 그중 ppm과립제조기계는 이미 대경유전, 승리유전, 요하유전에 진입하여 대그룹회사의 인정을 받고 있다. 이 기계는 현재 중국내 80% 시장점유율을 기록하고 있다. 한편 흑룡강고려원음식유한회사 김영학 사장이 이끄는 고려원은 하얼빈과 대련시에 고려원(한국요리) 분점을 운영하여 매출액 5천만 위안을 돌파하고 150여만 위안의 세금을 납부하여 하얼빈시 조선족 음식업계의 선두주자로 자리매김했다. 올해 그는 베이징 분점을 기획하고 있다. 그리고 하얼빈복남식품유한회사 전복남 사장은 '평방'표 상표를 부착한 10여 가지 매운 채 계열제품을 개발해 선후하여 '흑룡강성 합격식품', '하얼빈시 명브랜드 농산품' 등의 증서를 수여 받았고 지난해 12월말에는 220

만 위안을 투자해 평방구 평산진 신화촌 공업단지에 새 건물을 건축하였다.

서비스 위주의 산업구조가 서서히 변화되면서 부동산 업종에 종사하는 조선족 기업들이 늘고 있다. 하얼빈익수방한식사우나유한회사는 대형 사우나 업체인데 올해 이 회사는 주요 목표를 부동산 개발로 잡고 부동산이라는 새로운 영역에 뛰어들었다. 이 회사는 지난해 7월에 한국동인건설그룹과 손잡고 하얼빈동인부동산유한회사 설립계약을 체결한 데 이어 하얼빈시 해당 부문으로부터 부동산 경영 허가증을 따냈으며 10월에 한국 측에서 등록자금까지 보내왔다. 이 회사 김춘자(여) 부이사장은 이제 봄철에 접어들면 오피스텔, 산업 점포를 비롯해 아파트 5동을 개발하게 되는데 총 면적이 13만 평방미터에 달한다고 말했다. 부동산회사로는 우방장식의 이명호 사장, 그리고 강북개발에 노력하고 있는 흑룡강안동건설공정회사 서문성 사장을 들 수 있다.

천 회장은 이 같은 대표주자들과는 대조되게 적지 않은 기업인들이 경제성장방식의 변혁기에 어려워하고 있다며 하얼빈에서 조선족 기업이나 업체의 절반이상이 음식업을 위주로 하는 서비스업체이며 사실상 기업문화가 박약하고 더구나 조선족인재들이 외국으로 또는 연해지역으로 빠져 나가다보니 인재공황이라고 안타까워했다. 천 회장은 기술이 낙후하다는 문제를 해결하는 대안으로 한겨레의 혈연적 우세로 한국기술을 들여오고 자금부족의 문제를 해결하는 대안으로 주식제 등의 연합경영을 꼽으며 주류사회와 더불어 발전하려면 우리 민족이 서로 단합되어 응집력을 키우고 산업 공동체의식을 키워나가야 한다고 말했다.

IV

흑룡강성 조선족 기업의 경영활동과
네트워크 사례

앞장에서는 흑룡강성 조선족 기업의 성장과정을 살펴보았다. 즉 흑룡강성 초기 조선족 공·상업과 근현대 흑룡강성 조선족 기업 중 제조업과 서비스업에서 발군의 두각을 나타내었던 석산린, 최수진 두 기업가의 경영활동과 네트워크 실태를 기존 자료를 활용하여 개관하였다. 그리고 1990년에서 2000년 사이에 활동했던 하얼빈시 조선족상공회와 당시 활약했던 기업가들에 대해서 개관하였다. 이 장에서는 현재 흑룡강에서 맹활약을 하고 있는 조선족 기업집단인 금약그룹의 김춘학 회장과 길신그룹의 최용길 회장의 경영활동과 네트워크 실태를 알아본다. 그리고 사영기업의 대표주자인 4개의 기업에 대한 성장과정과 경영활동 및 네트워크를 언급하고자 한다.

1. 조선족 기업집단

1) 금약그룹(한국기업과의 성공적인 합작사례)

(1) 회사 개요[1]

① 대표이사 소개

- 목단강시 인민대표회의 상무위원회 위원
- 목단강시 정치협상위원회 상위
- 목단강시 공상연합회 부회장
- 목단강시 청년연합회 부주석
- 흑룡강성 금약그룹 및 세기가원유한회사 회장

〈그림 Ⅳ-1〉 흑룡강성 금약그룹 김춘학 회장

---

1 금약그룹 김춘학 회장 및 기업집단에 관한 자료는 금약그룹으로부터 제공받았음.

대표자명	김춘학	민족	조선족
출생지	흑룡강성 영안현	최종학력	석사(경제관리 전공)
생년월일	1963년 8월	출신학교	동북임업대학 경제관리학 졸업
기업체 근무경력	◦ 1980.6~1984.6 영안시 연료공사 직원 ◦ 1987.8~1998.10 영안시 정부주임 및 영안시 경공업회사 경리 ◦ 1998.10~2000.12 영안시 외경위 주임조리		

회사명	흑룡강금약그룹유한회사	대표자명	김춘학
소재지	흑룡강성 목단강시 강난신성구 팔면통길 99번지 금약대빌딩	전화번호	0453-8112022
팩스	0453-8112000	E-mail	jcx@jinyuejituan.cn
회사형태	그룹 (16개 계열사, 16개 지사)	업태 및 업종	첨단기술산업, 재생에너지산업, 부동산개발, 공사시공, 군수산업제품, 상업부동산, 무역, 국제통상, 금융중개, 주택관리 등

자본	총자본	10억 위안	전체직원	600여 명(고급 엔지니어 138명)
	해외 네트워크	미국, 영국, 독일, 일본, 한국, 러시아, 북한, 홍콩 등	신제품연구 개발기지	중국 베이징, 한국 서울, 미국 실리콘밸리

계열사	
◦ 흑룡강새로은전자산품개발회사	◦ 흑룡강금약국제무역유한회사
◦ 흑룡강세기가원부동산개발회사	◦ 목단강금붕광고유한회사
◦ 흑룡강금우네트워크발전유한회사	◦ 목단강금가지하상가유한회사
◦ 흑룡강금약건축안장공정유한회사	◦ 목단강남시랑유건조종합시장
◦ 흑룡강금회경제담보유한회사	◦ 목단강금지디지털유한회사

창업	2000년		
연간 매출액	2010년 26억 위안	2011년 30억 위안	연간 수출액 1,000만 위안
사훈	개척, 창조, 성실, 신용		

② 회사 연혁

한중수교 이후 한중간의 기업교류가 활발해지면서 한국기업이 중국에 진출한 케이스는 많지만, 중국기업이 한국의 유수기업과 합작하여 국내로 진출하는 경우는 아직도 드문 편이다. 금약그룹의 김춘학 회장은 과감하게 한국의 선진기술을 지닌 회사와 합작을 추진하고 첨단산업을 활용하여 한국시장 진출은 물론 세계시장으로 도약하기 위해 선구자적인 역할을 수행하고 있다.

금약그룹은 2000년도에 설립되었고, 현재 그룹산하에는 16개의 자회사가 있으며 그룹의 총자산은 10억 위안 규모이다. 금약그룹은 창사 이래 초고속 발전을 거듭하여 현재는 첨단기술산업과 신재생에너지산업을 주력사업으로 하여, 부동산개발 및 시행, 건설공사 시공, 기계가공산업과 군수산업 상품생산을 하는 종합그룹으로 고속 성장하였다. 또한 국가에서 인정한 건설부문 및 부동산 분야의 면허 및 건축시공 분야는 1급 면허를 보유하고 있으며, 부동산개발 분야는 2급 면허를 보유하고 있다. 또한 '국가상공총기관'으로부터 계약을 철저히 준수하고, 기업의 신용을 1순위로 중요시 하는 기업이라는 영예를 얻었으며, '흑룡강성 위원회 성정부의 표창을 여러 차례 수상하였다. 현재는 흑룡강성 인민대표 및 인민대표상임위원이다. 그리고 한국과 미국에 태양광발전소 건설시공회사가 있으며, 아시아, 유럽, 북미 등지의 기업과 장기적인 협력관계를 맺고 있다.

금약그룹을 좀 더 세분하여 소개하자면 금약그룹은 첨단기술산업과 신생에너지산업을 중심으로, 부동산개발, 공정공사, 상업물류 등 16개 계열사, 고급기술인원 138명, 직원 600명, 총 10억 위안의 자산을 가지고 있는 기업그룹이다. 흑룡강성 목단강시에 본부가 위치해 있지만 중국 북경, 한국 서울, 미국 실리콘밸리 등의 지역에 신상품 개발기지를 두고 레이저키보드 및 그 시리즈 상품의 지적소유권을 소유하고 있다. 근래 그룹은 신재생에너지산업으로 진입하면서 대형 태양에너지를 편입시키는 프로젝트인 금태양 시범공정 건설을 국가재정부, 과학기술부, 에너지국으로부터 승인을 받고 태양전력에너지 상품인 전자판과 인버터를 생산하는 흑룡강성 금일광전과학기술유한회사를 설립하였다. 그룹회장인 김춘학은 여러 차례 성위성정부의 표창을 받았을 뿐만 아니라 흑룡강성인민대표대회 대표 및 주석단 성원으로 선출되었으며 몇 년 사이에 그룹이 개발한 부동산만하여도 100평방미터가 넘는다. 또한 금태양시범공정인 10조 와트 대형 태양에너지 편입발전소 프로젝트에 2.97억 위안을 투자하여 건설하기 시작하였으며 또한 금약그룹은 2006년도에 한국의 '주식회사 셀루온'을 인수하면서 첨단기술산업에 진출하였다. 금약그룹 내 자회사 중 하나인 '흑룡강셀루온전자제품개발회사'는 창사 5년 만에 레이저키보드, 다기능 키보드 등 9개의 국제특허 제품을 보유하고 있으며, 동시에 중국의 북경, 한국의 서울, 미국의 실리콘밸리에 신제품 연구개발회사를 설립하여 전 세계의 입력장치 분야에서 눈부신 성과를 창출하였다.

그리고 2008년도에는 한국의 주식회사 '레테크'를 인수하여 신재생에너지 분야에 성공적으로 진출하였으며, 2009년 8월에는 투자액 2.5억 위안에 달하며 10Mw급 태양광 발전인 '국가급태양광시범공사' 프로젝트를 승인받는 쾌거를 이루었다. 여기서 주목할 사실은 최근 중국 정부가 신재생에너지 분야에 관심을 가지고 집중 투자하고 있는데 한국의 선진기술을 활용하여 중국의 정부정책에 타이밍을 적절하게 맞추어 사업 분야를 확장했으며, 에너지 자원 해결이 시급한 흑룡강성에서 유일하게 국가급 태양광 발전사업

〈그림 IV-2〉 흑룡강금약그룹유한회사 사옥전경(목단강시)

을 진행하고 있다는 점이다. 2009년 12월에는 자본금 5억 위안을 투자하여 '흑룡강금일광전과학기술유한회사'를 설립하여 전문적으로 태양광 셀과 태양광 모듈을 생산하고 있으며, 같은 해에 전문적인 태양광발전소 건설시공 및 모듈생산기업인 미국의 'AION 쏠라', 한국의 'RETECH', 태국의 'GT에너지유한회사'를 설립하였고, 2010년도에는 5억 위안을 투자하여 LED용 사파이어 잉곳과 CIGS 비결정 박막모듈을 생산하는 '흑룡강금우신에너지유한회사'를 설립하였다. 특히 2010년도에 CN중공업의 재중 3개 컨테이너회사를 인수하여 생산을 재개하는 동시에 자사 인프라를 활용하여 '상해금태양신재생에너지산업단지사업'을 계획하였으며 '전국 신재생에너지 생산연구발전기지'를 건설할 계획을 세웠다.

③ 조직구조

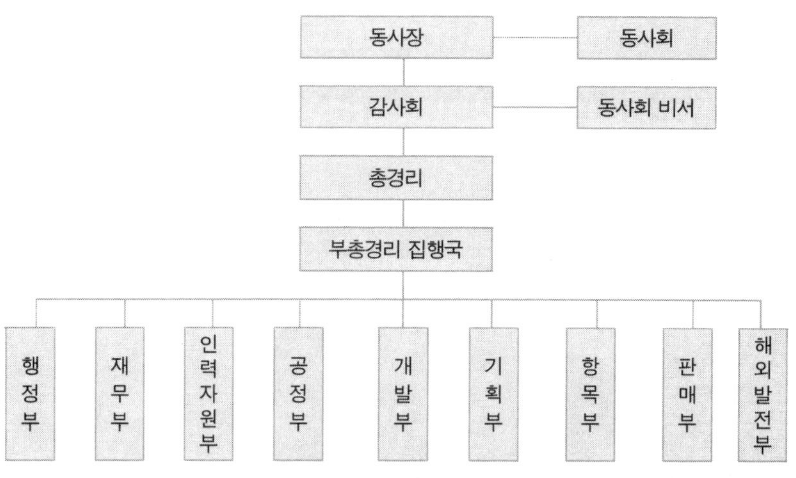

〈표 Ⅳ-1〉 금약그룹 조직구조

④ 회사의 비전

금약그룹의 김춘학 회장은 금약그룹의 미래비전의 하나로 한국에 금약그룹의 대표처를 설립하게 된 것은 한국의 첨단기술산업과 신에너지, 신재료 분야의 진출을 더욱 가속화하고 광범위한 합작을 추진하고자 하는 것이

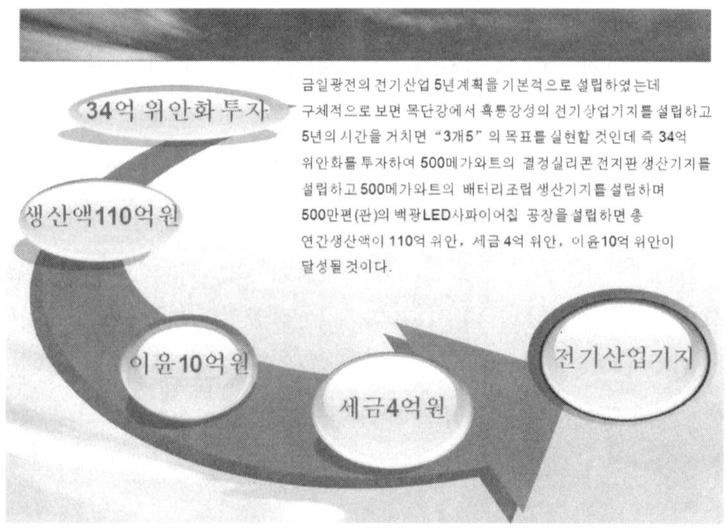

〈그림 IV-3〉 금약그룹 회사의 비전

〈그림 IV-4〉 금약그룹 10년 전략목표

며 또한 한국 대표처의 역할은 국제경제의 일체화가 형성되는 이 시기에 금약그룹과 한국, 한국 신기술 기업과 중국의 무한한 잠재시장을 연결해주는 교량과 교두보 역할을 할 것이라는 비전을 제시했다. 이어서 김 회장은 금약그룹은 머지않아 중국에서 500대 민영기업에 속하게 될 것이며, 자산규모가 20억 달러에 달하는 탄탄한 기업으로 거듭 성장할 것이며 글로벌 그룹으로 거듭날 것을 예견했으며 예로 금일광전의 전기산업 5개년 계획을 제시했다.

금약그룹은 향후 10년간의 전략 목표를 세웠는데 10년 후에 상장실현을 위해서 부동산과 전기산업, 상업서비스업을 강화하여 흑룡강성의 1등 기업을 목표로 하고 있다.

(2) 주요사업 내용

다음은 금약그룹의 업무구조와 주요사업 내용을 계열사별로 세부적으로 설명하였다. 이를 통하여 금약그룹의 중국 내와 해외에 산재해있는 계열사들에 대한 세부적인 사업내용을 이해할 수 있을 것이다.

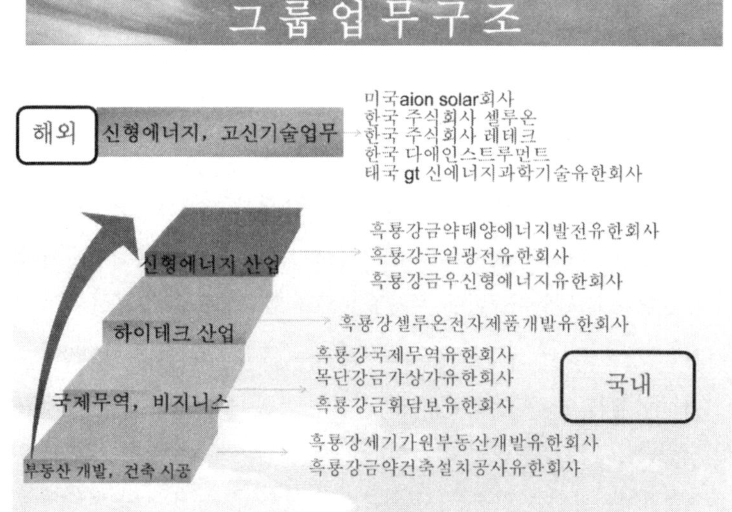

〈그림 Ⅳ-5〉 금약그룹 업무구조

① 사업분야

㉠ 부동산개발 및 건설사업

금약그룹의 부동산 건설사업 분야의 부동산개발 누적면적은 100만 평에 달하며, 총 매출액은 60억 위안을 달성하였다. 이익과 세금의 합계액은 10억 위안으로 목단강시 판자촌 개조와 지역경제 발전에 아주 큰 공헌을 하였다. 이어서 그룹 내의 부동산개발사업은 12억 위안의 매출액과 법인세는 3억 위안을 실현할 전망이다.

〈그림 IV-6〉 부동산개발 및 건설사업

㉡ 신재생에너지 첨단기술사업

2009년 7월에 중국정부에서는 신흥산업을 배양하고 태양에너지 발전산업의 기술진보와 발전을 위하여 「국가중장기과학기술발전기획요강」과 「재생에너지발전자금관리방안」에 근거하여 중앙재정부에서는 일정한 자금을 지원하여 태양광발전기술의 여러 영역에서의 시범응용과 핵심기술의 산업화를 촉진한다고 하였다. 이에 시의적절하게 금약그룹은 충분한 준비기간을 거쳐 2009년 9월에 신청하였으며 11월에 국가의 승낙을 받았다. 이에 따라서 흑룡강성은 유일하게 태양에너지발전소 프로젝트에서 승낙 받은 지역이 되었다. 이 프로젝트는 국가의 50%의 자금지원 하에 총 2.97억 위안을 투자하여 1년간의 기간을 거쳐 목단강의 목릉시마교하촌에 부지가 40만

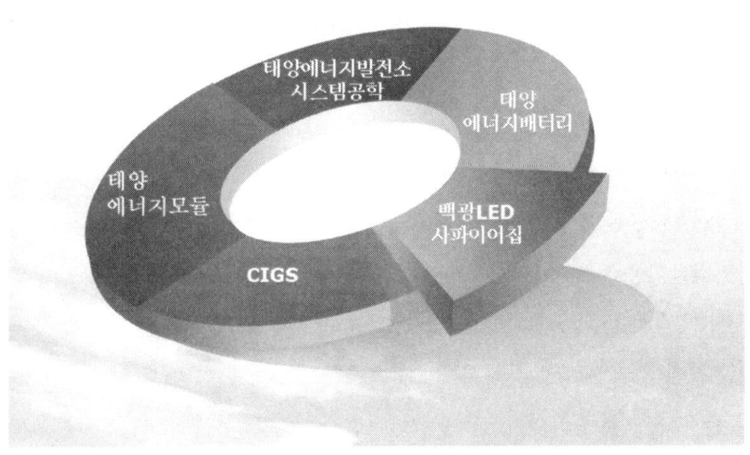

〈그림 Ⅳ-7〉 신재생에너지 첨단기술사업

〈그림 Ⅳ-8〉 신재생에너지 첨단기술사업

평방미터 되는 10조 와트 용량의 전력소를 건립하는 것이다. 따라서 준공
후에는 연간 1600만Kwh 전력량으로 25년간 운행된다. 현재 금약그룹에서
설립한 태양에너지발전유한회사에서 태양에너지발전프로젝트 건설을 진

행하고 있다.

　금약그룹은 한국의 주식회사 레테크와 합병하였으며 레테크 주식회사의 70%의 주권을 보유하고 있다. 그리고 2010년에는 6메가와트의 태양에너지 발전소 공사를 마쳤다.

ⓒ 태양광 발전사업

　2009년 정부에서 발표한 「국가태양광시범공사」에 따라 2010년에는 2억 5,000만 위안을 투자하여 흑룡강성에 소재지를 둔 10Mw급 대형 태양광발 전소 건설을 착공하였다. 이러한 기업의 발 빠른 구조전환과 과감한 투자는 그룹전체에 커다란 발전기회를 가져다 주었으며, 이와 때를 같이하여 한국 의 전자회사인 '주식회사 셀루온'과 태양광발전소 건설 및 시공 전문회사인 '주식회사 레테크'를 인수하였으며, 미국에서는 미국의 태양광건설회사인 'Aion 쏠라'를 설립하고, 태양광발전소 사업을 진행하였다. 이와 같이 금약 그룹은 첨단기술산업과 친환경 신재생에너지 산업으로의 전략적 구조전환

(태양광발전소 기공식)

(태양광발전소 시공현장)

(세계태양광전시회: 독일)

(세계태양광전시회: 미국)

〈그림 IV-9〉 태양광발전사업

을 완수하였으며 금년 말에 태양광발전소가 완공되면 태양광 상업발전을 개시할 예정으로 있다.

㉣ 태양광모듈과 태양광셀 제조부문

금약그룹은 태양광 사업부문에 있어서 선두그룹의 위상을 높이기 위하여 '흑룡강성태양광과학기술회사'를 설립하였으며, '500MW단결정태양광모듈'과 '500MW 셀프로젝트'는 흑룡강성의 2011년도 22개 중점사업 중의 하나로 선정되었다. 금약그룹의 이러한 태양광사업 추진은 흑룡강성의 '태양광사업 신재생에너지분야'와 흑룡강성의 산업라인 구조조정에도 중요한 자리를 차지하고 있다.

2008년 초 한국 태양에너지 발전시공기업인 레테크 주식회사의 주식 70%를 구매하여 금약그룹 계열사로 합병시켰다. 이는 금약그룹이 신생에너지건설영역으로의 진입을 의미한다. 한편 한국의 레테크 주식회사는 태양에너지 발전자재와 발전소건설 전문회사이다. 본 사업의 총 투자금액은 13억 5,000만 위안이고 건설기간은 2010년부터 2015년까지이다. 태양광발전소의 전기상업발전이 시작되면 연매출액 50억 위안의 이윤과 세금 7억 위안이 실현될 전망이다. 태양광모듈생산은 2011년부터 양산 중에 있으며, 2011년도에는 실적으로는 1억 8,000만 위안의 매출을 실현할 것이다. 태양광셀은 2011년도 10월부터 양산되고 있으며, 금년과 내년의 예상 실적으로

〈그림 Ⅳ-10〉 태양광모듈과 태양광셀 제조

는 6억 위안의 매출액과 1억 위안의 이윤과 세금을 실현할 전망이다.

ⓜ LED사파이어 잉곳 사업

2010년, 에너지절약과 환경보호의 전제하에 세계 각국은 추후 3년 이내에 LED가 전통 백열등과 형광등을 대신할 것으로 예상하고 그에 따른 정책을 내놓았다. 현재 미국, 러시아, 일본, 한국 등의 몇 개국과 그 국가 중 여러 기업이 'LED사파이어 잉곳'을 제조하고 있다.

금약그룹은 그 분야의 전문가의견을 취합하고, 방대한 시장조사를 실시한 결과를 바탕으로 유럽의 회사와 'LED사파이어 설비'의 구매 및 기술도입, 양도계약을 체결하고, 새로 설립한 '흑룡강금우신에너지과학유한회사'에서 연 500개의 'LED사파이어 잉곳'을 생산할 계획인데 총 투자금액은 9억 위안이고 건설기간은 5년이며 생산에 들어가면 15억 위안의 연매출액과 5억 위안의 이윤과 세금을 실현할 것으로 전망하고 있다.

ⓑ 비결정CIGS박막 태양광모듈 생산사업

흑룡강금일광전자과학기술유한회사는 1.5억 위안을 투자하여 실리콘 태양에너지 전자판과 인버터 등의 상품을 생산한다. 이 회사는 세계 최첨단의 자동화 생산라인과 현대화되고 지능화된 검증설비를 갖추고 있다. 2010년에 7억 위안의 판매수익을 실현하였으며 2011년 상반기에는 유럽과 미국에 진입할 수 있는 허가를 받았다.

비결정CIGS는 구리, 인듐(燐), 갈륨, 셀레늄이 주원료인 태양광 박막전지이다. 또한 탄소원자 3개를 함유한 단당인 3탄당의 화합물 반도체 재료이기도 하며 가시광선에 대한 흡수계수가 높으므로 박막태양광 모듈제조에 아주 좋은 재료이다. CIGS는 현재 3가지 주요 박막모듈 중 가장 비교우위를 보이고 있으며 결정모듈의 재료에 비하여 재료원가가 낮고 제조 시 '롤투롤 방식'을 적용하여 생산원가가 낮은 이점이 있다. 또한 CIGS박막모듈은 전환효율이 높으며 20%까지 달성할 수 있다.

금일광전

흑룡강 금일광전과학기술유한회사는 금약그룹이 투자설립한 태양에너지 발전제품을 생산하는 업체이다. 목단강 배터리모듈 조립라인은 3개이고 공장면적은 9280평이며 생산설비와 측정기구는 30여세트이며 연간 40메가와트의 배터리 모듈을 생산한다. 무링시 마교하에는 금태양 시범공사 10메가와트 태양에너지 발전소 가 있다.

〈그림 Ⅳ-11〉 비결정CIGS박막 태양광모듈 생산사업

2011년에 금약그룹과 대만의 '녹양신에너지유한회사'는 전략적 협력관계를 맺었는데 대만의 '녹양신에너지'는 일본을 제외한 아시아에서 CIGS생산과 연구개발에 실력이 있는 회사인데 이에 금약그룹은 '녹양신에너지'의 전문가팀과 선진기술을 이용하여 '목단강시 고신단지'에 'CIGS비결정 박막 태양광모듈사업'을 시작하였다.

Ⓐ 하이테크사업 부문

금약그룹은 한국, 미국 등의 첨단기술산업 부문에서 메이저급의 회사들과 협의를 통해 미국의 마이크로소프트사 및 한국의 '셀루온주식회사'가 세계적 특허를 가지고 있는 첨단기술 제품인 레이저키보드와 프로젝션키보드 시리즈 제품의 생산기지를 한국에서 중국 목단강시로 이전하는 것을 협약 체결하였다. 현재 본 사업은 목단강시 '강남첨단기술단지'에 위치하고 있으며 연구개발과 제조·판매를 일체화로 하는 목단강시 '강남첨단기술단지' 내에서는 대표적인 생산기업이다.

버추얼 레이저키보드는 3D전자인식 기술을 이용하여 개발한 레이저키보드이며, 이 제품의 특징은 일반 키보드에서와 같이 실제로 각각의 스위치를 눌러서 데이터를 전송하는 방식이 아니라 손가락의 움직임을 광학적으로 추적하여 작동하는 방식으로서 강한 내구성, 휴대의 간편성, 키보드 위치, 높은 인식률 등의 특성을 갖고 있으며 소형컴퓨터, 스마트폰, 3G휴대폰 등에 광범위하게 사용되고 있다.

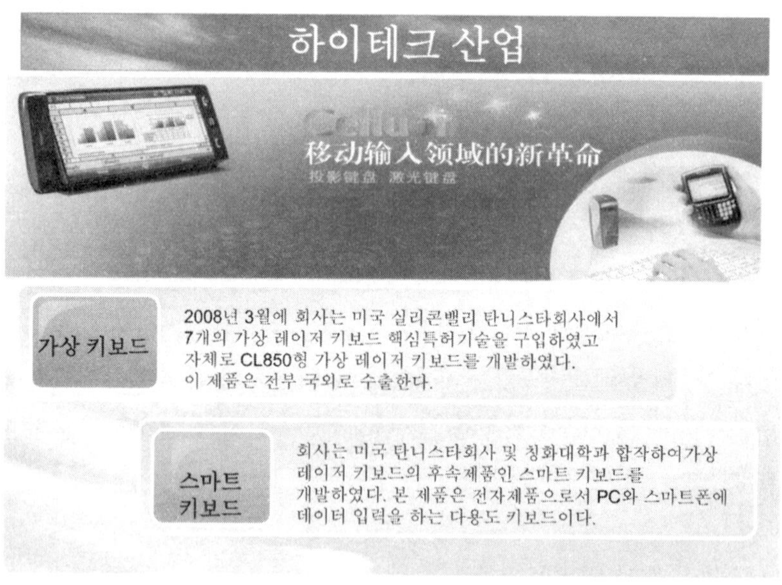

〈그림 IV-12〉 하이테크사업

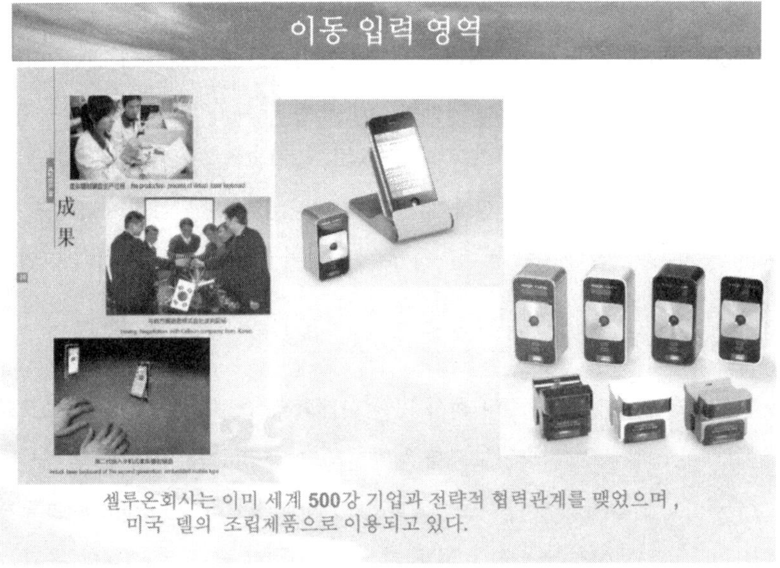

〈그림 Ⅳ-13〉 셀루온 회사

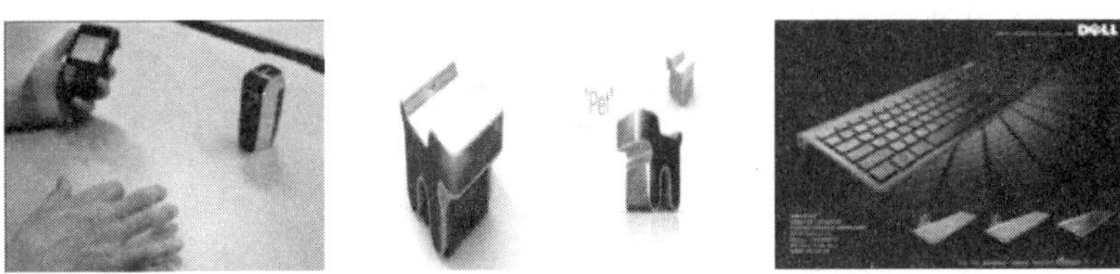

〈그림 Ⅳ-14〉 생산 키보드종류(왼쪽부터 레이저키보드, 다기능 블루투스키보드, 가상
마우스)

레이저키보드 및 그 시리즈 제품은 성공적으로 미국, 유럽 등의 국가에 자리 잡았고 좋은 성과를 거두고 있으며, 현재 수요에 비하여 공급이 부족한 실정이다. '중한합자셀루온전자유한회사'는 세계 500강 기업들과 전략적 협력관계를 체결하였고 생산한 레이저키보드, 다기능키보드 등 시리즈 제품은 미국의 델사(Dell)의 세트제품으로 판매되고 있으며, 현재 신제품이 양산 중에 있다.

○ 레이저키보드

2008년 3월 회사는 미국실리콘밸리의 칸니스타 회사로부터 레이저키보드 생산의 핵심기술 7개를 구매하였으며, 또한 자체적으로 CL850형의 레이저키보드 연구개발에 성공하여 외국으로 수출하고 있다. 이 핵심기술은 스마트폰, PDA 등 정보단말상품에 정보를 제공하며 또한 현대의료기술, 군사·통신 및 공업 영역에 광범위하게 사용되며 현재 간편한 입력기술 영역에서의 첨단기술 상품이다.

○ 지능키보드

금약그룹은 미국칸니스타 회사 및 청화대학과 합작하여 레이저키보드의 업그레이드 상품인 지능키보드를 개발하였다. 전자상품 영역에 속하는 본 상품은 PC와 스마트폰의 데이터입력을 동시에 지원하는 다용도 키보드이다. PC와는 USB나 블루투스, WIFI를 통해 연결할 수 있고, 스마트폰과는 블루투스, WIFI를 통해 연결할 수 있는데 사용자는 키보드의 버튼 하나로 PC와 핸드폰을 실시간 전환할 수 있을 뿐만 아니라 PC와 핸드폰을 하나로 만들 수 있기 때문에 사용자들에게 많은 편리함을 가져다주었다.

회사 자체에서 진행한 광범위한 전자상품 시장에 대한 연구조사에 의하면 현재 본 항목은 국내외 기술과 상품의 공백을 보충하였는데 회사는 광활한 시장공간을 근거로 목단강시 강남첨단기술원에 생산기지를 건설하여 연 720만 부의 생산능력을 형성하고 있다.

◎ 장비 공업가공과 군수제품 가공사업

2009년에 금약그룹은 파산위기에 직면한 국영기업인 목단강시 '오금교 전빌딩유한회사'와 목단강시 '제일공작기계공장'을 인수하였다. 위 두 개의 기업은 체제, 경영, 시장, 관리 등 전반적으로 여러가지 문제점이 표출되어 파산위기에 처하게 되었다. 그중 목단강 '제일공작기계공장'은 1950년대에 국가에서 투자한 공장으로서 기계가공류 제품뿐만 아니라 국가가 지정한 군수제품도 생산하게 되었다.

금약그룹은 공장을 인수한 후 디지털 가공설비를 증설하고 제품의 질을 향상시켰으며, 선진적 경영관리기법을 도입하여 군수제품 사업부문을 더 확대 발전해 나가고 있다. 이러한 성과를 발판으로 금약그룹은 '동북공업기지건설'과 군사장비 생산에 적극적인 공헌을 하였으며 2010년부터 생산을 계속해오고 있다.

㉠ 상해금태양 신에너지산업단지 건설사업

2010년도에 금약그룹은 대련, 광주, 상해의 한국진도컨테이너유한회사를 인수하고 재건하였다. 또한 금년에는 상해 보산구에 위치한 '상해진도컨테이너유한회사'의 토지와 공장부지에 신에너지산업 추진을 목적으로 정부의 허가를 받아놓았으며, 동시에 상해 보산구발전계획에 적합한 '상해금태양신에너지 산업단지'를 건설할 계획을 갖고 있다.

현재 보산구에는 철강무역, 애니메이션, 신재생에너지 산업, 정보과학기술 등의 산업이 집결되어 있으며, 앞으로 보산구 지역의 산업은 신재생에너지 산업을 위주로 하며 청결에너지 산업으로 전환하여 보산구를 환경이 좋고, 살기도 좋은 현대화단지로 건설할 계획에 있다.

이 계획에 금약그룹의 총 투자액은 약 10억 위안으로 예상하고 있으며, 약 3~5년간의 건설 및 투자기간을 거쳐 '태양광 신재생에너지 생산연구개발'을 위주로 하여 첨단기술 및 신에너지산업이 집결된 보산구 산업을 형성할 계획에 있다. 이러한 보산구의 산업발전은 지역의 경제와 물류 등의 발전을 선도해 나갈 것이며, 상해시 보산구 경제발전의 새로운 동력으로 작용하게 될 것이다.

이러한 프로젝트가 완공되면 '단지본부', '연구생산기지' 및 '상업건축' 등 총 건축면적이 30만 평에 이르며 이로 인하여 금약그룹의 자산총액은 45억 위안으로 증가할 것이다. 또한 수백 개의 기업이 설립되고 2만~3만개의 일자리가 창출될 것이며, 산업연구발전, 서비스 업종, 요식업 등에서 약 10억 위안의 총 매출액이 예상되며, 1억 2,000만 위안의 세수(税收)를 실현할 수 있을 것이다.

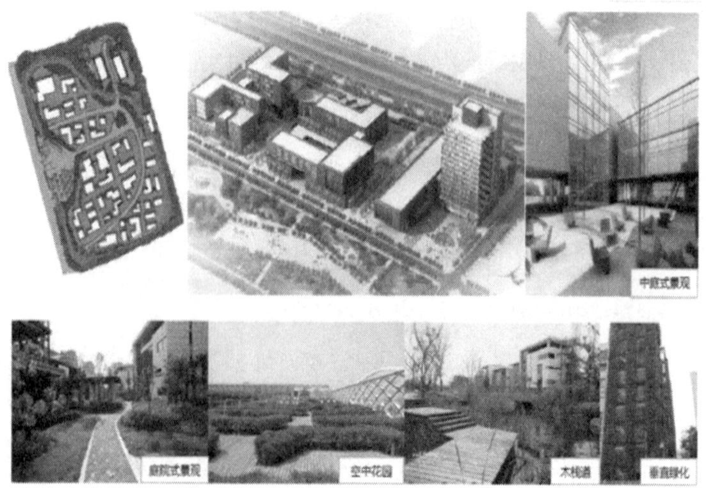

〈그림 IV-15〉 태양광 신재생에너지산업기지 조감도

ㅇ 비즈니스

〈그림 IV-16〉 비즈니스

(3) 대외협력 네트워크

① 계열사(한국) : ㈜레테크(ReTech)

회사현황	
회사명	주식회사 레테크
설립연월일	2009.3
대표자명	임승배
사업자번호	138-81-51860
주소	서울시 서초구 서초동 1693-3 우림빌딩 3층
전화번호	02-594-8284
팩스번호	02-594-8287
자본금	10억 원

㉠ 회사 개요

개요

- 중국 흑룡강성 목단강시에 소재한 금약그룹을 모기업으로 두고 있음
- 금약그룹은 50MW 모듈생산구축 [2010년 07월 완공]
- 국내 태양광발전소 현황
 (1) 2009년 1.1MW 준공
 (2) 2010년도 2.9MW 준공
 (3) 2011년도 3MW 공사진행 중 (준공은 연말까지)
 (4) 협력회사
     (A) 시 행 사 - 대한송유관공사, 혜인
     (B) 태양전지 - 신성 홀딩스, 미리넷 솔라
     (C) 모   듈 - 현대중공업, 신성CS, LG, CNS, 한솔 테크닉, 탑선
     (D) 인 버 터 - 카코 뉴에너지, 헥스 파워, SMA

ⓛ 조직도

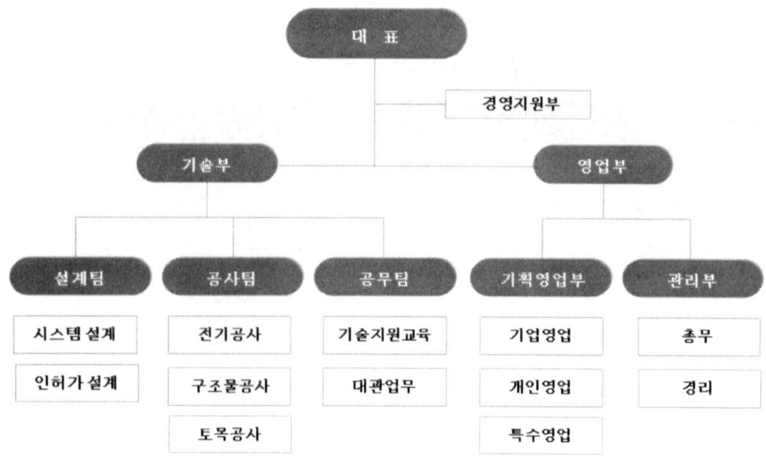

〈그림 IV-17〉 (주)레테크 조직도

ⓒ 해외사업현황

- 태국 태양광 건설
- 방콕 Chom 지역에 24MW 수주
- 2012년 02월 착공예정
- 사업규모 – 600억원
- 참여기업 – CHINT, 대한송유관공사, 혜인, 금약그룹, 레테크

- 미국 태양광 건설
- New jersey주 10MW수주 예정 (2011년 12월)
- 사업규모 – 400억원
- 참여기업 –LG전자, 금약그룹, 레테크, 아론솔라

- 금약그룹 모듈판매 [생산용량 라인 50MW]
- 레테크는 연간 20~30MW 국외로 판매처 확보
- 국내인증 및 국제인증 진행

② 계열사(한국) : 셀루온

㉠ 회사개요

❖ **설립일자 : 2004.6**

❖ **대표이사 : 차래명**

❖ **소재지 (한국 본사)**　　서울시 구로구 구로동 235-2 에이스하이엔드 1차 918호
　　　　　　　　　　　　Tel : (02) 6220-3890　Fax : (02) 6220-3899

　　　　　(미국 영업 지사)　　48273 Lakeview Blvd.
　　　　　　　　　　　　Fremont, CA 94538
　　　　　　　　　　　　Tel : +1) 800-399-5260

　　　　　(중국 제조 공장)　　黑龙江省牡丹江市江南新城区入面通街99号金跃大厦

❖ **사업 분야** : 준 3차원 전자인식기술(Quasi-3D Electronic Perception Technology)을 이용한
　　❖ Mobile Input Device (휴대용 가상 키보드 및 가상 멀티터치 마우스 완제품 및 built-in 모듈)
　　❖ 스마트TV용 통합리모컨
　　❖ 키보드 자판이 없는 특수 키보드 (유리키보드, 의료기관/공공용 특수키보드)
　　❖ 스마트폰 및 스마트패드용 액세서리 제품의 개발, 제조, 판매

❖ http://www.celluon.com　　sales@celluon.com

㉡ 목표 및 비전

1.　㈜셀루온은 전자인식기술(EPT) 분야의 강력한 원천특허 기반

2.　스마트폰/스마트패드/스마트TV 사용자(B2C) 및 제조업체(B2B)를 위한 휴대용
　　및 built-in 가상키보드, 가상멀티터치 마우스 등 세계 최초·세계 유일의
　　mobile input 솔루션을 제공

3.　향후 2년 이내에 회사 가치 1천억 원을 달성
　　KOSDAQ 또는 해외 증시 직상장 또는 인수합병 실현

시장에서의 위치 및 역할	전세계 모바일 입력장치 시장을 대상으로 최첨단 제품과 근본적인 대안을 제시하는 솔루션 제공업체
	Finger-motion 인식기술을 기반으로 모바일 입력분야의 혁신적인 인터페이스 디바이스를 제공

㉢ 제품 소개 : Magic Cube

> 가상키보드와 멀티터치 마우스 기능이 동시에
> 구현되는 세계최초·세계 유일의 양산 제품

❖ 블루투스 및 USB-HID 지원 (별도의 드라이버를 설치할 필요 없음)
❖ 19mm정규 키보드 자판 사이즈와 동일 (QWERTY 자판)
❖ 자판 크기 : 약 38mm(W)×75mm(H)×29mm(D)
❖ 멀티터치 마우스 기능 포함
❖ 4개 언어 자판 출시 예정(영어, 독어, 불어, 한국어)
❖ 리튬 폴리머 배터리 내장 (충전식)
❖ 그림 그리기, 글자쓰기 인식 기능 지원 : hand writing recognition
❖ 2011. 5월 양산 개시

〈그림 IV-18〉 셀루온의 제품 중 하나인 Magic Cube

㉣ 2011년 예상실적 및 2012년 목표

• 2011년 분기별 매출 현황
  – 매직큐브 개발 완료 (2011.5) 및 양산 개시(2011.6)
  – 중국공장 setup 및 양산 이관 : 2011.8
  – 생산capa 증설 목표
    • 1차 : 현재 3K/mo → 6K/mo (2011.11)
    • 2차 : 30K/mo (2012.3)
    • 양산 시스템이 갖추어지는 4Q 부터 매출액 급격히 증가
    • 해외 대형 Buyer거래 개시 (세부내역 별첨)

2011년	1분기	2분기	3분기	4분기	합계
매출액	0	8억	13억	21억 (예상)	42억

• 연도별 매출 현황 및 2012년 목표

회계연도	2009 년	2010 년	2011 년	2012년
매출액	4.8억	2.4억	42억 (예상)	528억 (목표)
판매제품 모델명	CL850	CL850 (재고)	매직큐브	매직큐브,아이폰 전용모델 evoMouse

＊ 2009년 'CL850' 모델 단종
＊ 2011.6월 신모델 양산개시(매직큐브)

③ 계열사(한국): ㈜다애 인스트루먼트

회 사 명	(주)다애 인스트루먼트
설 립 일	2011. 6. 9.
대 표 이 사	이강현
자 본 금	12억 원
종 업 원	10명
사 업 장	경기도 평택시 진위면 가곡리 338-6
사 업 영 역	사파이어 잉곳 그로우어 제조 및 관련 솔루션 제공

LED사업에 있어서 핵심 원부자재인 sapphire 및 LED소자 제조의 핵심 공정인 MOCVD 분야에 있어서 장치의 대외 수입의존도 심화 → 사파이어 제조에 필요한 grower 국산화를 통한 LED 산업발전에 기여

㉠ 사업전략

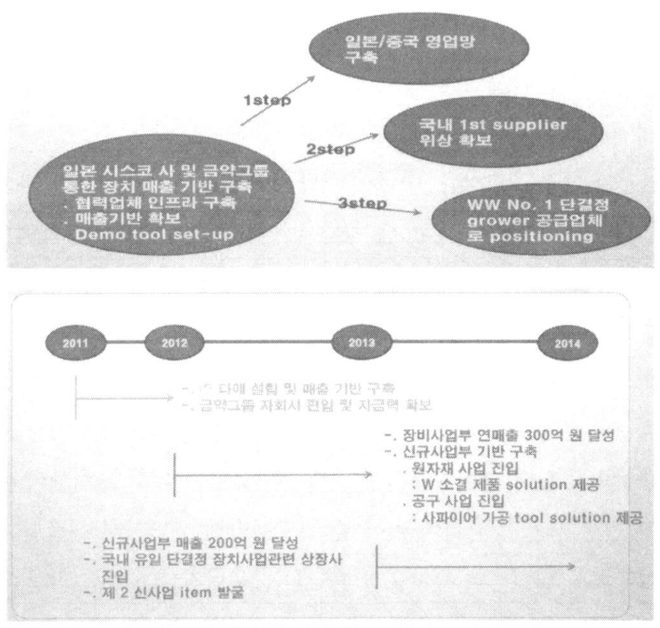

〈그림 Ⅳ-19〉 (주)다애 인스트루먼트 사업전략

④ 계열사: 우림건설

우림건설과 중국 흑룡강성 소재의 민영기업인 금약그룹은 최근 건설부동산 사업 등에 대한 포괄적 업무협약(MOU)을 체결한 데 이어서 서초동 우림빌딩에서 임관해 중국 흑룡강성 목단강시장, 김한규 한중교류협회장, 심영섭 우림건설 회장, 김춘학 금약그룹 회장 등 한중 정재계 인사 100여 명이 참석한 가운데 금약그룹 한국지사 현판식과 목단강시 투자유치 설명회를 열었다. 우림건설과 금약그룹은 이번 협약으로 한국과 중국, 미국 지역에서 △부동산 개발사업 △건설공사 수주사업 △건설 및 개발사업에 대한 PM(Project Management) 및 CM(Construction Management) 용역 수행 등에 대하여 자원과 인력 등을 공유하고 상호 협력하기로 했다. 우림건설은 금약그룹과의 협력으로 기존 중국사업의 성공적인 마무리와 신규 사업의 활로를 모색할 방침이다. 우림건설은 이미 중국 상하이 인근도시인 쿤산시에서 태극프로젝트라는 이름의 주택사업을 진행 중이며 전체 1,532가구 규모로 모두 4단계로 나눠 분양에 들어갈 계획인데 이미 3단계까지 1,008가구를 준공하고 100% 분양을 완료했으며 현재 분양 중인 4단계 524가구도 최근 준공을 마치고 83%의 분양률을 보이고 있어 조만간 100% 분양 신화를 이어갈 것으로 기대된다.

우림건설 심영섭 회장은 "중국에 탄탄한 기반을 갖춘 금약그룹과의 긴밀한 협력관계는 우림건설에 큰 힘이 될 것"이라며 "양사는 이번 협력으로 부동산, 건설, 그리고 자원개발 분야 등에 대한 전반적인 협력관계로 동반 성장해 갈 것이다."라고 말했다.

금약그룹은 한국지사를 서초동 우림빌딩에 입주시키고 현판식을 개최했는데 김춘학 금약그룹 대표는 "한국지사의 역할은 금약그룹과 한국, 한국기업과 중국의 무한한 잠재시장을 연결해주는 교량과 교두보 역할이 될 것이다"라고 설명했다. 현판식에 이어 중국 흑룡강성 목단강시 대표단의 투자유치 설명회도 열렸는데 투자유치 설명회는 우림건설 심영섭 회장, 금약그룹 김춘학 회장, 임관해 목단강시장을 비롯한 목단강 정부 및 기업대표단,

김한규 한중교류협회장을 비롯한 한국정계인사 100여 명 등이 참석한 가운데 서초동 우림빌딩 대강당에서 진행됐다.

(4) 경영자와의 인터뷰[2]

① 경영자의 개인적·사회적 배경

중국 흑룡강성 목단강(牧丹江)시 남쪽 영안(寧安)시가 고향인 조선족 2세인 김춘학 소년은 학교에서 1등을 도맡아했지만 친구들은 '조선족'이라며 무시하고 놀렸다. 전라도가 고향인 어머니는 항일 독립운동을 하다 중국 공산당원이 됐다. 당시 목단강시는 독립투사들의 근거지였다. 아버지는 평양 출신으로 도로기술자였다. 아버지는 술만 마시면 어머니에게 주먹을 휘둘렀다. 소년의 눈에 조선족 남자는 권위적이고 폭력적이었다. 소년은 자신이 조선족이라는 것이 싫었다. 이불 속에서 몰래 한국방송을 들으며 조국을 그리워하던 어머니도 아들에게 집 밖에서는 한국어를 입에 올리지 못하게 했다. 소년에게 조선족은 자신의 인생을 고달프게 하는 멍에일 뿐이었다. 200만 조선족 중 가장 성공한 기업인으로 꼽히는 김춘학(49) 중국 금약(金躍)그룹 회장의 이야기이다. 그는 이제 조선족임을 누구보다 자랑스럽게 생각한다.

② 흑룡강성의 입지전적 인물

김 회장은 흑룡강성에서 입지전적 인물이다. 2001년 부동산회사로 출발한 금약그룹은 한국과 중국에 IT·태양광발전 등 16개의 자회사를 가지고 있고 김 회장의 재산은 3,000억 위안이 넘는다. 흑룡강성에 가장 먼저 아파트를 건설한 것도 김 회장이다. 베이징, 하이난섬을 비롯해 현재도 상하이에 대규모 아파트 단지를 건설하고 있다. 지금까지 김 회장이 중국 전역에 개발한 땅이 330만여㎡(약 100만 평)에 이른다. 올해는 한국에 30MW 규모의

2　"김춘학 회장과의 인터뷰"(2012), ㈜조선뉴스프레스 2193호 기사를 인용하였음.

태양광발전소 건설을 추진한다. 총 900억 위안이 들어가는 발전소 건설을 위해 전국에 100만㎡(약 30만 평)의 부지를 이미 확보해 놓았다. 금약그룹은 10년 동안 초고속 성장을 했다. 2009년에는 흑룡강성기업연합회와 기업인 협회 공동주최로 선정하는 '흑룡강성에서 가장 주목받는 기업인'에 꼽혔다.

③ 조선민족사업에도 헌신

그동안 김 회장은 조선족 일이라면 발 벗고 나섰다. 흑룡강성에 조선족 학교를 지어주고, 조선족 대학생 200명에게 매년 2억 위안씩 장학금을 주고 있다. 현재 흑룡강성 조선족 43만 명을 대표하는 흑룡강성공산당위원회 인민대표 상임위원도 맡고 있다. 우리나라로 치면 도의원인 셈이다. 상임 위원은 5년 임기로 이번이 2선째이다. 올 10월에는 국회의원 격인 중국인 민대표에 도전할 계획이다. 사업 때문에 한 달에 두 번 이상 한국을 찾는 김 회장은 조선족 대표로 한 · 중 교류에도 힘을 보태고 있다.

④ 자랑스러운 한중인 선정

21C한중교류협회(회장 김한규)는 한중수교 20주년을 기념하여 김춘학 회장을 '자랑스러운 한중인'으로 선정했다. 사단법인 21C한중교류협회는 한 · 중 지도자들의 교류를 위해 2001년 설립되었으며 중국의 제2외교부라 불리는 중국인민외교학회와 자매결연을 하고 민간외교에 앞장서고 있다. 지난 2월 8일 '자랑스러운 한중인' 시상식에 참석하기 위해 한국을 찾은 김 회장을 서울 중구 을지로1가 21C한중교류협회 사무실에서 만났다. 단신인 김 회장은 다부져 보였고 눈빛이 살아 있었다. 한국어는 다소 어눌했지만 의사소통에는 문제가 없었다.

"이렇게 사업을 일으킨 것은 제가 조선족이었기에 가능했습니다. 조선족들은 생활력이 아주 강인합니다. 제가 조선족이라는 것이 자랑스럽습니다. 조선족을 무시하던 한족들이 이젠 저한테 꼼짝 못합니다."

⑤ 피는 물보다 진하다-민족애

그는 앉자마자 자신의 성공은 조선족 덕분이었다고 말했다. 20년 전, 그는 맨주먹이었다. 가진 것이라고는 혈기뿐인 보따리상이었다. 가난한 보따리상이 어떻게 수천억 거부가 됐는지 그의 과거 이야기를 들어보았다.

고등학교를 졸업하고 목표가 없던 그를 일으킨 건 어머니의 유언 때문이었다. 병원에서 몇 달 동안 아들의 대소변 시중을 받다 돌아가신 어머니는 마지막으로 그의 손을 잡고 당부했다. 대학에 꼭 가서 열심히 공부할 것, 그리고 한국에 있는 친척은 찾지 말라는 것이었다. "조선족들이 한국에 있는 친척들을 막 찾기 시작할 때였는데 어머니는 고향이 어디인지도 안 가르쳐 주셨습니다. 아마도 친척들에게 의지하지 말라는 뜻이었겠지요. 그래서 전라도라는 것밖에 모릅니다. 어머니의 상을 치르고 딱 보름후가 대학입시였어요. 밤낮없이 죽어라고 공부했습니다. 목단강시에서 1등을 했어요."

목단강시 상업간부학교에서 유통을 전공하고 중국 국영기업인 연료공사의 공무원이 됐다. 중국에 막 시장경제가 시작되던 때였다. "자리에 앉아 숫자놀음이나 하고 있는 것은 내가 할 일이 아니다 싶었습니다. 미래가 보이지 않았어요. 당시 밀매가 성행하던 중국과 러시아의 국경으로 갔습니다. 중국 옷·장갑 등의 물건을 사다가 러시아 우수리스크 쪽에 넘기는 보따리상을 시작했어요. 당시 러시아는 물자가 부족했어요. 중국에서 물건을 떼다 팔면 10배가 남는 장사였습니다. 저와 같은 보따리상들이 중국과 러시아 쪽에 몇 천 명이 있었는데 90%가 조선족이었습니다. 다들 컨테이너에서 살며 목숨걸고 국경을 넘나들었습니다. 갖은 고생을 했지만 조선족의 생활력은 어떤 민족보다 강했습니다. 그 피가 내게도 흐르고 있었습니다."

이때 사업가로서의 수완이 발휘되기 시작했다. 무거운 보따리를 메고 힘들게 다닐 것이 아니라 보따리상들의 물건을 배달해주면 돈이 되겠다 싶었다. 통관·배달 업무를 대행해주는 일종의 해외택배 물류회사였던 셈이다. 당연히 밀매였고 위험천만한 일이었다. 국경은 살벌했지만 뒷돈이면 다 통하는 시대이기도 했다. 온갖 불법과 뒷거래가 활개를 치는 아수라장 속에서

〈그림 IV-20〉 김춘학회장의 '자랑스러운 한중인 상' 수상(2011년)

동업을 하던 사업 파트너는 러시아 마피아의 총에 죽었다. 겁 없이 제 집 드나들듯 국경을 넘나든 덕분에 10년간 물류사업과 무역으로 50여억 위안을 벌었다. 중국산 주철을 러시아에 팔고 구리, 목재, 자동차 등을 들여오는 등 통 큰 무역도 함께 했다. 그가 러시아에서 어려움 없이 사업을 할 수 있었던 것은 러시아 조선족들 덕분이었다. "말이 통한다는 것이 큰 힘이었습니다. 그때 느꼈습니다. 말도 하나, 문화도 하나, 조선족은 하나라는 것을요. 시베리아 쪽에 갔을 때였습니다. 김치가 너무 먹고 싶어서 시장을 헤매고 다니다 보니 조선족 할머니가 길에 앉아 김치를 팔더라고요. 너무 반가워했더니 할머니가 자신의 집에 데려가서 밥상을 차려줬어요. 마치 가족을 만난 것 같았습니다. 어머니 생각도 나고 '이것이 한 핏줄이구나.'하는 생각에 눈시울이 뜨거워졌습니다. 그때 우리 민족을 위해 좋은 일을 많이 해야겠다고 결심했습니다."

"큰일 하려면 돈 많이 벌어야죠."

⑥ 부동산업과 첨단산업

2000년대에 접어들면서 중국에 부동산 붐이 일기 시작했다. 그의 사업 촉수가 재빨리 움직였다. 무역으로 번 돈을 들고 부동산 사업에 뛰어들었다. 목단강시를 비롯해 중국 곳곳에 아파트, 상가, 지하상가, 백화점, 빌딩

등을 지어 팔았다. 국경 무역을 하던 시절, 관계를 잘 맺어 두었던 공무원들이 도움이 많이 됐다. 사업은 불같이 일어났다. 그는 첨단산업 쪽으로 눈을 돌렸다. 2006년 한국의 '주식회사 셀루온'을 인수하고 미국이 특허를 갖고 있는 컴퓨터 레이저키보드 기술을 사들였다. 베이징, 서울, 미국의 실리콘 밸리에 신제품 연구개발기지도 설립했다. 2008년엔 한국의 '주식회사 레테크'를 인수, 태양광 사업에 뛰어들었다. 2010년엔 LED용 기초소재인 사파이어 잉곳을 생산하는 '흑룡강금우신에너지유한회사'도 설립했다.

⑦ **중국진출 한국기업의 성공요건**

김 회장에게 중국에 진출하는 한국 기업들에 대해 물었다. "중국에서 사업을 하려면 먼저 문화를 알아야 합니다. 그런 면에서 대기업은 준비가 돼 있지만 중소기업은 많이 부족한 것 같습니다. 뭘 할지도 모르고 뛰어드는 경우도 많습니다. 또 중국을 너무 만만하게 보고, 중국인들을 의심합니다. 그러면서도 중국인들에게 많이 속지 않습니까? 중국을 제대로 모르니 중국인에 대한 판단도 잘못하는 겁니다. 인간관계를 잘 맺지 못하면 실패하기 십상입니다. 중국인들도 예전 같지 않습니다. 요즘엔 죽을 둥 살 둥 일합니다. 한국기업이 더 긴장하지 않으면 앞으로 첨단기술 시장도 중국에 다 뺏길 수 있습니다."

⑧ **한국 젊은이들에게 조언**

그는 최근에 중국 유학이 늘고 있는 한국 젊은이들에게도 조언을 했다. "졸업 후에 한국 기업보다 중국 기업에 들어갈 것을 권합니다. 월급은 적지만 몇 년간 일하다 보면 중국이 제대로 보일 겁니다. 그 후에 자기 사업을 하면 훨씬 잘할 수 있습니다."

⑨ **조선족 기업인의 역할**

김 회장은 한·중 교류를 위해 자신이 할 일이 많다고 말했다. "한국은 좋은 기술을 가지고 있고 중국은 시장이 무궁무진하게 넓습니다. 한국과 중국 문화를 모두 잘 알고 있는 제가 한·중 교류의 기초가 되고 싶습니다. 큰일을 많이 하려면 회사도 더 키우고 돈도 많이 벌어야죠." 할 일이 많은 만큼 김 회장의 포부도 크다. "IT 사업은 연내 미국 상장을 추진하고 있습니다. 태양광은 한국 1위, 사파이어 잉곳은 중국 1위가 목표입니다. 5년 내 연매출 100억 위안, 중국 민영기업 500위에 이름을 올리고 싶습니다."

⑩ 김 회장의 끊임없는 학습과 민족혼

그는 흑룡강성의 호랑이로 머물지 않기 위해 공부도 열심이다. 8년째 칭화대 대학원에 적을 두고 한 달에 이틀은 꼬박꼬박 학교에 가서 강의를 듣는다. 전쟁터에 나가서 싸우려면 충전이 필요하단다. 어린 시절 조선족으로 살지 않는 것이 목표였던 그는 이제 조선족을 위해 일하는 것이 목표가 됐다. 어머니가 이불 속에서 띄우던 청국장 냄새에 질려 '제발 한국음식 좀 안 먹었으면 좋겠다.'라고 생각했던 그가 김치와 된장찌개가 없으면 밥을 못 먹는다. 덕분에 만주족 아내는 물론 장모님까지 한식 요리법을 배워야 했다. 그에게 김치는 단순한 음식이 아니다. 자신의 뿌리를 확인시키고, 자신을 지탱해준 힘이다. 그가 직접 이름을 지은 금약그룹은 '김씨가 일어난다.', '조선족이 도약한다'라는 뜻을 담고 있다. 뿌리가 단단한 만큼 그의 도약은 힘찰 것이다.

(5) 경영이념 및 경영자의 가치관과 기업문화

① 경영이념

"성실 경영, 은덕으로 사람을 배려함"은 금약그룹의 경영이념이다. 동시에 회장과 회사 각 부서의 지도자들도 직원들의 기술과 문화생활을 중시하여 가치를 창조하며 생활을 향유하고 상호를 존중한다. 또한 직원들은 자신을 계발하기 위하여 끊임없이 공부하고 외국의 유명기업 방문을 통하여 새로운 기술과 경영기법 및 서비스정신을 배운다.

② 경영자의 가치관과 기업문화

김춘학 회장이 창립한 흑룡강 금약그룹은 첨단기술상품 기술개발과 생산, 부동산개발, 공정공사, 국제무역, 금융중개, 물류관리 등을 일체로 한 그룹이다. 흑룡강셀루온전자상품개발유한회사, 흑룡강세기가원부동산개발유한회사, 금약국제무역유한회사 등 16개 계열사를 두고 있으며 총 자산은 10억 위안에 달한다. 또한 국가건축시공 1급자격과 부동산 개발 2급자격을 구비하고 있으며 ISO9001 카멜스 시스템의 심사를 통과하였으며, 국가로부터 "守信用, 重合同(수신용, 중합동)" 이라는 칭호를 받았다.

김춘학 회장은 현재 흑룡강 인민대표대회 대표, 목단강시 공상연합회 부회장, 흑룡강성 공상연합 제8기집행위원회 집행위원, 목단강시 기업신용협회 상임이사, 목단강시 청년연합회 부주석, 흑룡강성 조선민족상공회부 회장, 목단강시 조선민족기업가협회 부회장, 목단강시 조선민족사업촉진회 부회장직을 맡고 있다. 또한 연속 5년간 목단강시 노동모범 칭호, 2년 연속 "흑룡강성 경제풍운(風雲)인물"로 평가되었다. 20여 년간 그는 성실과 신용은 시장경제의 영혼이며, 성실과 신용만이 기업발전의 기초라는 신념으로 기업과 사회를 위하여 공헌하였다.

㉠ 開拓創新, 誠信經營(개척창신, 성신경영)

김 회장은 개척창신(開拓創新), 성신경영(誠信經營)의 이념 하에 회사의 쾌속한 발전을 이끌었다.

2000년 대 러시아 무역경험을 바탕으로 한국의 유명한 기업과 합작하여 세기가원(世紀家園)부동산개발유한회사를 건립하여 부동산 개발시장에 뛰어들었다. 성실, 신용 그리고 지혜를 바탕으로 직원들과 합심하여 총면적이 10만 평방미터인 대공정을 계획보다 3개월 앞당겨 완공하여 이름을 날렸다. 그 후 김춘학 회장의 영도 하에 부동산개발, IT산업, 수력개발, 물류, 무역 등을 일체로 한 기업그룹인 흑룡강 금약그룹을 건립하였다. 회사에서는 선후하여 세기가원(世紀家園) 라이프 콤비오피스텔, 금가(金街)지하상가, 금지(金地)빌딩 및 한중합자셀루온개발프로젝트 등 12개 대형프로젝트를 개발 및 건설하였다. 기업의 효익은 매년 성장하는 추세이며, 고정자산은 10억 위안에 달하며, 연간 세금을 1,000만 위안 이상을 낸다. 회사는 ISO9001 카멜스 시스템의 인증을 받았을 뿐만 아니라 몇 년 연속 목단강시 납세 20강 기업의 칭호도 받았다. 엄격한 품질검사에도 건축 판매할 건물은 순조롭게 통과되어 시공·건설한 건물의 품질을 보증하였으며 이에 따라서 "최상브랜드"의 표창을 받았다. 여러 해 연속 국가와 성 세무국으로부터 기업에 "계약을 지키고, 신용을 중시한 기업" 칭호를 수여하고, "목단강시 소비자 신뢰 브랜드"라는 칭호도 부여받았다. 회장 김춘학은 "목단강시 노동모범", " 흑룡강성 경제 풍운(風雲) 인물걸출 공헌상" 등 칭호를 받았고, 2007년 흑룡강성 "도덕모범"이라는 칭호도 받았다.

ⓛ 已德治企, 行信名著(이덕치기, 행신명저)

덕으로 기업을 다스리고, 성실한 태도로 사람을 대하여, 사회로부터 믿을 수 있는 브랜드라는 칭호를 얻었다.

기업의 지도자로서 김학춘 회장은 유가의 명언인 "己所不欲, 勿施于人(기소불욕, 물시우인)"으로 자기의 언행을 지도하며, 기업인으로서의 사회적 책임을 다하였다. 그의 영도 하에 성실과 신용의 원칙을 견지하면서 사회에 성실하고 믿을 만한 기업이라는 이미지를 수립하였다.

부동산 개발사업을 처리할 때에도 회사에서 좀 손해를 보더라도 빈곤기업이나 개인을 난처하게 하지 않았다. 세기가원(世紀家園)공정개발도시 건설 과정에서 금약그룹은 이전해야만 하는 단위(單位)나 빈곤가정에 대하여 예정한 금액보다 더 많이 지원금을 지급하여 회사의 수입이 327만 위안 감소하였다. 또한 목단강시에서 빈곤하기로 유명한 아동복 공장이 이전할 때에는 25만 위안의 지원금 이외에 50만 위안의 자금을 더 지출하여 무상으로 직원들에게 양로보험금를 지불하였다. 또한 이전할 때, 김춘학 회장은 친히 여러 번 방문조사를 하여 빈곤하거나 난처해하는 사람들에게 현실적인 문제들을 해결해주었다. 이에 금약그룹의 부동산 개발과정에서 철거문제로 관리부문에 가서 고소를 한 사람은 단 한 명도 없었다. 반면 금약그룹은 철거당한 지역의 주민들의 거처를 마련하기 위하여 500여 만 위안의 자금을 더 지출하였다.

김춘학 회장은 "行不信者名必耗(행불신자명필모)"를 믿으며 성실과 신용에 기초한 단체정신을 잊지 않으며, 세심한 서비스 태도로 기업의 이미지를 쇄신하였다. 근래 들어서 건축시장에서의 노동력 부족문제가 심각하다. 하지만 금약그룹은 단 한 번도 노동력 부족문제로 고민해본 일이 없다. 중국관내에서 들어온 농민들은 금약그룹과 일을 같이 한 지 10년이 넘는다. 그 원인으로 한 농민공의 말을 인용하자면 "금약은 믿을 만한 기업이다. 이 회사는 저에게 단 일전(一分錢)도 적게 주지 않았다."라는 것이다. 또한 김춘학 회장은 문화경영을 견지하며 기업의 성실과 신용문화를 만드는 데 주력하였다. 몇 십만 위안의 자금을 투입하여 200여 명의 직원들과 여러 차례 개척훈련을 하였으며 직원들과 일생 동안 함께하겠다는 신조를 제기하고, 300여만 위안에 상당하는 직원들의 3대 보험금을 예치해 두었다.

ⓒ 飮水思源, 善小而爲(음수사원, 선소이위)

"受人滴水之恩, 必當涌泉相報(수인적수지은, 필당용천상보)"는 김춘학 회장이 신봉하는 명언이며, 금약그룹의 행동지침이다. 즉 금약은 기회를 잡아 발전을 도모함과 동시에 사회에 보답하는 것을 잊지 않았다. 따라서 몇 년 사이 3,000여 명에게 일자리를 제공해주고, 800여만 위안을 사회복지공익사업에 기부하였다. 또한 45명의 퇴직인원 및 그 가족 그리고 300여 명의 직원을 위해 양로보험금을 해결해주었으며, 민족교육사업을 위하여 300여만 위안을 내여 3,000평방미터의 조선족중학교 예술체육관을 신축해 주었다. 2008년도 사천대지진발생 당시에, 금약그룹은 목단강시에서 제일 먼저 돈을 기부한 기업이었을 뿐만 아니라 제일 많이 기부한 기업이다.

㉣ 诚招天下客, 誉从信中来(성초천하객, 예종신중래)

"富国强民为己任, 不枉我辈中华人(부국강민위기임, 불왕아배중화인)"은 김춘학 회장의 좌우명이다. '흑룡강성 경제풍운인물'로서 그는 성실과 신용 그리고 다년간 외국기업과의 합작을 기초로 목단강시를 위해 외부기업의 투자를 유치하였다.

금약그룹은 한국기업에 대해 잘 안다는 장점을 이용하여, 여러 번 한국을 방문하여 목단강을 홍보하였을 뿐만 아니라 민간왕래 연결, 교육추진, 민간문화 등 다방면의 교류도 진행하여 "조선민족풍미거리"의 형성을 촉진하였다. 금약그룹의 지도하에 소수민족향진에서는 외자유치를 5억 위안 하였으며, 여러 한국 독자기업 혹은 중한 합작기업이 목단강시에 정착하였다. 2007년도에 금약그룹은 성실과 신용을 기반으로 한국의 셀루온과 합작하는 데 성공하였으며, 목단강시에 '흑룡강시셀루온전자상품개발유한회사'를 설립하였다. 또한 목단강시에 국제적으로 첨단기술인 '레이저키보드'생산라인을 건설하였을 뿐만 아니라 미국 칸니스타 회사로부터 특허를 구매하여 현재는 세계 유일한 생산권한을 부여받은 생산자로부터 특허권 소유자로 변신하였다. 이는 목단강시 개발구 첨단기술 클러스터의 공백을 보충하고 흑룡강성이 한국과 러시아 무역교류를 촉진하였을 뿐만 아니라 금약그룹의 미래발전을 위하여서도 튼튼한 기초를 마련하였다. 또한 첨단기술 '레이저키보드'의 정식 생산에 따라 금약그룹은 산업구조 조정의 막을 열고 점차 첨단기술 영역으로 진입함으로써 그룹의 화려한 변신을 완성하였다.

(6) 금약그룹의 네트워크 구축분석 및 시사점

① 중국내 및 해외조직과의 네트워크

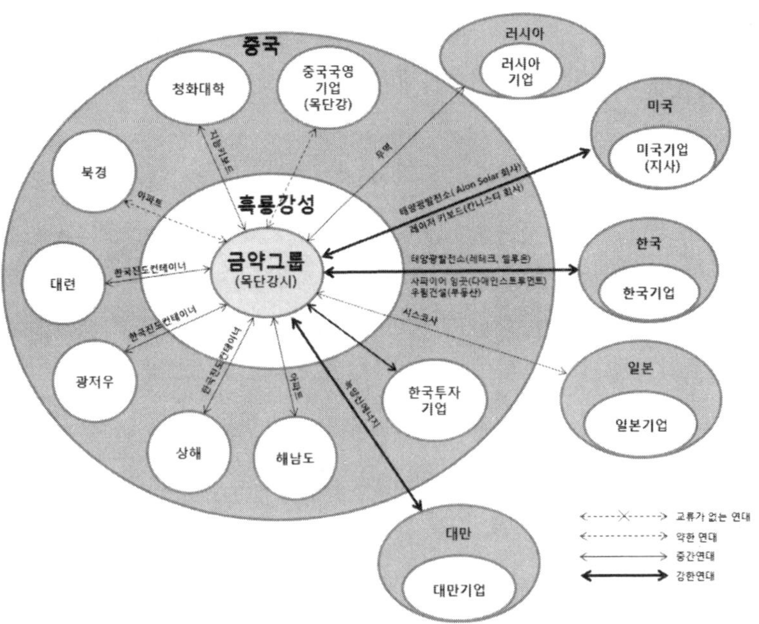

〈그림 Ⅳ-21〉 금약그룹의 중국내 및 해외조직과의 네트워크

② 네트워크 구축 분석 및 시사점

금약그룹의 네트워크 구축 분석 및 시사점을 보면

첫째, 중국내 및 해외조직과의 네트워크 구축에 관한 금약그룹 관련 자료에 의하면 금약그룹은 첨단기술과 신재생에너지 사업을 핵심사업으로 하여 부동산 개발, 공정공사, 상업물류 등 16개 계열사가 있는 기업그룹이다.

둘째, 금약그룹의 해외네트워크 중 한국과 강한 연대의 네트워크를 구축하였다. 금약그룹은 한국에 대표처를 설립하였으며 또한 한국의 주식회사 셀루온과 레테크 그리고 다애인스트루먼트 등의 기업과 합병하여 신재생에너지 첨단기술 사업에 진출하였다.

셋째, 금약그룹은 미국에 태양광 건설회사인 Aion Solar를 설립하고 태양광 발전소 사업을 진행하였으며 유럽의 회사와는 LED사파이어 잉곳에 대한 계약을 체결하고 흑룡강 금우신에너지과학유한회사에서 제품을 생산할 계획을 세움으로써 강한 연대의 네트워크를 구축하였다.

넷째, 금약그룹은 대만의 녹양신에너지유한회사와 강한 연대의 네트워크를 구축하고 목단강시 고신단지에 CIGS 비결정 박막 태양광 모듈 사업을 개시하였다.

다섯째, 금약그룹은 대련, 광주, 상해의 한국진도컨테이너유한회사를 인수하고 재건하여 중간 연대의 네트워크를 구축하였다. 또한 금약그룹은 한국의 우림건설회사와 포괄적 업무협약(MOU) 체결을 통하여 한국과 중국, 미국 지역에서 부동산 개발사업, 건설공사 수주사업 용역수행 등에 대하여 상호협력하기로 했다.

여섯째, 금약그룹은 러시아 기업의 무역, 해남도에서의 아파트건설, 칭화대학과는 지능 키보드 개발을 협력하기로 함으로써 중간연대의 네트워크를 구축하였다.

마지막으로 금약그룹은 미래산업인 첨단산업에의 진입과 한국, 미국, 일본 등의 선진국에의 진출을 통하여 글로벌 경영기법과 첨단산업 기법으로 미래 촉망받는 기업이 될 것이다.

2) 길신그룹(러시아와의 무역으로 성공한 사례)

(1) 회사개요[3]

① 대표이사 소개

〈그림 Ⅳ-22〉 동녕길신공업무역유한책임
공사 최용길 회장

- 1953년 흑룡강성 동녕현 출생
- 1970년부터 동녕현 제지공장 근무
- 1981년 동녕현 인쇄공장 부공장장
- 1991년 하해(下海) 국경무역 종사
- 1997년~현재 동녕길신무역그룹
  유한책임회사 이사장 겸 총경리
- 제10기 · 제11기 전국인민대표대
  회 대표

대표자명	최용길	민족	조선족
출생지	흑룡강성 동녕현	생년월일	1953년
기업체 근무경력	<ul><li>1970년부터 동녕현 제지공장 근무</li><li>1981년 동녕현 인쇄공장 부공장장</li><li>1991년 하해(下海) 국경무역 종사</li><li>1997년~현재 동녕길신무역그룹유한책임회사</li></ul>		

회사명	동녕길신공업무역(그룹) 유한책임공사	대표자명	최용길
소재지	흑룡강성 동녕현	전화번호	0453-3669168
팩스	0453-3629588	E-mail	jixin001@163.net
회사형태	그룹(11개 계열사)	업태 및 업종	무역, 물류, 신발, 가구, 목재가공, 야채도매시장, 호텔, 부동산 등

---

3 중앙인민방송국(http://www.krcnr.cn/jj/qyft/201011/t20101113_63757.html)

총자산	계열사	
2.4억 위안	◦ 동녕길신공업무역(그룹)유한책임공사 ◦ 길원국제물류무역유한책임회사 ◦ 길신목업유한책임회사 ◦ 길신경제무역회사 ◦ 길신국제운송대 ◦ 길신호텔	◦ 우수리스크시 길신여행신발공장 ◦ 우수리스크시 길신목재가공공장 ◦ 우수리스크시 길신가구공장 ◦ 우수리스크 과일야채 도매시장 ◦ 우수리스크시 길신부동산

창 업	1990년		
연간 수출입총액	2004년 1억 달러	2005년 2.5억 달러	전체직원　1,600여 명

② 회사개황

동녕길신공업무역(그룹)유한책임공사는 국가 상무부에서 인정한 일반무역권과 인접한 국가와 소액무역을 진행할 권리를 갖고 있는 외향형 그룹기업이다. 그룹회사의 등록 자본금은 7,760만 위안에 달하고, 현재 그룹의 자산 총액은 2.4억 위안에 달한다. 그룹은 1,600여 명의 직원이 있고, 연간 수출총액은 2.6억 달러이며 2005년에는 국가에 6,000만 위안의 세금을 납부하였다. 회사는 변경무역에 있어서 전 성의 1위를 차지하고 있으며 해관A급 관리기업이다. 그룹은 길신목업, 길신동남목업유한회사, 길신빌딩, 길신경제무역회사, 길신여행사, 길신건축회사, 신흥도자기유한책임공사, 길원물류회사로 구성되어 있다. 변경무역으로는 러시아과일야채 도매시장, 국제길신운송회사, 우수리스크중러목재가공공장, 우수리스크길신신발공장, 우수리스크길신가구공장, 우수리스크길신삼림개발프로젝트 등이 있고, 또한 북한에 철광프로젝트도 개발하고 있다.

기업은 그룹화, 글로벌화, 실업화를 경영방침으로 하고 공업과 무역을 통합하는 발전의 길을 걷고 있다. 또한 길신그룹은 중국뿐만 아니라 러시아 원동지구에도 이름이 널리 알려져 있다.

(2) 주요사업내용

① 사업분야

㉠ 모기업

동녕길신공업무역(그룹)유한책임공사

동녕길신공업무역(그룹)유한책임공사는
국가 상무부가 승인한 일반 무역권과 인접
한 국가와의 소액 변경 무역 권한을 가지
고 있는 외향형 그룹기업으로 그룹의 등록
자본금은 7,760만 위안이고, 현재 그룹의
자산 총액은 2.4억 위안이다. 회사에 근무
하고 있는 직원은 1,600여 명이며, 연간 수
출입 총액은 2.6억 달러이다. 2005년, 회
사의 순이익과 납부한 세금은 6,000만 위
안에 달해 흑룡강성 소액 변경무역 1등이
라는 영예를 얻었으며 해관 A급 관리 기업
으로 선정되었다.

〈그림 Ⅳ-23〉 길신그룹 사옥전경
(흑룡강성 동녕현)

그룹에 소속된 계열사로는 길신목업, 길신동남목업유한책임공사, 길신
빌딩, 길신경제무역회사, 길신여행사, 길신건축안장회사, 신흥도자기유한
책임공사, 길신물류 등이 있으며 또한 해외에는 러시아 과일야채 도매시장,
국제 길신운송대, 우수리스크시 중러목재가공공장, 우수리스크시 길신여
행신발공장, 우수리스크시 길신가구공장, 우수리스크시 길신삼림벌목프로
젝트, 북한오룡철광프로젝트 등이 있다.

ⓛ 계열사

ㅇ 길신경제무역회사

길신그룹은 길신경제무역회사로부터 발전해왔다. 길신경제무역회사는 인접국가를 대상으로 소액 무역을 할 수 있는 수출입 권한이 있다. 길신경제무역회사는 오랫동안 경쟁업체 중에서도 탁월한 성적을 거두었다. 1996년에는 대외경제무역청으로부터 '흑룡강 변경무역 20강 회사'로 평가받았다. 회사가 수입하는 주요제품은 러시아 목재 및 펄프, 로진, 화학비료 등 기타 화공제품이다. 또한 회사가 수출하는 주요제품으로는 과일, 야채, 양식 등이다. 목재 수입 면에서는 그룹이 운영하고 있는 국제운송대에서 운송을 담당하고 있어 일반 기업보다 유리한 조건을 갖추고 있다.

ㅇ 길원국제물류무역유한책임회사

동녕현 길원국제물류무역유한책임회사는 오랫동안 물류업무에 종사해온 회사로서 아시아, 유럽을 대상으로 하는 물류업계에서도 선두기업에 속한다. 회사는 국가가 수여한 무역수출입 권한을 가지고 있으며, 완벽한 물류컨트롤 관리시스템을 구비하고 있다. 또한 회사는 다양한 기능을 보유하고 있는 통관 운송차량을 가지고 있고, 기능이 완비된 저장 공간이 있으며, 서비스 의식이 강한 전문 인력이 있다.

회사의 경영범위는 저장 및 해관 화물운송 서비스, 변경소액무역, 일반무역, 수출입 대리, 통관수속 등이 있으며 국제운송-러시아로 수출하는 여러 규격의 차량운송 서비스를 제공한다. 예컨대 동녕-우수리 운송은 3일이

〈그림 Ⅳ-24〉 길신경제무역절차

〈그림 Ⅳ-25〉 길원국제물류서비스 차량

고 동녕-모스크바 운송은 18일에서 25일이며 주요 경영 유형은 복장, 신발, 모자, 건출자재 등이다. 따라서 길원물류회사는 "편리하고 안전하며 최고의 품질과 효율성을 추구하는" 것을 경영취지로 삼고 전반적인 서비스를 제공하고 있다. 또한 "고객님의 수요가 바로 우리의 서비스"라는 이념은 이미 직원마다의 신념으로 자리 잡았으며 회사는 파트너와 함께 전반적으로 물류, 무역, 저장, 서비스 대리 등 광범위한 업무를 전개할 준비가 되어 있다.

○ 길신국제운송대

길신국제운송대는 길신그룹에서 1,000여만 위안을 투자하여, 러시아 우수리에 설립한 전문 상품수출입을 담당하고 있는 운송팀이다. 운송대는 고객을 위하여 상품구매, 해관점검, 운송통관 등 빠르고 안전한 서비스를 제공하고 있으며 길신국제운송대는 몇 년간의 노력 끝에 고객님의 신임을 얻었

〈그림 Ⅳ-26〉 길신국제운송차량

〈그림 IV-27〉 우수리스크시 길신여행신발공장

다. 현재 매년 운송 차수는 1만여 차에 달하며 운송액은 30억 위안에 달한다.

○ 우수리스크시 길신여행신발공장

2002년 9월에 설립된 우수리스크시 길신여행신발공장은 국가대외무역합작부에서 승인한 해외 독자기업이다. 공장의 총 투자액은 279만 달러이고, 러시아 우수리스크시 시정대가 5호에 자리 잡고 있다. 공장 총면적은 6만 평방미터이고, 공장면적은 15,800평방미터에 달하며, 408명의 직원이 근무하고 있다. 공장은 온주(溫州)의 선진 생산기술과 공법을 도입하여 가죽구두, 여행신발, 슬리퍼, 겨울신발, 스니커즈를 생산하고 있다. 특히 스니커즈를 생산하는 라인은 14개에 달하며 연간 신발 총생산량은 1,000만 켤레이다. 현재 길신신발공장의 신발은 러시아와 유럽으로 수출되고 있는데 특히 모스크바 시민의 환영을 받고 있으며 신발공장의 기술인원은 중국 온주시에서 온 전문가들이다.

○ 우수리스크시 길신가구공장

기업의 총 면적은 123,200평방미터이고 사무실은 1,100평방미터, 가공공장 면적은 20,200평방미터이며 창고 면적은 1,500평방미터이다. 또한 전

〈그림 Ⅳ-28〉 우수리스크시 길신가구공장에서 생산된 가구

기설비는 800KVA이고, 총 94대의 설비가 있으며, 러시아 우수리스크시의 기계사대가(机械师大街) 7호에 위치해 있다.

회사는 주로 러시아 고급가구를 생산하고 있는데 장롱, 소파, 식탁, 의자 등이 포함된다. 회사의 연간 생산량은 12,000세트이며 회사가 설립된 이래 이미 3,000만 달러의 판매액을 확보하였고, 순이익은 300만 달러에 달하며, 세금이 381만 달러이다. 회사의 투자회수액은 75.4%이고, 투자회수기간은 3.3년이다.

ㅇ 우수리스크시 길신목재가공공장

러시아 우수리스크시 중러길신목재가공공장은 중외합자기업이다. 즉 중국 측 투자액이 78.2%를 차지하고, 러시아 측 투자액이 21.8%이다. 회사는 우수리스크시 기계사대가 18호에 위치해 있고, 회사 총 면적은 4.7만 평방미터, 공장 면적은 1.5만 평방미터이며 300명의 직원이 근무하고 있다. 회사는 2000년에 298만 달러를 투자하여 건설되었다.

공장에는 건조로 10개가 설치되어 있어, 연간 24,000평방미터의 목재를 건조시킬 수 있으며 현재 공장은 Wrot material(刨光材), such(集成材) 등 목재

〈그림 IV-29〉 우수리스크시 길신목재가공공장 전경

를 생산하고 있으며 주요 제품으로는 건조목재, Wrot material(刨光材) 등인데 목재로 쓰이고 있는 나무는 들메나무, 느릅나무, 떡갈나무, 백양나무 등이다.

공장에서는 원가를 낮추고 생산효율을 높이기 위해 러시아와 합작하여 삼림을 개발하고 있을 뿐만 아니라 목재가공공장 4곳을 설치하여 매년 중국과 길신목재가공공장에 4만 평방미터의 판재와 10만 평방미터의 원목을 납품하고 있는데 길신목재가공공장에서 가공·생산한 목재는 일본으로 수출하고 있으며 중러길신목재가공공장의 연간판매액은 630만 달러에 달하고, 매년 60만 달러의 세금을 납부하고 있으며, 순이익은 90만 달러에 이른다. 길신목재가공공장은 '그룹기업'이라는 우세를 활용하여 벌목(가공), 운송, 수출, 가공, 재수출 등 일련의 작업을 통합하여 진행하는 경영모델로 운영되고 있는데 길신목재가공공장은 이미 흑룡강성에서 목재를 가공하고 수출하는 선두기업으로 성장하였다.

○ 길신목업유한책임회사

1998년에 설립된 길신목업유한책임회사는 중·러 항구와 가까운 지리적 우세와 러시아의 풍부한 삼림자원을 활용하여 회사를 끊임없이 발전시키고 있다. 회사는 이미 일정한 규모를 갖춘 그룹형 기업으로 성장하였다. 현재 길신목업에 소속된 회사는 러시아 이얼쿠스커(伊尔库斯克) 지역의 목재가공공장 6개와 벌목경영회사 1개 그리고 우수리스크시의 가구공장과 목재가공공장 등이 있다. 또한 중국 내에는 동녕길신목업, 목단강길신목업이 있다. 동녕길신목업의 총 면적은 15만 평방미터에 달하고, 공장이 5개 있으

〈그림 Ⅳ-30〉 길신목업유한책임회사

며, 공장면적은 4.6만 평방미터에 달한다. 또한 회사는 65개의 건조로가 설치되어 있어 매년 20만 평방미터의 목재를 건조시킬 수 있다. 그리고 목단강길신목업은 총 면적이 10만 평방미터이고, 공장면적이 3.5만 평방미터이며, 건조로가 3개 설치되어 있다.

그리고 회사에 있는 대부분의 설비는 독일, 일본, 이탈리아, 대만 등의 국가와 지역에서 수입한 것으로 회사는 현재 Wrot material(刨光材), such(集成材) 생산라인 6개와 80대 설비, 구조용 such(集成材) 설비 50대가 있다. 그중 독일에서 수입한 자동설비는 세계 선진수준에 속한다. 회사는 현재 1,200명의 직원이 근무하고 있는데 그중 중ㆍ고급 관리직원과 기술인원이 31명, 공장에 상주하고 있는 일본 전문가가 2명이 있으며 회사의 연간 목재생산량은 9.6만 평방미터에 달하며, 2008년에는 시장수요에 따라 문과 창문, 가구 등 생산라인을 추가하였다. 목재로 쓰이고 있는 나무는 주로 낙엽송, 자작나무가 있고 그 외에 백양나무, 들메나무, 느릅나무 등이 있다. 회사가 생산한 제품은 주로 일본, 미국, 한국으로 수출되고 있고, 중국 국내 여러 성ㆍ시 및 목재가공공장으로도 판매되고 있다. 회사는 ISO9001:2000품질관리시스템 인증을 받았고 또한 일본 JAS 인증도 받았다.

회사는 '그룹형 기업'의 우세를 충분히 발휘하여 벌목, 운수, 통관, 가공, 판매를 통합하는 경영모델로 신속하게 성장하여 업계의 주목을 받고 있으며 현재 회사는 이미 중국 동북지역에서도 이름 있는 기업으로 부상하였다.

〈그림 IV-31〉 우수리스크 과일야채 도매시장

○ 우수리스크 과일야채 도매시장

동녕의 과일·야채·양식 수출을 발전시키기 위하여 그룹에서는 40만 달러를 투자하여 러시아 우수리스크시(乌苏里斯克市)의 니크라소와(尼克拉索娃)에 총 면적이 4만 평방미터에 달하는 6개의 과일야채 창고와 전문직원 300여 명이 일하고 있는 과일야채 도매시장을 건설하였다.

시장에서는 동녕 항구에서 들어오는 중국의 과일과 야채를 도매하고 있는데 이는 연해지역 러시아 시민의 수요를 충족시키고 있다. 과일과 야채의 연간 도매량은 7~9만 톤, 쌀 판매량은 3.5만 톤에 달한다. 도매업무에 종사하고 있는 종업원은 흑룡강에서 온 중국인이고, 겨울에 판매하고 있는 과일과 야채는 산동에서 수입하며, 양식은 흑룡강 산이다. 이 도매시장에서 과일야채 도매 장사를 하고 있는 개체호(个体户, 개인이 운영하는 가게)는 연간 30만 위안의 수익을 벌어들인다.

○ 길신호텔

길신호텔은 동녕현에서 가장 번화한 거리인 번영가 98호에 위치해 있는데 고속터미널에서 200미터가량 떨어져 있어서 교통이 아주 편리하다. 길

〈그림 Ⅳ-32〉 길신호텔

신호텔은 현지에서도 규모가 크고 영향력이 있는 호텔이다. 호텔 내부 인테리어는 고급스러우며 최고의 서비스로 고객을 모시고 있다. 그리고 호텔내부 식당은 대·소형 룸이 설치되어 있어 460명의 손님이 동시에 식사할 수 있고 대·중·소 등 총 60개의 객실이 있다.

　○ 우수리스크시 길신부동산

　1991년에 설립된 동녕현 길신건축안장회사(吉信建筑安裝公司)는 등록자금이 801만 위안에 달하며 현재 동녕현 3대 건축시공기업 중의 하나이다. 길신건축안장회사 사무실의 건축 면적은 3천 평방미터이고, 직원 주택면적은 1천만 평방미터에 달한다. 회사에는 대·중형 설비 100여 대가 설치되어 있고, 공정기술 인원 56명, 프로젝트 관리전문가 13명이 있다. 또한 회사는 더욱 큰 발전을 도모하기 위하여 2001년에 동녕현 전업인테리어회사 및 제5건축공정회사와 합병하여 회사의 경쟁력을 제고하였다. 현재 길신부동산은 이미 건축, 안장, 생산가공을 통합하는 경영모델로 발전하였으며 또한 과학적인 관리와 엄격한 품질, 성실한 회사 이미지로 끊임없이 발전하고 있으며 2003년까지 20만 평방미터의 건축면적을 완성하였고 1.3억 위안의 판매액을 실현하였다. 뿐만 아니라 800만 위안의 세금을 납부하여 동녕현의 경제발전과 투자환경 개선에 공헌을 하였다. 우수리스크시 부동산 개발 프

〈그림 Ⅳ-33〉 우수리스크시 길신부동산

로젝트는 길신그룹과 우수리스크시 정부가 공동으로 기획한 것으로서 2003년부터 건설하기 시작하였다. 이 프로젝트에서 사용되는 기계설비, 벽돌, 금속 철물 등은 모두 중국에서 러시아로 수출되고 있는데 길신그룹에서 운송하고 있다. 중국과 러시아가 합작하고 있는 이 프로젝트의 건축면적은 3만 평방미터에 달하는 주택으로서, 200만 달러의 이윤을 확보할 수 있다. 회사의 건축기술자와 노동자는 목단강지구에서 온 중국인이다.

(3) 경영활동

① 동녕현의 경제환경

흑룡강성 동남부 국경에 자리잡고 있는 동녕현은 국경무역이 아주 활발하다. 동쪽으로 러시아와 인접해있는 동녕현은 국경선의 길이가 139Km이며 러시아 원동지구에서 가장 큰 도시인 해삼위 및 가장 큰 철도역인 우수리스크시와 각각 153Km, 53Km 떨어져 있으며 러시아의 10월구와 30Km 떨어져있다. 중·로·조 3국의 황금삼각지대에 위치해 있는 동녕현은 명실공히 동북아 국제 대통로의 중요한 교통중추지로 자리 잡고 있다. 1990년에 정식으로 국가일급 육로통상구가 된 후 15년간 수출입총액이 35억 달러나 되며 또한 화물통량이 313만 톤이나 된다. 지금 동녕현에는 국경무역에 종사하는 기업만 해도 140개나 되는데 그 가운데서도 동녕길신그룹(동녕길신공무유한책임공사)은 가장 성공한 기업의 하나로서 흑룡강성 9대 수출기업(2003년)으로 선정되었다.

② 길신그룹의 성장

길신그룹은 1992년에 설립된 당시에는 러시아에 농산물을 수출하고 러시아로부터 화학비료, 목재를 수입하던 자그마한 무역업체였다. 길신그룹이 오늘날 총자산 1.8억여 위안에 종업원 1,500명인 이름난 그룹기업으로 성장한 것은 이 기업의 설립자이자 이사장이며 제 10기 전국인대 대표인 최용길의 뛰어난 솜씨와 피나는 노력 때문이다.

③ 국경무역의 귀재

원래 동녕인쇄공장의 공장장으로 있던 최용길은 1990년에 동녕길신무역회사를 세우고 대 러시아 국경무역을 시작했다. 처음에는 러시아에 농산물을 수출하고 러시아로부터 화학비료, 목재를 수입했다. 이렇게 얼마간 밑천을 마련한 후 점차 대외 가공무역 분야에 진출하기 시작했다. 동녕통상구는 흑룡강성에서 대 러시아 무역에서 수송거리가 가장 짧고 통관이 가장 편리하고 빠른 황금통로이다. 지난 수년간 러시아의 경제는 비교적 빠른 속도로 발전하였다. 그렇지만 러시아시장 역시 복잡하며 기회와 도전이 공존하고 있는 지역이다. 이에 최용길은 러시아 경제발전의 흐름을 세밀히 분석하였으며 그에 알맞은 경영방식을 모색하고 시장을 다원화하고 무역차원을 높이면서 그 규모를 부단히 확장해나갔다. 최용길은 우선 대 러시아 무역에서 기업체와 무역을 결합하는 길을 선택했다. 여러 가지 객관적인 원인으로 말미암아 대 러시아 국경무역은 매우 큰 불안정성을 갖고 있었으며 커다란 이익이 있는 반면에 아주 큰 위험부담을 안고 있었다. 치열한 무역경쟁에서 성공하려면 반드시 기업체를 설립해 무역의 위험부담을 최소화하고 무역과 업체 양자의 관계를 잘 처리하고 상호 보완되도록 해야 했다. 최용길은 지리적 우세, 인력우세, 인맥관계 등을 충분히 이용해 대 러시아 무역에서 호황기를 맞이해 무역액이 해마다 늘어났다. 특히 국가에서 제창하는 외향형 경제 전략에 따라 국내외시장을 목표로 무역과 업체가 일체화된 다국적·다원화 기업을 일으켜 세웠다. 길신그룹은 구매, 겸병, 합병, 임대, 합작, 주식투자 등 지혜로운 방식을 통하여 과거의 근대적 방식에서 현대의 새로운 방식으로 새롭게 편성하였다.

④ 길신그룹의 계열사들

지금 길신그룹 산하에는 국내에 길신목업, 길신경제무역회사, 길신빌딩, 길신여행사, 길신건축안장회사, 길신국제화물수송대, 길신동남목업유한책임회사 등이 있으며 러시아에 과일채소 도매시장, 우수리스크시 국제수송대, 우수리스크 길신목업가공공장, 우수리스크시 길신신발공장, 이르쿠츠크주와 빈해변당구의 4대 목재가공공장 등 기업체가 있다. 그중 러시아길신목업가공공장과 우수리스크시 길신신발공장 등 가공무역 항목은 국내자원의 부족한 점을 보완했을 뿐만 아니라 국제시장의 시장점유율을 확대함으로써 높은 경제효과를 창출함과 동시에 기업의 국제적 경쟁력을 대폭 신장시켰다. 길신그룹은 국내에서 반제품을 생산하여 해외에서 조립하거나 해외 원자재로 가공하는 길신모식을 독창적으로 개발하였는데 이는 성 내외에서 긍정적인 평가를 받았으며 전국적으로 널리 보급되었다. 최용길은 국가에서 제정한 러시아 진출정책과 흑룡강성 정부에서 제정한 '남으로 연계하고 북으로 개척하는' 남연북개 방침에 따라 새로운 경영방식을 모색했다.

⑤ 러시아 진출 성공

그는 국내의 기술과 설비를 기초로 하고 러시아의 자원에 의거하여 합작영역을 크게 개척하고 대 러시아 무역과 합작을 신속히 발전시켰다. 절강성 온주의 중소기업 기업주들과 합작하여 러시아에 투자하고 진출한 것은 그 중 성공적인 사례의 하나이다. 최용길은 2002년 러시아시장에 대한 충분한 조사연구를 토대로 하여 러시아시장에서 판로가 넓은 경공업 제품을 러시아에서 생산하는 방안을 내놓았다. 주지하는 바와 같이 온주는 중국 개혁개방의 전초기지로서 특히 신발류 제품을 가공하고 제조하는 기술과 관리에서 매우 큰 우세를 갖고 있다. 그러나 중국내 시장이 거의 포화상태에 처해 있어 국제시장을 개척하는 것이 온주의 경제발전에서는 아주 필요한 선택이었다. 온주의 기업들은 러시아시장으로 진출할 의향을 갖고 있었다. 일찍부터 러시아시장에 대해 잘 알고 있던 최용길은 여러 차례 온주를 드나들면서 당지의 신발제조업체와 손잡고 러시아시장으로 진출할 방안을 반복적으로 토의했다.

⑥ 우수리스크의 신발공장

그리하여 2002년에 최용길은 온주의 몇몇 기업체와 합작하여 9,600만 위안을 투자해 우수리스크시에 여행용 신발 공장을 세웠다. 온주의 기업인들은 정보에 민감하고 적응력이 강한 특징을 갖고 있다. 시장에서 어떤 양식의 신발이 수요가 발생한다고 하면 온주의 기업인들이 설계부터 생산까지 불과 보름도 걸리지 않아 제품을 시장에 내놓음으로써 우수리스크 길신신발공장에서 생산되는 여행용 신발이 러시아시장에서 신속히 판로를 개척할 수 있었다. 그들이 생산하는 신발은 러시아 원동지구는 물론 모스크바 등에까지 판매되고 있으며 러시아와 중앙아시아 여러 나라 소비자들의 인기를 끌었다. 이전에는 중국의 신발을 러시아로 수출할 때면 여러 가지 절차를 거치는 과정에서 커다란 모험을 겪으며 정당한 신분을 갖지 못했지만 길신신발공장의 제품이 출시되면서부터는 중국의 신발제품은 합법적인 신분을 갖게 되었으며 유럽의 유명 상표들이 러시아 신발시장을 독점하던 국면이 많이 개선되었다. 우수리스크 길신신발공장은 부지가 6만 평방미터로서 14개 생산라인을 가지고 있으며 구두, 끌신, 여행용 신 등 여러 가지 신발의 연간 생산량이 1,300만 켤레나 된다.

⑦ 동녕길신목업회사

최용길은 다국적 경영 영역을 확장하고 대 러시아 경제무역의 차원을 높이는 면에서 비교적 성공적인 경험을 쌓았다. 그는 중러 양국의 조건과 자원의 상호보완성을 충분히 이용해 다국적 경영 분야를 개척하고 러시아의 자원우세를 빌려 다국적 목재가공기지를 설립했다. 러시아의 광활한 대지에는 임업자원이 매우 풍부한바 삼림 피복률이 국토면적의 50% 나 되어 세계에서 1위를 차지한다. 이에 반해 중국내의 임업자원은 극히 제한되어있다. 최용길은 중국내의 선진적인 목재가공 기술, 설비와 인재우세, 시장수요에서 출발하여 목재가공업을 그룹의 새로운 발전목표로 삼고 2002년에 1억 위안을 투자해 동녕길신목업회사를 건립하였다. 부지가 10만 평방미터인 이 공장의 연간 영업액은 2억 위안에 달한다.

⑧ 길신목재가공공장의 설립과 비즈니스 네트워크

그와 동시에 우수리스크시에 300만 달러를 투자하여 중러 합자기업인 길신목재가공공장을 설립하였다. 그리하여 원래는 원목만 수입하였는데 목재가공을 통하여 목재의 부가가치를 높였다. 또한 2003년도부터는 러시아산 백양나무로 창문틀을 생산하여 미국으로 수출하는 일을 시작하였다. 현재 이 기업의 집성재료 월간 생산능력은 약 800세제곱미터, 그 제품은 대부분 일본과 미국으로 수출되며 일본, 미국의 대표 목재기업들과 장기적인 합작관계를 유지하고 있으며 소량으로 가구도 생산하고 있는데 지금은 주로 책상, 의자, 침대, 문 등 간단한 가구를 생산하고 있다. 경영은 국내에서, 생산은 러시아에서, 판로는 일본, 미국에 두는 경영방식을 두 끝이 바깥에 있는 경영이라고 일컫는다. 길신그룹은 이미 채벌, 운수, 가공, 수출의 양성순환을 이룩했다. 최용길이 처음 시작한 무역업은 주로 대 러시아 민간무역이었다. 그때 그는 개체경영을 하고 있었기 때문에 상품의 운반, 통관, 창고저장 등 여러 면에서 러시아 측과 연합체를 묶어 긴밀히 합작하지 않으면 안 되었다. 그는 러시아 측과 합작하여 국제수송을 조직하고 집중적으로 세관 수속, 통관을 함으로써 돌파구를 열었다. 그 후 그는 국내 중소기업들의 저장, 구매, 수송을 대리해주고 저장, 수송, 통관 등의 원활한 서비스망을 구축함으로써 수분하, 하얼빈 등 지역의 국내기업에서 러시아 등 외국으로 발송하는 화물이 연간 30억 위안어치가 되는 물고를 터뜨렸다. 이런 조치는 국경무역기업들과 개체업주들에게 편리를 도모해주었고 통상구의 경제발전에도 기여하였다. 그는 또 40만 달러를 투자하여 러시아에 과일채소 저장창고 6개를 짓고 건평이 4만 평방미터나 되는 과일채소 도매시장을 세웠다. 동녕통상구를 경유하여 수출하는 중국의 농산물들은 거의 다 길신그룹의 창고에서 다시 러시아 전역에 도매되는데 연간 도매량이 6만 톤에 달한다. 쌀 도매량도 3만 톤에 달하여 농촌산업의 외향성 발전을 힘 있게 추진했다. 현재 길신그룹은 국내의 각종 제품을 집결하여 대외로 무역을 하고 국제운수, 목재가공, 국외시장, 관광, 부동산, 음식업, 봉사업 등이 일체화된 종합성 주식제그룹으로 발전하였는데 그룹은 등록자본만 해도 5천만 위안이나 된다.

⑨ 외향성 경제의 발전과 길신그룹의 성장[4]

현재 그룹 산하 각 기업에 취직한 종업원은 1,500명인데 그중 정리 실업자가 280명이다. 지난 수년간 최용길은 국외로 진출하는 길을 선택하고 외향성 경제를 발전시키는 경영방식을 모색함으로써 흑룡강성에서도 비교적 큰 민영 대외무역그룹으로 성장하였다. 지금 이 그룹은 기업화, 국제화 그룹화한 대형 다국적 기업그룹이 되는 것을 목표로 내세우고 있다. 현재 길신그룹은 세관의 A급 관리기업으로 평가되었으며 또한 흑룡강성 9대 수출기업으로 선정되었고 또한 여러 해 연속 흑룡강성 민영기업 외화획득 선진

---

4   조글로(2005년 10월 7일) 참조.

단위 칭호를 수여받았다. 그리고 최용길은 또 제10기 전국인대 대표로 당선되어 인민을 위해 헌신적으로 일하고 있다. 그는 자신이 세운 목표를 실현하기 위해 오늘도 국제무역의 망망대해에서 파도를 헤쳐나가고 있다.

(4) 대외협력 네트워크[5]

아래에서는 길신그룹이 사업상 접촉하는 많은 정부기관이나 기업 등 단체 간의 협력 네트워크를 소개할 것이나 여기서는 중국 조선족기업가협회와 길신그룹 간의 협력 네트워크를 보도록 한다.

"표성룡 중국 조선족기업가협회 회장을 단장으로 하는 길림, 료녕, 흑룡강의 조선족기업가협회 회장단 일행 11명이 흑룡강성 '길신그룹(이사장 최용길)'이 러시아 우수리스크에 세운 '강길경제무역합작단지'를 방문해 중국 조선족 기업 간의 경험교류와 우의를 다졌다."라고 중국 조선족기업가협회 비서실에서 밝혔다. 조선족기업가협회 비서실에 따르면 최용길 이사장(전국인대 대표)이 이끄는 길신그룹의 본부는 흑룡강성 동녕현에 있으며 3년 전에 중국 국무원의 비준을 거쳐 러시아 우수리스크에 강길경제무역합작단지를 세웠는데 이 러시아 단지에는 목재가공, 신, 운동복, 포장 등 23개의 중국내 기업들이 투자하고 있는데 조선족기업가협회 비서실은 "길신그룹이 러시아에 진출해 중국 상품을 개발하고 판매하고 있어 조선족 기업의 해외진출에 청신호를 켜 굉장히 고무적이다."라면서 이번 러시아 고찰방문은 동북3성의 기업들이 서로간의 좋은 경험들을 교류하고 조선족 기업인과의 우의를 돈독히 하는 데 일조했다고 설명했다. 또한 조선족기업가협회에 의하면 길신그룹은 사영기업으로서 주로 목재가공, 부동산개발을 위주로 하는데 제품은 국내는 물론 미국, 일본에 수출하고 있으며 최용길 이사장은 현재 중국 조선족기업가협회 고문으로 활동하고 있다.

---

5 인터넷료녕신문(2011년 8월 20일) 참조.

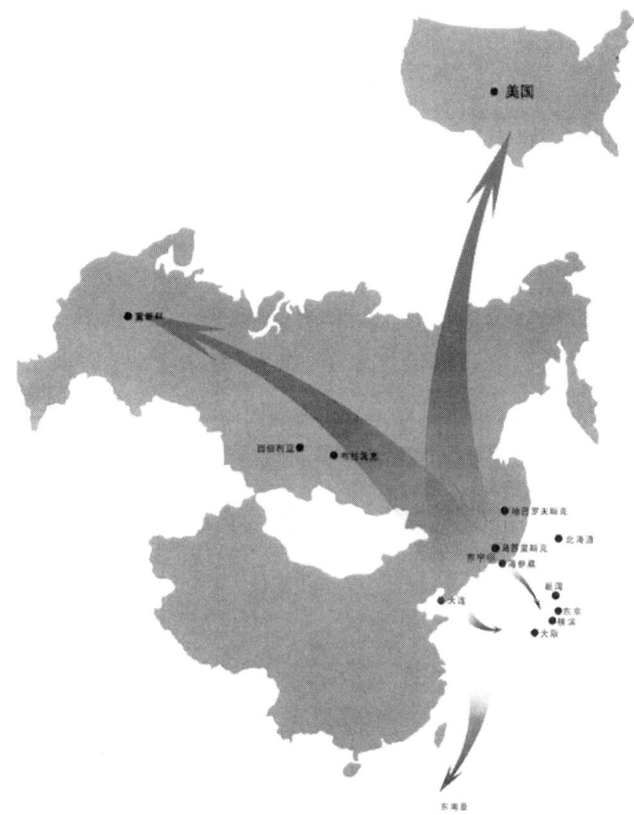

〈그림 Ⅳ-34〉 길신그룹의 업무범위

(5) 경영자와의 인터뷰

① 러시아의 기업환경

㉠ 러시아 '금지령'에 의한 위기와 기회

러시아가 자국 내 외국인 소매업 종사를 전면 금지시킨 초강수 정책은 조선족 보따리상을 포함한 10만여 명의 중국상인들에게 치명타가 되었다. 하지만 외국인 소매업자를 축출하는 정책으로 10만여 명이 전부 귀국하지는 않는바 그중 일부분의 사람들은 그동안 쌓은 두터운 인맥과 시장자원을 이용하여 출로를 찾게 될 것이다. 즉 무역방식, 무역지점을 바꾸어 원래의 노천시장에서 실내시장으로, 소매업자가 도매업자로, 원래 무역업에 종사했다면 투자성 생산 등으로 경영방식을 바꾸면 지속적인 러시아드림이 실현되는 것이다. 러시아의 이번 정책에 따라 보따리 상인들은 주로 신분을 합법화하고 현지인을 고용하며 경영방식을 조정하는 세 가지 대책을 세울 수 있다. 러시아가 이번에 이민법을 수정하고 소매업시장을 규범화하는 취지는 시장질서를 개선하고 본국 노동자 이익과 납세를 강화하려는 데 있다. 러시아 이민국도 관련 수속을 완벽화하고 이민등록 절차를 간편화하였으며 새 사업카드를 발급하고 있다. 따라서 전문가들은 가급적이면 조속히 신분을 합법화하고 정부허가 업종에 종사할 것을 권장한다.

다른 하나의 방법을 제시하자면 러시아 현지인을 고용하여 계속 소매업에 종사할 수 있다. 즉 판매원은 러시아인을 고용하고 본인은 업주로 신분을 바꿀 수 있지만 현지인들의 인건비가 중국인보다 배나 비싸고 문제가 생겨도 업주가 모든 책임을 져야 하므로 위험 수위가 높다. 하지만 소매업에 계속 종사하려면 이를 전부 감당할 수밖에 없다. 따라서 경영방식을 조정하여 정규화로 발전하는 것이다.

러시아는 최근 원자재·무기수출로 국내경제가 회복되고 WTO에 가입하려는 목적으로 의도적으로 국내시장 차원을 높이고 있다. 따라서 과거 중국인들이 아무곳에서나 난전을 펴 장사를 하던 시대가 영원히 종지부를 찍게 되였다. 실력이 있는 보따리 장사꾼들은 도매를 하거나 자주경영으로 이번 재난을 피할 수 있을 것이다. 이번 러시아 '금지령'은 중국상인들에게 있어 위기인가 아니면 기회인가 하는 것은 어떻게 이해하는가에 달렸다. 겉으로 볼 때 많은 재 러시아 보따리상들이 지대한 피해를 입게 된다. 그러나 동시에 러시아의 '중공업이 발전하고 경공업은 뒤떨어진' 산업 불균형에 따른 경공업품 시장수요는 아직도 강렬한바 중국내 기업들이 러시아에서 생산가공에 종사하는 등 해외확장 수요를 객관적으로 이끌고 있다.

ⓒ 중국기업들의 러시아 경공업 기업개선에 참여 기대[6]

러시아는 현재 경공업 생산에 주력하기에 실력이 있는 중국 기업들은 러시아 경공업 기업개조에 참여할 수 있어서 상업기회가 되고 있다. 따라서 이는 중국 상인들에게 희망이 될 수도 있다.

러시아시장 개척 선두주자로 이번 '금지령'에 따른 희망을 앞서 실현한 조선족 기업으로 동녕의 길신그룹을 예로 들 수 있다. 전국인민대표이며 조선족 기업가인 최용길이 이끄는 길신무역회사는 수년 전에 대담하게 투자영역을 러시아시장에로 넓혀 해외시장 개척 붐을 일으키고 있다. 길신그룹은 2000년에 러시아 우수리스크에 러시아와 합자하여 중러길신목업가공공장을 건설하였으며 2002년 9월에는 총 279만 달러를 투자하여 우수리스크에 해외 독자기업인 길신신발공장을 설립하고 이어서 40만 달러를 투자하여 우수리스크에 6개의 과일채소 저장공장을 설치하였으며 지난해 12월에는 절강 강내(康奈)그룹과 손잡고 20억 위안을 투자하여 중국내 기업으로는 처음으로 러시아 우수리스크에 해외공업원구를 건설했다.

현재 회사 산하에 길신목재가공회사, 길신청사, 길신여행사, 길신건축회사, 신흥도자기회사 등 16개 분사를 두고 있으며 연간 수출입 총거래액이 8,000만 달러에 달한다. 이번 러시아 '금지령'으로 대부분의 조선족 보따리 상인들이 피해를 보게 된다는 점은 자명한 사실이다.

하지만 생각을 바꾸면 위기가 기회가 될 수가 있다. 흑룡강대학 러시아 연구소 강진군 연구원은 보따리 상인들이 러시아 현지 실정에 근거하여 경영방식을 바꾸고 경영분야를 확대하며 현지에 쌓은 인맥과 시장을 바탕으로 재 창업을 이룩할 것을 권장했다. 러시아당국의 정책변화에 면밀한 주의를 돌리고 주러 중국대사관에 자문을 요청하며 거기에 맞춰 손실을 최대한 줄이는 동시에 새로운 사유, 새로운 방식으로 조선족들이 계속 광활한 시베리아 대지를 누비기를 기대한다.

---

6   인터넷흑룡강신문(2007년 2월 7일)에서 인용함.

〈그림 IV-35〉 러시아 및 중국 해당부문 책임자들과 공업단지 활성화 방안을 논의 중인 최용길 총재(가운데)

② 사업동기와 만족도[7]

1990년에 동녕현의 자그마한 기업소에서 일반 노동자로 일하던 최용길은 갓 붐이 일기 시작한 러시아 장사길에 올랐다. 길지 않은 10년 사이 최용길은 장사 경험이 별로 없었지만 '하면 된다'라는 신념으로 철물과 목재, 채소, 복장 등의 장사에서 외화를 대량 벌어들였다. 하지만 치열한 경쟁과 루블의 급강하는 그의 기업에도 큰 위협을 가져다 주었다. 2006년도에 나라에서 제기한 '기업의 외국진출' 전략에 눈길을 돌린 최용길은 제품에 대한 원가 분석을 해보았다. 예를 들면 중국산 신 한 켤레를 수출하자면 적어도 3~5달러의 해관세를 내야 하지만 신 만드는 원재료를 수출하면 원가를 25% 절약할 수 있었으며 가구도 마찬가지였다. 또한 러시아에서는 흔한 목재를 현지에서 가공하여 호주, 일본 등 여러 나라에 수출한다면 그 경제효익은 무지막지하다는 판단이 섰다.

여기까지 생각을 하게 된 최용길은 대담하게 부지면적이 10만 평방미터나 되는 공업단지를 우수리스크시에 세웠다. 그리고 가전제품, 신제품, 목

---

7   흑룡강신문(2010년 5월 20일)에서 인용함.

재제품, 물류, 서비스 등 관련 5개 기업을 세웠는데, 현재 이 공업단지에는 절강, 복건, 흑룡강 등지에서 온 신발 생산기업만 해도 14개가 있다. 매년 운동화, 구두, 슬리퍼 등 여러 가지 신발 2,400만 켤레를 생산하는데 러시아 총 생산량의 10분의 1을 차지하고 있다. 즉 러시아 신발 10켤레 중 1켤레가 최용길이 이끄는 이 공업단지에서 생산하게 되는 셈이다. 또한 중국 광저우에서 이름난 목제품기술원을 초빙하여 여러 가지 가구들을 가공하여 러시아 대도시나 미국, 일본 등 여러 나라와 지역에 수출하는데 생산하기 바쁘게 팔리는 호황을 누리고 있다. 이곳에서는 주로 고급가구를 생산하는바 가격도 엄청나게 비싸서 고급침대 하나에 8만 루블(약 2만 위안)에 달한다. 2009년도에 이 공업단지의 총 판매량은 1억 7천만 달러에 이르렀으며, 납세금 또한 1,900만 달러에 달해 전 우수리스크시에서 1위를 차지했다.

최근에는 북경, 온주, 상해 등지의 700여 개 기업들이 최용길의 경외공업단지를 참관하고 고찰한 후 전자, 핸드폰, 정밀기기 등 관련 기업을 창업하겠다고 문의가 쇄도하고 있다. "앞으로 좀 더 시야를 넓혀 이 공업단지에 병원, 상점, 호텔 등 서비스업체를 설립하여 더 많은 기업들을 끌어들일 계획입니다." 지난 4월 시진핑 중국국가 부주석의 높은 평가를 받고 신심에 가득찬 최용길은 이렇게 말했다.

③ 회사의 발전과정[8]

2007년도 초 러시아에서 소매업에 종사하던 중국인들이 러시아 정부의 '외국인 노점 금지조치'에 따라 줄줄이 귀국할 때 러시아 극동지역인 우수리스크에서는 중국기업이 해외에 설립한 첫 산업공단이 준공 전 마무리 작업이 한창이었다. 2006년 9월 흑룡강성 동녕 길신공업무역그룹유한책임회사(아래 길신그룹으로 약칭)와 절강성 온주(溫州) 강내그룹(康奈集团)이 20억 위안을 공동 투자하여 러시아 우수리스크시에 부지면적이 2평방킬로미터에 달하

---

8 중앙인민방송국(2010년 11월 13일)에서 인용함.

〈그림 IV-36〉 흑룡강성 당위원회 지도자의 길신그룹 시찰(2010년)

는 원동 강길공업단지(远东康吉工业园)를 건설했다.

㉠ 길신그룹의 현재

흑룡강성 동녕 길신그룹의 이사장인 조선족 기업인 최용길은 지난 세기 90년대 초반부터 '보따리 행상'으로 중국과 러시아 국경을 넘나들면서 10여 년간 대 러시아 무역과 투자의 선두주자로, 다국적 그룹의 총수로, 해외에 설립한 첫 산업공단 업주로 변신했다. 또한 기업인 대표로 제10기와 제11기 전국인민대표대회 대표를 역임하면서 기업의 발전과 지역경제를 위한 굵직굵직한 의안도 제기하고 있다.

㉡ 길신그룹의 과거

○ '보따리 행상'에서 다국적 그룹의 총수가 되기까지

1983년 중국과 구소련의 국경무역이 전면적으로 회복되면서 국경지역의 많은 도시들에 보따리 장사꾼들이 대거 나타났다. 1991년 동녕현의 한 국유기업의 부공장장이었던 최용길도 보따리 행상의 일원으로 처음에는 옷

장사부터 시작하면서 가능한 한 많은 양의 보따리를 메고 날랐다. 최용길의 보따리 장사는 3,000위안어치의 청바지를 들고 러시아에 가 순이익 6,000 위안을 벌던 때로부터 시작됐다. 최용길이 사는 곳인 동녕현과 그 인근의 수분하시는 러시아와 접경한 지역이다. 중러국경무역이 회복된 후 동녕현이나 수분하시에는 최용길과 같이 국경무역 '보따리장사'를 하는 사람들이 많았다. 특히 최용길이 하해(下海)했던 90년대 초반에는 중러민간무역이 호황을 맞이했던 시기이다. 따라서 당시 러시아와의 보따리 무역으로 비교적 손쉽게 창업할 수 있었고 루트만 알고 운이 따르면 목돈을 쉽게 벌 수 있었던 것이다.

최용길은 러시아 시장에 경공업 제품이 부족한 것을 알고 국내에서 품질이 좋고 가격이 싼 경공업 제품을 러시아에 가져다 팔고, 러시아로부터는 동·알루미늄과 같은 유색금속을 수입했다. 당시 최용길과 같은 보따리 장사꾼들은 개미가 산을 옮기는 형상의 물물교역으로 흑룡강 국경무역에 생기를 주입시켰으며, 초기의 국경무역을 통해 큰 자금을 만질 수 있었다. 하지만 중국의 경공업 제품이 러시아로 대량 흘러들어가면서 중국 보따리 장사꾼들이 러시아에서 치열한 가격경쟁을 벌여 시장에 모조품이 대량 유입되는 폐단이 존재했다. 최용길과 같은 보따리 장사꾼들은 일단 물물교역이 차단된 다음 러시아에서 어떻게 사업을 이어갈 것인가 하는 것이 새로운 문제가 되었다. 대 러시아 무역에만 의존해서는 출로가 없다고 생각한 최용길은 기업을 창업할 계획으로 사업 아이템을 찾기 시작했다.

○ 대 러시아 무역과 투자의 선두주자로

1991년부터 7년간 대 러시아 무역에서 원시자본을 축적한 최용길은 1998년 일반 무역권과 인접국가와의 국경 소액무역권을 소유한 외향성 기업인 길신회사를 설립했다. 당시 흑룡강성 정부는 러시아에 대한 무역합작의 차원을 제고하는 것을 통해 흑룡강성의 경제 진흥을 추진할 계획을 제기했다. 흑룡강성 정부는 우선 목재자원이 풍부한 시베리아 천연림에 눈길을 돌렸다. 흑룡강성 삼림면적의 10배나 되는 천연림의 목재자원을 어떻게 이용할 수 있는가 하는 것이 흑룡강 국경무역에서 집중적으로 고려된 문제였다. 러시아 측에서는 중국기업을 포함한 외국기업을 유치해 삼림자원을 개발하는 것을 환영했다. 그러나 그들은 단순히 목재자원을 개발하는 것은 원치 않고, 목재를 채벌한 후 그 목재를 현지에서 가공하여 수출하는 것을 희망했다. 이렇게 되면 그들의 효익이 더 많아지고 또한 더 많은 세금을 징수할 수 있게 되기 때문이다.

2000년도에 흑룡강성 정부는 성내 기업인들이 러시아에 목재가공기지를 설립하도록 적극 권장했는데 2000년도에 최용길의 동녕 길신회사는 처음으로 러시아에 길신목재가공기지를 설립하여 러시아의 원목을 가공하고, 국내 운수대가 러시아에 가 가공품을 국내로 운송하였다. 최용길이 앞장을 서자 흑룡강성의 다른 기업인들도 미래 발전에 대한 신심을 얻고 러시아로 대거 진출했다. 총 부지면적이 4.7만 평방미터에 달하는 우수리스크의 길신목재가공회사는 러시아에서 초보적으로 가공하여 온 목재를 중국내에서 다시 심층 가공하여 미국, 일본, 한국으로 수출하는 무역중개를 형성했다. 이것이 바로 그의 "양쪽 다 외국과 합작한다."라는 경제무역 방식이다. 원자재는 러시아에서 수입하고 완성품은 외국으로 수출한다는 뜻이 된다.

ⓒ 길신신발공장의 설립과 영역확대

수풀처럼 일어서는 무역회사와 갈수록 치열해지는 시장경쟁은 최용길에게 새로운 도전장을 던져주었다. 충분한 고찰과 사색을 거친 후 그는 국내의 여러 개 회사를 계속 경영하는 한편 러시아에 목재가공회사를 제외한 신발가공회사를 설립할 계획을 세웠다. 2002년 9월 길신회사는 절강성 온주의 다푸니(达芙妮), 성굉(盛宏) 신발업체와 279만 달러를 투자하여 러시아 우수리스크에 길신신발공장을 세웠다. 러시아 현지에서 '노키'라는 브랜드로 생산되는 제품은 모스크바와 예카 등지를 석권할 정도로 판매가 호황을 보이면서 연간 판매소득 2.4억 위안을 창출하였다. 경공업이 발달한 남방의 기술과 러시아와의 공공관계를 이용해 국내에서 반제품을 수출하여 러시아 현지에서 그 제품을 판매하는 것이다. 최용길은 이를 "남방과 손잡고 북방을 개발한다."라고 말했다. 즉 국내 자원을 이용해 만든 신발 반제품을 우수리스크 공장에 수출하는 생산라인을 형성하여 '다국적 링크 가공'을 추진했다. 2004년 4월 19일 러시아 연방세관위원회는 중국에서 수입되는 21가지 일용소비품(신발 포함)의 세관 신고 가격에 대한 감독과 관리를 강화키로 결정했다.

2004년 4월 20일부터 러시아 세관은 중국으로부터 수입되는 상기 상품의 견적가격을 30% 제고하고 액외로 킬로그램당 3.5달러의 종량세를 부과하는 조치를 취했다. 러시아의 정책적 의도는 분명한 것이었다. 러시아는 중국의 상품을 대량 수입하기보다 중국기업이 러시아에 투자하여 공장을 세울 것을 희망하는 것이다. 최용길 이사장은 러시아의 정책에 앞서 2000년부터 러시아 시장으로의 투자영역을 확대함으로써 선견지명 있는 사업을 추진했다. 길신그룹은 사업영역을 부단히 확대하면서 다양한 아이템을 쏟아냈다. 길신그룹이 러시아시장에서 성공을 이룩할 때 중국내 신발 제조업의 굴지업체인 온주 강내그룹(康耐集团)은 러시아 시장 진출을 시도하고 있었다. 강내그룹은 국가 상무부가 해외에 경제무역협력구를 설립하는 기회를 틀어쥐고 러시아에서 판매망과 공장 설립경험이 있는 길신그룹과 협력할 의향을 보였다.

2006년 6월 흑룡강성 동녕현 정부와 러시아 우수리스크시 정부, 강내그룹, 길신그룹은 러시아에 협력구를 건설할 계약 문서를 체결했다. 2006년 8월 국가 상무부가 우수리스크 경제무역협력구 건설을 확정한 후 쌍방은 성공적으로 손잡고 강길(康吉)국제공업무역유한회사를 설립했으며, 20억 위안을 공동 투자하여 러시아 우수리스크에 중국의 첫 해외공업단지인 강길 경제무역지대를 건설했다. 동녕의 기업인과 온주 상인의 협력이 러시아에 개척한 우수리스크 경제무역구에서 실현된 것이다.

2007년 2월 18일 국가 10개 부서에서 '해외 경제무역 합작구 건설을 추진하는 데 관한 의견'을 반포하면서 해외에 설립한 중국 산업공단의 프로젝트 심사와 재정, 세무, 금융, 외화, 인원 출입국 등의 방면에 정책적 담보를 제공해주고 있다. 러시아에 설립한 우수리스크 경제무역합작구는 절강성 온주의 가죽신발, 안경, 라이터 등의 제조업을 인입해, 국내시장에서 이미 포화상태에 이르거나 생산능력이 과잉된 기타 업종의 기업을 유치했다. 다국적 기업의 인수합병과 해외 공장건설은 중국 기업들이 해외로 진출하는 두 가지 주요방식이다. 동녕길신그룹과 온주강내그룹이 합작해 건설한 강길 공업단지에는 20개의 신발제조업체와 10개의 의류기업, 30개의 가구업체를 입주시켰다. 최용길은 '남방과 연합해 북방시장을 개척하고', '양쪽 다 외국과 합작하는' 발전모식으로 오늘의 발전을 이룩했다.

㉣ 길신그룹의 미래

길신그룹은 자산 총액 2.4억 위안, 연간 수출입 총액 2.6억 달러에 달해, 흑룡강성 국경무역수출 1위를 차지하고 있는 외향형 그룹으로 그룹 산하에는 길신목업, 길신동남목업유한책임회사, 길신청사, 길신경제무역회사, 길신여행사, 신홍도자기회사, 길신물류 등이 있으며, 해외에는 러시아 과일야채 도매시장, 국제길신운수차대, 우수리스크 목재가공공장, 우수리스크 길신 신발공장, 길신가구공장, 길신삼림채벌 항목을 가지고 있으며, 조선에서는 오룡 철광석 항목을 개발하고 있다.

최용길은 러시아와의 국경무역에 종사할 때 러시아어도 몰랐고 자금도 없었다. 그는, "오직 인내와 결단력이 나를 키운 것 같다. 나는 유명대학을 졸업한 것도 아니고 밑바닥에서 최고의 자리에 오를 수 있도록 피나는 노력을 했기 때문이다."라고 말했다. 최용길은, 러시아는 실용주의적인 비즈니스가 정착단계에 있는 기회의 땅이라고 하면서, 철저한 현지화 전략과 현지 문화를 고려한 비즈니스 마인드로 러시아 시장 진출에서 성공했다고 말했다. 그는 러시아는 현재 도로와 항만 철도 등의 인프라를 기초부터 다져가기에 러시아는 둘도 없는 기회의 땅이라고 말한다.

(6) 길신그룹의 네트워크 구축분석 및 시사점

① 중국내 및 해외조직과의 네트워크

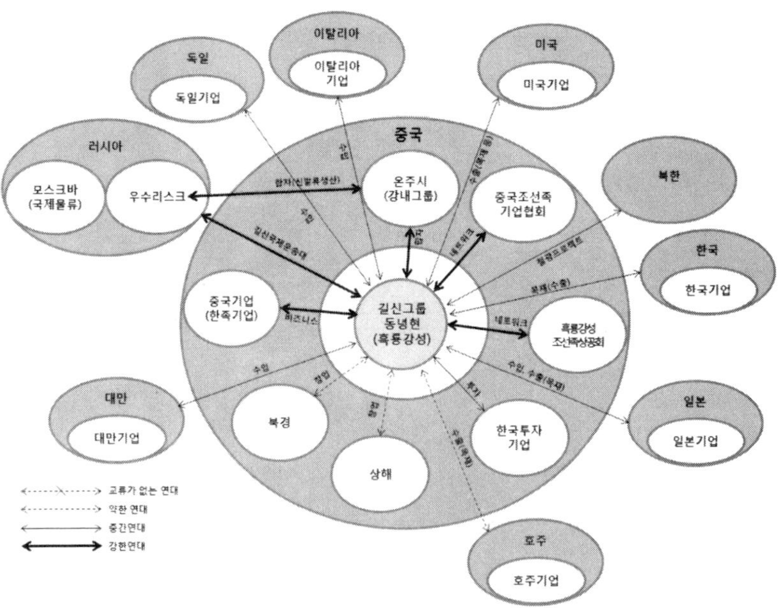

〈그림 Ⅳ-37〉 길신그룹의 중국내 및 해외조직과의 네트워크

② 네트워크 구축분석 및 시사점

길신그룹의 네트워크 구축분석 및 시사점을 보면 우선 길신그룹은 무역, 물류, 신발, 가구, 목재가공, 야채 도매시장, 호텔, 부동산 등 제조업과 서비스업을 합하여 11개 계열사를 거느린 기업그룹이다.

첫째, 길신그룹은 중국기업(한족)과 비즈니스 측면에서 강한 연대의 네트워크를 구축하고 있으며 또한 러시아의 모스크바와는 국제물류 측면에서, 그리고 우수리스크와 온주시(강내그룹)와는 길신국제운송대에 의하여 강한 연대의 네트워크가 구축되어있다. 이어서 우수리스크 길신가구공장은 러시아 고급가구를 생산하여 러시아에 판매함으로 인해서 강한 연대의 네트워크를 구축하고 있다. 또한 길신그룹의 최용길 회장은 중국 조선족 기업협회의 고문이자 흑룡강성 조선족상공회의 회원으로서 강한 연대의 네트워크를 구축하고 있는 것으로 나타났다.

둘째, 길신그룹은 한국투자기업이나 한국에 있는 기업과는 중간 연대의 네트워크를 구축하고 있는데 주로 한국기업에 목재를 수출하고 있는 것으로 나타났다. 또한 북한과는 철광프로젝트를 통해서 중간 연대의 네트워크를 구축하고 있으며 그리고 회사에 있는 대부분의 설비는 독일, 일본, 이탈리아, 대만 등의 국가와 지역에서 수입해서 사용함으로써 중간 연대의 네트워크를 구축하고 있는 것으로 밝혀졌다. 한편 길신목업에서 생산되는 제품은 일본, 미국, 한국으로 수출함으로써 중간 연대의 네트워크를 구축하고 있는 것으로 나타났다.

셋째, 길신그룹은 호주기업에 목재를 수출함으로써 약한 연대의 네트워크를 구축하고 있으며 또한 상해나 북경의 중국기업들과는 창업에 대한 관심사로 약한 연대의 네트워크를 구축하고 있는 것으로 나타났다.

앞에서 언급했던 바와 같이 길신그룹은 흑룡강성 동녕현이라는 지역적 장점을 활용하여 러시아와의 무역네트워크를 통하여 비즈니스에 성공하였으며 또한 러시아 우수리스크가 원재료가 풍부하다는 이점을 활용하여 원재료를 활용한 제품생산 공장을 세워서 저렴한 원가로 양질의 제품을 생산하여 유럽이나 미국, 일본 등 선진국으로 수출하여 비즈니스에 성공한 사례이다. 따라서 길신그룹을 통하여 중국 조선족 기업들에게 주는 시사점은 중국의 조선족 기업들은 같은 민족인 한국에 있는 기업이나 한국투자기업 또는 조선족 기업과의 비즈니스 네트워크에 안주하지 않고 중국의 대기업(한족)과의 네트워크 또는 해외 외국기업과의 네트워크를 통하여 글로벌화된 기업으로 시장을 넓혀가야 할 것이다.

앞절에서는 흑룡강성 조선족의 대표적인 기업집단으로서 전자, 정보통신, 태양열 에너지 등 최첨단 업종으로 미래 비전을 제시하고 있는 금약그룹과 한편 러시아와의 무역으로 비약적인 성장을 거듭한 길신그룹의 계열사 소개 및 경영활동과 네트워크를 살펴보았다. 다음 절에서는 흑룡강성의 대표적인 조선족 사영기업을 차례로 소개한다.

2. 조선족 사영기업

1) 흑룡강대천환보과학기술유한회사(한중합자성공모델)

흑룡강대천환보과학기술유한회사의 천옥금 이사장은 한국의 기술을 들여와서 중국에서 수요되는 제품을 생산하여 성공한 사례이다. 이는 조선족 기업이나 한국기업이 서로 상생할 수 있는 사례로서 중요한 시사점을 제시해주고 있다.

(1) 회사개요

① 대표이사 소개[9]

〈그림 Ⅳ-38〉 흑룡강대천환보과학기술유한회사 천옥금 이사장

---

9 본 자료는 저자가 2009년 1월에 흑룡강대천환보과학기술유한회사를 방문하여 직접 수집한 자료임.

- 흑룡강가봉웰빙식품유한회사 이사
- 흑룡강북균생물공정유한회사 이사
- 흑룡강대천건강식품유한회사 집행이사
- 하얼빈대천대과학유한회사 이사장
- 흑룡강대천환보과학유한회사 이사장

대표자명	천옥금(여)	민족	조선족
출생지	흑룡강성 해림시	최종학력	석사
생년월일	1967년 9월	출신학교	한국 서울대 벤처투자정보대학원 벤처투자전공
근무경력	<ul><li>1988~1992 흑룡강여행직업기술학원 근무</li><li>1992~1997 하얼빈시 석화그룹주 한국서울사무소 수석대표</li><li>1997~2002 금태양소비아대천물류 총경리</li><li>2002~2005 흑룡강 가봉 식용버섯연구소 소장</li></ul>		

회사명	흑룡강대천환보과학기술유한회사	대표자명	천옥금
소재지	흑룡강성 하얼빈시 송북구 동북아일대 청산국제목업원	전화번호	0451-84327289
Homepage	www.hbdagian.com	E-mail	daqianda@126.com
회사형태	7개 계열사 (독자(3), 합자(1), 합작(3))	업태 및 업종	건설, 건강

총자산	3억 5천만 위안	종업원수	조선족	4명
			한족	166명
			기타	0명

창 업	1988년 3월			
연간 매출액	2006년	2007년	2008년	2009년
	1.3억 위안	1.5억 위안	2억 위안	2억 위안
사훈	중국정책에 맞는 프로그램에 따라 열심히 하자			

(2) 주요사업 내용

① 사업분야

천 회장은 7개 회사를 거느리고 있다. 4개는 주식회사, 3개는 개인회사다. 계열사를 소개하면 다음과 같다.

㉠ 대천건강산업기구

대천건강산업기구는 건강관리사를 양성하는 일종의 직업학교로서 흑룡강성이 70%의 지분을 보유하고 있으며 강사진은 한의대 교수로 구성돼 있다. 건강관리사는 병원·위생학교 등 위생방역 부문에 종사하는데, 전망이 밝다.

대천건강기구는 동북아 중심지구인 하얼빈시에 위치해 있어서 대천 건강사업의 발전에 매우 유리한 조건을 가지고 있다. 또한 대천건강기구는 과학연구, 개발, 생산, 상무 등 다원화된 고신기술 기업이다. 특히 회사는 우월한 자연자원과 창신 이념을 기초로 하여 한국영양학회연구소, 한국농업생명과학대학, 한국강원대학, 하얼빈의과대학 박사후연구소, 흑룡강강가봉식용균연구소 등 국내외 과학연구소와 합작하여 유전자공학, 세포공학, 효소공학, 발효공정, 추출공법 등 현대 생물기술로 산진계열, 영양보양계열, 기능보건계열, 생활청결계열 등의 상품을 개발하였다. 또한 대천건강기구는 글로벌 건강산업의 정보와 관련 특허기술을 도입하여 건강사업 문의 서비스를 제공하고 있다.

대천건강기구의 상품과 서비스는 엄선한 재료와 선진적인 생산기술, 우수한 영업방식 등으로 시장에서 앞장서고 있으며 고객의 호평을 받고 있다. 대천 건강식품의 원자재는 중국 유기식품 인증기구의 인증을 받았으며 그 중 동충하초는 SGS전검 기준을 통과하였다. 대천건강기구는 중국건강산업의 발전 전망을 예견하고 완비한 연구개발시스템·상품시스템·관리시스템·시장마케팅시스템 등을 통해 차별화된 상품과 아이드마법칙 경영이념으로 효율적인 상품 판로를 개척하였다. 또한 대천기구는 소비자와의 의사소통을 통해 소비자와 파트너 관계, 호혜적 전략동반자 관계를 형성하여 대천문화와 발전이념이 건강산업의 발전과 완벽히 결합된 사례로 볼 수 있으며 주로 생산되는 건강식품으로는 지강음, 서청충제 등이 있다.

ⓛ 흑룡강대천건강식품유한회사

흑룡강대천건강식품유한회사는 버섯종균회사로 농가에 버섯의 종균을 나눠주고 이들이 재배한 버섯을 가공해 수출한다. 따라서 농가 1만 3000호에 일감을 제공하고 버섯 재배법에 대한 교육도 하고 있어 중앙정부와 성·시 정부에서 수천만 위안의 정책자금을 지원받았다. 이 같은 정부지원금 액수는 흑룡강성 기업이 받은 것 중 가장 큰 규모로 수확한 버섯은 건조만 해서 팔기도 하고 반제품 상태로 싱가포르에 수출하거나 음료수·캡슐로 만들어 팔기도 한다.

"이 회사는 이윤만 추구하지 않습니다. 농가에 원균을 무상 지원하기도 하죠. 그럴 때면 농촌 출신으로서 보람을 느낍니다."

ⓒ 대천환보과학기술유한회사

대천환보과학기술유한회사는 한·중 합작 기업으로 아연으로 된 오수처리관을 만든다. 설비 및 기술투자는 한국 측이 제공하고 있으며, 토지·건

〈그림 IV-39〉 흑룡강대천환보과학기술유한회사 전경

물은 천 동사장이 현물 투자했다. 따라서 천 동사장이 51%의 지분율을 보유하고 있다.

여기서 나사형 강관에 대하여 소개하자면 나사형 강관은 아연으로 도금하고 나사형으로 만들어 강도를 높였기에 구조가 안정적이고, 내구성이 탁월하며, 사용연한이 길다. 또한 가격이 저렴하고 경제적이며 시공이 편리하기에 선호도가 높은 배수강관으로 평가받고 있다. 또한 나사형 강관은 1896년에 미국의 토목엔지니어가 발명하였는데 지금까지 100여 년의 발전을 거쳐 그 기술이 계속 완벽화되고 있다. 그리고 나사형 강관은 현재 유럽, 한국 등 발달한 국가와 지역에서 광범위하게 사용되고 있다.

한편 나사형 강관의 특징으로는 강관의 독특한 나사형 구조로 동 구경의 시멘트관보다 내압성이 5배 이상 높다. 또한 나사형 강관의 중량은 동 구경 시멘트관의 1/5~1/10밖에 안 되어 공간이 비좁은 현장에서 인력으로도 운송 가능할 뿐만 아니라 나사형 강관은 커플링 혹은 플랜지 방식으로 연결하고 수요에 따라 강관의 길이를 조절할 수 있으며 비 숙련자도 설치할 수 있어 단시간 내 시공을 완성할 수 있는 특징을 가지고 있다. 그리고 나사형 강관은 200~600g/㎡의 아연 도금판으로 특수 공법으로 처리한 후, 강관 표면에 비닐방막(PE)과 같은 방부층을 형성하였기에 50년 내지 100년이나 사

〈그림 Ⅳ-40〉 나사형 강관

용할 수 있다. 따라서 나사형 강관의 표준 길이는 6m이고 연결 방식이 편리할 뿐만 아니라 무게가 가볍고, 운송이 편리하며, 시공비용을 절감할 수 있는 등 장점을 가지고 있기에 기타 배수관보다 더욱 경제적이다.

나사형 강관은 주로 토목공사의 배수관으로 사용되며 또한 주택단지의 배수관으로도 사용할 수 있고, 골프장이나 도로 등 배수관로나 관개용 수관으로 사용할 수 있다. 그리고 도로나 철도의 지하 암거나 소형교량으로 사용할 수 있으며 지하 통신케이블, 가스 등 선로 보호용 관으로 사용할 수 있다. 또한 탄광 가스 통풍관으로도 사용 가능하며 경지 수로, 배수관으로 사용이 가능하다. 한편 CSP나사형 강관의 재질은 450℃의 온도 하에 아연으로 도금하여 나사형으로 만들었다.

㉣ 흑룡강북균생물공정유한회사

흑룡강북균생물공정유한회사는 79종의 야생버섯 원균을 배양하는 연구소다. 이밖에 생활용품을 수입 · 도매하는 회사로서 동아제약이 장쑤성의 쑤저우에서 생산하는 캔 박카스를 판매하는 회사이다.

(3) 경영자와의 인터뷰[10]

① 개인적 · 사회적 배경

"한국분들의 도움을 많이 받았습니다. 달러를 바꿀 때면 한국 돈을 먼저 내주셨고 보증도 없이 물건을 공급해 주셨죠. 사업을 시작했을 땐 신용장도 개설할 줄 몰랐어요."

중국 흑룡강성 하얼빈시의 조선족 기업인 대천건강산업기구 천옥금 동사장은 "한국인과 마주치면 친척을 만나는 기분"이라고 말했다. 그렇게 말하는 그녀의 말씨가 한국사람과 별 차이가 없었다. 그녀는 "한국에 5년 간

---

10 흑룡강신문(2008년 07월 30일).

머무는 동안 북한 말씨를 고쳤다.”라고 했다. 올해 불혹이 넘은 천 동사장은 선친이 경상북도가 고향인 조선족으로서 아버지의 고향은 구미이며 어머니의 고향은 안동이다.

하얼빈상업대학을 졸업한 그녀는 5년 동안 모교에서 회계학과 기업관리를 가르쳤다. 그녀가 모교에 남은 것은 졸업시험에서 1등을 했기 때문이다. 당시 농촌 출신이라 대학을 마친 후 다시 고향으로 돌아가야 했던 그녀는 하얼빈에 남기 위해 열심히 공부했고, 결국 모교의 유일한 조선족 교수가 됐다.

도시에 남는 데 성공했지만 그녀는 상아탑에 갇혀 지내고 싶지 않았다. 그녀의 꿈은 전공을 살려 기업가나 은행가가 되는 것이었는데 기회는 우연히 찾아왔다. 대학을 마칠 때쯤 동기 중 유일하게 주산 특1급을 딴 그녀는 대학에 몸담고 있는 동안 중국상업계통 계산기술경시대회에 나가 6등을 했는데 흑룡강 TV가 이 조선족 여 교수의 입상 소식을 뉴스로 전했다. 그때 하얼빈시의 한 간부가 이 방송을 보고 그녀에게 전화를 걸었다. 그는 “한국에 주재할 공무원을 뽑는데 한국말을 할 수 있느냐?”라고 물었다. 천 교수는 이렇게 해서 한국어 테스트 등의 시험을 보고 공무원이 됐다.

② 사업동기

한중수교가 이뤄진 1992년 그녀는 중국 하얼빈시 정부 공무원 신분으로 한국 땅을 밟았다. 한국에 IMF 체제가 들어선 97년 12월까지 주재하는 동안 그녀는 중국대사관 모임 등을 통해 한국 기업인들과 폭넓게 교류했다. “한국분들이 많이 도와주셨죠. 저더러 중국에 돌아가면 한국상품을 한번 팔아보라면서 물건을 그냥 대주셨으니까요. 제가 본래 인덕이 많아요.” 20피트짜리 컨테이너 2개 분량의 생활용품과 화장품을 한국 기업인에게서 무료로 공급받은 그녀는 하얼빈에 상점을 차렸다. 2001년엔 한국산 생활·혼수용품도 소매 매장을 냈다. 이렇게 번 돈으로 그 이듬해 대천유통이라는 회사를 설립했다. 드디어 기업인의 꿈을 이룬 것이다. 대천이란 회사 이름은 자신의 성 천(千)에 큰 대(大) 자를 얹어 지었다. 상표는 '大千'이라고 쓴 띠를 두른 지구의 모습이다.

③ 회사의 발전과정

하얼빈의 송화강 북쪽, 흑룡강성 정부 중점 개발 프로젝트인 하얼빈-대경-치치하얼 공업벨트 위의 3대 공업원 중 첫 구역인 송북구 내에 자리 잡은 특색 친환경산업원 - 대천한국산업원. 총 부지 40만 평방미터에 달하는 대천한국산업원은 흑룡강 대천환보과학기술유한회사가 송북구 정부와 공동 건설하는 프로젝트이다. 이 거대한 프로젝트의 중심에 선 한 조선족 여성 기업인, 그녀가 바로 흑룡강 대천환보과학기술유한회사 천옥금 이사장이다. 천옥금 이사장은 동북3성 최초로 한국 선진 기술과 설비를 유치해 친환경재료인 아연도금파형강관 생산에 들어감으로써 이 분야에 동북3성의 공백을 메워 흑룡강의 성과 시 정부 지도자들의 큰 기대를 받고 있는 인물이다. "오늘 오전에도 하얼빈시 군력구정부로부터 또 5천만 위안의 아연도금파형강관 주문을 받았다."라고 말하는 천옥금 사장은 "금융위기가 와서 경제가 불경기라고 아우성들이지만 저의 '대천'에는 오히려 기회가 찾아온 셈입니다. 도전이 있는 곳에 기회가 있는 거죠."라며 자신감에 찬 모습이다.

㉠ 천 사장의 도전: 아연도금파형강관

항상 도전하기 좋아하는 천옥금 사장이 아연도금파형강관이라는 새로운 영역에 도전한 건 2007년의 일이다. 콘크리트관이나 주철관에 비해 가볍고 가격이 3분의 1가량 싸며 공사시간은 5분의 1 정도로 줄일 수 있고 제품수명이 50~100년으로 일반 제품(30년)의 2~3배에 달할 뿐 아니라 또 제품 생산과정에서 에너지를 절감하고 폐수가 없으며 냉각용수 순환사용이 가능한 친환경 고신기술 제품이란 특성을 예리한 혜안으로 내다본 것이다. 천 사장은 프로젝트 협력 상담에서 공장부지 확정, 공장건물 건설, 설비 가설 등의 과정을 본격 추진시켜 단 5개월 만에 제품 양산에 들어갔는데 천 사장의 판단은 적중했다. 제품은 친환경 고 신기술 제품으로서 국가 산업정책에 부합되는 데다 지난해부터 국가 내수진작책으로 각급 정부에서 인프라 건설을 강화하고 있어 정부 측의 주문이 끊이지 않는 상황이다. 따라서 당면 금융위기로 수많은 기업들에서 감원바람이 불고 있는 것과 대조적으로 이 회사에서는 기존 직원들의 임금을 20~30%씩 올려주고 대학생 6명을 새로 받아 관리직에 보충시켰음에도 제품 공급이 딸려 직원들에게 야근수당까지 주면서 제품 생산에 총력하고 있는 실정이다.

ⓛ 사업의 발자취-도전의 연속

천 사장 사업의 발자취를 더듬어 보면 도전에 도전을 거듭한 창업자라는 점에 주목하게 된다.

일찍 흑룡강관광직업기술대학(현 흑룡강상업대학)에서 기업 관리를 전공하고 학교에 남아 교원직에 있다가 하얼빈시 계획위원회 공무원으로, 그리고 하얼빈시 석유화학그룹 서울 주재 판사처수석대표 등의 직을 두루 맡아온 천옥금 사장은 1997년 당시 아주 파격적인 조건도 마다하고 과감히 창업에 도전하였다. 10여 년 만에 한국 이불·의류·생활용품 등을 판매하는 유통업부터 시작해서 식용균 심층가공을 비롯하여 건강식품 개발에 도전했으며 또한 건설업에 도전해 아연도금파형강관을 생산·판매하고 있으며 송북구 40만 평방미터 부지에 대천한국산업원 사업을 추진 중이다. 올해는 또 3,000만 위안을 단독 출자하여 역시 친환경 고신기술 제품인 태양에너지 이용 가로등 제품 생산을 추진하며 끊임없이 새로운 영역에 도전하고 있다.

현재 천 사장은 대천환보과학기술유한회사 외에 생활용품을 수입·도매하는 대천물류회사, 식용균 심층가공을 비롯하여 건강식품을 개발하는 흑룡강대천건강식품유한회사가 성업 중이며 이밖에도 한국 동아제약의 캔박카스 중국총판, 국가위생부 위탁을 받고 성중의약대학과 합작으로 진행하는 건강관리사 자격교육사업 등 여러 분야 사업도 하고 있다. 현재 대천건강식품은 흑룡강성과 하얼빈시 정부청사 내 비즈니스센터에 들어갔으며 정부 관원들이 대외 방문 시 선물바구니에서 대천건강식품이 빠질 때가 거의 없다고 한다.

흑룡강성 건설청으로부터 5가지 특허를 획득한 아연도금파형강관만으로 올해 영업수입을 2억 위안으로 예상한다는 대천은 흑룡강성정부 상무부성장과 두우신 하얼빈시위 서기의 방문을 받는 등 성과 시정부의 높은 관심을 받고 있는 흑룡강성 핵심기업으로 부상했으며 천 사장 자신도 기업의 성장과 더불어 '하얼빈시 10명의 걸출청년녹색창업자' 순위에 오르고, 2007년도 '하얼빈 경제풍운인물 여성풍채 창업상'을 수상하는 등 사회적으로 인정받는 훌륭한 여성기업가로 성장했다.

ⓒ 사업과 가정의 병행

흔히 사업에서 성공한 여성들이 사업과 가정 간의 관계에서 갈등을 하는 경우가 많지만 "가정이 화목하고 안정이 돼야 밖에서 하는 일도 잘 됩니다." 하고 말하는 천 사장은 든든한 버팀목이 되어 주는 남편이 있어서 걱정없이 일할 수 있다며 남편자랑을 늘어놓았다. 시간이 날 때마다 서점에 들러 기업경영 관련 서적들을 사다 주는가 하면 TV프로그램을 시청하다가도 기업경영 관련 프로그램만 나오면 그 프로그램이 방송되는 채널과 시간, 프로그램 명칭 등을 적어놓았다가 아내가 시간 날 때 인터넷으로 다시 볼 수 있도록 챙겨줄 정도로 아내가 하는 일에 도움을 주려고 애쓰는 믿음직한 남편이란다. 천옥금 사장 또한 매주 일요일만은 휴대폰까지 꺼버리고 집에 돌아와 아내로서 며느리로서 어머니로서 식솔들과 오붓한 시간을 보낼 줄도 아는 지혜롭고 아름다운 여성이다.

④ 경영자의 가치관, 기업문화

그녀는 천성적으로 낭비를 싫어한다. 그래서 구두쇠 소리도 듣는다. 이면지 사용은 기본으로서 회사 이름이 인쇄된 용지가 있지만 이면지가 떨어져야 쓸 수 있다. 회사 일로 저녁 접대를 하는 날이면 남은 음식을 싸와 다음날 직원들과 회식한다. 낭비 등으로 회사에 손실을 입혔을 땐 50% 감봉을 각오해야 한다.

천 동사장은 세 살 때 아버지를 여의었다. 어린 시절 그녀의 집에서는 돼지를 길렀다. 예닐곱 살 때부터 그녀는 새벽 네다섯 시면 일어나 돼지 풀을 뜯어왔다. 그 시절 동네 사람들이 종자 돼지를 사러 갈 때면 그녀를 대동했다고 한다. "제가 고른 돼지들이 돈을 많이 벌어줬거든요. 신기하게 제가 고른 돼지는 병도 안 걸리고 빨리 컸어요. 그래서 동네 할머니들이 저더러 '산꼭대기에 데려가도 잘 살 아이'라고 하셨죠."

그녀가 경영하는 회사들은 이직하는 사람이 거의 없다고 한다. 비결이 뭘까? 우선 보너스를 많이 준다. 설에 300%, 추석과 신정에 각각 100%의 보너스가 지급된다. 그러나 보너스를 제대로 받으려면 근무 평점이 좋아야 한다. 본인과 동료도 평가를 한다. 10점 만점인 근무 평점이 8점이면 기본급밖에 못 받는다. 그리고 그녀의 회사는 또 오너의 친인척이 없다. 또한 가족들이 사무실에 와본 적조차 없다. 좋은 아이디어를 냈거나 마케팅에 크게 기여한 직원에게는 주식을 나눠준다. 그러나 가족에게는 주식을 증여하지 않는다. 그녀의 회사는 요즘 상장을 준비 중이다.

그녀 자신이 조선족이지만 회사 임직원 179명 중 조선족은 그녀가 유일하다. 그녀는 "조선족이 이직률이 높다."라고 했다.

"처음엔 교포를 많이 쓰려고 했지만 포기했습니다. 석 달 만에 유학 간다고 그만두고, 반 년 만에 시집간다고 안 나오고, 8개월 만에 한국에 취업 간다고 그만두는 식이죠. 사실 조선족 교포들은 한족에 비해 취업 기회가 많아요."

⑤ 미래 비전

그녀의 꿈은 건강산업단지를 만드는 것이다. 병원, 친환경제품 공장, 건강 관련 연구소가 같이 있는 복합단지다. "회사가 잘 나가고 있어 3년 후면 실현 가능할 것"이라고 그녀는 말했다. "우리 회사는 전망 있는 회사입니다. 회사도, 사장도, 프로그램도 모두 젊죠."

그녀는 한국 기업을 유치하려고 하는 중국 정부 측에 "자본·설비 못지않게 생산력을 끌어올릴 수 있는 한국의 선진 기술을 도입하고 IT 같은 큰 아이템에만 관심을 기울이지 말고 생활용품 등 작은 것에 눈을 돌려야 합니다."라고 조언했다.

천 동사장은 쌍용차 체어맨을 탄다. 얼마 전에 현대 에쿠스로 바꾸기 위해 한국에 주문을 했다. 운명적 친한파인 그녀는 같은 한민족인 조선족과 한국인이 조화롭게 살아가기를 바랐다. "제가 만난 한국분들은 인정이 많았습니다. 모쪼록 한국 사람들이 이런저런 사기사건 등으로 중국 교포들에게 실망을 안겨주지 않았으면 좋겠어요."

(4) 한국기업과의 관계

흑룡강대천환보과학기술유한회사의 천옥금 회장은 한국 신성네오텍주식회사와 각각 51%와 49%의 지분으로 도합 3,900만 위안을 투자하여 합자회사를 설립하였다. 이 회사는 합자 후 한국으로부터 선진기술과 설비를 도입하여 에너지 절감 및 친환경 계열제품을 전문 제조·판매하는 신흥 하이테크기술 기업으로 변신하였는데 이 회사에서 생산하는 주요 제품으로는 IRS-3RS 아연도금 나선형 광관 및 부품 등으로 여러 가지 규격의 강관 및 이형광관을 제조할 수 있으며 연간 제조능력이 1만 톤에 달한다고 한다. 이 회사에서 생산하고 있는 열연아연도금파형 강관은 전통재료인 시멘트 도관이나 주철관에 비해 강도가 높고 내구성과 내부식성이 강하며 운반 및 시공이 편리하고 종합시공 비용이 싸다는 장점을 갖고 있다. 미국과 캐나다 및 한국에서는 주로 기차역과 고속도로, 지하철역 공사에 사용되고 있는데 이 회사는 합자회사인 한국 신성네오텍주식회사로부터 직수입한 설비로 제조하고 있다. 이 강관의 장점은 생산과정에 폐수나 오물이 생성되지 않아서 에너지를 절감하는 친환경 제품으로 각광을 받고 있다고 한다.

이 회사의 CEO인 천옥금 회장은 한국 최고의 명문대학인 서울대학교 벤처투자정보대학원에서 벤처투자정보 전공으로 석사학위를 받았으며 한국의 선진기술을 도입하여 친환경 나사형 강관을 생산함으로써 마침 중국정부의 동북노후공업기지 진흥정책에 따라서 시장의 수요가 엄청날 뿐만 아니라 흑룡강성 정부에도 막대한 이익을 가져다줄 제품이어서 흑룡강성 정부로부터도 적극적인 지원이 예상되었다.

결과적으로 천옥금 회장의 노력으로 이 회사에서 생산되는 친환경 광관제품은 흑룡강성과 하얼빈시 정부의 구매목록에 기입되었고 국가급 고 신기술기업으로 등록됨으로써 친환경 저탄소 급배수관 및 태양열 가로등 제품의 95%는 정부의 도시기초건설에 공급됨으로써 회사 또한 비약적인 성장을 거듭하였다.

이러한 사례가 조선족 기업들에게 시사하는 바는 기업을 경영하는 CEO는 끊임없이 새로운 기술과 정보를 얻기 위해서 노력하여야 하며 그러한 정보나 기술들이 국가 및 성이나 시정부에 기여할 수 있는 정보나 기술이어야 하고 또한 이러한 기술이나 정보를 얻기 위해서 합자나 합작파트너를 성공적으로 잘 선택함으로써 상호 상생할 수 있어야 한다는 것이다. 천옥금 회장은 지혜롭고 현명하게 사업파트너를 잘 선택했기에 미래가 보장되는 기업으로 성장가도를 달리고 있는 것이다.

2) 하얼빈경공림펌프유한회사(제품개발로 성공한 사례)

하얼빈경공림펌프유한회사 박성공 사장은 기업을 경영하면서도 끊임없이 제품을 개발하여 특허를 7개를 냈으며 또한 국가급 신제품 3개 등을 통하여 기업의 브랜드 가치를 높인 기업인이다.

(1) 회사개요[11]

① 대표이사 소개

〈그림 Ⅳ-41〉 하얼빈경공림펌프유한회사 박성공 이사장

◦ 국가특허 7개

◦ 국가급 신제품 3개

◦ 국가과학기술부 보급제품 3개

◦ 동북노후공업기지 진흥항목 입선

◦ 하얼빈경공림펌프유한회사 이사장

대표자명	박성공	민족	조선족
출생지	내몽골 야커스	출신학교	학사
생년월일	1957년	최종학력	하얼빈공대(유체이학, 정밀주물)
특허 및 수출, 브랜드가치	◦ 특허 7개, 국가급 신제품 3개, 국가과학기술부 보급제품 3개 ◦ 수출국가: 베트남, 인도, 인도네시아, 수단, 이란 ◦ 경공림 브랜드가치: 2,000만 위안 ◦ 중국의 펌프회사 중 가장 많은 실적을 냄		

---

11 본 자료는 2009년 1월 저자가 하얼빈경공림펌프유한회사를 방문하여 직접 수집한 자료임.

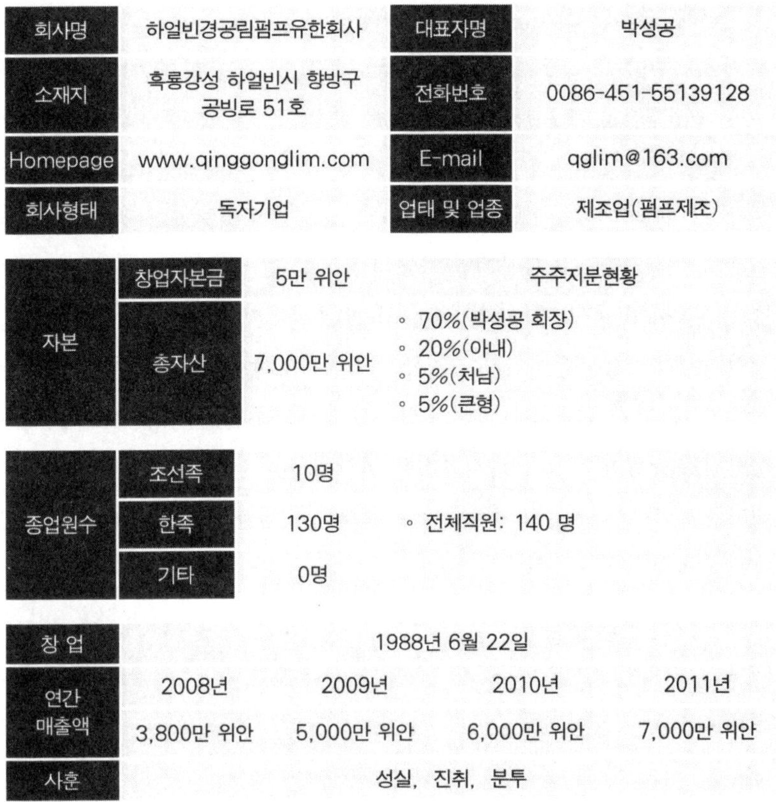

회사명	하얼빈경공림펌프유한회사	대표자명	박성공
소재지	흑룡강성 하얼빈시 향방구 공빙로 51호	전화번호	0086-451-55139128
Homepage	www.qinggonglim.com	E-mail	qglim@163.com
회사형태	독자기업	업태 및 업종	제조업(펌프제조)

자본	창업자본금	5만 위안	주주지분현황
	총자산	7,000만 위안	◦ 70%(박성공 회장) ◦ 20%(아내) ◦ 5%(처남) ◦ 5%(큰형)

종업원수	조선족	10명	
	한족	130명	◦ 전체직원: 140 명
	기타	0명	

창 업	1988년 6월 22일			
연간 매출액	2008년	2009년	2010년	2011년
	3,800만 위안	5,000만 위안	6,000만 위안	7,000만 위안
사훈	성실, 진취, 분투			

② 회사의 비전[12]

국가특허 7개, 국가급 신제품 3개, 국가과학기술부 보급제품 3개, 동북노후공업기지진흥항목 입선. 갈수록 탄탄한 실력을 다져가고 있는 하얼빈경공림펌프유한회사가 3년간 최선을 다해 2010년에는 주식상장회사로 거듭난다는 계획이다. 강자흡(强自吸)계열 펌프전문생산업체인 하얼빈경공림펌프유한회사는 현재 흑룡강성의 최대 펌프 생산업체로 인정받고 있으며 그 제품은 전국 각지는 물론 인도, 인도네시아, 수단 등으로 수출되고 있다.

---

12 흑룡강신문(2008년 2월 7일).

지난해 '경공림' 회사는 한국 현대중공업과 합작에 관한 협의를 달성하면서 새로운 비전을 이룰 수 있는 계기를 만들었다. 쌍방 협의에 따라 '경공림'은 현대중공업의 기술을 도입하여 조선 및 발전소용 펌프를 생산하여 현대중공업에 공급하며 또한 자체의 중국내 판매망을 활용해 현대중공업의 펌프제품을 중국내에 판매보급하게 된다. 그리고 현대중공업에 장기적으로 펌프제품을 공급하고 환발해만 지역에 한국의 조선업체들이 밀려들어오고 있는 실정에 비추어 '경공림'은 금년에 2,000만 위안을 투자해 대련에 10만 평방미터의 수출가공기지를 조성할 계획이라고 한다. 이어서 작년에 광동 무명석유화학회사의 국내 최대 순환물처리공장의 입찰에 성공하여 20대의 순환펌프를 판매하는 등 굵직굵직한 실적에 이어 '경공림'은 금년 1월에만 해도 이미 500만 위안의 제품공급 판매계약을 체결해 멋진 첫발을 내디뎠다. "국내 동류업계에서 공인하는 일류 제품을 바탕으로 대내외적으로 경영실적을 크게 올리는 한편 주식제를 더 완벽히 해 나아간다면 향후 3년 후에는 주식상장회사가 되는 것은 문제없을 것이다."라고 박성공 이사장은 장담한다.

(2) 주요사업 내용

① 사업분야

㉠ 회사의 발전과정

1988년에 설립된 경공림펌프유한회사는 중국내 최초로 펌프를 생산하는 회사 중의 하나이다. 경공림펌프유한회사에서 생산한 펌프는 가격이 저렴하고 사용수명이 길며 안전하고 관리가 간편한 장점이 있다. 회사 제품은 모두 7개의 특허를 받았으며 그중 하나는 발명특허이고, 2개는 국가급 신제품 특허이며, 3개는 국가과학기술위원회가 중점적으로 추진하는 프로젝트이다. 그동안 경공림펌프는 전국 여러 곳의 과학기술연구소와 설계원의 지

〈그림 Ⅳ-42〉 펌프설치과정

지 하에 이미 9계열의 제품과 몇백 개 모델의 제품을 개발하였다. 예를 몇 가지 들면 SWB 오수펌프(1996년 국가과학기술위원회에서 중점적으로 추진한 프로젝트), SSK 펌프: 특허번호 ZL00254948.4(중국국제특허와 명품박람회 금상을 받았음), SD 다급청수 펌프: 특허번호 ZL00254913.1(1997년 국가급 신제품이라는 평가를 받았음), SNB 이수 펌프(1998년 국가급 신제품이라는 평가를 받았음), SQB 단급청수펌프, SFB 부식방지펌프, XBD/XBC 소방 펌프(1998년 국가과학위원회가 중점적으로 추진하는 프로젝트), SLB 입식펌프: 특허번호 ZL99247892.8, CXB 수직펌프, 3절펜치: 특허번호 ZL99202652.0, QL-PC형 컴퓨터 생활 급수 및 소방 급수 세트 설비 등이다.

이미 본 회사 제품은 석유, 화공, 전력시스템, 생활오수처리, 농경지 관개 등 여러 가지 수력공정에 사용될 수 있으며 2005년도에 국가발전개혁위원회는 본 회사를 동북노공업기지를 진행시키는 프로젝트로 인정하였는데 프로젝트는 5,000만 위안을 투자할 것이며, 점차 판매액이 1.5억 위안에 달하며 4,500만 위안의 이윤이 확보가 되는 규모가 큰 기업으로 성장할 것이다. 2008년에 경공림펌프유한회사의 기업 수준은 이미 전국 펌프업계의 생산기준으로 인정되었으며 또한 머지않아 한국 삼성압축기를 대체할 것이고, 한국 현대중공업 핵전력펌프 총대리로 발전할 것이다. 뿐만 아니라 한국 21세기주식회사와 합자하여 편의식 이동소방펌프를 개발하였다.

ⓛ 제품설명
  ○ SSK 단급 펌프
  ◦ 특허 번호: ZL00254948.4
  ◦ 유량범위 Q: 300～20000㎥/h
  ◦ 양정범위 H: 7～186M

SSK 단급 펌프는 경공림펌프가 국내외 선진기술을 종합하여 설계한 제품으로 이 제품은 구조가 탄탄하고, 디자인이 세련되었을 뿐만 아니라 효율이 높고 공기부식지표가 국내 기존의 sh형과 s형 단급 펌프보다 더 친환경적이다. 따라서 이 제품은 기존의 sh형과 s형 단급 펌프를 대체하여 고객이 선호하는 제품으로 인정받았다. 본 제품은 온도가 80도보다 낮은 물이나 물리화학성 액체와 비슷한 기타 액체를 수송할 수 있다. 이 펌프는 공장, 광산, 도시, 유전, 발전소 배수·급수, 화공장치 순환용수, 농업관개 및 각종 수력공정 등에 사용가능하다. 이 펌프의 특징을 보면 펌프가 작동될 때 물을 넣을 필요가 없이 펌프 자체의 장치에 의하여 자동적으로 공기를 배출하

〈그림 IV-43〉 SSK 단급 펌프

고 물을 빨아들일 수 있으며 또한 펌프 입구에 밸브를 설치할 필요가 없어서 공정비용을 아낄 수 있다. 그리고 물을 빨아들이는 시간이 짧고 힘이 강하며 작동할 때 전류가 낮고 작동 및 관리가 간편하다. 그리고 자동 혹은 수동으로 작동되며, 에너지 소모를 감소시키고 내구성이 강하다. 또한 투자비를 절약하고, 사용하기에 안전하고 편리하며 지하 펌프실을 건설할 필요가 없고, 펌프를 지면에 설치하여 흡입관을 물에 꽂으면 된다. 그리고 제품이 다양하고 사용범위가 넓다.

  ○ SQB 단급청수펌프
  ◦ 유량범위 Q: 10~2000㎥/h
  ◦ 양정범위 H: 12.5~2006M

SQB 단급청수펌프는 경공림펌프가 유럽, 미국의 최첨단 과학기술을 참고로 하여 생산한 국제 선진 수준의 펌프이며 IS형 펌프와 비교할 때 더 고효율일 뿐만 아니라 IS형 펌프의 모든 성능도 겸비한다. 또한 본 제품은 ISO2858 국제기준에 부합되며 유럽 및 호주 등에서 광범하게 사용되고 있다. 최대유량은 1500㎥/h에 달하며, 최대 양정은 140M이다. 본 제품은 공업과 도시 급수, 배수, 소방에 사용될 뿐만 아니라 농업 관개, 깨끗한 물을 수송하거나, 물리 및 화학물질을 수송하는 데도 사용가능하다. 하지만 액체 온도는 80도를 초과해서는 안 된다. 특징으로는 펌프가 작동될 때 물을 넣을 필요가 없이 펌프 자체의 장치에 의하여 자동적으로 공기를 배출하고 물을 빨아들일 수 있으며 물을 빨아들이는 높이가 높다. 그리고 물을 빨아들이는 시간이 짧다. 즉 6.3~750㎥/h 시간은 6~90초이다. 또한 독특한 진공장치는 펌프의 효율을 높였는데 진공장치는 자동 혹은 수동으로 작동가능하며, 이는 제품의 사용수명을 연장시키고 에너지를 절약하는 효과가 있다. 따라서 설비를 설치하고 사용하기가 간편하며 펌프를 지면에 설치하여 흡입관을 물에 꽂으면 된다.

○ XBD/XBC 소방펌프

　。유량 5-500L/s

　。압력 0.3-2.7Mpa

　。온도 80도보다 낮다

이 제품은 제일 일찍 국가소방총국으로부터 인정받은 소방펌프로서 소방펌프의 역사를 변화시켰다. 소방펌프는 고객의 수요에 따라 전동기시동과 디젤엔진시동에서 선택하여 구매할 수 있다. 특징을 보면 펌프가 작동될 때 물을 넣을 필요가 없이 펌프 자체의 장치에 의하여 자동적으로 공기를 배출하고 물을 빨아들일 수 있으며 물을 빨아들이는 높이가 높고 물을 빨아들이는 시간이 짧다. 그리고 펌프가 작동하는 과정에 탈수현상이 나타나더라도 진공장치가 자동적으로 물을 빨아들일 수 있기에 탈수회복 효과가 있다. 따라서 지하 펌프실을 따로 설치할 필요 없이 직접 지면에 설치하면 된다. 그리고 설치가 간편하고 공정비용을 절감할 수 있으며, 지하에 설치하여 설비를 부식시키는 현상을 피할 수 있으며 한편 새로 디자인한 밸브는 안전하고 편리하여, 기존 밸브가 녹이 슬기 쉬운 단점을 개선하였다. 주 용도로는 소방용 물을 수송하는 것이다. 또한 고체 알갱이가 들어있지 않은 액체, 물리화학성 액체를 수송할 수도 있다. 특히 석유, 화공, 발전소, 공항, 선박, 부두, 공장, 광산, 공업 및 민용 건축 등 고정 장소에 광범위하게 사용된다.

(3) 경영자와의 인터뷰[13]

① 개인적·사회적 배경과 사업동기

㉠ 출생 그리고 가난과의 싸움

1957년 내몽골 야커스에서 태어난 그에게는 가난과 불행의 고통이 그림

13　조글로(2007년 7월 31일).

자처럼 붙어 다녔다. 그의 가족은 살길을 찾아 야커스에서 아성 평산으로, 평산에서 오상 용봉산으로, 용봉산에서 라림으로 집안에 온기가 들 새 없이 자리를 옮겼고 가정살림은 이사를 하면 할수록 쪼들리기만 하였다. 이런 환경은 그에게 돈의 소중함을 일깨워주는 계기가 되었다. 형수의 밑에서 밥을 먹으며 형님네 집에 자리가 좁아 3년을 외양간에서 자야 했고 돈을 한 푼이라도 더 벌려고 어린 나이에 용봉산 산중의 인삼밭에서 3년을 힘든 노동을 하였다. 그는 영혼의 자유를 억압하는 혹심한 가난에서 탈출하기 위하여 모험적인 인삼장사를 해보려고 연해 도시들을 일주한 적도 있으며 제일 먼저 바다 너머로 문을 연 광저우로 버섯장사를 떠난 적도 있었다. 허나 그를 기다린 것은 실패와 실망, 변함을 모르는 가난에 또 가난뿐이었다.

1980년에 박성공은 광저우에서 수십 개의 전자손목시계를 자기가 살고 있는 오상현 룡봉산향 홍원촌으로 가지고 왔다. 그때는 전자손목시계가 아직 귀한 때라 사람들은 값 싸고 태엽을 감을 필요가 없는 시계를 너도나도 사갔으며 시계는 완전히 다 팔렸다. 하지만 반 년도 되지 않아 시계를 사간 사람들은 하나하나 반품하기 시작했다. 왜냐하면 그 시계는 반 년밖에 작동하지 않는 위조품이었다. 광저우의 간상배들이 박성공을 속였던 것이다. 그에 굴하지 않고 1983년 겨울부터 그는 남의 차를 빌려 운수부업을 시작하였다. 낯설고 물선 초면강산에서 무엇을 좀 하자니 앞길이 콱콱 막히는 때가 비일비재하였다. 그러나 그는 악착같이 달려들었다. 그럴 수밖에 없는 그였다. 2년이 지났다. 고생스러운 대로 그는 운수부업의 수입에서 생활을 조직하고 얼마간의 자금을 마련할 수 있었다.

ⓛ 하얼빈시 조선족 건축자재상점

하지만 운수부업을 시작하자 건축업이 제한을 받았고 건축자재 운수를 위주로 하는 운수부업은 그 영향을 받아 길이 막혀버렸다. 주변 환경은 또다시 그를 핍박하여 다른 일을 고르게 하였다. 그리하여 세워진 것이 하얼빈시 조선족 건축자재 상점이다.

아주 우연한 기회로 박성공은 겨울이면 하얼빈시 시멘트공장에서는 시멘트가 많이 적치되어 창고가 모자란다는 정보를 접했다. 그는 바로 시멘트공장으로 찾아갔다. 자기한테 창고가 있으니 겨울에 시멘트를 가져다 저장해놓았다가 여름에 팔아달라고 사정했다. 통사정을 하고 여러 번의 교섭을 거쳐 시멘트공장에서는 대금은 시멘트를 판 후에 주기로 하고 매년 겨울마다 3,000톤의 시멘트를 저장하도록 승낙 받아서 일이 잘 풀렸다. 박성공은 그길로 돌아와 신향방농장과 합의서를 쓰고 농장의 빈 창고를 세 받았다. 그해 겨울 그는 3,400톤의 시멘트를 저장해놓았다가 이듬해 봄부터 팔기 시작했는데 이렇게 되자 1986년부터는 해마다 5~6만 위안의 고정적인 수입이 생기게 되었다. 이는 박성공의 일생일대의 큰 변화였다.

ⓒ 하얼빈시 기름펌프공장

평소 박성공과 잘 알고 지내던 김춘동은 심양펌프공장에 자금을 투자해줄 것을 부탁했지만 그가 허풍쟁이로 소문이 나있다는 소문에 쉽게 투자하지 않았다. 오늘날까지 너무나도 힘든 길을 걸어왔던 그였기에 쉽게 투자를 결정하기 힘들었던 것이다. 하지만 그해 10월, 하얼빈시 향방구 행복향 신향방촌의 유선방송은 노동자 모집광고로 떠들썩했다. 심양펌프공장의 공정사 김유현이 기술을 담보하고 하얼빈시 조선족 용품상점에서 자금을 투자하여 세운 하얼빈시 기름펌프공장은 연생산액이 1,000만 위안에 달하니 모두 와서 노동자 모집에 응하라는 것이었다. 김동춘은 지속적으로 박성공을 설득했지만 설득에 실패하자 다른 투자인을 물색했던 것이다. 며칠이 지나지 않아 100여 명의 촌민들이 공장으로 찾아왔다. 하얼빈시 기름펌프공장은 신향방 조선족 소학교에서 성대한 첫발을 떼게 되었다. 이때만 해도 박성공은 철저한 방관자였다.

하지만 갓 발걸음을 떼기 시작한 공장의 형편은 뭇사람들의 희망과는 달리 거꾸러졌다. 조선민족용품상점의 전권대표인 김씨와 김유현 사이에 누가 법인대표로 되는가 하는 문제로 공장이 설립된 지 한 달도 되지 않아 공장지도층은 틈이 생기기 시작했다. 한쪽은 기술과 판로를 해결할 수 있다고 하고 한쪽은 자금을 투자했는지라 양측 누구도 양보하려 하지 않았다. 갈등이 점차 악화되자 조선민족용품상점 쪽에서는 투자한 자금을 되찾고 공장에서 나가겠다고 했다. 김유현과 김동춘은 조선민족용품상점에서 투자한 돈 3만 위안을 1987년 12월 15일 전으로 갚겠다고 협의서에 서명했다. 결국 공장은 폐쇄위기에 처해지게 되었다. 김유현과 김동춘은 새로운 투자자를 찾아다니기 시작했다. 그들이 가장 먼저 찾아간 투자자는 제일 익숙하고 믿음직한 사람인 박성공이었다. 김동춘은 30여 차례나 박성공을 찾아와 그에게 부탁을 했다. 김동춘의 부탁에 박성공은 공장을 방문했다. 공장에는 공정사 김유현이 안경을 쓰고 홀로 선반을 들고 낑낑거리고 있었고 박성공의 가슴에는 이 사람에게 도움을 주고 싶은 강한 의지가 들어섰다. 그렇게 공장은 다시 문을 열게 되었다. 조선족 소학교에 더는 있을 수 없는 처지라 그곳에서 얼마 떨어지지 않은 소남툰이라는 한족마을로 자리를 옮겼다. 박성공은 2층집을 지으려고 사놓았던 건축자재를 몽땅 새로 잡은 공장 수리에 지원하였으며 자동차를 한 달 동안 무상으로 사용하게 해주었다. 또한 그때까지 새로운 투자인을 찾지 못하여 임금도 내어주지 못하는 형편이라 또 15,000위안의 돈을 지원해주어 공장이 정상적으로 운영되게 하였다.

ㄹ 방관자·성원자에서 참여자로

그 당시 공정사 김유현에게는 연인인 전씨가 있었다. 그녀는 공장에서 판로를 책임지고 있었다. 그녀는 성격이 매우 괴팍하였는데 그녀의 행동을 지켜보던 공장직원과 그녀 사이에 큰 싸움이 생겼다. 둘 중 한 명이 나가지 않으면 안 될 상황까지 상황은 악화되었는데 싸움 끝에 전씨는 공장에서 나갔고 그녀를 따라 김유현도 공장에서 나갔다. 그런데 큰 문제가 생겼다. 그들이 영업허가증, 기술자료, 설계도, 장부에 남은 모든 돈을 가지고 가버린 것이다. 공장은 순식간에 부도 위기에 놓였다. 공장은 박성공의 도움이 절실했다.

한편 박성공도 깊은 고민에 빠졌다. 한발 물러서면 편안히 건축자재상점을 꾸려가는 것이고 앞으로 내디디면 파란만장한 길이라는 것을 누구보다도 깊이 알고 있는 그였다. 어떻게 할 것인가? 그는 자기 자신의 과거를 돌아보게 되었다. 그 험난한 길을 걸어오는 동안 그는 뒤돌아봄이 없이 악을 쓰고 걸어왔기에 지금의 자신이 있었다. 해보자, 여기까지 걸어온 이상 1만분의 1의 희망이 있어도 해보자. 일이란 하면 되는 것이 아닌가, 안 되면 되게 하라! 박성공은 자기가 나서서 공장에 투자하기로 결심했다.

공장을 계속 꾸려나가려면 우선 신의를 잃지 말아야 한다. 박성공은 먼저 자금을 내어 노동자들에게 응당 내줘야 할 임금, 공장의 빚, 심지어 김유현의 개인 빚까지 몽땅 갚아주었다.

그 다음은 새로운 영업허가증을 내오는 것이었다. 개인이 무엇을 좀 해보자면 넘어야 할 고비도 많고 간섭할 수 있는 사람도 많다. 공상국, 시전기동력야금국, 시공예전업화판공실, 세무국, 그밖에 또 여기저기를 발바닥이 닳도록 뛰어다녔다. 원래 공장이 문을 닫게 된 이유와 새 공장의 가능성을 입이 닳도록 이야기했다. 한 달 반이 지나 드디어 하얼빈시 향방구 북방유전펌프공장영업허가증이 나왔다. 법인대표는 박성공이고 합작자는 김동춘이었다.

그 다음 설계도면이 있어야 했다. 1987년 10월 그는 미국의 원제품을 가지고 심양펌프공장에 가서 측량제도를 시작하였다. 정밀주조에서 측량제도란 대단히 높은 기술을 요구하는 작업이었다. 잠유펌프는 정밀주조에 속하므로 그 정밀도 요구가 엄격했다. 그는 수천 위안의 비용을 들여 끝내 설계도면을 만들어 가지고 돌아왔다.

그다음은 본틀이다. 박성공은 설계도면을 가지고 다시 심양으로 갔다. 국내에서 정밀주조는 심양이 비교적 선진적이기 때문이다. 심양주조연구소에서 그는 고급공정사 박동학을 알게 되었고 핵잠수함 제조에도 참가한 적이 있는 이 전문가의 지지를 얻게 되었다. 박동학은 본틀을 만드는 기술문제는 자기가 전적으로 책임지겠으니 다른 요소들을 먼저 해결해보라고 하였다. 다른 요소란 이제 남은 판로였다. 박성공으로 말하면 이것은 제일 어려운 문제였다. 원래 판로를 해결할 수 있다는 전씨는 대경 쪽의 연계인에 대하여 줄곧 비밀에 붙였으며 또한 그 연계인이 전씨와 밀접한 관계를 가지고 있는 이상 박성공에게 좋은 인상을 가지고 있을 리는 만무했다. 허나 이 길은 열지 않으면 안 될 상황이었다.

⑩ 침통한 실패

1988년 봄, 잠유펌프모형을 만들려고 중국선박공업 총공사 703연구소에 갔던 박성공은 그곳에서 공정사로 있는 이씨를 알게 되었다. 일본과 일찍 연계를 가지고 있는 이씨는 703연구소를 일본에 소개하여 연구소에서는 매우 간단한 작업으로 높은 경제적 효과를 보고 있었다. 박성공의 좋은 아이디어가 번개같이 떠올랐다. 일본의 정밀주조공업은 세계에서도 선진적이다. 일본의 기술과 자금을 투입하여 잠유펌프를 생산한다면 기술·질 면에서 국내의 선진을 쟁취할 수 있지 않겠는가? 박성공은 이씨를 찾아 자기의 의향을 이야기했다. 대경까지 가서 잠유펌프의 관계정황들을 고찰하고 난 이씨는 이 일에 큰 관심을 가지고 박성공과 함께 힘써 보기로 하였다. 그해 5월 7일 이씨는 원본과 설계도면을 가지고 일본으로 갔다. 일본에서 일이 잘 풀려 이씨는 협의서까지 작성하여 왔는데 협의서에는 양측의 총투자액은 300만 위안이고 각기 50퍼센트를 투자한다고 밝혔다. 일은 여기에서 생겼다. 박성공에게는 자금이 50만 위안밖에 없었던 것이다. 이씨는 박성공에게 하얼빈에서 비교적 큰 기업을 꾸리고 있는 최씨를 찾아가 보라고 권고하였다. 박성공과 최씨의 합작은 여러 면의 이해관계로 오랜 시간이 걸렸다. 경제 흐름을 읽는 데 능하고 주로 무역을 위주로 하는 최씨는 신향방에 와서 한 바퀴 돌아보고 그곳에다 여러 개의 공업기업을 세워 공업구역을 만들 계획을 구상하였다. 그러나 그의 공업구역이 사용해야 할 전기 500Kw를 합하여 모두 1,000Kw의 전기를 해결해야 했다. 최씨는 이 일을 박성공에게 맡겼다. 이때 전기 1Kw의 값은 145위안이었다. 전기신청은 생각처럼 그렇게 쉽게 해결되지 않았다. 신청수량이 너무 크기에 향방구의 비준 권한을 초과하여 하얼빈시 농촌전기처의 허가를 얻어야 했다. 이래저래 9월이 되었다. 시일을 끌다보니 최씨는 다른 사업투자를 잡았기에 이 사업에 흥미를 잃고 투자를 거절했다. 이것은 박성공에게 그렇게 큰 타격은 아니었다. 다른 합작자를 찾으면 되는 것이다. 문제는 전기에 있다. 그해 10월초에 전기가격 조절을 진행하였는데 원래는 1Kw에 145위안하던 것이 껑충 뛰어올라 1,980위안이 되었다. 얼핏 계산해보니 500Kw의 전기를 신청하려면 100만 위안의 자금이 들어야 했다. 그렇게 중일합자는 물거품으로 돌아가고 잠유펌프 생산도 당분간은 시작할 수 없게 되었다. 박성공은 다시 큰 시련을 겪었다.

㉥ 경공림유전펌프공장

우선 그는 공장이름을 경공림유전펌프공장으로 바꾸었다. 그다음 대경으로 들어가 임민안에게 공장 정황을 자세히 소개하고 단시간에는 잠유펌프를 생산할 수 없게 되었으니 규모가 작은 기타 유전용 제품들을 먼저 생산하여 기업실력을 튼튼히 한 다음 점차 잠유펌프 생산에 들어갈 계획을 이야기하였다. 임씨는 한동안 말없이 지칠 줄 모르는 이 젊은이를 쳐다보았다. 집념으로 굳어진 진한 눈썹, 성공에 대한 갈망과 신념으로 활활 불타는 두 눈, 고집스러운 입술, 이윽고 임씨는 머리를 끄덕였다. 임씨는 박성공의 적극적인 모습에 감동하였다.

임씨의 투자에 공장은 차츰 생기를 띠기 시작했다. 제일 처음 임씨한테서 맡아온 일감은 큰 공장들이 실내에서 쓰는 다방향 차바퀴였다. 시험생산을 거친 후 500개의 생산계약을 맺었는데 108,000위안의 생산액을 올려 5만여 위안의 이윤을 올리게 되었다. 이는 박성공이 공장을 세운 이후 생산해낸 첫 번째 제품이자 처음으로 번 돈이었다. 박성공은 더욱 바쁘게 움직였다. 그는 대경유전에 대하여 몇 차례의 현지고찰을 진행하고 유전에서 필요로 하는 소형구 중심의 공정사 황철규 등 전문가들과 손을 잡고 자동 줄 감는 기계, 청소기 등 유전용 새 제품들을 부단히 개발하였고 대경유전의 관계부문들과 장기적인 사업관계를 맺었다. 이러한 새 제품들의 개발과 생산으로 지난해 공장의 생산액은 100만 위안을 초과하였으며 공장은 점점 튼튼한 기초를 쌓을 수 있게 되었다.

금년 5월 박성공은 제품의 영향을 넓히고 판로를 올리기 위하여 중원유전으로 떠났다. 생면부지의 중원유전에서 그는 45만 위안 제품계약을 맺고 돌아왔으며 금년 내로 임무를 완성하여 노동자들이 직접 그곳까지 가서 설치까지 끝마쳤다. 공장의 활동범위는 한층 넓어졌다.

여기에 꼭 살펴봐야 할 한 가지 일은 R형 연마기에 대한 내용이다. R형 연마기는 베어링 연구중심의 황철규 공정사와 연합하여 연구·개발한 것인데 베어링 생산에서 가장 중요한 환절이고 어려운 고비인 내외환 홈파는 작업을 한층 이상적인 높이로 끌어올렸다. 이 기계는 이 관건적환절을 수공에서 벗어나게 하였으며 정밀도를 3배로 높이고 사업효율을 20배로 끌어올렸다. 이는 베어링 생산영역에서의 일대 혁신이었다. 10월에 두 대의 견본이 생산되었는데 실험생산 결과 그 효과가 매우 이상적이었다. 새해 초에 전국적인 제품전시회를 가지게 되는데 한 대의 값이 3만 위안에 달하는 이 기계를 전국 200여 개 베어링공장에 보급시키면 여기서만 해도 놀라운 경제적 효과를 거둘 수 있을 것이다. 금년 생산액 200만 위안을 바라보는 경공림유전펌프공장은 더 높은 도약을 위해 준비하고 있다.

ⓢ 한국 영진전기와의 합작

새해에는 꼭 지정제품 생산에 들어가야 한다. 그날 그때부터 꿈속에서 못 잊어 외워오던 잠유펌프를 생산해내야 한다. 내가 만든 잠유펌프가 이 나라의 남북유전에서, 나아가서는 국경선 너머에서 땅속 깊이에 묻힌 검은 원유들을 콸콸 뽑아 올리게 해야 한다. 첩첩한 좌절과 흐르는 시간은 박성공의 결심을 흔들지 못하였을 뿐만 아니라 그의 신심과 의지를 한층 더 굳혀주었다.

그는 사무실을 시외에서 시내로 옮겼다. 필요한 전기를 해결하기 위해서였다. 그는 또 여러 도경을 통하여 대리가공도 연구해보았다. 최근 그는 한국의 영진전기와 손을 잡게 되었다. 수차의 협상을 거쳐 영진전기의 대표는 이곳까지 와서 현지고찰을 하였으며 설계도면과 모형을 가지고 귀국하였다. 그곳에서 실험제조를 진행하고 제품이 합격되면 그들은 합자기업을 세우고 정식제품 생산에 들어갈 계획이다. 박성공을 주목하고 있는 사람들, 호기심과 의심을 품고 있던 사람들은 이제 곧 경공림유전펌프공장의 참신한 모습에 눈이 뜨이게 될 것이다.

② 회사의 발전과정

박성공 사장은 흑룡강성의 조선족 기업을 대표하는 인물이다. 재중동포 2세대인 박 사장은 성공신화의 주인공들이 대부분 그렇듯이 빈손으로 사업을 시작해 지금은 흑룡강성 최대 규모의 펌프 생산업체를 경영하고 있다. 그의 분신이라고 할 수 있는 하얼빈경공림유한회사는 중국 내 동종 업계에서도 손에 꼽히는 기업이라고 한다.

• 하얼빈경공림유한회사를 소개한다면?

1988년 자본금 5만 위안으로 설립한 펌프류 전문 생산업체이다. 하얼빈시 남동 지역에 위치해 있으며, 1만 5천㎡의 부지에 8천㎡ 규모의 공장시설이 들어서 있으며 연간 매출액은 5천만 위안 정도 된다.

• 산업용 펌프를 생산한다고 들었는데?

강자흡식 펌프라는 산업용 펌프가 주력 제품이다. 생산된 제품은 주로 중국 내 석유·석유화학·전력 계통의 회사에 판매되고 있으며 대형 냉각수 순환장, 소방 시설, 폐수처리장, 아파트 등에서도 사용되고 있다. 또한 7개의 국가 특허, 2개의 국가급 신제품 특허를 획득한 것은 물론이고 지난 2005년에는 국가발전계획위원회로부터 동북노후공업기지건설 항목으로 선정되는 등 그 기술력을 인정받고 있다.

• 해외 수출도 진행되고 있는가?

대부분 중국 내수지만 일부는 인도, 인도네시아, 수단 등지로 수출하고 있다.

● 한국 기업과도 거래를 하고 있는지? 아울러 아쉬운 점이 있다면?

현지 동포와 한국 기업인들이 협력해 공동 발전해 나가는 것이 꿈이다. 현재는 현대, 삼성 등의 중국 에이전트 역할을 맡고 있다.

아쉬운 점이라면 중국은 엄청나게 큰 시장인데 한국의 실력 있는 기업들이 빠르게 움직이지 않는다는 것이며 또한 충분한 준비 없이 들어왔다가 결국 사업에 실패해 귀국하는 한국 기업들이 적지 않다는 것이다. 따라서 해외 투자 시 현지 시장을 면밀하게 검토한 뒤 결정했으면 한다.

● 한국 기업들에 특별히 조언을 해준다면?

중국 북부 지역은 특히 공업화 수준이 높은 곳이다. 따라서 기계 분야에서 중소기업과 합작으로 진출하면 좋을 것이다. 그리고 농업, 자원 개발 등 1차산품 가공 쪽도 유망하다.

● 향후 사업 계획이 있다면?

대련, 심양, 하얼빈을 잇는 전략적인 삼각축을 형성해 중국에서 제일 큰 펌프 생산업체로 성장하는 것이 목표이다. 이와 관련해 대련에 총면적 10만㎡의 수출가공구를 건설했다. 따라서 2015년까지 연매출 규모를 20억 위안으로 끌어올리기 위해 노력할 것이다. 아울러 향후 5년 안에 중국은 물론이고 주요 국가에 경공림펌프의 주식을 상장시킬 계획이다.

③ 경영자의 가치관과 기업문화

동북조선족축구연의회 부회장으로 활약하고 있는 박성공은 이번 제5회 전국조선족중소학생축구운동회에 거금을 협찬했다. "조선족 축구발전에 작은 힘이나마 보태고자 협찬을 했다."라고 말하는 그는 "협찬에는 이유가 없고 자신의 삶의 신조가 그렇게 하도록 했다."라고 덧붙인다. 그는 조선족 축구발전에 대한 사명감과 책임감이 온몸에 넘쳐흐르는 패기 있는 기업가였다.

이에 앞서 지난해만도 전성 '경공림컵' 골프초청경기를 협찬 조직하였고 조선족대학생축구운동회에도 사심 없이 협찬한바 있는 박성공은 자신의 '자랑'을 무척 아끼는 편이다. 그는 "이미 지나간 일은 역사일 뿐이다. 앞으로 어떻게 보다 더 조선족 사회를 위해 공헌할 수 있을까가 더 중요하다고 본다."라고 말한다.

1988년에 성립된 하얼빈경공림펌프유한회사는 단돈 5만 위안으로 창업, 현재 억 위안 대를 넘고 1만5,500평방미터의 부지면적에 근 130명의 임직원을 둔 어마어마한 기업으로 발돋움했다. 강압흡입계열 펌프생산이 위주인 이 회사는 상기 분야에서 중국내 공백을 메웠고 세계선진행렬에 가담하였다. 이미 7개 종목의 국가전매특허를 소유하고 3개 종목의 국가급 신제품 칭호를 획득하였으며 2개 종목의 국가과학기술위원회 중점프로젝트로 선정되었고 또한 1997년에는 국가불꽃계획, 2006년에는 동북노후공업기지 개조프로젝트에도 참여했다.

성실, 진보, 분투를 회사 슬로건으로 내건 이 회사는 풍부한 경험과 최첨단 과학기술로 보다 높은 정상을 향해 피나는 등반을 계속하고 있다. "우리는 해낼 것입니다. 왜냐하면 우리는 해왔기 때문입니다." 이것이 바로 박성공 이사장의 패기요, 포부이다.

(4) 한국기업과의 관계[14]

1988년에 회사를 설립해서 장장 21년간 기업을 탄탄하게 키워 흑룡강성 내외 동류업종에서 입지를 굳혀온 하얼빈경공림펌프유한회사의 박성공 이사장은 성공한 기업가로 이름을 떨치고 있는 한편 중한 경제협력과 교류에서의 '외교가'로도 명성이 널리 알려져 있다.

일찍이 중한수교 전부터 박성공 이사장은 인맥관계를 이용해 한국의 기업인들과 밀접한 연계를 가졌으며 1991년에는 한국의 영진전기유한회사와

---

14 흑룡강신문(2009년 11월 11일).

손잡고 중한합자 영림비닐제품유한회사를 정식 설립했다. 이때 쌍방 각기 10만 달러를 출자하기로 한 이 회사는 미국의 제품을 대체할 수 있는 장수 펌프부품을 생산해 대경유전에 공급하기로 해 그 전망이 아주 밝았다. 그런데 공교롭게도 한국측 회사가 의외의 화재로 공장이 문을 닫게 되면서 쌍방의 합작은 결과를 보지 못하고 말았다. 한국기업과의 첫 번째 합작에서 실패한 박성공 이사장은 꾸준히 한국 측과 긴밀히 연계하면서 재차 합작할 수 있는 기회를 노렸다. 끈질긴 노력 끝에 박성공 이사장은 2002년에 한국태광전자유한회사와의 합작으로 중한합자태광기기유한회사를 정식 설립했다. 경공림 측에서 150만 위안, 태광전자 측에서 10만 달러를 투자하기로 한 이 회사는 한국설비를 들여와 운영을 시작했는데 당시 정부와 교통관리 부문이 거대한 중시를 일으켰는바 전망이 아주 밝았다. 그러던 것이 한국 측 회사가 어느 날 부도로 무너지면서 쌍방의 합작은 수포로 돌아가고 말았다. 두 차례나 한국과의 합작에서 성공의 열매를 맛보지 못했지만 박성공 이사장은 상대측의 문제부터 찾는 것이 아니라 경험교훈부터 되돌아 봤다. 한국과의 합작에서 어디까지나 파트너를 잘 물색해야 하는 것은 물론 위험성을 잘 고려해야 한다고 그는 결론을 내렸으며 한국과의 합작을 통해 많은 것을 터득했다고 한다.

박성공 이사장은 자체기업 뿐 만 아니라 기업소재지인 하얼빈시 향방구와 한국간의 경제협력과 교류를 위해서도 많은 유익한 일들을 했다. 그는 2005년 그리고 2007년과 2008년에 향방구 당위서기를 비롯한 주요책임자들과 함께 한국 서울시 구로구청을 3차례나 방문했고 향방구와 구로구가 우호협력 관계를 맺기까지 큰 기여를 했다.

박성공 이사장은 한국의 정계와 재계의 굵직한 인물들과도 끈끈한 인연을 유지해왔으며 이를 통해 많은 경제정보를 얻었고 사업 면에서도 직접적인 도움을 얻기도 했다. 끈끈한 인맥관계와 자신의 성실한 사업태도를 바탕으로 그는 현재 한국 삼성의 공압기 중국대리, 현대중공업 핵펌프 중국 총대리를 맡고 있다. 그의 노력으로 현재 하얼빈시의 여러 화력발전소와 하얼빈전기그룹, 하얼빈에어컨제조공장 등 많은 회사들이 독일제품 대신에 점차 한국제품으로 대체하고 있다.

현재 세계한인무역협회 하얼빈 지회장직을 맡고 있는 박성공 이사장은 더 많은 우리 민족들이 한국과의 협력과 교류에서 성과를 올릴 것을 진심으로 바라며 자신 또한 자체기업뿐만 아니라 우리 민족의 많은 기업들을 위해 최선을 다해 가교역할을 충분히 할 것이라고 했다.

3) 하얼빈광왕기전설비제조유한회사(제품개발로 성공한 사례)

(1) 회사개요[15]

① 대표이사 소개

〈그림 IV-44〉 하얼빈광왕기전설비제조유한회사 리종선 동사장

- 주요상품: 고선압연기, 실킹기, 350압연기 등
- 5개부서: 생산부, 기술부, 재무부, 시장개발부 등
- 기술부: 엔지니어 20명,
- 생산부: 기계가공, 기어가공, 열처리, 조립 등 5개 현장, 조작공 90명,

---

15 본 자료는 2009년 1월에 저자가 하얼빈광왕기전설비제조유한회사에 방문하여 직접 수집한 자료임.

고급 엔지니어 8명
◦ 주요 기계가공 설비: 20청공기, 16청공기, 밀링머신 등

대표자명	리종선	민족	조선족
출생지	흑룡강성 오상시	최종학력	고등학교
생년월일	1948년	아버지 고향	경기도
성공비결	◦ 수입에 의존하던 고가 생산설비 국산화 ◦ 인력을 적재적소 배치 ◦ 종업원의 인품이 곧 제품의 품질		

회사명	하얼빈 광왕기전설비제조유한회사	대표자명	리종선
소재지	흑룡강성 쌍성시 주가진 경제개발구	전화번호	0451-53274688
팩스	0451-53274688	E-mail	-
회사형태	합작기업	업태 및 업종	제조업(강철야금)

자본	자기자본	2,100만 위안	주주명	지분비율
	총자산	4,000만 위안	리종선 양성리	49% 51%

종업원수	조선족	5명	
	한족	125명	◦ 전체직원: 140명
	만족	10명	

창 업	2006년 5월		
연간 매출액	2007년	2008년	2009년
	4,800만 위안	4,200만 위안	2억 위안
사훈	성실, 분투		

② 회사연혁

하얼빈광왕기전설비제조유한회사는 2006년 5월에 설립되었으며 흑룡강
성 쌍성시 주가진 경제개발구에 자리잡고 있다. 당사인 중야경성공사기술

〈그림 IV-45〉 하얼빈광왕기전설비제조유한회사 전경

유한회사는 고선압연기의 제조 터전이고, 주요 야금기계 설비의 가공과 제조를 하는 회사다. 당사의 주요상품으로는 고선압연기, 실킹기, 350압연기, 450압연기, 550압연기, 650압연기, 수평아연기, 입식압연기 등이 있다.

당사는 생산부, 기술부, 재무부, 시장개발부, 회사 사무실 등 5개 부서가 있으며 총 140명의 직원이 있다. 기술부에는 엔지니어가 20명이 있으며 생산부에는 기계가공, 기어가공, 열처리, 조립 등 4개 현장이 있고, 조작공이 90명이 있으며, 그중 고급 엔지니어가 8인이고, 일반 엔지니어가 20명이 있다. 당사의 주요 기계가공 설비로는 곤기교대 생산한 20청공기, 16청공기 각 한 대와 강서다령산 TK42200-500형 디지털 용문 밀링머신, 토시바 R11형 디지털가공센터 한 대 등 첨단가공기계가 있다.

당사의 모든 기술자와 관리원은 원 하비전기기계공사로 체제개혁 전 직원이고, 풍부한 고선압 연기제조와 관리 경험을 갖추었으며 이들은 국내 최고품질의 제조품과 민족산업을 부흥하기 위해 모두 힘쓰고 있으며 회사 설립 1년 만에 7개 고선압연기를 생산하였다. 그리고 당사는 품질을 제고하기 위해 현장에 열처리간을 설치하여 부품의 질을 대대적으로 향상시켰다. 또한 능력이 탁월한 마케팅팀과 기술서비스팀이 우수한 기술서비스를 지원할 수 있고, 트레일러 서비스로 하여 고객을 위해 최선을 다하고 있으며,

최고품질의 생산품을 생산하기 위해 노력하고 있다.

(2) 경영자와의 인터뷰[16]

① 개인적 · 사회적 배경

"1초에 105m를 돌파하는 게 목표입니다. 지금은 95m밖에 못 뽑죠. 독일 모겐사 제품이 100m를 뽑아냅니다."

리종선(60) 하얼빈광왕기전설비제조유한회사 동사장은 "내 손으로 세계적으로 가장 경쟁력있는 제품을 만들어 보고 싶다."라고 말했다. 하얼빈광왕기전설비제조유한회사는 가는 철사를 뽑아내는 기계인 압축 고속제작기를 만드는 회사다. 원강을 들여와 가공한 후 직경 0.5mm의 가는 철사로 뽑아내는데 단위시간당 얼마나 많은 양을 뽑아내느냐가 관건이다.

조선족인 리 동사장은 동북3성 중 가장 북쪽에 있는 흑룡강성에서 농민의 아들로 태어났는데 아버지의 고향은 경기도이며 리 동사장은 1967년도에 고등학교를 졸업했지만 대학에 진학하지 못했다. 왜냐하면 1966년에 시작된 문화대혁명에 휩쓸린 탓이었다. 그는 "불운한 세대"였다고 회고했다. 잃어버린 10년. 당시 중국의 최고 지도자였던 모택동은 대중운동을 일으켜 공산당 내부의 반대파를 제거했는데 모택동의 사망 후 중국 공산당은 공식으로 문화대혁명은 극좌적 오류였다고 규정했다. "지식분자들은 다 잡아다가 못 살게 굴었습니다. 문화혁명 10년 동안 중국은 10년이나 퇴보했습니다. 다른 나라들은 그동안 10년 진보했으니 결국 20년 격차가 벌어진 셈이죠." 당시는 군에 갔다 오면 100% 취업할 수 있었으며 군에 갔다 와야 출세하던 시절이었다. 그 후 취업한 후 회사에 개설돼 있는 야간대학에서 3년 동안 열심히 공부했으며 실력이 있어야 남보다 앞설 수 있다는 생각에 열심히 일을 배웠다.

---

16 이코노미스트(2007년 10월 9일).

② 신제품 개발

그의 전공은 기어 제작이었는데 1년 반이 지나자 7년 일한 상급자보다 기어를 더 잘 만들 수 있었다. 따라서 2년이 채 안 돼 그는 간부로 승진했다. 최연소 간부였다. 그러나 1인자는 될 수 없었다. 소수민족인 조선족이기 때문이었다. 조선족은 힘이 없고 인구도 상대적으로 적어 승진 등에서 불리했다. 지금도 당에서 임명하는 최고위직인 서기는 한족이 독점하고 있다.

5년 전 그는 군용기 엔진을 제작하는 동안발동기를 퇴출시키고 측정용 기계를 다루는 데 능한 그는 압축 고속제작기를 국산화하기로 마음먹고 도면을 만들어 시험제작에 들어갔다. 그 과정에서 베이징강철연구소의 도움을 받았으며 마침내 수입품의 3분의 1 가격에 이 기계를 제작하는데 성공했다. 그는 지난해 공장을 짓고 압축 고속제작기 양산에 들어갔다. 연간 생산 능력은 1억 위안에 이른다. 기계 한 대를 팔면 200만 위안이 남는다. 지금은 전국의 53개 공장에서 그가 만든 기계를 돌리고 있다. 그는 이 기계를 인도에 수출할 계획이다. 베트남과도 상담이 진행 중이다. 시장조사를 하러 북한에도 갔었다. 북한은 60년이나 뒤진 설비를 쓰고 있었다. 그는 베이징에 R&D센터를 지을 계획이다.

〈그림 IV-46〉 회사내의 생산공장을 돌아보고 있는 리종선 동사장(가운데) 일행

③ 미래비전과 기업문화

하얼빈광왕기전설비제조유한회사 입구엔 "민족의 공업을 발전시키는 것은 우리의 책임"이란 글귀가 새겨져 있다. 남보다 앞선 제품을 개발해야 한다는 그의 의지가 담긴 표어다. 그는 직원들의 인성 관리에 각별히 신경을 쓴다. "CEO는 직원들이 회사를 사랑하고 헌신성을 발휘하도록 이끌어야 한다."라고 말했다. 그의 회사는 3,000위안짜리 기계를 제작하다 잘못해 폐품을 만들면 100위안의 벌금을 물린다. 시행착오를 통해 스스로 학습할 기회를 해당 직원에게 주려는 것이라고 그는 말했다. 다른 회사들은 이럴 때 2,500위안의 벌금을 매긴다고 귀띔했다. 이쯤 되면 손해배상이지 벌금이 아니다. 생산성을 높이는 아이디어를 낸 사람에게는 2,000위안의 장려금을 지급한다. 일례로 과열돼 몇 시간 간격으로 작동을 멈추는 유압식 설비의 온도를 떨어뜨리는 방법을 고안해 낸 직원이 장려금을 받았다. 벌금 낼 사람과 포상받을 사람은 흑판에 이름을 적어 발표한다.

④ 인사관리 및 가업승계

그의 회사는 이직률이 낮은 편이다. 평균 급여는 5,000위안 수준. 3분의 1가량은 그보다 높다고 한다. 인센티브로 500위안씩을 따로 지급한다. 리동사장은 사람을 잘 쓰는 게 중요하다고 강조했다. 직원들을 적재적소에 배치하는 것이 곧 리더십이라고 주장했다. "마음속에 직원들을 올려놓는 저울이 있어야 합니다. 물론 눈금이 정확해야죠." 그의 딸은 회사에서 경리를 맡고 있다. 조카는 구매 담당이다. 친인척이라도 능력이 안 되면 회사를 맡길 수 없다고 그는 못 박았다. 자식들에겐 스스로 벌어먹으라고 말한다. "돈은 대줄 수 있죠. 그러나 수혈받으려 하지 말고 스스로 피를 만들어 내라고 합니다. 조혈능력을 스스로 키우라는 거죠."

그는 요즘 손자와 노는 재미에 빠져 있다고 했다. 1~2년 후엔 아예 은퇴할 생각이다. 후계자는 내부에서 고를 작정이다. 심중에 둔 사람도 있다. 베이징대 출신으로 하얼빈의 항공기 제작업체에서 일하다 왔다. 그는 "인품이 가장 중요하다."라고 강조했다. "인품이 곧 제품입니다. 이익 볼 생각만 하는 사람은 회사에 충성 안 합니다. 부모에게 효도 못하는 사람은 돈도 못 벌게 돼 있어요." 그는 부모를 제대로 못 모시는 직원은 불러서 경고를 한다고 했다.

⑤ 한국 그리고 고향

리 동사장은 매년 한국에 여행을 간다. 승용차도 한국 차를 탄다. 지금 타고 있는 대우 라세티는 화북의 톈진까지 가서 사왔다. 하얼빈에 석 대밖에 없어 부품을 제때 못 구하는 게 흠이다. 그는 3년마다 차를 바꿨는데 5년째 타고 있다며 만족스러워했다.

리 동사장은 한국의 경기도 어느 산에 아버지를 묻었다. 화장했기 때문에 생전에 입으시던 옷을 대신 묻고 왔다. 93세 된 어머니는 조선족 마을인 고향을 떠나지 않으려 한다고 말했다. 그 마을은 아직도 한족이 못 들어간다. 조선족 동포들이 못 들어오게 막기 때문이다. 앞만 보고 달려온 그가 "나이를 먹을수록 민족을 생각하게 되더라."라고 말했다.

4) 하얼빈쌍용급수설비제조유한회사(제품개발로 성공한 사례)

(1) 회사개요[17]

① 대표이사 소개
- 하얼빈 쌍용폐수처리설비 제조유한회사 설립
- 흑룡강성 성장 특별상 수상
- 한국 신도환경주식회사와 합자
- 한국 대우설계회사와 합자

---

17 본 자료는 2009년 1월에 저자가 하얼빈쌍용급수설비제조유한회사에 방문하여 직접 수집한 자료임.

〈그림 Ⅳ-47〉 하얼빈쌍용급수설비제조유한회사 김인한 회장

대표자명	김인한	민족	조선족
출생지	흑룡강성 하얼빈시	경력	창녕급수설비공장 제1부공장장

회사명	하얼빈쌍용급수설비 제조유한회사	대표자명	김인한
소재지	하얼빈시 향방구 공빙로 49-2호	전화번호	0451-82050075
팩스	0451-82050405	E-mail	0451slgsc@163.com
회사형태	독자기업	업태 및 업종	제조업(급수설비, 소방설비)

자본	등록자본금	2,000만 위안	주주지분현황 주주명
	고정자산	1,096만 위안	김인한 100%

종업원수	조선족	78 명	◦ 기술자 21명(고급 7명, 중급 9명, 초급 5명)
	한족	8 명	◦ 전체직원: 86명
	기타	0 명	

창 업	1992년 9월 8일			
연간 매출액	2007년	2008년	2009년	2010년
	900만 위안	700만 위안	800만 위안	1,000만 위안
사훈	기술을 개발하여 세계로 진출하자			

② 회사 연혁

- ∘ 1996년 7월   한국포명환경주식회사와 합작하여 하얼빈 쌍용폐수처리 설비제조유한회사 설립
- ∘ 1997년 6월   흑룡강성 성장 특별상
- ∘ 1997년 6월   흑룡강성 중대과학기술상
- ∘ 1997년 8월   흑룡강성 과학기술진보 1등상
- ∘ 1999년 7월   흑룡강성 우체국 공정상품임명증
- ∘ 1999년 8월   한국 신도환경주식회사와 합자하여 하얼빈 쌍용신도 환경기술개발유한회사 설립
- ∘ 2000년 10월   흑룡강성 환경과학연구소 예속인 성대환경건축유한책임공사와 기술합작
- ∘ 2001년 10월   한국 대우설계회사와 동북시정설계연구원과 합자
- ∘ 2002년 3월   신강, 광주, 란주에 지사 설립

③ 회사개요

하얼빈시 쌍용급수설비공장은 성내 최대의 급수설비 생산 공장으로 충분한 기술과 가공제조 경험으로 급수설비, 소방급수설비, 환보설비 제조와 설치 전문 회사다. 주요 상품으로는 '쌍용' 브랜드인 ZQS계열 자동기압 급수설비, QSL계열 소방급수설비 WPSH계열 급수설비, SPS형유수분리설비 등 15종의 상품이다. 그중 QSL계열 상품은 국가급 검측을 통과하였고, WPSH계열 상품과 QSL계열 상품은 제2차 전국 급수 및 소방 전문상품 기술박람회에서 최우수상의 평가를 받았다. 또 국가건설부 표준화협회에서 '중국공정추천상품'으로 추천받았으며, 흑룡강성 제1차 '신기술상품1등상'과 제3차 중국 국제 신기술우수상품박람회에서의 '추천상품'등으로 선정되었다. SPS계열 상품은 2002년에 전문가에 '국가중점 신상품' 추천을 받았다. 쌍용기업은 다년간 기초건설과 조화로운 전략을 중시하고 과학기술에 의거하여 전성에서 문명단위 최우수기업, 성장특급상 등 선정되었으며, 1995년에 전

국 500대 사영기업 중 310위의 평가를 받았다.

④ 회사조직도

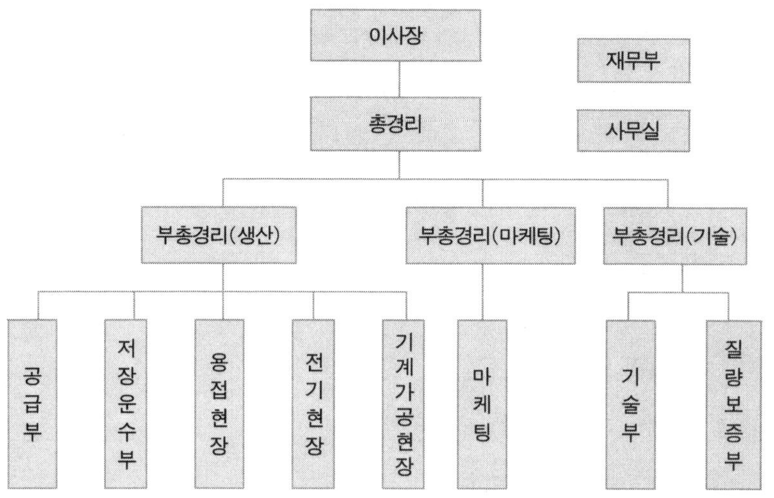

〈표 Ⅳ-2〉 하얼빈쌍용급수설비제조유한회사

(2) 주요사업 내용

① 생산설비와 제품

㉠ 주요 생산설비

- 동축절단기
- 전기용접기
- 자동용접기
- X-ray detectoscope
- 해머기
- 로울링 기계
- 플라스마 절단기
- 선반, 평삭반, 수직 드릴링 머신
- 굽절기

ⓛ 주요제품

- ZQS계열 자동기압 급수설비
- WPSH계열 급수설비
- QSL계열 소방급수설비
- XQY계열 자동소방 급수설비
- WPG계열 생활소방 급수설비
- SS, QS계열 라선형판식 환열기
- RHR계열 용적식 환열기
- FQS, FSS 관식 환열기
- CT계열 제철 제망간설비
- SFN계열 나트륨이온 교환기
- 압력형 기계 여과기
- SG계열 수영장 물 순환처리 시스템
- MSC계열 교류전동기 연작동 설비
- 열에너지 조절 및 계량 시스템
- 수중 믹서
- LDS 자동기체 정압설비

② 대외협력 네트워크

㉠ 해외 기술 합작

○ 합자: 한국신도환보산업주식회사

- 1987년 04월　신도산업 설립
- 1989년 11월　신도환보산업주식회사 설립
- 1990년 10월　한국 환경오염방지시설협회 회원사로 가입
- 1992년 01월　대기 폐수 측정 대행업으로 등록
- 1993년 03월　대기 방지 시설업으로 등록
- 1993년 03월　공공위생검측기관으로 지정
- 1993년 06월　부산광역시 환경기계공업협회 회원사로 가입
- 1994년 06월　환기설비 전문업으로 등록
- 1994년 06월　소음진동측정 대행업으로 등록
- 1995년 09월　폐수정화 시설설계 시공업으로 등록
- 1996년 09월　토지 오염도 측정업 실시

○ 기술합작: 대우설계공정회사

- 1976년 10월　회사 설립
- 1976년 12월　종합기술용역업 자격취득(기계, 전기, 전자, 금속, 건설)

∘ 1983년 01월　기술연구소 설립
∘ 1990년 09월　대우에서 분리
∘ 1990년 10월　전공사회사에 합병
∘ 1995년 02월　ISO9001 인증 받음
∘ 1996년 04월　천안분공장 준공
∘ 1998년 10월　ISO14001 인증 받음

③ 주요실적

㉠ 급수설비 영역

〈표 Ⅳ-3〉 급수설비 영역 주요실적

설비명칭	프로젝트	공사규모	완성연도
변압급수	아동병원	병원	2008
변압급수	성군구	10000㎡	2008
변압급수	고려풍속소읍	12000㎡	2008
변압급수	가목사 금강만	200000㎡	2008
소방급수	장춘 제1자동차	공장건물	2008
수영장 설비	쌍압산 체육관	체육관	2008
변압급수	하얼빈시 조선족 제1중학교	학교	2008
물처리 설비	화남 시멘트 공장	공장건물	2008
소방급수	하얼빈 사범대학 대흥성학교	학교	2008
소방급수	하얼빈시 제49중	학교	2008
소방급수	하얼빈시 악산중학	학교	2008

ⓛ 패수처리 영역

〈표 IV-4〉 패수처리 영역 주요실적

설비명칭	프로젝트	공사규모	완성연도
소방급수	정대부동산개발공사	50000㎡	2002
변압급수 소방급수	하얼빈 중성성신 건축개발	고층건물	2003
제철 제망간	용진농장	주택	2003
변압급수 소방급수	심공총국	4급호텔	2004
소방급수	상업은행	고층건물	2004
염소측압 소방급수	홍캐호국호텔	호텔	2005
변압급수	만주리 중국은행	고층건물	2005
소방급수	제1자동차 대중	호텔	2005
변압급수 소방급수	성동신구	주택 20만	2005
보일러 정압	세기연화	백화점	2005
변압급수 소방급수	녹해전원	주택	2005

3. 흑룡강성 조선족상공회

앞에서는 흑룡강성 조선족 기업집단인 금약그룹과 길신그룹의 경영활동과 네트워크 실태를 기존자료를 통하여 살펴보았으며 이어서 조선족 사영기업인 흑룡강대천환보과학기술유한회사 등 4개의 기업에 대한 경영활동과 네트워크 실태를 사례를 통하여 개관하였다. 그러나 이러한 집단이나 기업들은 흑룡강성 조선족 기업들의 조직인 흑룡강성 조선족상공회 내에서 활동을 하는 기업들이다. 따라서 흑룡강성 조선족상공회의 설립취지 및 협회조직 그리고 활동상황을 살펴볼 필요가 있다. 따라서 흑룡강성 조선족상 공회가 조선족 기업들에게 어떠한 영향을 미치며 한국과의 관련성은 어떠 한지를 개관해볼 필요가 있다.

1) 설립취지[18]

흑룡강성 조선족상공회는 흑룡강성 민족사무위원회의 정식 허가를 거쳐 설립된 사단법인 단체로 흑룡강성내 실력 있는 조선족 사영기업가와 개체 상공업자를 주축으로 이루어진 사회단체이다. 개혁개방 후 30년간 흑룡강 성은 다수의 규모가 있는 조선족 기업과 우수한 조선족 상공인을 배출시켰 다. 흑룡강성 조선족상공회는 '조화로운 상공회'를 건설하기 위한 목표달성 을 위해 단결과 협력을 중요시하고 조화로운 분위기를 조성하며 상공회 전 체 회원들의 지혜를 모아 자체의 '조혈기능' 기제를 육성시켜 여러 가지 재 원을 확보함으로써 회원들의 이익을 도모하며 모든 조선족 사회의 경제, 문 화, 교육 등 제반 사업을 적극 추진하여 조선족 사회에 밑거름이 되고 있다.

2) 협회조직

회장	배일환: 하얼빈록환차용연료유한회사 이사장,총경리
상무부회장	서문성: 하얼빈송북빙성록색포도원,하얼빈빙성급수배수유한회사 총경리

부회장	
리종선: 하얼빈광왕기계제조유한회사 총경리	김종학: 하얼빈아성계전기실업유한회사 총경리
정해선: 흑룡강무원현화영경제무역유한회사 총경리	김희선: 흑룡강성달풍과학기술개발유한회사 이사장
천재수: 하얼빈대천채색기와공장,화남용접봉 공장 총경리	김금화: 하얼빈서울미용원 원장
리덕원: 하얼빈덕원상업무역유한회사 총경리	최상근: 절강성 소홍현 항기부동산개발유한회사 이사장
지형남: 하얼빈륙항그룹 이사장	최창록: 동강삼강구술업유한회사 이사장
로시민: 하얼빈일측게이지유한회사 총경리	최명철: 하얼빈금부인모피유한회사 총경리

박광종: 흑룡강동원그룹 이사장
박성공: 하얼빈경공림펌프유한회사 이사장
권용현: 하얼빈해외한국출입경센터 총경리
원광수: 하얼빈려달방화문제조유한회사 이사장
천옥금: 하얼빈대천환보과학기술유한회사
　　　　이사장
안옥연: 흑룡강룡암기초공정유한회사 총경리
김광서: 하얼빈루이썬의류제조유한회사 총경리
김옥자: 흑룡강금산봉경제기술합작유한회사
　　　　총경리
배동걸: 하얼빈대덕외국어학교 교장
김장호: 흑룡강록영고려미농민전업합작사
　　　　총경리
림홍덕: 대경시 순덕전기유한회사 이사장
류삼숙: 흑룡강부존농업종합서비스
　　　　유한책임회사 총경리
권태일: 하얼빈룡우실업유한회사 이사장

황　광: 흑룡강청년병원 치과 주임
림　동: 하얼빈신세기식품유한회사 이사장
김　강: 하얼빈시 조선민족병원 부원장
리대성: 하얼빈동해급수설비유한회사 총경리
박금순: 하얼빈금자호미식성 총경리
신인순: 하얼빈순길미식성 총경리
박철학: 하얼빈박씨미식성 총경리
허운산: 하얼빈림방어구유한회사 이사장
표창선: 천공위성TV 하얼빈 총대리
리철재: 하얼빈산수갑산미식성 총경리
김영호: 단동창리의류제조유한회사 총경리
신창명: 우지미스키유한회사 이사장

비서장
최계철: 흑룡강신문사 경제부 부장

부비서장
장영철: 하얼빈고려회관 관장
지태윤: 흑룡강조선말방송국 고급기자
김철진: 흑룡강신문사 주임기자

회원
문금철, 문인범, 전복남, 곽태분, 박춘애, 김영옥, 김홍범, 리춘매, 오철웅, 장성산, 김태금, 김동홍, 김인동, 홍재옥, 강진룡, 림정옥, 최명순, 한련자, 권태금, 김태현, 리문식, 김미란, 정금철, 박찬봉, 방옥희, 원미자, 장성광, 림충호

3) 회칙

제1장 회칙

제1조 흑룡강조선족상공회(기업가 협회)는 흑룡강 조선족 사영기업, 자영업자로 연합하는 민간단체이다. 그 주요 관리 기관은 흑룡강성 조선학연구회이다.

제2조 흑룡강조선족상공회는 국가 및 흑룡강성 정부의 법률, 법칙을 준수하고, 조선학연구회의 정관을 준수한다.

제3조 흑룡강성 조선족상공회의 취지는 등소평이론과 “3가지 대표”의 핵심

사상을 방침으로 하고, 과학발전관과 자주적 창조정신을 견지하면서 중국공산당의 방침정책을 관철시키며, 조선족 민족기업과 공상업자를 광범위하게 단결하고 조직하며 서로 협조를 하도록 한다. 또한 다양한 민족경제를 발전시켜 민족경제의 번영과 부유 또한 흑룡강성 경제의 진흥 그리고 소강사회의 실현을 위해 기여하도록 한다.

제4조 흑룡강성 조선족상공회의 직책과 기능은 아래와 같다:

1. 흑룡강 조선족 사영기업, 자영업자 및 조선족 업자가 비교적 많은 "3자" 기업을 연합하여 수평적 연계로 발전하고, 관계를 조정하며, 기업과 개인들의 적극성을 충분히 자극하여 발휘하도록 한다. 또한 기업과 개인들이 단결하고 서로 도우면서, 전체 수준을 제고하여 공동발전을 이루도록 한다.

2. 회원을 조직하여 등소평이론과 "3가지 대표"의 핵심사상, 중국공산당의 방침, 정책, 법률, 법칙, 과학기술, 기업관리, 교류 경험을 공부시킴을 통해 회원의 정치의식, 업무자질을 제고한다. 동시에 법을 준수하고, 성실하게 기업을 경영한다. 그리고 경영관리 능력을 강화하고 경제이윤을 부단히 제고하도록 한다.

3. 전체 회원에게 정보, 기술, 시장, 법률, 회계, 회계감사 및 관련 자문서비스를 제공한다. 또한 자원통합을 잘하고, 조선족 유휴자금을 효율적으로 관리하며, 회원에게 다방면·다차원의 서비스를 제공한다.

4. 회원의 합법적 권익을 보호하며 회원과 긴밀한 연락을 통해 상황을 파악하고 회원의 의견 및 요구와 건의를 반영해 주며, 회원과 회원 및 회원과 주요 관리기관과의 소통을 연계해 줌으로써 각 방면의 관계를 잘 조정해 준다.

5. 국내·외의 밀접한 교류를 연계하고, 회원과 흑룡강성내의 같은 업종간의 다른 민족기업들과의 단결과 협력을 유도하고, 전국 각 지역의 조선족 기업들의 광범위한 연계를 촉진하여 서로 배우고 도우며 공동발전을

이루도록 한다. 특히 혈연관계를 활용해 북한과 한국 등 국가의 공상업계 인사와의 교류를 통해 국제시장을 개척해 흑룡강성 외자유입에 기여를 하도록 한다.

6. 발전 조건을 적극적으로 만들고, 회원에게 모범적 역할을 한다. 동시에 자주적으로 창조하고 발전하기에 경험과 자금을 축적하도록 한다.

제5조 본회 회원은 개인회원과 단체회원으로 나눈다.

1. 본 정관을 옹호하고 수행하며, 회비를 내는 흑룡강성 내의 조선족 사영기업, 자영업자가 모두 회원가입 신청할 수 있다. 따라서 심사 통과되면 회원자격을 갖게 된다.

2. 경영규모가 비교적 작은 기업과 분산된 자영업자는 연합하여 단체로 회원가입을 신청할 수 있다.

3. 외자기업의 특수성으로 인해 흑룡강성 내의 "3자"기업 중 조선족 업자가 많은 기업도 회원가입을 신청할 수 있다. 동시에 이러한 기업은 대표인 추천에 의해 개인회원으로 가입할 수도 있다.

4. 흑룡강성에서 장기적으로 기업 경영활동을 하는 조선족 동포는 중화인민공화국 법률과 법칙을 준수하는 개인의 경우, 본인이 신청하고 심사가 통과되면 회원자격을 갖게 된다.

5. 본회와 관련이 있는 기관, 예를 들어 법률·과학기술·재무 등 기관의 직원일 경우, 본인이 신청하고, 소속기관 비준, 또한 본회 심사가 통과되면 회원자격을 갖게 된다.

6. 중국 법률·법칙을 위반하거나, 본회 정관을 준수하지 않거나, 본회 활동에 장기적으로 참여하지 않거나, 회비를 내지 않은 단체나 개인회원에 대해 본회는 이들 회원을 물러나도록 권고하거나 제명할 권한이 있다.

제6조 회원의 권리

1. 회원은 선거권과 피선거권 및 표결권이 있다.

2. 본회에서 제공하는 각종 서비스를 받을 권리와 각종 활동에 참여하는 권리가 있다.

3. 본회에 대한 의견, 요구 및 건의를 제시할 권한과 본회의 업무에 대해 심의 및 비평할 권한이 있다.

4. 회원에게 어려움이 있을 때 본회의 도움을 요청할 수 있다. 즉 합법적 경영활동이나 권익이 침해당할 때 본회에게 법적 보호를 요청할 수 있다.

5. 회원가입은 자원원칙이고, 퇴회는 자유원칙이다.

제7조 회원의 의무

1. 본회 정관을 준수한다.

2. 본회 결의를 집행한다.

3. 본회에서 위탁하는 업무나 사항을 완수한다.

4. 본회 정관을 적극 홍보하고, 영향력을 확대하며, 회원을 충원함에 애써야 한다.

제8조 본회의 최고권력기구는 총회 혹은 회원대표대회이다. 회원대표대회의 주요 직능은:

1. 본회의 중요한 사항을 토론 및 결의한다.

2. 본회의 집행위원 구성원을 심의 및 결정한다.

3. 위원회 선거 및 집행, 직무를 감당하지 못하는 집행위원회 구성원을 해임한다.

4. 본회 정관을 제정 및 수정한다.

5. 종지 사항을 결정한다.

제9조 회원대회는 2년에 1회를 개최한다. 단 필요할 때 앞당겨 하거나 지연 개최할 수 있다. 특수상황이 아니면 지연 시간을 1년 내로 한정한다.

제10조 회원은 지역, 업종과 인구수 상황에 따라 민주적 협의를 통해 대표

를 선택한다. 회원대표대회는 1년에 1회 개최된다. 직능은 회원대회와 같으며 집행위원회는 대표를 특별 초청할 권한이 있다.

제11조 회원대회 혹은 회원대표대회 폐회기간에 집행위원회로 직능을 수행한다.

제12조 집행위원회의 직능은 아래와 같다.

1. 회원대회 혹은 회원대표대회 폐회기간에 집행위원회는 본회의 최고 권력 기구이다.

2. 집행위원회와 대표대회의 결의를 토론하고, 연간사업계획과 연도 업무 총결산을 제정한다.

3. 회장 1인, 부회장 약간 명을 선거한다. 회장으로 지명한 비서장, 부비서장 및 명예회장, 고문 약간 명을 심의 및 결정한다.

4. 본회 재정을 심의한다.

5. 한국, 북한, 일본, 미국, 캐나다, 러시아 등 각국의 공상회와 연락하고, 회원 및 단체 회원에게 기업 발전에 유용 정보를 제공한다.

6. 본회와 기타 민중단체 및 기관과의 중요한 활동을 토론 및 결정한다.

7. 본회 내·외부 기구, 인사 임명·해임, 그리고 본회를 지도하는 업무를 토론 및 결정한다.

8. 회장, 부회장 및 비서장의 업무를 감독한다.

9. 회원대회 및 회원대표대회에서 발표하는 업무보고, 업무 총결산 및 각종 결의초안을 토론 및 결정한다.

제13조 본회 건립초기 집행위원회의 구성원 수는 20명으로 임시로 지정한다. 회장, 부회장 및 비서장은 집행위원회의 구성원이다.

제14조 본회 회장으로 관리업무를 하고, 부회장은 회장업무를 협조해주며, 비서장은 회장 및 부회장 관리 아래 일상적인 업무를 처리한다. 부비서장은 비서장 업무를 협조해 준다. 회장 임기는 2년이고, 연임 가능하며, 연임

횟수는 2회에 한한다. 집행위원회회의는 회장으로 사회하고, 중요한 문제의 결정을 토론하며, 민주집중제 원칙을 엄격히 준수하여 1인 독재 행위를 방지한다. 집행위원회에서 충원 및 제명 업무를 토론 및 결정한다.

제15조 집행위원회 구성원은 전문직이 아니고 무료 봉사이다. 본회에 대해 특수 기여가 있는 자에게 장려조례에 따라 표창한다.

제16조 본회 사무실은 상설기구이며, 일상업무를 처리한다.

제17조 본회는 필요할 경우 전문적인 부설기구를 설립한다. 부설기구의 업무와 구성원은 회장 사무실에서 토론하고, 집행위원회에서 통과를 받는다.

제18조 본회 여건이 허락된다면, 경제적 실체를 설립해 본회발전에 자금을 축적한다.

제2장 경비

제19조 본회 운영에 소요되는 재정은 다음의 방법에 따른다.

1. 회비(수액은 집행위원회로 결정)

2. 본회 유상 봉사에 따른 수입

3. 본회 경제적 실체 운영에 따른 수입

4. 찬조금

5. 정부 지원

6. 기타 합법적 수입

제21조 본회는 전문 재무관리부서를 설치하고, 재무제도를 규정하며, 중국 재정법을 준수한다. 동시에 회장 사무실, 집행위원회 및 회원대회에 재무상황을 정기적으로 보고한다. 비용지출은 담당자 허가를 받아야 하며, 중대한 재무상황은 집행위원회의 허가를 받아야 사용할 수 있다.

제3장 부칙

제21조 본회 사무실은 하얼빈시 도리구 경위2도가 97호 흑룡강신문사 3~

5층에 설치한다.

제22조 이 정관은 2007년 3월 18일 회원대표대회에서 표결 통과된다.

제23조 이 정관의 해석권은 본 협회의 집행위원회에 속한다.

4) CEO 프로필 및 미래 비전

(1) 배일환 회장 프로필

〈그림 Ⅳ-48〉 흑룡강성 조선족상
공회 배일환 회장

- 1962년 하얼빈 태평구에서 출생
- 1982년 하얼빈시 건재국(建材局) 근무
- 1987년 개인사업을 시작(건축자재, 운수, 대외무역, 음식, 오락, 환보 등 여러 가지 업종에 종사)
- 1990년~2001년 하얼빈북강실업유한회사 설립
- 2003년 녹환경제무역유한회사 설립
- 2009년~현재 흑룡강성 및 하얼빈시 조선족상공회 회장

(2) 미래비전

배 회장은 2009년에 흑룡강성 및 하얼빈 조선족상공회 제2대 회장으로 당선되었으며 2011년에는 제3대 회장으로 연임되었다. 배 회장은 조선족 기업인들에게도 "조선족 사회만 아니라 한족 주류사회로 과감히 뛰어들어야 한다."라고 주장한다. 실제로 다년간 전쟁터와 같은 상업계에서 치열하게 경영을 하면서 한족들 사이에서 네트워크를 쌓아온 배 회장은 현재 넓은 인맥을 형성하고 있다.

배 회장은 상공회 내의 기업들 간에도 서로 합작하고 협력하면 작은 기업도 큰 이익을 낼 수 있다고 주장한다. 따라서 배 회장의 뜻을 따라 상공회

내의 기업들 간에 상호 협력이 이루어진 일들이 많다. 예를 들어 의복제조 기업이 있다면 상공회 내 조선족 기업들의 유니폼은 당연히 그 회사에 맡겨지게 된다. 배 회장은 "동종 업체들 간 산업고리를 형성하고, 강한 자와 강한 자가 손잡고, 강한 자가 약한 자를 이끌어주면 서로 함께 발전할 수 있지 않겠는가?"라고 말했다.

5) 주요활동

(1) 조선족 기업인 단합시켜 민족경제발전에 기여[19]

흑룡강성 조선족상공회 설립 3주년 및 하얼빈시 조선족상공회 설립 10주년 기념행사가 개최됐는데 이날 행사에 흑룡강성과 하얼빈시의 유지인사 및 각지에서 온 조선족 상공인 총 100여 명이 참석했다. 흑룡강성 조선족상공회 배일환 회장의 '2009-2010년도 상공회 업무보고'로부터 시작한 이날의 기념행사는 시종 화기애애한 분위기속에서 진행됐다. 배일환 회장은

<그림 Ⅳ-49> 흑룡강성 조선족상공회 설립 기념행사(2010년)

---

19 흑룡강신문(2010년 3월 23일).

"지난 1년간 상공회 전체 회원들의 일심협력으로 상공회의 조직기구가 끊임없이 완벽화되고 사업환경이 크게 개선됐으며 회원 수도 배로 늘어났다."라고 하면서 "상공회의 사무실 면적이 지난해의 100㎡에서 현재의 300㎡으로 늘어났고 회원 수도 제2기 회원대표대회 때의 60여 명에서 오늘날의 130여 명으로 늘어났으며 '흑룡강성 조선족상공회 재무관리제도'를 비롯한 일련의 협회제도를 일상화하여 내부관리를 강화했다."라고 밝혔다. 한편 상공회에 대한 홍보와 지명도의 제고에 부심하면서 현지 민족사회의 발전에 적극적으로 동참해왔다고 덧붙였다. 배회장은 "회원들간의 교류와 협력을 추진하기 위하여 상공회에서는 3개월간의 기초작업을 거쳐 상공회 소속 회원업체를 계열적으로 소개하는 '흑룡강 조선족 기업가 풍채'라는 홍보책자를 만들어냈으며 '흑룡강성 조선족 상공회' 사이트도 제작하였다. 이는 향후 상공회와 국내외 기업 간의 교류와 협력에 중요한 징검다리 역할을 할 것이라고 설명했다. 또 회원을 조직하여 '금융위기와 조선족 기업발전심포지엄', '세계한인협회회장회의', '하얼빈시조선민족민속문화제', '청도조선족민속문화제', '제1회 전국 조선족 정계·기업계포럼', 한국 인천에서 개최된 '제8차 세계한상대회', 일본 도쿄에서 개최된 '중·일·한 삼국조선족한인기업포럼'을 비롯한 대형 행사에 적극 동참하였고 한국의 여수시 등 4개 시(군)와 우호협력관계를 맺는 등 상공회의 지명도 제고와 국내외 홍보에 주력해왔다고 밝혔다.

배일환 회장은 또 민족사회발전에 기여하자는 일환으로 제30회 하얼빈시조선족운동회, 하얼빈시도리조선족중심소학교 개교 100주년 기념행사, 하얼빈시조선족대학생축구경기를 비롯한 민족사회의 제반행사에 뜨거운 손길을 내밀었다고 덧붙였다.

흑룡강성 조선족상공회는 흑룡강성민족사무위원회의 정식 허가를 거쳐 설립된 민간단체로 흑룡강성내의 조선족 사영기업, 개체공상호를 하나같이 묶어세워 전반 조선족 경제의 번영과 흑룡강성의 경제부흥에 기여하는 데 그 취지를 두고 있다.

(2) 흑룡강성 조선족상공회와 조글로(연변)CEO클럽 공동발전 추진 협약체결식20

흑룡강성 조선족상공회와 조글로 CEO클럽 간 공동발전에 관한 협약체결식이 하얼빈시에서 진행됐다. 이날 체결식에 흑룡강성 조선족상공회 측은 배일환 회장을 비롯한 부분적 회장단이 참석했고 조글로 CEO클럽측은 조글로 CEO클럽회장이며 연변아리랑미디어발전유한회사 사장인 박준덕 그리고 조글로 미디어 법인대표 김삼을 비롯한 방문단 일행 5명이 참석했다.

체결식에 앞서 양측은 서로의 발전상황과 향후 공동발전목표에 대해 설명했다. 조글로 측은 이제는 지역적 공간을 벗어나 서로 협력하여 하나로 똘똘 뭉쳐 통일적이고 유력한 브랜드를 창출해야만 중국이라는 이 엄청나게 큰 무대에서 우리가 같은 목소리를 내고 아울러 자신의 떳떳한 위치도 찾을 수 있다며 협력관계의 중요성을 강조했다. 흑룡강성 조선족상공회 배일환 회장도 조선족글로벌네트워크의 구축과 '조선족 건강사회 만들기'에 적극 기여하고 있는 조글로 측에 깊은 경의를 표하고 나서 향후 조글로 CEO클럽을 본보기로 적극적인 대외진출과 홍보에 열중할 것이라는 입장을 밝혔다.

〈그림 Ⅳ-50〉 흑룡강성 조선족상공회와 조글로 CEO클럽간 MOU 체결식(2010년)

---

20 흑룡강신문(2010년 2월 1일).

조글로 CEO클럽은 연변 및 세계 각지 조선족 사회를 네트워크로 연결하여 조선족 거주지역의 경제 · 문화발전을 도모하여 '조선족 건강사회 만들기'에 앞장서는 것을 취지로 국내외 관련단체들과의 각종 교류를 추진하여 회원사들의 기업발전을 도모하며 힘을 모아 지역사회 발전에 유익한 지원 활동을 펼치고 민족의 문화와 뿌리를 지키는데 일조하는 등 기업의 사회적 의무를 수행함에 그 목적을 두고 있는 연변지역의 기업협회조직이다.

(3) 조선족 기업인과 한국기업인 간 상생협력[21]

흑룡강성 조선족상공회와 재 하얼빈 한국투자기업협회 간의 간담회가 하얼빈시 람천호텔에서 열려 하얼빈시의 조선족 기업인들과 한국 기업인들이 처음으로 손을 잡았다. 조선족 기업인과 한국 기업인간의 첫 만남이 이루어진 이날 간담회에서 흑룡강성 조선족상공회 배일환 회장은 인사말을 통해 "하얼빈시의 조선족 기업인과 한국투자 기업인간의 교류는 오늘 첫 발걸음을 뗀 것인 만큼 그 자체가 뜻 깊고 의의가 있다. 앞으로 조선족 기업인들과 한국기업인들이 각자 우세를 발휘해 기업을 잘 경영해나가는 동시에 상호간에 정보를 교류하고 우의를 돈독히 하면서 폭넓게 협력을 강화한다면 기업경영에도 도움이 될 것이다."라고 말했다.

한국 하나은행 하얼빈지점 김영식 지점장이 재 하얼빈 한국투자기업협회를 대표하여 답사했다.

그는 "재 하얼빈 한국투자기업들은 기업경영에서 성공의 희열을 맛 볼 때도 있지만 어려움에 봉착할 때도 있다. 현지 조선족 기업인들과 자주 교류하면서 상호간 기업경영 노하우를 배우는 것이 바람직할 것이며 앞으로 정기적으로 이런 교류 활동을 자주 마련했으면 좋겠다."라고 말했다. 참가자들은 이런 모임이 뒤늦게 마련되었지만 조선족 기업인들과 한국 기업인들과의 만남을 통해 향후 쌍방의 교류 및 협력관계가 더 활성화되기를 기대

---

21 흑룡강신문(2010년 08월 26일).

〈그림 Ⅳ-51〉 흑룡강성 조선족상공회와 하얼빈 한국투자기업협회간 간담회(2010)

했다.

이날 간담회에 참가한 한국기업인은 주로 하얼빈에서 은행, 전자, 자동차, 건축, 농업, 식품 등의 업종에 종사하는 한국기업의 대표들이었고, 조선족 기업인은 주로 석유화학, 기계제조, 건축, 관광, 농업 등의 분야에 종사하는 조선족 핵심기업의 대표들이었다.

V

흑룡강성 조선족 기업의 경영활동과 네트워크 실태

전장에서는 흑룡강성 기업환경에서 경영활동과 네트워크를 구축하고 있는 흑룡강성 조선족 기업집단인 금약그룹과 길신그룹의 사례를 제시하였다. 이어서 흑룡강성 사영기업 중 대표적인 사례로 4개의 기업을 선별하여 경영활동 및 네트워크 실태를 기존 자료를 통하여 개관하였다. 또한 흑룡강성 조선족 상충회의 활동상황도 알아보았다. 이어서 본장에서는 흑룡강성 조선족 기업인을 대상으로 설문조사를 한 결과물을 제시한다. 즉 흑룡강성 조선족 기업의 경영활동 및 네트워크 실태를 설문조사 및 분석을 통하여 제시하였다. 이를 통하여 흑룡강성 조선족 기업들의 전반적인 활동상황과 네트워크를 파악할 수 있을 것이며 또한 중국 조선족 기업네트워크 및 한상네트워크를 구축할 수 있는 기초자료로 활용할 수 있을 것이다.

1. 설문조사 개요[1]

1) 조사목적

본 설문조사의 목적은 흑룡강성 조선족 기업의 경영실태에 대한 기초조사를 토대로 한국에 있는 기업 또는 흑룡강성 진출 한국기업 및 해외한상기업, 외국기업 그리고 중국기업과 흑룡강성 조선족 기업과의 상생(相生)을 위한 방안을 강구하기 위한 것일 뿐만 아니라 중국의 경제발전 실현을 위해 흑룡강성 조선족 기업의 역할을 극대화하고 흑룡강성 진출 한국기업의 성공률을 높이는 데 있다. 본 조사는 또한 흑룡강성 조선족 기업 경영활동과 네트워크에 대한 최초의 현지조사연구로서 매우 큰 의의를 갖는다.

1 　본 설문조사 자료는 2009년 1월부터 8월까지 저자가 흑룡강성 조선족 기업을 방문하여 직접 설문조사자료를 수집하였으며 일부는 흑룡강신문사에 의뢰하여 수집하였다.

2) 조사 대상지역

설문조사 대상지역은 흑룡강성의 조선족 집거지인 하얼빈시와 목단강시 등 10개 시와 동녕현 등 3개 현 지역이며 설문대상은 10개 시와 3개 현에서 경영활동을 하고 있는 조선족 기업이다.[2]

3) 조사기간

설문조사기간과 설문지 회수 부수를 보면 다음과 같다. 1차적으로 2008년 12월 27일부터 2009년 1월 24일까지 흑룡강성 하얼빈을 중심으로 조선족 기업을 방문하여 20부의 설문지를 회수하였으며 2차로 50부의 설문지를 흑룡강신문사에 의뢰하여 2009년 8월 31일에 33부의 설문지를 최종적으로 회수하여서 결과적으로 53부의 설문지가 실증분석에 사용되었다.

4) 표본추출 방법

다음으로 설문조사를 하기위한 흑룡강성 조선족 기업에 대한 표본추출 방법을 보면 다음과 같다. 중국의 인구통계연감에 의하면 2000년 말 기준으로 흑룡강성 조선족 호적인구는 38만 8,458명으로 조사되어 있으며 흑룡강성의 조선족 업체는 자영업자를 포함하여 약 2,000개 정도이고 업종은 주로 서비스업이며 제조업은 약 200여 업체가 있는 것으로 조사되었다.[3] 또

---

2   여기서 말하는 조선족 기업이란 비국유기업으로서 개체호(자영업자)가 아닌 종업원 8인 이상의 사영기업이거나 집체소유제기업(도시집체기업, 농촌집체기업), 연영기업(국유 · 집체연영, 국유 · 사영연영, 집체 · 개인기업연영), 주식제기업(유한책임공사, 주식유한회사)으로서 조선족이 동사장이나 총경리로 있거나 또는 회사지분의 51% 이상을 소유한 실질적인 지배주주인 기업을 말한다.

3   흑룡강성조선민족출판사에서 2006년 8월에 출간한 "중국 한겨레 사회 어디까지 왔나?" 라는 책자에 흑룡강성 한겨레 사회 현황에 대하여 자세히 소개되어 있다.

한 흑룡강성 조선족상공회에서 회원사를 대상으로 소개해놓은 자료에 의하면[4] 회원사는 약 50여 업체이며 업종은 주로 제조업, 무역업과 음식업, 서비스업, 관광업, 정보기술업, 부동산개발업 등이고 최고경영자의 70% 이상이 30~40대의 젊은 경영인인 것으로 소개되어 있다. 따라서 표본은 정확히 조사해놓은 최근의 통계자료가 없으므로 흑룡강성 조선족상공회에서 소개해놓은 50여 개의 회원사 중 50% 이상을 표본으로 추출하였으며(26개) 나머지 시나 현은 지역 조선족기업가협회나 기업인들의 도움을 받아서 임의로 추출된 기업들을 대상으로 설문조사하였다. 이는 중국내에서 소수민족이자 200여만 명밖에 안 되는 조선족 및 조선족 기업에 대한 자료가 통계적으로 명확하게 제시되지 못한 경제상황 때문이기도 하다.

5) 조사내용

한편 설문지는 크게 4개의 분야로 구성되어 있다. 즉 조선족 기업의 일반현황, 경영활동, 외국(한국 포함)과의 거래, 대표자에 대한 인적사항 등이다. 설문지의 각 분야별 세부항목을 보면 첫째, 일반현황 분야에서는 회사명, 설립연도, 소재지 및 전화번호, 회사형태, 주된 업종, 주력제품이 매출액에서 차지하는 비중, 종업원 수, 경영활동 애로사항, 기업경영 과정상 중점분야에 대한 사항을 질문하였다. 둘째, 조선족 기업의 경영활동 분야에서는 마케팅 활동, 판매촉진(광고, 홍보) 수단, 경영상태, 사업자금 조달방법, 자금사정, 주력제품에 대한 원가의 비중, 원가절감, 종업원 채용방법, 모집, 교육훈련, 임금결정 시 고려요인, 종업원 복지, 공회(노동조합), 사내 의사소통수단, 생산계획, 주력제품(서비스)의 품질수준, 재고관리시스템, 정보시스템, 인터넷 활용, 홈페이지 등 전반적인 기업경영 실태에 대한 사항들을 집중적

4　흑룡강성 조선족상공회에서 2010년 3월에 출간한 흑룡강 조선족 기업가 "풍채"라는 책자에 50여 개의 흑룡강성 조선족 개별기업에 대한 정보가 소개되어 있다.

으로 질문하였다. 마지막으로 조선족 기업 대표자에 대한 인적사항을 조사함으로써 경영자의 연령과 고향 및 성별이 경영활동에 어떤 영향을 미치는지를 분석하는 데 중점을 두었다.

연구에는 통계자료와 문헌 등 2차 자료를 활용하였으며 설문지와 면담자료도 이용하였다. 통계자료는 중국 흑룡강성의 통계출판사에서 출판된 통계연감을 사용하였으며, 문헌자료는 중국과 조선족에 관련된 단행본, 논문, 연구보고서, 신문, 잡지 등을 참고하였다.

〈표 V-1〉 설문지 내용의 구체적인 항목

분석단위		조 사 내 용
	Ⅰ. 일반현황	1. 인적사항
		2. 회사 형태
		3. 업종별 현황
		4. 주력제품
		5. 종업원 수
		6. 경영 애로사항
		7. 경영상 중점사항
흑룡강성 조선족 기업의 경영활동	Ⅱ. 경영활동	1. 마케팅 활동
		2. 판매촉진 활동
		3. 경영실태(매출액, 자본금, 당기순이익)
		4. 자금조달
		5. 최근 3년간 자금사정
		6. 주력제품의 원가비중
		7. 원가절감 방법
		8. 종업원 채용방식
		9. 종업원 교육
		10. 임금결정 요인
		11. 종업원 복지
		12. 공회 유무(공회활동, 교섭 정도)
		13. 종업원과 의사소통수단
		14. 생산계획
		15. 주력제품(서비스) 품질수준
		16. 재고관리
		17. 업무별 정보화 정도
		18. 인터넷정보 활용정도
		19. 홈페이지 유무(용도 등)

(계속)

분석단위		조 사 내 용
흑룡강성 조선족 기업의 경영활동	Ⅲ. 수출,수입, 투자	A. 수출 1. 제품 및 원료납품 여부(빈도) 2. 최근 1년간 한국수출 여부 B. 수입 3. 최근 1년간 한국으로부터 수입 여부(제품명, 수입요인) C. 투자 4. 현재 투자형태 5. 재중 한국기업과 합자 및 합작 유무(투자방식, 투자비율, 투자동기, 만족도) 6. 한국에 투자경험 유무(투자업종, 투자요인, 만족도) 7. 한국에 투자계획 유무(투자업종, 투자정보 입수경로)
흑룡강성 조선족 기업의 네트워크	Ⅰ. 중국 내 조선족 기업	1. 경영활동상 가장 많이 활용하고 있는 네트워크 2. 중국 내 조선족 기업과의 상호협력이나 교류관계 3. 중국 내 조선족 기업과의 상호협력이나 교류의 장애요인 4. 중국 내 조선족 기업 상호간 협력이나 교류를 활성화하기 위한 방안
	Ⅱ. 중국 내 한국투자기업	1. 한국투자기업과의 상호협력이나 교류 여부 2. 한국투자기업과의 상호협력이나 교류의 장애요인 3. 한국투자기업과의 상호협력이나 교류 활성화 방안
	Ⅲ. 한국에 있는 기업	1. 한국에 있는 기업과 상호협력이나 교류여부 2. 한국에 있는 기업과 상호협력이나 교류의 장애요인 3. 한국에 있는 기업과 상호협력이나 교류를 활성화하기 위한 방안
	Ⅳ. 중국이나 기타 외국기업	1. 중국기업과의 교류 내용 2. 중국 내 외국기업(한국투자기업 제외)과의 교류내용 3. 해외 외국기업(한국기업 제외)과의 교류내용 4. 화상기업과의 교류내용
	Ⅴ. 대학(연구소), 정부기관, 금융기관, 단체	1. 중국 및 한국대학(연구소)과의 산학협력관계 체결여부 2. 민족금융기관 설립의 필요 여부 3. 사업상 참여하는 단체나 조직 4. 한국상회나 코트라 등 기업관련 단체와 상호교류 여부 5. 기업활동에 온라인 화상네트워크 활용정도 6. 온라인 한상네트워크 구축 시 원하는 정보
	Ⅵ. 대표자 인적사항	1. 성명 2. 연령 3. 성별 4. 고향

2. 흑룡강성 조선족 기업의 경영활동

1) 일반현황

(1) 경영자의 인적사항

① 연령

흑룡강성 조선족 기업 중 표본추출된 53개 기업의 경영자에 대한 연령을 조사하였다. 응답결과에 의하면 40대가 37.7%로 가장 높은 비중을 차지하였으며 다음으로는 50대가 35.8%를 차지하는 것으로 나타났다. 결과적으로 흑룡강성 조선족 기업들은 40~50대가 73.5%를 차지함으로써 주류를 이루는 것으로 조사되었다. 한편 30대도 13.2%를 차지함으로써 흑룡강성 조선족 기업인의 나이가 점점 젊어지는 것으로 나타났다.

② 출신지역

흑룡강성 조선족 기업인들 중 표본추출된 53개 기업을 대상으로 출신지역이 어디인지를 설문하였다. 응답결과에 의하면 하얼빈시가 49.1%를 차

〈표 V-2〉 흑룡강 조선족 기업 경영자의 연령

(단위: %)

구분	20대	30대	40대	50대	60대	무응답	계
빈도수	1	7	20	19	3	3	53
비율	1.9	13.2	37.7	35.8	5.7	5.7	100

〈표 V-3〉 흑룡강 조선족 기업 경영자의 출신지역

(단위: %)

구분	하얼빈시	상지시	목단강시	아성시	동녕현	밀산시	해림시	영안시	탕원현	수화시	오상시	집현현	가목사시	기타	합계
빈도수	26	3	6	1	1	2	3	1	2	1	1	1	2	3	53
비율	49.1	5.7	11.	1.9	1.9	3.8	5.7	1.9	3.8	1.9	1.9	1.9	3.8	5.7	100

지하고 있으며 목단강시가 11.3%, 해림시와 상지시가 각각 5.7%를 차지하는 것으로 나타났다. 즉 흑룡강성의 조선족 기업인들은 하얼빈시에서 주로 사업을 하고 있으며 다음으로는 목단강시와 상지시, 해림시 순인 것으로 조사되었다.

③ 설립연도

흑룡강성 조선족 기업들의 설립연도가 언제인지를 물었다. 응답결과에 의하면 2000년도 이전 설립이 24.5%를 차지하고 있으며 다음으로는 1995년도 이전이 20.8%, 2005년도가 11.3%인 것으로 나타났다. 이러한 결과를 통해서 알 수 있는 것은 흑룡강성 조선족 기업들은 2000년도 이전에 가장 많이 창업을 하였으며 다음으로는 한중수교 직후인 1995년도에 창업을 많이 한 것으로 조사되었다.

④ 회사형태

흑룡강성 조선족 기업들의 회사형태를 보면 응답기업의 77.4%가 사영독자기업이며 다음으로는 기타가 17%인 것으로 응답되었다. 즉 흑룡강성 조선족 기업들의 회사형태는 대부분이 사영독자기업인 것으로 나타났으며

〈표 V-4〉 흑룡강 조선족 기업의 설립연도 (단위: %)

설립 연도	~ 1995	~ 2000	2001	2002	2003	2004	2005	2006	2007	2008	무응답	계
빈도수	11	13	3	2	5	4	6	4	3	1	1	53
비율	20.8	24.5	5.7	3.8	9.4	7.5	11.3	7.5	5.7	1.9	1.9	100

〈표 V-5〉 흑룡강성 조선족 기업의 형태 (단위: %)

회사형태	사영독자기업	사영합자기업	사영합작기업	기타	계
빈도수	41	2	1	9	53
비율	77.4	3.8	1.9	17	100

사영합자기업(3.8%)이나 사영합작기업(1.9%)은 극히 일부인 것으로 조사되었다. 그리고 여기서 기타가 차지하는 17%의 기업은 조선족 기업인들이 최고 경영자로 있는 국영기업인 것으로 판단된다.

⑤ 종업원 수

흑룡강성 조선족 기업들의 종업원 수가 얼마나 되는지를 설문하였다. 왜냐하면 종업원 수를 통하여 기업의 규모를 판단할 수 있기 때문이다. 응답 결과에 의하면 흑룡강성 조선족 기업들은 종업원이 50인 이하(26.4%)가 가장 많으며 다음으로는 20인 이하(22.6%)인 것으로 나타났다. 한편 100인 이하도 17%, 500인 이하도 17%를 차지하는 것으로 조사되었다.

이는 2006년도에 전남대학교 세계한상문화연구단 중국한상팀에서 중국 5개 지역(연변, 심양, 북경, 청도, 상해)의 조선족 기업에 대한 종업원 수를 조사한 비율과 거의 유사한 결과이다. 즉 5개 지역 평균 종업원 수를 보면 50인 이하가 27%, 20인 이하가 22%로서 흑룡강성 조선족 기업의 종업원 수와 거의 유사하였다.

〈표 V-6〉 흑룡강성 조선족 기업의 종업원 수

(단위: %)

종업원 수	10인 이하	20인 이하	50인 이하	100인 이하	500인 이하	1000인 미만	1000인 이상	계
빈도수	8	12	14	9	9	0	1	53
비율	15.1	22.6	26.4	17	17	0	1.9	100

2) 경영활동[5]

(1) 경영전략 및 위험요인

① 경영 애로사항

흑룡강성 조선족 기업인들이 기업을 경영하면서 느끼는 애로사항으로서 가장 심각하게 받아들여지고 있는 당면 문제는 '자금부족'인데 응답자의 20.8%가 심각하거나 매우 심각하다고 응답하였다. 이는 중국 조선족 기업의 경우 자금부족의 문제는 개인저축이나 친인척을 통하여 조달한다는 측면과는 다른 면이 있다. 즉 자금부족 문제를 응답한 일부 기업의 경우 '자금부족' 문제가 심각하지 않거나 전혀 심각하지 않다.(28.3%)고 응답함으로써 심각하다고 응답한 기업과 대비가 되는 부분이다. 이는 심각하다고 응답하는 기업의 경우 기업의 내외적 환경에 의하여 사업을 확장할 경우 개인이 조달하는데 한계가 있음을 나타내며 또한 흑룡강성 조선족 기업의 성장을

〈표 Ⅴ-7〉 흑룡강 조선족 기업의 경영 애로사항 (단위: %)

당면문제	매출액 감소		인건비 상승		기술수준 악화		과잉경쟁		세금부담 가중		자금 부족		기타	
	빈도수	비율	빈도수	비율	빈도수	비율	빈도수	비율	빈도수	비율	빈도수	비율	빈도수	비율
전혀 심각하지 않음	9	17	3	5.7	17	32.1	7	13.2	6	11.3	3	5.7	0	0
심각하지 않음	17	32.1	14	26.4	22	41.5	14	26.4	13	24.5	12	22.6	0	0
그저 그렇다	22	41.5	32	60.4	12	22.6	23	43.4	24	45.3	27	50.9	3	5.7
심각함	4	7.5	4	7.5	2	3.8	7	13.2	9	17	10	18.9	0	0
매우 심각함	1	1.9	0	0	0	0	2	3.8	1	1.9	1	1.9	0	0
계	53	100	53	100	53	100	53	100	53	100	53	100	53	100

5　이장섭(2011), "중국 흑룡강성 조선족 기업의 경영활동에 관한 연구", 『한국동북아논총』 제 16집 제 1호(통권 58호), 한국동북아학회, pp.91-117.

의미하기도 한다.

다음으로 경영 애로사항의 당면문제로 '세금부담 가중'을 들었는데 응답자의 18.9%가 심각하거나 매우 심각하다고 응답하였다. 한편으로는 응답자의 35.8%는 심각하지 않거나 전혀 심각하지 않다고 응답함으로써 심각하다고 응답한 응답자와 대비되는 관계를 보인다. 이는 역시 상반되는 개념으로서 흑룡강성 조선족 기업들은, 기업을 경영하면서 국가에 세금을 내는 것은 당연하다고 느끼는 부류와 다른 한편으로는 기업을 경영하면서 세금부담이 압박된다는 부류이다. 이는 흑룡강성 조선족 기업인들의 마인드가 점점 자본주의화 되어간다는 것을 의미하기도 한다.

② 경영상 중점사항

흑룡강성 조선족 기업인들이 경영상 가장 중점을 두는 분야는 「사업확장 및 판로개척」(중요함 54.7%, 매우 중요함 24.5%)과 「인력확보 및 종업원훈련」(중요함 58.5%, 매우 중요함 7%)인 것으로 나타났다. 이는 중국의 경제성장에 따라 조선족 기업 또한 같이 성장하고자 하는 경영 마인드이며 인력확보나 종업원

〈표 Ⅴ-8〉 흑룡강성 조선족 기업의 경영상 중점사항

(단위: %)

중점분야	사업확장 및 판로개척		해외 진출		기술 개발		자금확보		인력확보 및 종업원 훈련		원가절감 및 구조조정		기타	
	빈도수	비율	빈도수	비율	빈도수	비율	빈도수	비율	빈도수	비율	빈도수	비율	빈도수	비율
전혀 중요하지 않음	0	0	2	3.8	0	0	0	0	0	0	1	1.9	0	0
중요하지 않음	1	1.9	18	34	2	3.8	2	3.8	1	1.9	5	9.4	0	0
그저 그렇다	10	18.9	18	34	15	28.3	14	26.4	12	22.6	23	43.4	0	0
중요함	29	54.7	10	18.9	28	52.8	29	54.7	31	58.5	21	39.6	1	1.9
매우 중요함	13	24.5	5	9.4	8	15.1	8	15.1	9	17	3	5.7	0	0
계	53	100	53	100	53	100	53	100	53	100	53	100	53	100

훈련은 기업이 성장하기 위한 필요조건이자 충분조건이기 때문이기도 하다. 한편 흑룡강성 조선족 기업들이 기업을 경영하면서 후순위에 두고 있는 사항으로는 「해외진출」(중요함 18.9%, 매우 중요함 9.4%)과 「원가절감 및 구조조정」(중요함 39.6%, 매우 중요함 5.7%)인 것으로 조사되었다. 이러한 결과를 놓고 볼 때 흑룡강성 조선족 기업들이 기업을 경영하면서 해외진출에 대해서 관심을 별로 두지 않는 이유는 해외로 뻗어나가기 위한 글로벌 경영 마인드가 적든지 아니면 중국의 큰 시장을 의식하여 해외진출의 필요성을 느끼지 않는 것이 아닌가 하는 것으로 판단된다. 또한 원가절감 및 구조조정에 대해서 별로 중요하게 생각하지 않는 이유는 원가절감이나 구조조정에 대한 마인드가 형성되어 있지 않든지 아니면 원가절감을 하지 않아도 매출에 지장이 없기 때문에 원가절감이나 구조조정을 할 필요성을 못 느끼는 것으로 보인다.

이러한 결과를 놓고 볼 때 흑룡강성 조선족 기업들은 좀 더 큰 글로벌화된 기업으로 성장하기 위해서는 원가절감이나 기술개발, 해외진출 등에 경영 마인드를 집중시켜야 될 것으로 판단된다.

(2) 마케팅 활동

① 중요시되는 마케팅 활동

흑룡강성 조선족 기업들은 마케팅 활동 시 「신제품개발 및 기존제품개량」(중요함 47.2%, 매우 중요함 28.3%)을 가장 우선순위에 두고 있으며 다음으로는 「제품가격 결정」(중요함 67.9%, 매우 중요함 7.5%)과 「판매촉진」(중요함 54.7%, 매우 중요함 17%)이며 마케팅 활동 4가지 중 가장 후순위에 두고 있는 것은 「유통경로」(중요함 41.5%, 매우 중요함 15.1%)인 것으로 나타났다. 이러한 결과를 놓고 볼 때 흑룡강성 조선족 기업들은 기업성장의 조건 중 첫 번째 항목인 「신제품개발」에 경영 마인드를 가지고 있다는 점에서 미래의 발전가능성을 엿볼 수 있겠다. 또한 「유통경로」가 표에 제시된 4가지 마케팅 활동 중 가장 후순위

〈표 V-9〉 흑룡강성 조선족 기업의 마케팅 활동

구분	제품가격결정		신제품 개발 및 기존제품개량		판매촉진		유통경로	
	빈도수	비율	빈도수	비율	빈도수	비율	빈도수	비율
전혀 중요하지 않음	0	0	0	0	0	0	1	1.9
중요하지 않음	2	3.8	1	1.9	3	5.7	1	1.9
그저 그렇다	11	20.8	12	22.6	12	22.6	21	39.6
중요함	36	67.9	25	47.2	29	54.7	22	41.5
매우 중요함	4	7.5	15	28.3	9	17	8	15.1
계	53	100	53	100	53	100	53	100

에 놓여있으나 이는 결코 가볍게 넘길 사항이 아니라고 생각된다. 왜냐하면 「유통경로」의 경우 중요하다고 생각한다는 응답이 41.5%이며 매우 중요하다고 생각한다는 응답도 15.1%나 되기 때문이다.

결과적으로 흑룡강성 조선족 기업들은 제시된 4가지의 마케팅 활동에 대해서 중요하다고 생각하는 마인드가 지배적이기 때문에 향후 기업의 성장에 밑거름이 될 수 있을 것으로 판단된다.

② 홍보수단

흑룡강성 조선족 기업의 홍보수단은 무엇이며 얼마나 활용하는가에 대한 응답결과를 보면 흑룡강성 조선족 기업이 회사 및 제품의 홍보에 가장 많이 활용하는 수단은 「구전(입소문)」(약간 활용함 47.2%, 많이 활용함 28.3%)인 것으로 조사되었다. 다음으로 활용도가 높은 것은 「신문·잡지」(약간 활용함 35.8%, 많이 활용함 24.5%)이며 가장 활용도가 낮은 것은 「TV·라디오」(약간 활용함 17%, 많이 활용함 13.2%)인 것으로 나타났다. 이러한 결과를 놓고 볼 때 다음과 같은 해석이 가능하다. 즉 흑룡강성 조선족 기업들은 중국에서 기업을 경영하면서 자사의 제품에 대한 홍보를 별로 하지 않는다는 것과 그러나 홍보를 할 때에는 민족신문이나 잡지, 예를 들면 〈길림신문〉이나 〈흑룡강신문〉 또는

〈표 Ⅴ-10〉 흑룡강성 조선족 기업의 홍보수단 (단위: %)

구분	신문·잡지		TV·라디오		인터넷		구전(입소문)	
	빈도수	비율	빈도수	비율	빈도수	비율	빈도수	비율
전혀 활용하지 않음	3	5.7	7	13.2	5	9.4	0	0
활용하지 않음	7	13.2	18	34	13	24.5	1	1.9
보통	11	20.8	12	22.6	9	17	12	22.6
약간 활용함	19	35.8	9	17	12	22.6	25	47.2
많이 활용함	13	24.5	7	13.2	14	26.4	15	28.3
계	53	100	53	100	53	100	53	100

〈료녕신문〉 등에 자사제품에 대한 광고 홍보를 하며, 잡지도 〈진달래〉, 〈송화강〉 등의 잡지에 광고 홍보를 하는 것으로 면담결과 밝혀졌다. 한편, 선진국에서 광고·홍보에 많이 이용되는 TV·라디오는 왜 많이 활용하지 않는걸까? 이는 흑룡강성 조선족 기업들은 조선족들이 한국방송을 많이 시청하기 때문에 시청자의 한계성을 느낀 것 같다. 또한 인터넷 활용의 경우 「약간 활용함」이 22.6%, 「많이 활용함」이 26.4%로서 전체적으로 49%가 인터넷을 활용하여 기업의 홍보를 하는 것으로 응답되어서 이러한 결과를 놓고 볼 때 흑룡강성 조선족 기업들의 정보화 정도가 상당히 높은 것으로 판단된다.

(3) 재무관리 활동

① 사업자금 조달방법

흑룡강성 조선족 기업들은 사업자금을 어떻게 조달할까에 대한 응답결과는 다음과 같다. 즉 흑룡강성 조선족 기업들이 사업자금을 조달하는 1순위로는 「개인저축」(46.6%)이며 다음으로는 「은행대출」(15.9%)과 「친척 및 가족·지인」(12.5%) 및 「거래처」(12.5%)인 것으로 나타났다. 흑룡강성 조선족 기업들이 사업자금을 스스로 조달한다고 응답한 이면에는 다음과 같은 뜻

〈표 V-11〉 흑룡강성 조선족 기업의 사업자금 조달방법 (단위: %)

구분	은행대출	사채업자	정부대출	친지	거래처	개인저축	기타	계
빈도수	14	0	6	11	11	41	5	88
비율	15.9	0	6.8	12.5	12.5	46.6	5.7	100

이 내포되어 있다. 즉 필요한 자금을 「개인저축」을 통해서 스스로 조달함으로써 타인자본, 즉 부채가 없이 자기자본만으로 기업을 경영함으로써 내실 있고 안정적인 경영을 할 수 있으며 또한 무리한 투자를 하지 않는다는 것이다. 그러나 한편으로는 큰 사업기회가 있다 하더라도 무리한 투자를 하지 않고 자기자본만을 조달하여 기업을 경영함으로써 빠른 성장을 기대할 수 없을 뿐만 아니라 거액이 투자되는 제품개발 등을 회피함으로써 중소기업에 머물러 있을 수밖에 없는 환경인 것으로 판단된다. 또한 필자가 중국에서 조선족 기업들을 대상으로 면담한 결과에 의하면 은행 등의 금융권에서 사업자금을 조달하여 기업을 확장하거나 제품을 개발하고 싶어도 중국 은행에서 대출받기가 어렵기 때문에 스스로 사업자금을 조달한다는 응답을 들은 것으로 기억된다. 따라서 큰 기업을 경영하여 자금조달 능력이 쌓이지 않는 한 은행에서의 자금조달을 기대하지 않음으로써 개인저축이나 친척 및 지인으로부터 조달하는 것으로 판단된다.

② 자금사정이 어려운 이유

흑룡강성 조선족 기업들 중 최근 3년간 자금사정이 어렵다는 기업을 대상으로 자금사정이 어려운 이유를 설문하였다. 응답결과에 의하면 첫째 이유로는 「인건비 상승」(25.8%)이며 다음으로는 「매출액 감소」(22.6%)와 「재료비 상승」(19.4%), 「신규설비 투자」(19.4%) 순이었다. 응답결과를 놓고 볼 때 그동안 해외기업들이 중국에 투자하는 첫 번째 이유가 저렴한 인건비라고 하였는데 그동안 중국이 세계의 공장이라고 할 만큼 많은 기업들이 투자함으로써 노동자 부족에 의한 인건비의 상승을 가져왔으며 이어서 많은 기업

〈표 V-12〉 흑룡강성 조선족 기업의 자금사정이 어려운 이유

(단위: %)

구분	매출액 감소	금융기관 대출 어려움	인건비 상승	재료비 상승	차입금 상환부담	신규설비 투자	계
빈도수	7	3	8	6	1	6	31
비율	22.6	9.7	25.8	19.4	3.2	19.4	100

들이 상호 경쟁함으로써 매출액이 감소되어 자금사정이 어려워진 것으로 밝혀졌다. 또한 중국 내의 많은 기업들이 제품생산을 위한 재료의 조달로 인하여 재료비의 상승을 가져와서 자금사정이 여의치 않으며 한편으로는 전술했던 바와 같이 기업의 규모를 확장하기 위하여 신규설비를 투자함으로 인해 자금사정이 어려운 것으로 판단된다.

(4) 원가관리 활동

흑룡강성 조선족 기업들은 원가관리를 위한 첫 번째 방법으로 「합리적인 예산통제」(31%)를 하며 다음으로는 「품질관리 강화」(20.7%)와 「노무관리 합리화」(13.8%), 「공정관리 강화」(10.3%) 및 「잉여인원 정리」(9.5%) 및 「첨단설비 도입」(9.5%) 등인 것으로 나타났다. 이러한 응답결과를 놓고 볼 때 흑룡강성 조선족 기업들은 기업을 경영하면서 합리적인 예산통제와 품질관리를 강화시키고 노무관리를 합리화함으로써 기업경영 전반에 관한 원가관리 활동을 합리적으로 잘하고 있는 것으로 조사되었다.

〈표 V-13〉 흑룡강성 조선족 기업의 원가관리 활동

(단위: %)

구분	잉여 인원 정리	노무 관리 합리화	급여 체계 개선	첨단 설비 도입	공정 관리 강화	품질 관리 강화	합리적인 예산통제	기타	계
빈도수	11	16	6	11	12	24	36	0	116
비율	9.5	13.8	5.2	9.5	10.3	20.7	31	0	100

(5) 인적자원 관리활동

① 종업원 채용방식

기업이라는 조직은 인간이 관리하며 따라서 인적자원 관리활동은 기업의 활동 중 가장 중요한 부분이고 큰 비중을 차지한다. 그렇다면 흑룡강성의 조선족 기업들은 인적자원 관리활동을 어떻게 하고 있는 것일까? 먼저 기업에서 필요한 종업원을 어떻게 채용하는지에 대한 설문을 하였다.

응답결과에 의하면 흑룡강성 조선족 기업들은 기업에서 필요한 종업원을 주로 「공개채용」(60.6%)을 통하여 채용하며 다음으로는 필요한 인력을 「특별채용」(18.3%)과 「연고채용」(11.3%)을 통하여 조달하는 것으로 응답되었다. 이러한 결과들을 놓고 볼 때 흑룡강성 조선족 기업들은 기업에서 필요한 인력을 공개채용을 통하여 조달함으로써 유능하고 필요한 인력을 확보하여 기업에 투입할 수 있으며 정실에 치우친 인사를 하지 않음으로써 기업구성원들 간의 갈등을 줄일 수 있고 미래 발전 가능한 기업으로 성장시킬 수 있을 것으로 판단된다.

② 교육훈련의 중요성

흑룡강성 조선족 기업들은 조달한 인적자원, 즉 채용된 종업원을 교육을

〈표 Ⅴ-14〉 흑룡강성 조선족 기업의 종업원 채용방식　　　　(단위: %)

구분	연고채용	공개채용	연고채용과 공개채용 병행	특별채용	계
빈도수	8	43	7	13	71
비율	11.3	60.6	9.9	18.3	100

〈표 Ⅴ-15〉 흑룡강성 조선족 기업의 교육훈련의 중요도　　　　(단위: %)

구분	전혀 중요하지 않다	중요하지 않다	그저 그렇다	중요하다	매우 중요하다	계
빈도수	0	0	3	33	17	53
비율	0	0	5.7	62.3	32.1	100

통하여 훈련시킴으로서 기업 활동에 기여하게 하는데 얼마만큼 중요하게 생각하는지를 물었다. 응답결과에 의하면 흑룡강성 조선족 기업들은 종업원들에 대한 교육을 중요하게 생각하고 있는 것으로 나타났다(중요하다 62.3%, 매우 중요하다 32.1%). 이는 개혁개방과 한중수교 이후 세계의 기업들을 블랙홀처럼 중국으로 흡수하여 세계의 공장으로서 제품생산이나 서비스를 제공하여 왔는데 정작 기업에서 제품생산을 담당하는 종업원들이 예전의 계획경제체제의 타성을 벗어나지 못하여 생산이나 서비스의 제공에 차질을 초래함으로써 기업의 경쟁력을 저하시켜 왔음을 기업의 경영자들은 뼈저리게 경험하여 왔기 때문이다. 따라서 계획경제체제의 마인드를 시장경제체제의 마인드로 전환시키기 위해서는 종업원에 대한 교육훈련밖에는 대안이 없다고 생각하고 있는 것으로 조사되었다.

(6) 생산관리 활동

제조업을 하는 흑룡강성 조선족 기업이 생산계획 수립 시 우선순위를 두는 분야가 무엇인지를 물었다. 응답결과에 의하면 흑룡강성 조선족 기업들은 생산계획 수립 시 「소비자의 수요동향」(27.7%)을 먼저 파악하는 것으로 나타났다. 다음으로는 「중간상의 의견」(18.1%)을 반영하고 생산에 대한 「장기계획」(16%)을 세우며 「생산원가」(11.7%)를 절감하는 방안을 강구하는 것으로 조사되었다. 그리고 생산을 담당하고 있는 「공장장의 의견」(10.6%)을 참조하며 「재고량 추세」(9.6%)를 예측하고 「소매점이나 영업담당자의 의견」(6.4%)을 경청하여 생산계획을 수립하는 것으로 응답되었다. 생산계획 수립

〈표 Ⅴ-16〉 흑룡강성 조선족 기업의 생산계획 수립 시 중요시하는 것

(단위: %)

구분	장기계획	공장장 의견	중간상 의견	소매점·영업담당자 의견	생산원가	소비자 수요동향	재고량 추세	계
빈도수	15	10	17	6	11	26	9	94
비율	16	10.6	18.1	6.4	11.7	27.7	9.6	100

에 대한 응답결과를 놓고 볼 때 흑룡강성 조선족 기업들은 생산계획을 수립할 때 가장 중요한 요소인 소비자의 수요동향을 최우선적으로 파악하여 생산계획을 수립하였다는 면에서 향후 발전과 성장가능성이 있다는 사실을 발견할 수 있었다.

(7) 정보관리 활동

① 정보시스템이 잘 갖춰진 부서

흑룡강성 조선족 기업의 정보화 정도를 알기 위해서 '정보시스템이 잘 갖춰진 부서'가 어떤 부서인지를 물었다. 응답결과에 의하면 흑룡강성 조선족 기업들은 「영업관리」(16.6%)에 정보시스템이 잘 갖춰져 있으며 다음으로는 「구매관리」(14.5%)와 「재무관리」(14.5%)인 것으로 나타났다. 그리고 이어서 「생산관리」(12.4%)와 「고객관리」(12.4%)라고 응답하였다. 한편 역으로 정보시스템이 잘 갖춰지지 아니한 부서를 보면 다음과 같다. 「회계관리」(6.9%)와 「인사 및 급여관리」(11%), 「자재관리」(11%)는 상대적으로 정보시스템이 미진한 것으로 나타났다.

② 인터넷 활용 정도

흑룡강성 조선족 기업에 정보화의 정도가 어느 정도인가를 물었다. 그 결과 기업의 경영활동에 인터넷을 많이 활용하고 있는 것으로 나타났다(많이 활용 35.8%). 여기에 활용하고 있다(24.5%)는 것까지 포함하면 흑룡강성 조선족 기업의 60.3%가 기업의 경영활동에 인터넷을 활용하거나 많이 활용

〈표 Ⅴ-17〉 흑룡강성 조선족 기업에서 정보시스템이 잘 갖춰진 부서

(단위: %)

구분	인사 및 급여관리	회계 관리	생산 관리	구매 관리	자재 관리	영업 관리	고객 관리	재무 관리	기타	계
빈도수	16	10	18	21	16	24	18	21	1	145
비율	11	6.9	12.4	14.5	11	16.6	12.4	14.5	0.7	100

〈표 V-18〉 흑룡강성 조선족 기업의 인터넷 활용 정도 (단위: %)

구분	전혀 활용하지 않음	활용하지 않음	보통	활용함	많이 활용함	계
빈도수	0	4	17	13	19	53
비율	0	7.5	32.1	24.5	35.8	100

하고 있는 것으로 조사되었다. 결과적으로 흑룡강성 조선족 기업의 정보화 정도가 높음으로써 향후 기업의 성장속도가 빠를 것이라고 판단된다.

③ 홈페이지 보유 여부

흑룡강성 조선족 기업들이 홈페이지를 보유하고 있는지를 물었다. 응답결과에 의하면 47.2%의 기업이 홈페이지를 보유하고 있는 것으로 나타났다. 한편 보유하고 있지 않다는 기업도 52.8%나 되었다.

〈표 V-19〉 흑룡강성 조선족 기업의 홈페이지 보유 여부 (단위: %)

구분	있다	없다	계
빈도수	25	28	53
비율	47.2	52.8	100

기업의 홈페이지 보유 여부는 기업의 성장가능성과도 직결된다. 왜냐하면 기업들은 홈페이지를 통하여 자사의 제품을 소개하는 등 마케팅에 활용하고 있기 때문에 홈페이지의 보유 여부는 발전가능성을 판단하는 척도가 되기도 한다. 따라서 흑룡강성 조선족 기업들 중 홈페이지가 있는 기업이 50% 가까이 된다는 것은 장래 충분한 성장가능성이 있다는 것을 보여주는 것이라고 판단된다.

3. 흑룡강성 조선족 기업의 네트워크

1) 일반현황

(1) 경영자의 인적사항

① 연령

흑룡강성 조선족 기업 중 표본추출된 53개 기업의 경영자에 대한 연령을 조사하였다. 응답 결과에 의하면 40대가

〈표 V-20〉 흑룡강성 조선족 기업 경영자의 연령

(단위: %)

구분	20대	30대	40대	50대	60대	무응답	계
빈도수	1	7	20	19	3	3	53
비율	1.9	13.2	37.7	35.8	5.7	5.7	100

37.7%로 가장 높은 비중을 차지하였으며 다음으로는 50대가 35.8%를 차지하는 것으로 나타났다. 결과적으로 흑룡강성 조선족 기업들은 40~50대가 73.5%를 차지함으로써 주류를 이루는 것으로 조사되었다. 한편 30대도 13.2%를 차지함으로써 흑룡강성 조선족 기업인의 나이대가 점점 젊어지는 것으로 나타났다.

② 출신지역

흑룡강성 조선족 기업인들 중 표본추출된 53개 기업을 대상으로 출신지역이 어디인지를 설문하였다. 응답결과에 의하면 하얼빈시(哈尔濱市)가 49.1%

〈표 V-21〉 흑룡강성 조선족 기업 경영자의 출신지역

구분	하얼빈시	상지시	목단강시	아성시	동녕현	밀산시	해림시	영안시	탕원현	수화시	오상시	집현현	가목사시	기타	합계
빈도수	26	3	6	1	1	2	3	1	2	1	1	1	2	3	53
비율	49.1	5.7	11.	1.9	1.9	3.8	5.7	1.9	3.8	1.9	1.9	1.9	3.8	5.7	100

〈표 Ⅴ-22〉 흑룡강성 조선족 기업의 설립연도 　　　　　　　　　　(단위: %)

설립 연도	~ 1995	~ 2000	2001	2002	2003	2004	2005	2006	2007	2008	무응답	계
빈도수	11	13	3	2	5	4	6	4	3	1	1	53
비율	20.8	24.5	5.7	3.8	9.4	7.5	11.3	7.5	5.7	1.9	1.9	100

를 차지하고 있으며 목단강시(牡丹江市)가 11.3%, 해림시(海林市)와 상지시(尙志市)가 각각 5.7%를 차지하는 것으로 나타났다. 즉 흑룡강성의 조선족 기업인들은 하얼빈시(哈尔濱市)에서 주로 사업을 하고 있으며 다음으로는 목단강시(牡丹江市)와 상지시(尙志市), 해림시(海林市) 순인 것으로 조사되었다.[6]

(2) 설립연도

흑룡강성 조선족 기업들의 설립연도가 언제인지를 물었다. 응답결과에 의하면 2000년도 이전 설립이 24.5%를 차지하고 있으며 다음으로는 1995년도 이전이 20.8%, 2005년도가 11.3%인 것으로 나타났다. 이러한 결과를 통해서 알 수 있는 것은 흑룡강성 조선족 기업들은 2000년도 이전에 가장 많이 창업을 하였으며 다음으로는 한중수교 직후인 1995년도에 창업을 많이 한 것으로 조사되었다.

(3) 회사형태

흑룡강성 조선족 기업들의 회사형태를 보면 응답기업의 77.4%가 사영독자기업이며 다음으로는 기타가 17%인 것으로 응답되었다. 즉 흑룡강성 조선족 기업들의 회사형태는 대부분이 사영독자기업인 것으로 나타났으며 사영합자기업(3.8%)이나 사영합작기업(1.9%)은 극히 일부인 것으로 조사되었

6　이장섭(2011), "중국 동북진흥정책에 따른 흑룡강성 조선족 기업네트워크 현황분석 및 활용방안", 『동북아연구』 제26권 제1호(통권 32호), 조선대학교 동북아연구소, pp.121-148.

〈표 V-23〉 흑룡강성 조선족 기업의 형태

(단위: %)

회사형태	사영독자기업	사영합자기업	사영합작기업	기타	계
빈도수	41	2	1	9	53
비율	77.4	3.8	1.9	17	100

〈표 V-24〉 흑룡강성 조선족 기업의 종업원 수

종업원 수	10인 이하	20인 이하	50인 이하	100인 이하	500인 이하	1000인 미만	1000인 이상	계
빈도수	8	12	14	9	9	0	1	53
비율	15.1	22.6	26.4	17	17	0	1.9	100

다. 그리고 여기서 기타가 차지하는 17%의 기업은 조선족 기업인들이 최고 경영자로 있는 국영기업인 것으로 판단된다.

(4) 종업원 수

혹룡강성 조선족 기업들의 종업원 수가 얼마나 되는지를 설문하였다. 왜 냐하면 종업원 수를 통하여 기업의 규모를 판단할 수 있기 때문이다. 응답 결과에 의하면 혹룡강성 조선족 기업들은 종업원이 50인 이하(26.4%)가 가 장 많으며, 다음으로는 20인 이하(22.6%)인 것으로 나타났다. 한편 100인 이 하도 17%, 500인 이하도 17%를 차지하는 것으로 조사되었다.

이는 세계한상연구단 조사(2005)에서 중국 5개 지역, 즉 연변(延邊), 심양(瀋陽), 북경(北京), 청도(靑島), 상해(上海)의 조선족 기업에 대한 종업원 수를 조사 한 비율과 거의 유사한 결과이다. 즉 5개 지역 평균 종업원 수를 보면 50인 이하가 27%, 20인 이하가 22%로서 흑룡강성 조선족 기업의 종업원 수와 거 의 유사하였다.

2) 네트워크 실태

다음은 흑룡강성 조선족 기업의 네트워크 실태를 설문조사를 통하여 분석하였다. 즉 흑룡강성 조선족 기업과 중국진출 한국투자기업, 한국에 있는 기업, 중국기업, 해외외국기업(한국기업 제외)과의 네트워크를 분석하고 특성을 도출하였다.

(1) 한국투자기업

① 상호협력이나 교류 여부

흑룡강성 조선족 기업에 중국 내에 있는 한국투자기업과 상호협력이나 교류를 한 적이 있는지를 물었다. 응답결과에 의하면 상호협력이나 교류를 한 적이 있다고 응답한 비율이 28.3%이며

〈표 V-25〉 흑룡강성 조선족 기업의 상호협력이나 교류 여부 (단위: %)

구분	있다	없다	계
빈도수	15	38	53
비율	28.3	71.7	100.0

나머지 71.7%는 중국에 진출한 한국투자기업과 상호협력이나 교류를 한 적이 없는 것으로 나타났다. 이러한 결과를 중국내 다른 지역의 조선족 기업들과 비교해 보면 다음과 같다. 즉 2006년도에 중국의 연변과 심양, 북경, 청도, 상해 등 5개 지역 조선족 기업을 대상으로 설문조사한 세계한상연구단 조사(2006)에 의하면 연변의 조선족 기업은 응답자의 77%가 중국진출 한국투자기업과의 상호협력이나 교류가 있다고 응답하였으며 심양 조선족 기업은 79%, 북경 조선족 기업은 96%, 청도 68%, 상해 78%로서 상호협력이나 교류가 없다는 응답에 비해서 압도적으로 높은 것으로 나타났다. 즉 연변, 심양, 북경, 청도, 상해에서 기업을 경영하는 조선족 기업들은 중국진출 한국투자기업과의 상호협력이나 교류가 원활한 것으로 조사되었다. 그런데 흑룡강성의 조선족 기업은 다른 지역의 조선족 기업에 비하여 눈에

띄게 상호협력이나 교류가 낮은 이유는 무엇일까? 이에 대한 일반적인 이유를 들면 다음과 같다. 즉 동북3성 조선족 가운데 흑룡강성은 유난히 한국에 대한 애증이 많은 것이다. 이곳의 조선족들은 한국이 고향인 사람들이 많아서 1992년 한중수교 이후 한국방문으로 친밀감은 많이 높아졌지만 중국진출 한국투자기업이 주로 광동성, 산동성 등 흑룡강성으로부터 멀리 떨어진 지역으로 진출하자 기대심리의 박탈현상을 심하게 느끼고 있으며 또한 한국과의 수출과정에서 사기로 인해 조선족의 피해가 속출하자 한국에 대한 원망이 높아졌다는 것이 흑룡강성 조선족 사회의 일반적인 기류이다. 그러나 보다 구체적인 이유는 다음 항목에서 보기로 한다.

② 상호협력이나 교류내용(복수응답)

중국내 한국투자기업과 상호협력이나 교류를 하고 있다는 흑룡강성 조선족 기업에게 상호협력이나 교류의 내용이 무엇인지를 물었다. 응답결과에 의하면 흑룡강성의 조선족 기업들은 중국에 진출한 한국투자기업과 판로개척에 대해서 상호협력이나 교류를 하고 있으며(33.3%), 다음으로는 기술제휴(29.2%)와 사업정보 교환(16.7%)을 하고 있는 것으로 나타났다. 한편 2006년도에 조사된 세계한상연구단 조사에 의하면 중국 5개 지역의 조선족 기업들은 중국에 진출한 한국투자기업과 상호협력이나 교류의 내용 1순위로는 판로개척(39%)이며 다음으로는 원재료·제품조달(23%)과 사업정보 교환(19%)인 것으로 조사되었다. 지역별 비교에 의하면 연변의 조선족 기업은 사업정보 교환이나 판로개척을, 그리고 심양과 북경의 조선족 기업은 판로개

〈표 V-26〉 흑룡강성 조선족 기업의 상호협력이나 교류내용(복수응답)

(단위: %)

구분	원재료, 제품조달	투자 및 자본조달	기술제휴	사업정보 교환	판로개척	합자· 합작	기타	계
빈도수	2	3	7	4	8	2	3	24
비율	8.3	12.5	29.2	16.7	33.3	8.3	12.5	100.0

척을, 청도나 상해의 조선족 기업은 원재료나 제품조달을 중국 진출 한국투자기업과 상호협력이나 교류를 하고 있는 것으로 연구조사 결과 밝혀졌다. 결과적으로 흑룡강성을 비롯한 중국의 조선족 기업은 중국에 진출한 한국투자기업과의 상호협력이나 교류 내용으로서 판로개척과 기술제휴, 원재료나 제품조달인 것으로 나타났다.

③ 상호협력이나 교류성과

중국진출 한국투자기업과 상호협력이나 교류를 하고 있다는 흑룡강성의 조선족 기업에게 교류의 성과에 대한 만족도를 물었다. 응답결과에 의하면 46.6%가 만족(만족 33.3%, 매우 만족 13.3%)하는 것으로 나타났다. 이는 중국 5개 지역 조선족 기업이 중국진출 한국투자기업과의 상호협력이나 교류 시 어느정도 만족하였는지에 대한 교류성과를 조사한 세계한상연구단 조사(2006)와의 비교에 의하면 다음과 같다. 즉 세계한상연구단 조사에 의하면 중국 5개 지역 조선족 기업은 중국진출 한국투자기업과의 상호협력이나 교류의 결과 61%가 만족(만족 53%, 매우 만족 8%)하는 것으로 응답되었다. 지역별 비교에 의하면 연변의 조선족 기업은 55%가 만족(만족46%, 매우 만족 9%)하였으며 심양은 81%(만족 76%, 매우 만족 5%), 북경 69%(만족 55%, 매우 만족 14%), 청도 47%(만족 43%, 매우 만족 4%), 상해 54%(만족 51%, 매우 만족 3%)인 것으로 조사되었다. 중국 5개 지역 조선족 기업 중 심양의 조선족 기업이 중국진출 한국투자기업과의 상호협력이나 교류 시 만족도가 가장 높았는데 이는 심양에 한국주가 있음으로써 심양 조선족 기업과 심양진출 한국기업 간에 화합과 상생 마인드가 형성되었기 때문인 것으로 풀이된다. 결과적으로 흑룡강성 조선족

〈표 V-27〉 흑룡강성 조선족 기업의 상호협력이나 교류성과

구분	매우불만족	불만족	보통	만족	매우 만족	계
빈도수	0	1	7	5	2	15
비율	0.0	6.7	46.7	33.3	13.3	100.0

기업이 중국진출 한국투자기업과의 교류의 빈도가 가장 낮을 뿐만 아니라 (28.3%) 교류의 성과 또한 세계한상연구단 조사(2006)에서 나타난 중국 5개 지역의 조선족 기업보다 만족도가 가장 낮은 것으로 나타남으로써(46.6%) 흑룡강성의 조선족 기업과 중국진출 한국투자기업 간의 상생마인드를 기르기 위한 제도적인 장치를 마련하여야할 것으로 보인다.

④ 상호협력이나 교류가 없는 이유(복수응답)

설문대상 흑룡강성 조선족 기업 중, 중국에 진출한 한국투자기업과 상호협력이나 교류가 없다는 흑룡강성 조선족 기업(71.7%)에게 상호협력이나 교류가 없는 이유를 물었다. 왜냐하면 세계한상연구단 조사(2006)에서 나타난 설문조사 결과와 정반대의 현상이 나타났기 때문이다. 즉 연변, 심양, 북경, 청도, 상해의 조선족 기업을 설문한 결과에 의하면 연변 23%, 심양 21%, 북경 4%, 청도 32%, 상해 22%의 조선족 기업이 상호협력이나 교류가 없다고 응답한 반면에 흑룡강성의 조선족 기업은 71.7%가 중국에 진출한 한국투자기업과 상호협력이나 교류가 없다고 응답했기 때문이다. 이는 중국의 다른 5개 지역의 조선족 기업과 정반대의 응답결과여서 그 이유가 주목된다. 응답결과에 의하면 흑룡강성의 조선족 기업은 특별한 이유 없이(52.6%) 또는 상호협력이나 교류의 필요성을 못 느낌(39.5%) 등으로 한국투자기업과의 상호협력이나 교류가 없는 것으로 밝혀졌는데 이는 2가지 해석이 가능하다. 첫째는 흑룡강성 진출 한국투자기업의 업종이나 규모가 흑룡강성 조선족

〈표 V-28〉 흑룡강성 조선족 기업의 상호협력이나 교류가 없는 이유(복수응답)

(단위: %)

구분	상호협력이나 교류 필요성을 못 느낌	신뢰할 만한 기업이 없음	조선족 기업과의 상호협력이나 교류하는 것이 불편함	경쟁업체 이니까	특별한 이유 없음	기타	계
빈도수	15	1	0	0	20	2	38
비율	39.5	2.6	0.0	0.0	52.6	5.3	100.0

기업과의 상호협력과 교류를 하는 데 적합하지 않다는 해석과 둘째로는 모국인 한국에 대한 좋지 아니한 인상 때문에 특별한 이유도 없이 또는 상호협력이나 교류의 필요성을 못 느낌으로써 방관하고 있지 않나하는 것으로 풀이된다.

⑤ 상호협력이나 교류를 활성화하기 위한 방안(복수응답)

흑룡강성 조선족 기업에게 중국진출 한국투자기업과의 상호협력이나 교류를 활성화하기 위한 방안이 무엇인지를 물었다. 응답결과에 의하면 활성화방안 첫째로 정기적인 교류를 통한 활성화(33.0%)이며 다음으로는 상호간 정보제공과 적극협조(28.4%) 그리고 상호경쟁보다는 상생의 마인드를 길러야 함(15.6%)인 것으로 나타났다. 즉 흑룡강성의 조선족 기업들은 중국진출 한국투자기업과의 상호협력이나 교류를 활성화하기 위해서 정기적인 교류를 하기 원하며 또한 상호간에 정보를 제공하고 적극 협조함으로써 경쟁을 배제하고 상생의 마인드를 기르기를 원하는 것으로 나타났다. 한편 2006년도에 조사된 세계한상연구단 조사에 의하면 연변과 청도의 조선족 기업은 한국투자기업과의 상호협력이나 교류를 활성화하기 위한 방안으로써 상호간 정보제공과 적극협조를 들었으며(연변 60%, 청도 53%) 심양과 상해의 조선족 기업은 정기적인 교류를 통한 활성화에 의하여 상호간 협력이나 교류를 활성하기를 원하며 북경의 조선족 기업들은 활성화 방안으로서 상호 경쟁보다는 상생의 마인드를 길러야 함(북경 56%)인 것으로 조사되었다. 결과적으

〈표 V-29〉 흑룡강성 조선족 기업의 상호협력이나 교류를 활성화하기 위한 방안
(복수응답)

(단위: %)

구분	상호간 정보제공과 적극협조	정기적인 교류를 통한 활성화	상호경쟁보다는 상생의 마인드를 길러야 함	중국주재 한국공관의 역할기대	기업관 상품전시회 개최	계
빈도수	31	36	17	16	9	109
비율	28.4	33.0	15.6	14.7	8.3	100.0

로 흑룡강성 조선족 기업의 경우나 세계한상연구단 조사(2006)의 경우 지역적인 차이가 있기는 하지만 궁극적으로는 조선족 기업과 한국투자기업 간에 상호협력이나 교류가 활성화되기 위해서는 신뢰성을 밑바탕으로 하여 상호간의 경쟁보다는 상생마인드를 기르는 것이 우선되어야 할 것으로 풀이된다.

(2) 한국에 있는 기업

① 상호협력이나 교류 여부

흑룡강성의 조선족 기업에게 한국에 있는 기업과 상호협력이나 교류를 하고 있는지를 물었다. 응답결과에 의하면 상호협력이나 교류를 하고 있다는 응답이 41.5%로써 교류를

〈표 Ⅴ-30〉 흑룡강성 조선족 기업의 상호협력이나 교류 여부 (단위: %)

구분	있다	없다	계
빈도수	22	31	53
비율	41.5	58.5	100.0

하고 있지 않다는 응답(58.5%)보다 응답률이 더 낮았다. 이를 2006년도에 조사한 세계한상연구단 조사(2006)와 비교해보면 다음과 같다. 즉 2006년도에 중국 5개 지역의 조선족 기업이 한국에 있는 기업과의 상호협력이나 교류 여부를 묻는 질문에 연변과 청도의 조선족 기업이 가장 높았으며(연변 79%, 청도 70%) 북경과 상해의 조선족 기업이 가장 낮았다(북경 28%, 상해 43%). 이는 다음과 같이 해석된다. 즉 연변의 경우 조선족이 가장 많이 살고 있으며 한국과의 교류 또한 가장 빈번한 지역이기 때문인 것으로 판단되며 청도의 경우는 한중수교이후 한국투자기업이 가장 많이 진출(6,000여 개 정도)해 있음으로써 중국의 다른 지역 조선족 기업에 비하여 상대적으로 한국에 있는 기업과의 교류가 활발하기 때문이라 판단된다. 결과적으로 흑룡강성의 조선족 기업은 한국에 있는 기업과의 교류가 심양의 조선족 기업보다 낮은데(심양 51%, 흑룡강성 41.5%) 이는 동북3성 중 흑룡강성이 지역적으로 소외되어 있을 뿐만

아니라 심양처럼 '한국주'가 덜 활성화됨으로써 한국과의 접촉빈도가 적기 때문인 것으로 판단된다.

② 상호협력이나 교류내용(복수응답)

한국에 있는 기업과 상호협력이나 교류를 하고 있다는 흑룡강성 조선족 기업에게 상호협력이나 교류의 내용이 무엇인지를 물었다. 응답 결과에 의하면 상호협력이나 교류내용 1순위로는 판로개척(29.7%)을 들었으며 다음으로는 기술제휴(21.6%)와 원재료·제품조달(18.9%)인 것으로 나타났다. 한편 세계한상연구단 조사(2006)에 의하면 중국 조선족 기업이 한국에 있는 기업과의 상호협력이나 교류의 지역별 비교에 의하면 연변과, 심양, 청도, 상해의 조선족 기업들은 한국에 있는 기업과의 상호협력이나 교류내용 1순위로서「원재료·제품조달」을 들었으며 북경의 조선족 기업들은「판로개척」인 것으로 응답되었다.

③ 상호협력이나 교류성과

한국에 있는 기업과 상호협력이나 교류를 하고 있다는 흑룡강성의 조선족 기업에게 상호협력이나 교류의 성과가 어떠했는지를 물었다. 응답결과

〈표 V-31〉 흑룡강성 조선족 기업의 상호협력이나 교류내용(복수응답)　　(단위: %)

구분	원재료, 제품조달	투자 및 자본조달	기술제휴	사업정보교환	판로개척	합자, 합작	계
빈도수	7	2	8	5	11	4	37
비율	18.9	5.4	21.6	13.5	29.7	10.8	100.0

〈표 V-32〉 흑룡강성 조선족 기업의 상호협력이나 교류성과　　(단위: %)

구분	매우 불만족	불만족	보통	만족	매우 만족	계
빈도수	0	1	13	6	2	22
비율	0.0	4.5	59.1	27.3	9.1	100.0

에 의하면 만족한다는 응답이 36.4%(만족 27.3%, 매우 만족 9.1%)로서 다른 지역 조선족 기업과 비교해 보면 만족도가 현저히 낮음을 알 수 있었다. 즉 2006년도의 세계한상연구단 조사와 비교해 보면 다음과 같다. 연변조선족 기업의 경우 한국에 있는 기업과의 상호협력이나 교류의 성과를 보면 50%가 만족하는 것으로 응답되었으며 심양 80%, 북경 75%, 청도 45%, 상해 77%의 비율로 만족하는 것으로 나타났다. 따라서 상기의 5개 지역 중 심양지역 조선족 기업의 만족도가 가장 높은 비율로 응답되었는데(80%), 이는 중국 조선족 집거지 중 심양지역의 조선족 기업이 한국투자기업이나 한국에 있는 기업과의 네트워크가 가장 원활하기 때문인 것으로 판단된다. 이에 비하여 흑룡강성의 조선족 기업이 한국에 있는 기업과의 상호협력이나 교류성과에 의한 만족도가 낮은 이유는 첫째, 한국기업과의 교류가 많지 않으며 다음으로는 한국에 있는 기업과 상호협력이나 교류를 하더라도 다른 지역(예: 심양)처럼 상호 원활한 네트워크가 잘 되어있지 않기 때문에 교류의 성과도 만족스럽지 아니한 것으로 판단된다. 또한 흑룡강성은 지리적으로 러시아 및 북한과 가까운 중국의 변경지역이라서 상대적으로 한국과의 교류가 적기 때문인 것으로 풀이된다.

④ 상호협력이나 교류가 없는 이유(복수응답)

설문에 응한 흑룡강성의 조선족 기업 중 한국에 있는 기업과 상호협력이나 교류가 없다는 58.5%의 조선족 기업에게 상호협력이나 교류가 없는 이

〈표 Ⅴ-33〉 흑룡강성 조선족 기업의 상호협력이나 교류가 없는 이유

(단위: %)

구분	상호협력이나 교류 필요성을 못 느낌	신뢰할만한 기업이 없음	조선족 기업과의 상호협력이나 교류하는 것이 불편함	경쟁업체 이니까	특별한 이유 없음	계
빈도수	14	2	0	0	15	31
비율	45.2	6.5	0.0	0.0	48.4	100.0

유를 물었다. 왜냐하면 중국의 다른 지역 조선족 기업들에 비하여 상호협력이나 교류의 비중이 현저히 낮은 비율로 나타났기 때문이다. 응답결과에 의하면 한국에 있는 기업과 상호협력이나 교류가 없는 이유 1순위는 특별한 이유 없음(47.4%)이며 다음으로는 상호협력이나 교류의 필요성을 못 느낌(45.2%)인 것으로 조사되었다. 결과적으로 응답결과를 놓고 볼 때 흑룡강성의 조선족 기업들은 1992년 한중수교 이후 중국의 많은 조선족들이 한국을 방문하고 또한 한국에서 취업하고 한국투자기업이나 한국에 있는 기업과의 네트워크를 구축하여 상호협력하고 교류하는 다른 지역의 조선족 기업에 비하여 지리적 위치상 상대적으로 소외되어 있음으로써 한국에 있는 기업과 특별한 이유 없이 상호협력이나 교류의 필요성을 느끼지 못하는 것으로 판단된다.

⑤ 상호협력이나 교류를 활성화하기 위한 방안(복수응답)

흑룡강성 조선족 기업에게 한국에 있는 기업과의 상호협력이나 교류를 활성화하기 위한 방안이 무엇인지를 물었다. 응답결과에 의하면 활성화하기 위한 방한 1순위로서 첫째, 한국상회 등을 통한 한국기업의 정보제공 및 홍보(30.9%)이며 다음으로는 상호경쟁보다는 상생의 마인드를 길러야 함(27.2%)과 한국정부의 중국 조선족 기업을 위한 우대정책(24.7%)이며 마지막으로 온라인상의 한상네트워크 구축(17.3%)을 원하는 것으로 응답되었다. 결과적으로 흑룡강성의 조선족 기업들은 중국진출 한국기업의 조직인 한

〈표 Ⅴ-34〉 흑룡강성 조선족 기업의 상호협력이나 교류를 활성화하기 위한 방안
(복수응답)

(단위: %)

구분	온라인상의 한상네트워크 구축	한국상회 등을 통한 한국기업의 정보제공 및 홍보	상호경쟁보다는 상생의 마인드를 길러야 함	한국정부의 중국 조선족 기업을 위한 우대정책	기타	계
빈도수	14	25	22	20	0	81
비율	17.3	30.9	27.2	24.7	0.0	100.0

국상회 등을 통하여 한국기업에 대한 정보를 알고 싶어 하며 또한 비즈니스 상에서 상호간의 경쟁보다는 상생의 마인드를 기르기를 원하고 나아가서 한국정부에서 적극적으로 조선족 기업들이 수출이나 수입 및 기술도입이나 투자 시 우대정책을 펼쳐주기를 원하며 최종적으로는 온라인상의 한상 네트워크를 구축하여 모국인 한국과 그리고 재외 동포들과의 온라인한상 네트워크 상에서 비즈니스 하기를 원하는 것으로 판단된다.

(3) 중국기업

흑룡강성의 조선족 기업에게 중국기업(한족 등 기업, 조선족 기업 및 화인기업 제외)과의 상호협력이나 교류에 관한 내용을 설문하였다. 응답결과에 의하면 흑룡강성의 조선족 기업이 중국기업과 상호협력이나 교류가 가장 잘 되고 있는 내용들을 보면 다음과 같다. 상호협력이나 교류의 1순위로는 판로개척(50.9%)이며 다음으로는 원재료·제품조달(49.1%)과 사업정보 교환(43.4%), 기술제휴 및 합자·합작(20.8%), 투자 및 자본조달(17.0%) 순인 것으로 나타났다.

한편 흑룡강성의 조선족 기업이 중국기업과의 상호협력이나 교류가 없거나 부진한 순위를 보면 1순위로는 투자 및 자본조달(83.0%)이며 다음은 기

〈표 V-35〉 흑룡강성 조선족 기업의 중국기업과의 상호협력이나 교류 (단위: %)

구분	중국기업과의 상호협력이나 교류			
	있다		없다	
	빈도수	비율	빈도수	비율
원재료·제품조달	26	49.1	27	50.9
투자 및 자본조달	9	17.0	44	83.0
기술제휴	11	20.8	42	79.2
사업정보 교환	23	43.4	30	56.6
판로개척	27	50.9	26	49.1
합자·합작	11	20.8	42	79.2

술제휴와 합자·합작(79.2%), 사업정보 교환(56.6%), 원재료·제품조달(50.9%), 판로개척(49.1%) 순인 것으로 조사되었다. 따라서 흑룡강성의 조선족 기업들은 중국기업과 교류가 잘 되고 있는 것으로 나타났으며 반면에 상호협력이나 교류가 잘 안되거나 부진한 분야는 투자를 하거나 자본을 조달할 때 가장 어려우며 다음으로는 합자나 합작 또는 기술제휴 시 상호협력이나 교류가 어려운 것으로 밝혀졌다. 여기서 2006년도에 중국 5개 지역, 즉 연변, 심양, 북경, 청도, 상해의 조선족 기업을 대상으로 설문조사한 내용인 세계한상연구단 조사와 흑룡강성 조선족 기업의 네트워크와 비교해보면 다음과 같다. 즉 세계한상연구단 조사에 의하면 중국 조선족 기업이 중국기업과의 상호협력이나 교류가 가장 잘되고 있는 분야는 사업정보 교환(30%)과 판로개척(27%)이며 반대로 가장 부족한 분야는 투자 및 자본조달 분야인 것으로 조사되었다. 이를 지역적으로 살펴보면 연변과 심양, 상해의 조선족 기업은 사업정보 교환 측면에서 잘되고 있으며(연변 24%, 심양 34%, 상해 35%) 청도의 경우는 원재료 제품조달 측면에서(36%) 그리고 북경은 판로개척 측면에서(39%) 잘되고 있는 것으로 밝혀졌다.

그러나 세계한상연구단 조사(2006)인 상기의 5개 지역과 흑룡강성 조선족 기업의 중국기업과의 네트워크를 비율적인 측면에서 비교해보면 확연히 차이가 있음을 알 수 있다. 즉 중국 5개 지역 조선족 기업과 중국기업과의 비즈니스 분야 네트워크에 대한 비율을 보면 사업정보 교환의 경우는 중국 5개 지역 조선족 기업이 30%인 반면에 흑룡강성 조선족 기업의 비즈니스 네트워크는 43.4%로써 흑룡강성의 조선족 기업이 중국기업과의 비즈니스 네트워크를 가장 잘 구축하고 있으며 또한 판로개척의 경우도 조선족 기업의 네트워크는 27%이나 흑룡강성 조선족 기업의 네트워크는 50.9%로서 중국기업과 흑룡강성 조선족 기업과의 비즈니스 네트워크가 다른 5개 지역 조선족 기업 비즈니스 네트워크에 비하여 훨씬 원활하며 따라서 상호협력과 교류가 잘 되고 있음을 나타내는 것이기도 하다. 이는 중국정부에서 동북3성을 대상으로 시행하고 있는 동북진흥정책에 따른 경제프로젝트에 흑룡강성 조선족 기업 네트워크를 활용하여 한국기업이 진출할 수 있는 유리한 시사점이기도 하다.

(4) 해외 외국기업

흑룡강성 조선족 기업의 해외 외국기업(한국기업 제외)과의 비즈니스 네트워크를 파악하기 위해서 해외 외국기업과의 상호협력이나 교류내용을 설문하였다. 응답결과에 의하면 흑룡강성의 조선족 기업들은 사업정보 교환(24.5%)이나 판로개척(24.5%)에 해외 외국기업(한국기업 제외)과의 비즈니스 네트워크가 가장 원활하며 다음으로는 원재료·제품조달(20.8%)과 기술제휴(18.9%) 분야에서 상호협력과 교류가 잘 되고 있는 것으로 조사되었다.

이러한 결과를 중국5개 지역을 대상으로 중국 조선족 기업 비즈니스 네트워크를 비교 연구한 세계한상연구단 조사(2006)와 비교하면 다음과 같다. 즉 세계한상연구단 조사에 의하면 해외 외국기업(한국기업 제외)과의 비즈니스 네트워크에 대한 상호협력과 교류내용을 표준한 결과에 의하면 판로개척 비즈니스 네트워크가 가장 잘 되고 있으며 (25%) 다음으로는 사업정보 교환과 원재료·제품 조달 비즈니스 네트워크(24%)인 것으로 밝혀졌다. 이러

〈표 V-36〉 흑룡강성 조선족 기업의 해외 외국기업(한국기업 제외)과의 상호협력이나 교류

(단위: %)

구분	해외 외국기업(한국기업 제외)과의 교류			
	있다		없다	
	빈도수	비율	빈도수	비율
원재료·제품조달	11	20.8	42	79.2
투자 및 자본조달	4	7.5	49	92.5
기술제휴	10	18.9	43	81.1
사업정보 교환	13	24.5	40	75.5
판로개척	13	24.5	40	75.5
합자·합작	9	17.0	44	83.0

한 결과를 놓고 볼 때 중국5개 지역 비즈니스 네트워크 조사인 세계한상연구단 조사와 흑룡강성 조선족 기업의 해외 외국기업에 대한 비즈니스 네트워크 내용에 대한 비율에 큰 차이가 없음이 조사결과 밝혀졌다.

3) 네트워크의 특성과 활용방안

지금까지 흑룡강성 조선족 기업의 비즈니스 네트워크를 파악하기 위하여 중국에 진출한 한국투자기업과 한국에 있는 기업, 그리고 중국기업과 해외외국기업(한국기업 제외)를 대상으로 설문분석을 하였다. 그리고 흑룡강성 조선족 기업의 비즈니스 네트워크와 2006년도에 중국 5개 지역인 연변, 심양, 북경, 청도, 상해의 조선족 기업을 대상으로 조선족 기업 비즈니스 네트워크를 설문조사하여 분석한 세계한상연구단 조사(2006)와 대비하여 흑룡강성 조선족 기업의 비즈니스 네트워크에 대한 특성을 찾고자 하였다.

아래에서는 흑룡강성 조선족 기업의 비즈니스 네트워크 특성을 분석하기 위하여 비즈니스상 상호협력이나 교류내용인 「판로개척」, 「원재료·제품조달」, 「사업정보교환」 순으로 비교분석하였다. 분석한 내용 및 특성은 다음과 같다.

(1) 네트워크의 특성

① 「판로개척」 비즈니스 네트워크

「판로개척」 비즈니스 네트워크를 분석해보면 '한국투자기업'에 대한 판로개척 비즈니스 네트워크는 세계한상연구단 조사(39%)가 흑룡강성 조선족 기업(33.3%)보다 5.3% 더 높았으며 '한국에 있는 기업'과는 흑룡강성 조선족 기업(29.7%)이 세계한상연구단 조사(23%)보다 6.7% 더 높은 것으로 분석되었다. 그리고 '해외 외국기업'과의 판로개척에 대한 비즈니스 네트워크는 흑룡강성 조선족 기업(24.5%)보다 세계한상연구단 조사(25%)가 0.5% 더 높으므

〈표 V-37〉 흑룡강성 조선족 기업의 「판로개척」 비즈니스 네트워크　　　(단위: %)

조사대상 기업 네트워크 대상 기업	흑룡강성 조선족 기업(2009)	세계한상연구단 조사(2006) (연변, 심양, 북경, 청도, 상해 조선족 기업)
한국 투자기업	33.3	39
한국에 있는 기업	29.7	23
중국 기업	50.9	27
해외 외국기업(한국기업 제외)	24.5	25

로 별 차이가 없는 것으로 나타났다. 그러나 '중국기업'과의 판로개척 비즈니스는 흑룡강성 조선족 기업이 50.9%로서 세계한상연구단 조사인 27%보다 무려 23.9%나 높게 나옴으로써 분석결과에 대한 흑룡강성 조선족 기업 비즈니스 네트워크만의 특성을 나타내고 있다. 즉 한국투자기업이나 한국에 있는 기업, 해외 외국기업과의 '판로개척'에 대한 비즈니스 네트워크는 흑룡강성 조선족 기업과 세계한상연구단 조사(2006)가 비율적인 측면에서 유사한데 중국기업을 대상으로 한 비즈니스 네트워크에서는 현격한 차이가 있음이 분석되었다. 이는 중국의 다른 지역 조선족 기업의 비즈니스 네트워크와는 달리 이는 '판로개척'에 대한 흑룡강성 조선족 기업 비즈니스 네트워크의 특성을 나타내는 것으로서 연구자의 예측과는 달리 흑룡강성의 조선족 기업 비즈니스 네트워크는 한국투자기업이나 한국에 있는 기업 비즈니스 네트워크보다 중국기업과의 비즈니스 네트워크에 더 강한 연대가 되어있음이 분석되었다.

② 「원재료·제품조달」 비즈니스 네트워크

「원재료·제품조달」 비즈니스 네트워크를 네트워크 대상 기업별로 비교 분석해보면 다음과 같다. 즉 '한국투자기업'과의 비즈니스 네트워크의 경우 흑룡강성의 조선족 기업은 8.3%에 불과했으나 세계한상연구단 조사(2006)에 의하면 23%로서 흑룡강성 조선족 기업에 비하여 무려 14.7%나 차이가

〈표 Ⅴ-38〉 흑룡강성 조선족 기업의 「원재료·제품조달」 비즈니스 네트워크

(단위: %)

조사대상기업 네트워크 대상 기업	흑룡강성 조선족 기업 (2009)	세계한상연구단 조사 (2006) (연변, 심양, 북경, 청도, 상해 조선족 기업)
한국 투자기업	8.3	23
한국에 있는 기업	18.9	39
중국기업	49.1	24
해외 외국기업 (한국기업 제외)	20.8	24

났다. 또한 '한국에 있는 기업'과의 비즈니스 네트워크는 흑룡강성 조선족 기업은 18.9%이나 세계한상연구단 조사(2006)에 의하면 39%로서 약 2배의 차이가 났다. 이는 앞서 언급했던 것처럼 중국의 다른 지역 또는 동북3성 중 가장 변방에 위치하여 있어서 한국과의 접근성이 떨어질 뿐만 아니라 지역투자에 대한 메리트가 중국의 연해지역이나 대도시에 비하여 떨어지기 때문에 한국투자기업도 적을 뿐만 아니라 한국에 있는 기업과도 네트워크가 많지 않기 때문인 것으로 판단된다.

한편 '해외 외국기업'과의 비즈니스 네트워크는 흑룡강성 조선족 기업이 20.8%, 세계한상연구단 조사가 24%로서 별다른 차이가 없다. 그러나 '중국기업'과의 비즈니스 네트워크의 경우 흑룡강성 조선족 기업은 49.1%이며 세계한상연구단 조사는 24%로서 무려 2배 가까이 차이가 난다. 이는 흑룡강성이 중국의 변방에 위치한 때문뿐만 아니라 근접지역에 러시아 등이 인접해 있기 때문인 것으로 판단된다. 따라서 이는 중국의 동북진흥정책에 편승할 수 있는 유리한 고지를 점유하고 있다고 보이며 또한 한국투자기업이나 한국에 있는 기업과도 상호 윈윈할 수 있는 현상이기도 하다.

③ 「사업정보 교환」 비즈니스 네트워크

「사업정보 교환」 비즈니스 네트워크의 경우 네트워크 대상 기업인 '한국

〈표 V-39〉 흑룡강성 조선족 기업의 「사업정보 교환」 비즈니스 네트워크 (단위: %)

조사대상기업 네트워크 대상 기업	흑룡강성 조선족 기업 (2009)	세계한상연구단 조사 (2006) (연변, 심양, 북경, 청도, 상해 조선족 기업)
한국 투자기업	28.3	47
한국에 있는 기업	13.5	37
중국기업	43.4	30
해외 외국기업 (한국기업 제외)	24.5	24

투자기업'에 대한 흑룡강성 조선족 기업의 비즈니스 네트워크 비율은 28.3% 이며 세계한상연구단 조사의 네트워크 비율은 47%로서 흑룡강성 조선족 기업 비즈니스 네트워크 비율이 세계한상연구단 조사비율의 2분에 1에 불과하다. 또한 '한국에 있는 기업'의 경우도 흑룡강성 조선족 기업은 13.5%, 세계한상연구단 조사는 37%로서 무려 23.5%나 차이가 난다. 이와 같이 다른 지역의 조선족 기업 비즈니스 네트워크에 비하여 흑룡강성 조선족 기업 비즈니스 네트워크가 차이가 나는 이유는 앞서 언급하였다. 한편 '해외 외국기업'과의 비즈니스 네트워크는 별 차이가 나지 않는데, 이는 흑룡강성이 러시아에 근접해 있기 때문에 러시아와의 교류가 많기 때문인 것으로 판단된다. 여기서 주목되는 것은 '중국 기업'과의 비즈니스 네트워크이다. 즉 '중국기업'과의 비즈니스 네트워크가 흑룡강성 조선족 기업의 경우는 43.4% 이고 세계한상연구단 조사는 30%로서 약 13.4%의 차이가 난다. 이는 앞서 언급했듯이 지리적인 여건과 다른 지역의 조선족 기업에 비하여 한국과의 네트워크가 상대적으로 소외된 반면에 중국기업과는 밀접한 네트워크를 구축하고 있는 것으로 조사되었다. 따라서 한국투자기업이나 한국에 있는 기업이 중국 동북3성 진흥정책에 의한 진출 시 중국기업과 네트워크가 잘 구축되어 있는 흑룡강성 조선족 기업의 네트워크를 활용하는 것이 유리할 것으로 판단된다.

(2) 네트워크의 활용방안

중국 동북3성은 계획경제시대에 경제성장의 중심이었으나 개혁개방 이후 경제의 중심이 동남 연해지역으로 이전함에 따라서 심각한 지역격차가 발생하였다. 따라서 중국 정부에서는 동북3성을 중국의 4대 경제지대로 집중육성한다는 계획 아래 동북진흥정책을 발표하기에 이르렀다. 한편 흑룡강성은 중국의 대 러시아 무역액의 절반 이상을 차지하는 지역이며 또한 한국은 흑룡강성의 2위 무역 상대국으로서 수출입 총액만도 5억 달러에 이른다. 이에 따라 우리 기업이 동북진흥정책에 편승하기 위해서는 중국정부나 중국기업과의 네트워크가 필수적이다. 그러나 1972년부터 일·중경제협회를 설립하여 동북진흥정책에의 참여를 모색하고 있는 일본과는 달리 한국은 중국 전역을 대상으로 활동하고 있는 한중민간협의회7가 있을 뿐이며 중국정부나 기업과의 네트워크가 약한 상태이다. 따라서 한국에 있는 기업이나 중국진출 한국투자기업으로서 흑룡강성 조선족 기업 네트워크를 활용하여 중국의 동북진흥정책에 편승하거나 중국내수시장 확장을 위한 방안으로서 흑룡강성 조선족 기업 네트워크의 필요성이 요구된다.

흑룡강성 조선족 기업 네트워크에 대한 연구조사 결과에 의하면 흑룡강성의 조선족 기업은 중국기업과 강한 연대의 네트워크가 구축되어 있으며 중국진출 한국투자기업이나 한국에 있는 기업 및 러시아를 포함한 해외 외국기업과는 중간 연대의 네트워크가 구축되어 있는 것으로 밝혀졌다. 따라서 이러한 흑룡강성 조선족 기업의 네트워크를 활용하기 위한 방안은 다음과 같다. 첫째, 흑룡강성의 조선족 기업은 중국기업과의 강한 연대의 네트

7　한중민간경제협의회는 1992년 시작된 양국 간 공식 민간경제협력기관으로서, 최근에도 중국국제무역촉진위원회(CCPIT, 한국 코트라에 해당)와 공동으로 한중합동회의 등을 개최해 중국에 진출한 우리 기업을 지원하고 있는데 한·중 주요 기업인들로 구성된 회의는 개최기간 동안 양국 기업인 간 협력을 골자로 하는 공동성명을 발표하는 등 한중 민간경제인 협력방향에 관한 의견을 교환하며 또한 대표적인 민간교류채널인 한중우호협회나 한중친선협회에서 최근 몇 년간 진행된 투자설명회, 정부인사초청간담회를 살펴보면 동북3성과 연관된 교류가 비교적 많으나 이것이 동북3성과의 협력을 위해 특별히 조직된 활동은 아니다.

워크가 구축되어 있으므로 중국진출 한국투자기업이나 한국에 있는 기업이 중국 동북3성의 진흥정책에 따른 경제개발프로젝트 진행 시 흑룡강성 조선족 기업의 네트워크를 활용하여 편승할 수 있는 방안을 강구할 수 있다. 둘째, 중국내수시장 진출 시 특히 흑룡강성 등 동북3성의 시장 진출 시 흑룡강성 조선족 기업의 네트워크를 활용하여 성정부 및 한족기업들과의 경제비즈니스 및 내수시장 확장을 위한 정책수립 시 브리지 역할을 할 수 있을 것이다. 셋째, 동북3성이나 흑룡강성에 본사를 둔 중국기업이 한국에 투자유치 시 흑룡강성 조선족 기업의 네트워크를 활용하여 한국의 지방자치단체와의 MOU체결 및 기업유치에 적용할 수 있을 것이다. 넷째, 흑룡강성은 중국의 대 러시아 무역액의 절반 이상을 차지하는 지역이며 또한 흑룡강성 조선족 기업 중 대 러시아 무역에 관한 네트워크가 잘 구축되어 있는 것으로 조사되었다. 따라서 한국에 있는 기업이나 중국에 진출한 한국투자기업 등이 러시아에 수출 · 수입 · 투자 등의 거래를 하거나 자원확보를 위한 진출이 필요할 시 흑룡강성 조선족 기업의 네트워크를 활용하여 중국기업 및 러시아 기업과의 교두보 역할을 할 수 있을 것이다.

이외에도 흑룡강성 조선족 기업과 모국인 한국기업 간에 상생할 수 있는 방안을 강구하여 상호 윈윈할 수 있는 전략의 제시가 필요하다.

VI

맺음말

1. 전체 연구내용 요약

흑룡강성은 중국의 대 러시아 무역액의 절반 이상을 차지하는 지역이며 또한 한국은 흑룡강성의 2위 무역상대국으로서 수출입총액이 5억 달러에 이른다. 또한 흑룡강성에는 조선족이 약 40만 명 거주하며 한국 업체는 1,200여 개 조선족 업체는 2,000여 개 정도가 경영활동을 하고 있다. 이렇듯 한국과 중국 흑룡강성 한인사회와의 교류가 활발하고 다양한 네트워크가 구축되어 있는데도 불구하고 흑룡강성 한상 즉 조선족 기업에 대한 연구가 전무한 실정이었다. 따라서 흑룡강성 조선족 기업의 경영활동 및 네트워크에 대한 연구결과는 향후 흑룡강성 조선족 기업과 한국투자기업 또는 한국에 있는 기업 간의 인적 및 경영네트워크를 통하여 중국내수시장을 확장하는 데 시너지효과를 창출할 것으로 기대된다.

따라서 아래에서는 이 연구의 전반에 관한 내용을 요약한다. 즉 근대 흑룡강성 조선족 기업의 창업과 성장, 그리고 현대에 들어서 세계로 뻗어나가는 흑룡강성의 조선족 기업집단과 사영기업들 그리고 설문조사를 통하여 파악된 경영활동과 네트워크 실태 및 구축을 통해서 우리에게 시사하는 시사점을 제시한다.

1) 근현대 흑룡강성 조선족 기업의 창업과 성장

중국이 건국된 초기에 다수의 하얼빈시 조선족 공상업자들이 공업, 음식업, 서비스업 등의 분야에 종사하였다. 즉 사영기업으로는 삼국전구공장, 고성농기구공장, 동아전구공장, 동광장갑공장 등이 비교적 번창했으며 서비스업으로는 정대여관, 동흥여관, 대륙여관, 신생여관, 평화여관 등이 있었고 음식업으로는 한양식당, 우리식당, 조선식당, 평양냉면옥 등이 활발하게 영업을 하였다. 이상에서 보는 바와 같이 50년대 초기의 하얼빈시 조선족 사영공상업은 여관이나 식당 등 서비스업이 다수였고 기업은 규모나 수적인 면에서 빈약하였지만 그들이 국가 경제건설과 인민생활에 끼친 영향은 대단하였다.

한편 1945년 8월 15일 일제치하에서의 해방 이후 목단강시 조선족 공상업의 실태를 보면 다음과 같다. 당시 목단강시에는 조선족들이 경영하는 정미소, 철공소, 여관, 음식점, 상점 등이 우후죽순처럼 늘어나 음식점만 하여도 40~50곳이나 되었으며 그중에서도 무궁화식당은 대표적인 서비스업이었다. 이와 아울러 조선족의 사영공업도 태동하기 시작하였는데 1946년 10월 이후로 부산정미소, 삼흥기계공장, 동화철공장, 평안고무신공장, 유색금속제품공장 등 10여 개소의 소형기업체들이 창업되었다. 그리고 1950년 봄에는 목단강시 정부에서 시내에 거주하는 조선족들을 동원하여 자금을 모아 목단강시조선민족합작회사를 세웠는데 이 상점은 조선족들이 필요로 하는 천, 복장, 신, 모자, 생활용품, 각종 부식물 등을 판매하는 종합적인 상점으로서의 역할을 하였고 후에 자체적으로 발전하여 목단강시 조선민족상점이 되었다.

1978년 12월에는 중국에서 개혁개방정책이 실시됨에 따라 계획경제체제에서 시장경제체제로의 변화가 일어났으며 따라서 흑룡강성 조선족 상공업계가 가장 번창했던 시기가 개혁개방 후부터 1990년대 사이라는 데 이의를 제기하는 사람은 없을 것이다. 이 시기는 하얼빈 창녕그룹의 석산린 회장과 흑룡강성 민족경제개발총공사 최수진 회장이 활약했던 시기로서 두 회장은 당시 전국적으로 그리고 세계시장에서 활약하게 된 조선족 기업의 대표주자들이었으며 오늘날까지도 흑룡강성 조선족 상공업계의 자부심이라 할 수 있다.

1990년대 당시 최수진 회장은 홍콩, 북조선, 일본, 미국, 구소련, 캐나다 및 동남아 각국의 100여 개 무역상과 대외무역을 진행할 만큼 세계시장에서 활발하게 사업을 펼쳐나갔다. 한편 석산린 회장은 당대 중국에서 이름난 조선족 과학기술형 창업가로서 1991년도에는 하북성 진황도에 창녕공업유한회사를 세워서 한국 금성그룹과 합자하여 선진적인 펌프공장을 건설하였다. 그리고 한국 영주회사와 합자하여 식료품 회사도 설립하여 많은 한국 기업들과 네트워크를 구축하여 사업을 확대하였으며 또한 미국, 일본, 구소련 및 동남아 각국에 진출하여 현지의 한민족 기업인들과의 네트워크를 통하여 글로벌화된 기업마인드로 사업을 확장시켜 나갔다.

2) 세계로 뻗어가는 흑룡강성의 조선족 기업가들

21세기는 세계화 시대이고 네트워크 시대이다. 세계화와 네트워크를 결합한 글로벌네트워크 마인드를 가지고 거대한 중국시장을 넘어서 세계적으로 뻗어나가는 기업만이 글로벌화된 기업이 될 수 있다. 흑룡강성의 조선족 기업 중에는 글로벌화된 마인드를 가지고 세계를 대상으로 네트워크를 구축하여 도전하는 기업이 여럿 있는데 그중 대표적인 기업 중의 하나가 김춘학 회장이 이끄는 금약그룹이다. 흑룡강성 금약그룹은 목단강시에 그룹 본사가 있으며 2001년부터 2011년까지 10년 사이에 초고속 성장의 전설을 창조하였다. 즉 1,500여 명의 임직원과 10억 원의 총자산, 16개의 자회사를 거느리고 있는 이 그룹은 첨단과학기술과 신재생에너지를 핵심 사업으로 부동산 부문, 상업물류 무역부문, 군수품 생산부문을 망라해 폭넓은 사업을 펼치고 있다. 또한 현재 미국의 마이크로소프트사, 델, TCL 및 한국의 삼성전자 등 국제적인 기업들과 전략적인 협력관계를 유지하고 있으며 한국, 미국, 태국 등의 국가, 중국 내 북경 · 상해 · 광저우 · 대련 등의 지역에 지사를 두고 있다.

한편 금약그룹의 김춘학 회장은 첨단산업 쪽으로도 눈을 돌려서 2006년에는 한국의 '주식회사 셀루온'을 인수하고 북경, 서울, 미국의 실리콘밸리에 신제품 연구개발 기지도 설립하는 등 최첨단 산업에 글로벌 마인드로 도전정신을 펼치고 있다. 잠시 여기서 김춘학 회장의 경영 마인드를 살펴보면 최근 중국정부가 신재생에너지 분야에 관심을 가지고 집중 투자하고 있는 사업인데 한국의 선진기술을 활용하여 중국의 정부정책에 타이밍을 적절하게 맞추어 사업 분야를 확장했으며 에너지 자원해결이 시급한 흑룡강성에서 유일하게 국가급 태양광발전사업을 진행하고 있다는 점이다. 이는 절묘하게 사업기회를 포착한 김춘학 회장의 도전정신이라고 할 수 있다. 금약그룹의 김 회장은 "금약그룹은 한국의 신기술기업과 중국의 무한한 잠재시장을 연결해주는 교량과 교두보 역할을 할 것이며, 또한 머지않아 중국에서 500대 민영기업에 속하게 될 것이며, 자산규모가 20억 달러에 달하는 탄탄한 기업으로 거듭 성장할 것"이라고 기업의 비전을 제시하였다. 이와 같이 중국뿐만 아니라 세계적인 기업으로 도약의 발판을 마련하고 있는 금약그룹의 미래비전을 볼 때 조선족 기업과 조선족 사회의 미래는 밝다고 볼 수 있다.

앞에서는 글로벌화된 마인드를 가지고 세계로 뻗어나가는 금약그룹을 대표적으로 소개했지만 이외에도 흑룡강 대 러시아 무역의 선두주자인 흑룡강성 동녕현 길신그룹의 최용길 회장, 흑룡강동원상무유한회사의 박광종 회장, 하얼빈녹환자동차용연료유한회사의 배일환 회장, 하얼빈대천건강식품유한회사의 천옥금 회장, 하얼빈쌍용급수설비기술개발유한회사의 김인한 회장, 하얼빈광왕기전설비제조유한회사의 리종선 회장, 하얼빈경공림펌프유한회사 박성공 회장, 하얼빈시빙성배수설비유한회사 서문성 회장 등을 대표주자로 하여 많은 흑룡강성의 조선족 기업들이 미래 조선족 사회의 희망의 등대가 될 것으로 기대된다.

3) 흑룡강성 조선족 기업의 경영활동

아래에서는 흑룡강성 조선족 기업 53개를 대상으로 경영활동 및 네트워크에 대한 설문조사 분석결과를 제시하였다. 그에 대한 결과를 요약하면 다음과 같다.

첫째, 흑룡강성 조선족 기업의 일반현황을 분석해보면 다음과 같다. 먼저 흑룡강성 조선족 기업 경영자의 인적사항을 보면 연령은 40~50대가

73.5%를 차지함으로써 주류를 이루는데 2005년도에 조사한 중국 조선족 기업의 연령은 30~40대가 71%를 차지하는 것으로 나타남으로써 흑룡강성 조선족 기업의 연령대가 높은 것으로 조사되었다. 이어서 흑룡강성 조선족 기업의 설립연도를 보면 1995~2000년도 사이가 24.5%로서 가장 많고 다음으로는 1995년도 이전이 20.8%, 2005년도 설립이 11.3% 순인 것으로 나타났다. 그리고 회사형태를 보면 사영독자기업이 77.4%, 사영합자(합작) 기업이 5.7%로서 이는 2005년도에 조사한 중국 조선족 기업과 비교할 때 당시 중국 조선족 기업은 독자기업이 67%, 합자(합작)기업이 20%로서 5년이 지난 현재 흑룡강성 조선족 기업은 사영독자기업이 더 늘어났음을 알 수 있다. 그리고 기업에서 종업원 수는 기업의 규모를 판단하는 중요한 척도가 된다. 흑룡강성 조선족 기업의 종업원 수는 50인 이하가 64.1%이며 100인 이하도 81.1%인 것으로 조사되었는데 이는 2005년도에 중국 조선족 기업 설문조사 결과인 50명 미만 64%, 100명 미만 79%이었던 5년 전 중국 조선족 기업 종업원의 비율과 거의 유사함으로써 흑룡강성 조선족 기업이 대부분 규모가 작은 중소기업임을 알 수 있다.

둘째, 흑룡강성 조선족 기업의 경영전략 및 위협요인은 다음과 같다. 먼저 경영 애로사항 중 가장 심각한 당면 문제는 '자금부족'이며 다음으로는 '세금부담 과중'과 '과잉경쟁'순인 것으로 나타났다. 이는 2005년도 중국 조선족 기업의 경영 애로사항 순위인 '과잉경쟁', '자금부족', '매출액 감소'와 다름을 알 수 있다. 이는 5년 전에는 중국이 세계의 공장이었기 때문에 생산한 제품에 대한 치열한 경쟁 환경이었다면 이제는 중국이 세계의 시장으로 바뀐 기업환경과 사업을 확장해야하는 어려움 때문에 '자금부족'이 1순위일 것이라 판단된다. 다음으로 흑룡강성 조선족 기업의 경영상 중점사항은 '사업확장 및 판로개척'과 '인력확보 및 종업원 훈련'인 것으로 조사되었다. 한편 2005년도에 조사한 중국 조선족 기업의 경영상 중점사항은 1순위로 '사업확장 및 판로개척', 2순위로 '자금확보'와 '기술개발'로 나타났다. 이는 5년 전이나 지금이나 중국의 기업환경이 연 9~11%의 고도의 성장을 지속하고 있기 때문에 '사업확장 및 판로개척'이 급선무인 것으로 나타났다.

셋째, 흑룡강성 조선족 기업의 마케팅 활동을 보면 다음과 같다. 분석결과에 의하면, 흑룡강성 조선족 기업들은 마케팅활동 시 '신제품 개발 및 기존제품 개량'을 가장 우선순위에 두고 있으며 다음으로는 '제품가격 결정'과 '판매촉진'인 것으로 조사되었다. 그러나 2005년도에 중국 조선족 기업 마케팅 활동을 조사한 바에 의하면 가장 우선순위로 '제품가격 결정'과 '판매촉진', '유통경로'인 것으로 나타났다. 이는 5년이 지난 현재 중국의 기업환경이 신제품을 개발하지 않으면 치열한 경쟁에 살아남을 수 없음을 나타내는 것이기도 하다.

넷째, 흑룡강성 조선족 기업의 재무활동을 보면 다음과 같다. 즉, 흑룡강성 조선족 기업들의 사업자금을 조달하는 1순위는 '개인저축'이며 다음으로는 '은행대출'과 '친척 및 가족·지인'인 것으로 조사되었다. 그러나 2005년도에 조사한 중국 조선족 기업의 자금조달 순위와 약간의 변동이 있음을 알 수 있었다. 즉 중국 조선족 기업의 자금조달 1순위는 '개인저축'이며 다음으로는 '친척 및 가족이나 지인으로부터 조달'과 '거래처로부터의 조달' 순인 것으로 나타났다. 이를 비교해보면 5년이 지난 현재 조선족 기업들의 자금조달 2순위에 '은행대출'이 있다는 것은 이제 조선족 기업들이 사업확장이나 판로개척 등 거액의 자금이 필요할 때 개인이나 친인척 등으로부터의 자금조달은 한계가 있음을 나타내는 것이기도 하다. 이는 한편으로는 타인자본인 은행으로부터 자금을 조달하여 기업을 확장시키고 글로벌화 마인드를 기르는 데도 필요한 과정이라고 판단된다.

다섯째, 흑룡강성 조선족 기업의 원가관리 활동은 다음과 같다. 즉, 흑룡강성 조선족 기업들은 원가관리를 위한 첫 번째 방법으로 '합리적인 예산통제'를 하며 다음으로 '품질관리 강화'인 것으로 조사되었다. 그러나 2005년도에 중국 조선족 기업을 대상으로 원가관리 활동에 대한 설문조사 시에는 1순위로 '품질관리 강화'를 고려하고 있으며 다음으로는 '합리적인 예산 통제'순인 것으로 응답하였다. 이러한 결과를 놓고 볼 때 중국 조선족 기업들도 '품질관리 강화'보다는 '합리적인 예산통제'가 기업의 이익관리에 더 중요함을 인식한 것 같다. 즉 '품질관리 강화'는 단순히 기업의 생산적인 측면이지만 '합리적인 예산통제'는 기업 전체를 통하여 어떻게 하면 기업 내의 한정된 예산을 적절하게 활용하여 기업 전체적으로 이익을 가져올 것인가에 대한 문제이기 때문에 훨씬 합리적이고 포괄적이다.

여섯째, 흑룡강성 조선족 기업의 인적자원 관리활동을 보면 다음과 같다. 분석결과에 의하면, 흑룡강성 조선족 기업들은 기업에서 필요한 종업원을 주로 공개채용을 통하여 모집하며 다음으로는 특별채용과 연고채용을 통하여 충원하는 것으로 나타났다. 그러나 2005년도에 중국 조선족 기업을 대상으로 조사한 바에 의하면 1순위로는 공개채용이며 다음으로는 연고채용과 공개채용을 병용하는 것으로 조사되었다. 따라서 2005년도에 조사한 중국 조선족 기업과 비교해 보면 연고채용과 공개채용을 병용하는 것에서 특별채용으로 바뀌었다는 것이다. 또한, 종업원에 대한 교육훈련의 중요성을 묻는 질문에 흑룡강성 조선족 기업들은 종업원에 대한 교육훈련을 중요하게(중요 62.3%, 매우 중요 32.1%) 생각하고 있는 것으로 나타났다. 이는 2005년도의 중국 조선족 기업들도 마찬가지의 결과가 나왔다(중요 40%, 매우 중요 47%). 그러나 5년 전보다 5년이 지난 현재 종업원의 교육훈련이 더 중요하다고 생각하는 것으로 판단된다.

일곱째, 흑룡강성 조선족 기업의 생산관리 활동을 보면 다음과 같다. 즉, 제조업을 하는 흑룡강성 조선족 기업들은 생산계획 수립 시 먼저 '소비자의 수요동향'을 파악하고 다음으로는 '중간상의 의견'을 반영하여 '장기계획'을 세우는 것으로 나타났다. 한편 중국 조선족 기업들의 생산계획 수립 시 중시하는 주요 기준으로는 첫째 '소비자 수요의 동향' 파악이며 다음으로는 '장기계획'과 '생산원가'를 중시하는 것으로 조사되었다. 결과적으로 5년 전이나 현재나 가장 중요한 것은 '소비자의 수요동향'을 파악하는 일이라는 것이 밝혀졌다.

여덟째, 흑룡강성 조선족 기업의 정보관리 활동을 보면 다음과 같다. 분석결과에 의하면, 흑룡강성 조선족 기업들의 정보시스템이 잘 갖춰진 부서를 보면 첫째로, '영업관리'이며 다음으로 '구매관리'와 '재무관리'인 것으로 조사되었다. 한편 2005년도에 중국 조선족 기업의 정보화 정도를 조사한 결과에 의하면 업무 중 정보시스템화 1순위는 '회계관리'이며 다음으로 '영업관리'와 '고객관리'라고 응답하였다. 결과적으로 현대사회에서 기업이 살아남기 위해서는 '영업관리'에 비중을 많이 두어야 하는데 5년 전에는 '회계관리'에 가장 많은 비중을 두었던 것으로 나타났다. 또한, 흑룡강성 조선족 기업에게 인터넷을 기업의 경영활동에 활용하고 있는지를 묻는 질문에 '많이 활용하고 있다'가 35.8%, '활용하고 있다'는 24.5%로서 전체의 60.3%가 기업의 경영활동에 인터넷을 활용하고 있는 것으로 나타났다. 한편 2005년도에 중국 조선족 기업들을 대상으로 조사한 바에 의하면 전체의 55% 조선족 기업들이 인터넷을 기업의 경영활동에 활용하는 것으로 조사되었다. 결과적으로 5년 전과 현재를 비교해 볼 때 기업의 경영활동에 인터넷 상의 지식과 정보를 활용하는 비율이 점차적으로 늘어감을 알 수 있었다. 이어서 흑룡강성 조선족 기업들이 홈페이지를 보유하고 있는지를 묻는 질문에 47.2%가 보유하고 있다고 응답하였다. 한편 2005년도의 조선족 기업들은 단지 36%만이 홈페이지를 보유하고 있는 것으로 나타났다. 결과적으로 5년이 지난 현재 조선족 기업들의 홈페이지 보유가 점점 더 늘어나고 있음이 밝혀졌다. 이는 중국 조선족 기업들의 정보화 정도가 확산되고 있음을 나타내기도 한다.

4) 흑룡강성 조선족 기업의 네트워크 구축 실태와 시사점

아래에서는 흑룡강성 조선족 기업을 대상으로 설문조사에 대한 분석을 통하여 네트워크 구축 실태 결과를 제시하였다.

첫째, 「판로개척」 비즈니스 네트워크를 분석해보면 '한국투자기업'에 대한 판로개척 비즈니스 네트워크는 세계한상연구단 조사(39%)가 흑룡강성

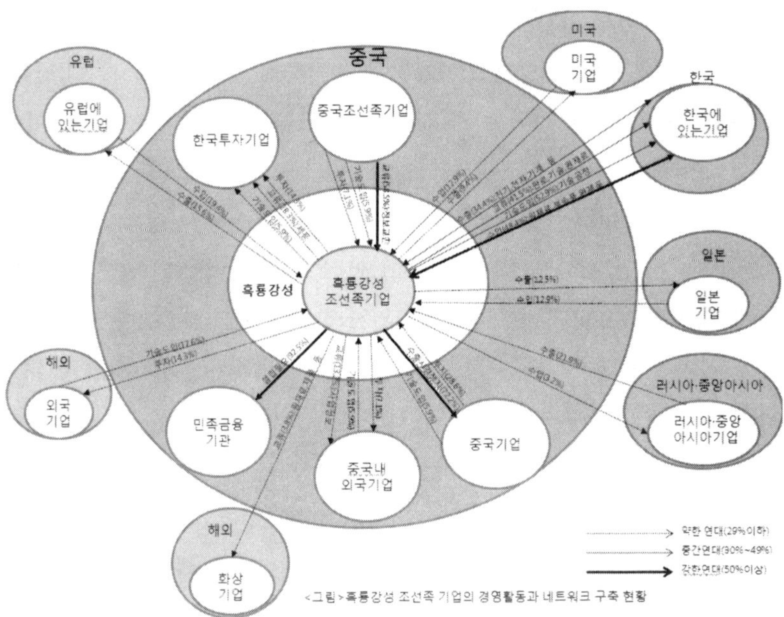

〈그림 Ⅵ-1〉 흑룡강성 조선족 기업의 경영활동과 네트워크 구축 현황

조선족 기업(33.3%)보다 5.3% 더 높았으며 '한국에 있는 기업'과는 흑룡강성 조선족 기업(29.7%)이 세계한상연구단 조사(23%)보다 6.7% 더 높은 것으로 분석되었다. 그리고 '해외 외국기업'과의 판로개척에 대한 비즈니스 네트워크는 흑룡강성 조선족 기업(24.5%)보다 세계한상연구단 조사(25%)가 0.5% 더 높았다. 그러나 '중국기업'과의 판로개척 비즈니스는 흑룡강성 조선족 기업이 50.9%로서 세계한상연구단 조사인 27%보다 무려 23.9%나 높게 나옴으로써 분석결과에 대한 흑룡강성 조선족 기업 비즈니스 네트워크만의 특성을 나타내고 있다.

둘째, 원재료·제품조달 비즈니스 네트워크를 네트워크 대상 기업별로 비교해보면 다음과 같다. 즉 '한국투자기업'과의 비즈니스 네트워크의 경우 흑룡강성의 조선족 기업은 8.3%에 불과했으나 세계한상연구단 조사에 의하면 23%로서 흑룡강성 조선족 기업에 비하여 무려 14.7%나 차이가 났다.

또한 '한국에 있는 기업'과의 비즈니스 네트워크도 흑룡강성 조선족 기업은 18.9%이나 세계한상연구단 조사에 의하면 39%로서 약 2배의 차이가 났다. 한편 '해외 외국기업'과의 비즈니스 네트워크는 흑룡강성 조선족 기업이 20.8%, 세계한상연구단 조사가 24%로서 별다른 차이가 없다. 그러나 '중국기업'과의 비즈니스 네트워크의 경우 흑룡강성 조선족 기업은 49.1%이며 세계한상연구단 조사는 24%로서 무려 2배 가까이 차이가 난다.

셋째, 사업정보교환 비즈니스 네트워크의 경우 네트워크 대상 기업인 '한국투자기업'에 대한 흑룡강성 조선족 기업의 비즈니스 네트워크 비율은 28.3%이며 세계한상연구단 조사의 네트워크 비율은 47%로서 흑룡강성 조선족 기업 비즈니스 네트워크 비율이 세계한상연구단 조사 비율의 2분에 1에 불과하다. 또한 '한국에 있는 기업'의 경우도 흑룡강성 조선족 기업은 13.5%, 세계한상연구단 조사는 37%로서 무려 23.5%나 차이가 난다.

여기서 주목되는 것은 '중국 기업'과의 비즈니스 네트워크이다. 즉 '중국 기업'과의 비즈니스 네트워크가 흑룡강성 조선족 기업의 경우는 43.4%이고 세계한상연구단 조사는 30%로서 약 13.4%의 차이가 난다.

한편, 흑룡강성 조선족 기업의 네트워크 활용방안을 보면 다음과 같다.

첫째, 흑룡강성의 조선족 기업은 중국기업과의 강한 연대의 네트워크가 구축되어 있으므로 중국진출 한국투자기업이나 한국에 있는 기업이 중국 동북3성의 진흥정책에 따른 경제개발프로젝트 진행 시 흑룡강성 조선족 기업의 네트워크를 활용하여 편승할 수 있는 방안을 강구할 수 있다.

둘째, 중국내수시장 진출 시 특히 흑룡강성 등 동북3성의 시장 진출 시 흑룡강성 조선족 기업의 네트워크를 활용하여 성정부 및 한족기업들과의 경제 비즈니스 및 내수시장 확장을 위한 정책수립 시 다리 역할을 할 수 있을 것이다.

셋째, 동북3성이나 흑룡강성에 본사를 둔 중국기업이 한국에 투자유치 시 흑룡강성 조선족 기업의 네트워크를 활용하여 한국의 지방자치단체와의 MOU체결 및 기업유치에 적용할 수 있을 것이다.

넷째, 흑룡강성은 중국의 대 러시아 무역액의 절반 이상을 차지하는 지역이며 또한 흑룡강성 조선족 기업 중 대 러시아 무역에 관한 네트워크가 잘 구축되어 있는 것으로 조사되었다.

결과적으로 보면 연변이나 심양, 북경, 청도, 상해 등 중국 대도시 조선족 기업들에 대한 설문조사 결과에 의하면 조선족 기업들의 사업 비즈니스 네트워크가 중국 기업보다는 '중국진출 한국기업'이나 '한국에 있는 기업'과 더 강한 네트워크가 구축되어 있는 것으로 조사되었는데 흑룡강성 조선족 기업의 경우는 중국의 다른 지역 조선족 기업 네트워크와는 구별되는 특징을 보이고 있다. 즉 중국진출 한국기업이나 한국에 있는 기업, 해외 외국기업 보다 '중국기업'과 강한 네트워크를 구축하고 있는 것이다. 이러한 결과를 보면 매우 긍정적인 측면이라 생각된다. 즉 조선족 기업이 중국의 경제환경에서 기업경영으로 성공하려면 '중국기업'인 한족 기업들과의 강한네트워크가 구축되어 있는 것이 더 유리하며 발전가능성이 큰 것으로 판단된다.

5) 흑룡강성 조선족상공회의 발전과 역할

흑룡강성 조선족상공회는 흑룡강성 조선족 기업가들에 의해서 조직된 단체로서 그동안 흑룡강성 조선족 기업가와 흑룡강성 조선족 사회 및 중국 내 각 지역의 조선족기업가협회와 긴밀한 네트워크를 구축하여 흑룡강성 조선족 사회에서 중요한 역할을 담당해왔다.

지난 2008년도에는 흑룡강성 조선족상공회 주최로 중국 조선족 기업인 협회 회장단을 공식적으로 선출 출범시켰으며 또한 2010년 8월에는 하얼빈의 조선족 기업인들과 하얼빈 진출 한국기업인 간에 상호교류를 통한 상생방안을 논의하는 자리를 마련하였다. 즉 흑룡강성 조선족상공회와 재 하얼빈한국투자기업협회 간에 간담회를 통하여 향후 기술 및 경영노하우를 서로 나누고 주기적인 만남을 통하여 폭넓은 협력을 강화하기로 했다는 것이다. 이어서 2010년 9월에는 흑룡강성 조선족상공회가 한국 부산을 방문하여 향후 상호교류를 통해 의료기술 연구 및 지원 활성화를 포함하여 조선족 방문 시 보다 신속한 의료서비스를 제공하기로 협약을 체결했다는 소식이다.

이러한 흑룡강성 조선족상공회의 활동에 대한 정황을 분석해 볼 때 몇 가지 중요한 역할을 담당하고 있는 것을 알 수 있다.

첫째, 흑룡강성 조선족상공회라는 단체를 통하여 조선족 기업인들 상호간에 정보교환과 친목 및 우의를 통하여 기업경영의 활성화를 꾀하고 있음을 알 수 있다.

둘째, 중국내 각 지역의 조선족기업가협회와의 상호교류를 통하여 정보교환 및 사업기회 포착을 통하여 성장을 거듭하고 있는 것이다.

셋째, 흑룡강 진출 한국투자기업과의 정기적인 교류를 통하여 상호간에 돈독한 네트워크 구축과 비즈니스 활동에서 상생방안을 마련하고 있는 것으로 보인다.

넷째, 한국에서 매년 개최되는 세계한상대회에 참여하여 한국에 있는 기업 및 해외에서 참석한 한상들과 오프라인 상의 네트워크를 구축하여 모국 및 해외동포 기업 간 온라인 한상네트워크의 터전을 마련하고 있는 것이다.

다섯째, 흑룡강성 조선족상공회 회원들이 직접 한국의 종합병원 등을 방문하여 양질의 의료서비스를 받기 위한 협약체결 등은 향후 흑룡강성 조선족 사회와 한국이 더욱 가까워질 수 있는 터전을 마련하는 중요한 역할을 흑룡강성 조선족상공회가 담당하고 있는 것이다.

2. 흑룡강성 조선족 기업의 미래 비전을 위한 제언

흑룡강성은 우리 민족의 얼이 서려있는 곳이고, 또한 40여만 명의 조선족이 터전을 잡고 생활을 영위하고 있는 곳이기도 하다. 특히 하얼빈은 안중근 의사의 민족정신이 서려있는 유서 깊은 곳이기도 하다. 흑룡강성은 또한 연변 조선족자치주나 길림성의 조선족들처럼 시대의 변화에 따라서 집거지가 해체위기에 있고 그 많던 조선족들은 중국의 대도시로, 한국으로, 해외로 이주하여 감소에 감소를 거듭하고 있으며 그 많던 조선족학교 또한 기하급수적으로 줄어들고 있는 상황에서 희망을 논하기가 쉽지 않은 현실이다. 그러나 위기는 기회를 동반하고 시대의 변화는 거스를 것이 아니라 받아들임으로써 미래의 비전을 포착할 수 있는 것이다.

앞에서 언급했던 것처럼 흑룡강성에는 전설적인 조선족 기업인이었던 최수진과 석산린이 벌써 90년대에 글로벌화된 마인드를 가지고 중국뿐만 아니라 세계를 향하여 뻗어나가던 기상을 이어받아서 2000년대에 들어서는 흑룡강성의 조선족 기업들이 지역적 우세를 활용하여 글로벌화된 경영 마인드를 가지고 성장에 성장을 거듭하고 있다. 따라서 향후 흑룡강성의 조선족 기업들은 앞서나간 조선족 기업의 도전정신을 이어받아서 비약적으로 성장할 것이라고 기대된다. 그동안 흑룡강성의 조선족 기업을 연구 조사한 결과에 의해서 몇 가지 발전적인 제안과 미래비전을 제시해 보고자 한다.

첫째, 흑룡강성은 러시아와 인접해 있기에 무역환경적인 측면에서 우세점이 있다. 이는 흑룡강성 조선족 기업에게는 환경적인 기회가 주어지는 것으로서 비즈니스 측면에서 잘 활용할 수 있을 것이라고 기대된다. 둘째, 설문이나 면담조사 결과 중국 대도시의 조선족 기업들과 달리 흑룡강성의 조선족 기업들은 중국 한족기업들과 강한 네트워크가 구축되어 있으므로 이러한 네트워크를 활용하여 중국주류기업 대열에 들어갈 수 있는 비전을 가지고 도전해 볼 수 있을 것이다. 셋째, 흑룡강성의 조선족 기업들은 세계화시대에 걸맞게 중국내의 외국기업(한국기업 포함) 및 해외 외국기업, 즉 미국, 일본, 러시아, 유럽기업 등과의 다양한 네트워크가 구축되어 있으므로 이러한 네트워크를 잘 활용하여 글로벌화된 기업으로 성장할 수 있기를 기대한다. 넷째, 매년 모국인 한국에서 개최되는 세계한상대회에 참여하여 한국기업 및 해외 한상기업들과 오프라인상에서 네트워크를 구축하여 세계화된 경영 마인드를 형성할 수 있기를 바란다. 다섯째, 한국의 선진적인 경영기법 및 기술도입을 통하여 저렴하고 질이 좋은 제품생산을 통한 중국내수시장 확장에 흑룡강성 조선족 기업이 앞장섬으로써 상생할 수 있도록 한다. 여섯째, 흑룡강성 조선족상공회와 재 하얼빈한국투자기업협회 간의 주기적인 만남을 통하여 상호간에 실질적인 이익을 가져올 수 있는 협력방안을 도출할 수 있기를 기대한다.

따라서 흑룡강성의 조선족 기업들이 흑룡강성 조선족 사회를 구원할 수 있는 구원투수로서의 역할과 희망을 전해줄 수 있는 전도사로서의 역할을 기대해 본다.

‖ 참고문헌 ‖

감천·김종운(1994),『중국조선민족발자취총서 6권: 창업』, 북경: 북경민족출판사.

강승호(2004),『중국의 새로운 성장축 동북지역』, LG경제연구원.

강위원(2005),『흑룡강성의 조선족』, 서울: 고함커뮤니케이션.

권영조(1994), “중국 조선족 기업가: 최수진과 석산린에 대하여”,『재외한인연구』, 재외한인연구회.

김경일·윤휘탁·이동진·임성모(2004),『동아시아의 민족이산과 도시: 20세기 전반 만주의 조선인』, 서울: 역사비평사.

김월배·최배근(2007), “하얼빈 진출 한국기업의 실태 조사 연구”,『선경연구 제 32집 제 2호』.

김익수(1992), “중국의 기업집단 육성현황과 전망”, 대외경제정책연구원.

______(1999),『중국투자론』, 서울: 박영사.

류충걸·김석주·김화(2008),『흑룡강성 조선족 인구와 경제』, 연변: 연변인민출판사.

박을룡(1989),『중국 당대조선족 기업가들: 개척자의 노래』, 연변: 연변인민출판사.

민유성(2009),『중국 동북3성의 투자환경과 한국기업의 투자사례』, 한국산업은행 심양사무소.

오세철·박헌준·정승화(1999), “중국 사회주의 기업의 구조변화”,『경영학연구 28권 4호』, 한국경영학회.

이근·한동훈(2002),『중국의 기업과 경제』, 서울: 박영사.

이장섭(2011), “중국 동북진흥정책에 따른 흑룡강성 조선족 기업네트워크 현황분석 및 활용방안”,『동북아연구』제26권 제1호(통권 32호), 조선대학교 동북아연구소.

이장섭·임채완 외(2006),『중국 조선족 기업의 경영활동』, 서울: 북코리아.

이진산(2006),『중국 한겨레 사회 어디까지 왔나?』, 하얼빈: 흑룡강성조선민족출판사.

임계순(2003),『우리에게 다가온 조선족은 누구인가』, 서울: 현암사.

임채완 · 이장섭 외(2007), 『중국 조선족 기업의 네트워크』, 서울: 북코리아.

장상해(2005), "중국 동북진흥, 한국에 기회인가?", 『China Observer Weekly』72호.

최우길(2010), "중국동북진흥과 창지투(長吉圖) 선도구 개발계획: 그 내용과 국제정
　　치함의", 『한국동북아논총』 제 15권 4호.

최웅용 · 임채완 · 이장섭 외(2005), 『중국 조선족 사회의 경제환경』, 서울: 집문당.

홍만호(1989), 『흑룡강성 조선족 기업가편: 앞서가는 사람들』, 하얼빈: 흑룡강성조
　　선민족출판사.

『하얼빈시지』(1999), 흑룡강인민출판사.

『하얼빈의 도시계획』, 총합사, 1989.

『中國統計年鑑』, 中國統計出版社, 1980, 1990, 1993, 2000, 2004, 2009, 2011.

『吉林統計年鑑』, 中國統計出版社, 1980, 1990, 2000, 2005, 2010.

『沿邊統計年鑑』, 中國統計出版社, 1980, 1990, 2000, 2003, 2007, 2010.

『哈爾濱統計年鑑』, 中國統計出版社, 2003, 2004, 2006, 2009, 2010, 2011.

『沈陽統計年鑑』, 中國統計出版社, 2002, 2004, 2006, 2008, 2010.

『北京統計年鑑』, 中國統計出版社, 2003, 2004, 2006, 2008, 2010.

『靑島統計年鑑』, 中國統計出版社, 2003, 2004, 2006, 2008, 2010.

『黑龍江統計年鑑』, 中國統計出版社, 2009, 2010, 2011, 2012.

조글로(http://www.ckywf.com/)

매일경제(http://www.mk.co.kr/)

흑룡강신문(http://www.hljxinwen.cn/)

이코노미스트(http://magazine.joins.com/economist/)

인터넷료녕신문(www.lnsm.ln.cn/)

중앙인민방송국(www.krcnr.cn/)

조선뉴스프레스(http://chosunnewspress.chosun.com/)

흑룡강성 조선족상공회 사이트(http://chnavor.dbw.cn/sgh/)

〈부록 1〉 설문지 양식

하얼빈 조선족 기업의 경영 및 네트워크 실태조사 설문지

안녕하십니까?

우리나라 경제의 비약적인 발전과 더불어 우리 생활의 질도 날로 향상되고 있습니다. 본 설문의 목적은 하얼빈 조선족 기업의 경영 및 네트워크 실태를 파악하고 그 우열성을 분석하는 데 두었습니다. 우리나라 제3단계 경제발전 목표를 실현하고 더불어 조선족 기업의 경영 및 네트워크를 자신의 특점에 알맞게 합리화함으로써 삶의 질을 제고하는 데 많은 도움이 되리라 기대하면서 여러분의 다함없는 지지와 방조를 부탁드립니다.

응답해 주신 내용은 학술적인 연구목적으로만 사용되며 귀하께는 조금도 누가 되는 일이 없을 것임을 알려드립니다. 귀하의 응답내용과 귀사의 회사소개 자료나 광고홍보자료는 저희 연구에서 매우 중요하며, 조선족 기업의 경영 및 네트워크 실태를 파악하는 데 귀중한 자료로 사용될 것입니다. 따라서 회사소개 자료나 광고홍보자료를 설문지에 첨부해 주시면 연구에 많은 도움이 되겠습니다.

귀하의 협조를 부탁드리며 본 조사를 위해 소중한 시간을 내주셔서 진심으로 감사드립니다. 다가오는 새로운 한 해 가내 행복하시고 하시는 일마다 뜻대로 이루어지시길 진심으로 축원합니다.

2009년 1월

중국 한상팀

연구실무자: 이장섭(전남대학교 세계한상문화연구단)

e-mail: jslee3337@hanmail.net

연 락 처: 82+62+530-2703, 82+19+659-3337

Fax: 82+62+530-2707

주　　관: 전남대학교 세계한상문화연구단

후　　원: 대한민국 교육인적자원부 한국연구재단

> Ⅰ. 먼저 귀사의 **"일반현황"**에 대한 설문입니다. **해당되는 란**에 **기입하거나 해당 번호**에 **"V" 표시**해 주십시오.

1. 귀사의 회사명은 무엇입니까?

 (회사명:)

2. 설립연도는 언제입니까?

 (년)

3. 귀사는 어떤 형태의 회사입니까?

① 사영독자기업   ② 사영합자기업   ③ 사영합작기업   ④ 기타(   )

4. 귀사의 주력 업종은 무엇입니까?(업종의 구체적인 내용을 쓰십시오)

 예: 음식업(냉면집)

 (   )

5. 2008년 12월말 현재 귀사의 종업원 수는 총 몇 명입니까? 총 (명)

 5-1) 위의 종업원을 출신 민족별로 구분하면 각각 몇 명씩입니까?

   조선족(명), 한족(명), 기타(명)

6. 귀사의 주력제품(서비스)은 무엇무엇입니까?

	주력제품(서비스)명
①	
②	

7. 귀사가 최근 경영활동에서 당면하고 있는 여러 가지 어려움에 대하여,
각각의 어려움이 어느 정도인지 해당되는 곳에 "∨" 표시해 주십시오.

	1) 전혀 심각하지 않음	2) 심각하지 않음	3) 그저 그렇다	4) 심각함	5) 매우 심각함
매출액 감소					
인건비 상승					
기술수준의 약화					
과잉 경쟁					
세금부담 가중					
자금 부족					
기타( )					

	1) 전혀 중요하지 않음	2) 중요하지 않음	3) 그저 그렇다	4) 중요함	5) 매우 중요함
사업확장 및 판로개척					
해외 진출					
기술 개발					
자금 확보					
인력확보 및 종업원훈련					
원가절감과 구조조정					
기타( )					

8. 귀사의 성장을 위해 앞으로 기업경영 과정에서 중점을 두어야 할 분야에
대하여, 각 항목이 어느 정도 중요하다고 생각하시는지 해당되는 곳에
"∨" 표시해 주십시오.

> II. 다음은 귀사의 **"경영활동"**에 관한 질문입니다. **해당되는 란**에 기입하
> 거나 **해당 번호**에 **"V"** 표시해 주십시오

1. 귀사의 마케팅 활동과 관련하여, 다음 각 항목이 어느 정도 중요하다고
   생각하시는지 해당되는 곳에 "V" 표시해 주십시오.

	1) 전혀 중요하지 않음	2) 중요하지 않음	3) 그저 그렇다	4) 중요함	5) 매우 중요함
제품가격 결정					
신제품개발 및 기존제품 개량					
판매촉진 (광고, 홍보, 서비스 등)					
유통 경로					

2. 귀사의 판매촉진(광고, 홍보) 수단과 관련하여, 다음 각 항목이 귀사의
   판매촉진 활동에 어느 정도 활용되고 있는지 해당되는 곳에 "V" 표시해
   주십시오.

	1) 전혀 활용하지 않음	2) 활용하지 않음	3) 보통	4) 약간 활용함	5) 많이 활용함
신문 · 잡지					
TV · 라디오					
인터넷					
구전 효과(입 소문)					

3. 최근 2년 간 귀사의 경영상태를 간략히 기입하여 주십시오.
   (마이너스 숫자는 앞에 △로 표시하여 주십시오)

(단위: 위안)

구 분	2007년	2008년
매출액		
자본금		
당기순이익		

4. 귀사의 사업자금 조달방법에 해당되는 항목을 선택해 주십시오(복수응답 가능).

　① 은행대출(제2금융권 포함)

　② 사채업자

　③ 정부대출(연방정부, 지방정부 포함)

　④ 친척 및 가족, 지인

　⑤ 거래처

　⑥ 개인저축

　⑦ 기타(구체적으로:　　　　　)

5. 귀사의 최근 3년간 자금사정은 어떻습니까?

　① 전혀 어렵지 않다　　② 어렵지 않다　　③ 보통이다

　④ 어렵다　　　　　　　⑤ 매우 어렵다

　5-1) ④와 ⑤에 응답하신 경우 자금사정이 어렵다면 그 이유는 무엇입니까?(복수응답 가능)

　　① 매출액 감소　② 금융기관 대출의 어려움　　③ 인건비 상승

　　④ 재료비 상승　⑤ 차입금 상환 부담　⑥ 신규설비투자에 따른 압박

6. (귀사의 업종이 제조업일 경우에만 응답하십시오.) 귀사의 주력 제품이 무엇인지 중요한 순서대로 주력제품 2가지만 기입하십시오.

	주력제품명
①	
②	

7. 최근 귀사가 원가절감을 위해 경영방침상 가장 고려하고 있는 사항은 무엇입니까?(복수응답 가능)

　① 잉여인원의 정리

　② 노무관리의 합리화

　③ 급여체계의 개선

④ 첨단설비의 도입

⑤ 공정관리의 강화

⑥ 품질관리의 강화

⑦ 합리적인 예산통제

⑧ 기타(구체적으로:)

8. 귀사는 종업원을 주로 어떤 방식으로 채용하십니까?

① 연고채용(가족, 지인, 친척)　　② 공개채용(신문, 정보지, 광고 등)

③ 연고채용과 공개채용을 병용　　④ 특별채용(수시로 전문인력 충원)

8-1) 상기 ②, ③의 공개채용을 채택하고 있다면 모집은 주로 무엇을 통해서 이루어집니까?

① 회사 채용공고(게시판, 홈페이지)　② 신문 · 잡지 · 정보지 광고

③ 민간운영의 직업소개소　　　　　④ 정부운영의 직업소개소

⑤ 교육기관

9. 귀사는 생산성 향상 및 능력계발에 있어서 종업원에 대한 교육훈련이 어느 정도 중요하다고 생각하십니까?

① 전혀 중요하지 않다　② 중요하지 않다　③ 그저 그렇다

④ 중요하다　　　　　　⑤ 매우 중요하다

10. 귀사가 현재 종업원 복지와 관련하여 법적으로 실시하는 것 이외에 자발적으로 실시하고 있는 것은 다음 중 어느것입니까?(해당되는 곳에 모두 "V" 표시해 주십시오.)

① 사택 및 주택비 조성

② 회사내 융자제도

③ 문화 및 체육시설

④ 의료 · 보건 · 위생시설

⑤ 식당 및 식비부담

⑥ 회사부담의 생명보험가입

⑦ 장학제도

⑧ 교육비 지원

⑨ 기숙사

⑩ 기타 (   )

11. 귀사가 종업원 상호간의 원활한 의사소통을 위하여 가장 중요하게 사용
하고 있는 수단은 무엇입니까?

① 회사신문

② 회사내 방송

③ 사내 상조회

④ 사내 동호회

⑤ 사내 체육대회

⑥ 사내 복지센터

⑦ 기타(   )

12. (귀사의 업종이 제조업일 경우에만 응답하십시오.) 귀사가 생산계획을
수립할 때 가장 중시하는 것의 번호를 선택하십시오(복수응답 가능).

① 장기계획

② 공장장의 의견

③ 중간상의 의견

④ 소매점·영업담당자의 의견

⑤ 생산원가

⑥ 소비자수요의 동향

⑦ 재고량의 추세

⑧ 기타(   )

13. 귀사가 생산하고 있는 대표적인 주력제품(서비스)의 품질수준은 어느 정도라고 생각하십니까?

	1) 매우 낮음	2) 낮음	3) 보통	4) 높음	5) 매우 높음
가격 대비 품질 수준					

("∨" 표시)

14. 현재 귀사의 업무 중 정보시스템(전산화)이 가장 잘 갖춰진 부서는 어디입니까?(복수응답 가능)

① 인사 및 급여 관리 ② 회계관리   ③ 생산관리   ④ 구매관리

⑤ 자재관리   ⑥ 영업관리   ⑦ 고객관리   ⑧ 재무관리

⑨ 기타(구체적으로:)

15. 귀사는 기업을 경영하는 데 있어서 인터넷상의 지식과 정보를 얼마나 활용하십니까?

① 전혀 활용하지 않는다

② 활용하지 않는다

③ 보통이다

④ 활용한다

⑤ 많이 활용한다.

16. 귀사는 홈페이지를 가지고 계십니까?

① 있다   ② 없다 → 19-2로

16-1) 있다면 주로 어떠한 용도로 활용하십니까?(복수응답 가능)

① 회사홍보 및 상품소개

② 제품전시 및 주문처리

③ 회사내 구성원간의 정보공유

④ 제품 및 서비스에 대한 고객지원

⑤ 기타(구체적으로:)

16-2) 귀사가 홈페이지를 가지고 있지 않다면 그 이유는 무엇입니까?

    ① 활용방법과 분야를 모름　　　② 구축비용 때문에

    ③ 관리 및 운영이 어려워서　　　④ 기타(구체적으로:　　　　　)

Ⅲ. 다음은 귀사가 상호협력이나 교류하고 있는 중국내 기업 및 해외(한국 포함) 기업과의 **수출, 수입**(기술도입), **투자**에 대한 질문입니다. 해당되는 란에 **기입**하거나 해당 번호에 "∨"**표시**해 주십시오.

---

1. 다음은 중국내 기업 및 해외(한국 포함) 기업과의 수출에 대한 질문입니다.

  1) 귀사는 수출을 하고 있습니까?

    ① 하고 있다 → 2)번으로　　　② 하고 있지 않다

  2) 수출을 하고 있다면, 주요 수출 대상국은? (복수응답 가능)

    ① 한국　　　② 미국　　　③ 일본　　　④ 러시아 · 중앙아시아

    ⑤ 유럽　　　⑥ 기타(　　　　　　　)

  3) 귀사의 **최근 3년간** 수출실적을 기입하여 주십시오.

연　도	2006년	2007년	2008년
총 수출액	위안	위안	위안

  4) 귀사의 **주요수출품**은 무엇입니까? (복수응답 가능)

    ① 섬유 및 의류 · 완구

    ② 가구 및 설비 · 주방용품

    ③ 화학 · 유류 · 고무 · 피혁제품

    ④ 금속 및 합금

    ⑤ 전기 · 전자 · 기계 기구제조

    ⑥ 운송장비

⑦ 음식가공

⑧ 기타(   )

5) 귀사가 해외 수출을 할 때, 가장 큰 경쟁자는 누구입니까?(복수응답 가능)

① 중국 조선족 기업

② 중국기업

③ 중국진출 한국기업

④ 한국기업

⑤ 중국진출 외국기업

⑥ 외국기업

⑦ 해외동포기업

⑧ 화상기업

⑨ 기타(   )

2. 다음은 중국내 기업 및 해외(한국 포함) 기업과의 수입 및 기술도입에 대한 질문입니다.

1) 귀사는 수입을 하고 있습니까?

① 하고 있다 → 2)번으로   ② 하고 있지 않다

2) 수입을 하고 있다면, 주요 수입 대상국은? (복수응답 가능)

① 한국   ② 미국   ③ 일본   ④ 러시아 · 중앙아시아

⑤ 유럽   ⑥ 기타(   )

3) 귀사의 최근 3년간 수입실적을 기입하여 주십시오.

연 도	2006년	2007년	2008년
총수입액	위안	위안	위안

4) 귀사의 주요 수입품의 성격은 무엇입니까?

① 자사제품 제조에 필요한 원재료

② 자사제품 제조에 필요한 부분품

　③ 일반 판매를 위한 원재료

　④ 일반 판매를 위한 완제품 및 부분품

　⑤ 기타(　　　　　)

5) 귀사는 기술을 도입하고 있습니까?

　① 하고 있다 → 6)번으로　　　　② 하고 있지 않다

6) 기술을 도입하고 있다면, 주로 어디에서 도입합니까?

　(우선순위로 2가지만 선택하십시오.) 제1순위(　), 제2순위(　)

　① 중국 조선족 기업

　② 중국기업

　③ 중국진출 한국기업

　④ 한국기업

　⑤ 중국진출 외국기업

　⑥ 외국기업

　⑦ 해외동포기업

　⑧ 화상기업

　⑨ 기타(　　　　　)

7) 귀사가 도입한 기술의 형태는 어떤 것입니까?(복수응답 가능)

　① 특허권　　　② 상표권　　　③ 기술공정　　　④ 실용신안권

　⑤ 경영관리　　⑥ 플랜트 수입　　⑦ 기타(　　)

3. 다음은 중국내 기업 및 해외(한국 포함) 기업과의 투자에 대한 질문입니다.

1) 귀사는 투자를 하고 있습니까?

　① 하고 있다 → 2)번으로　　　　② 하고 있지 않다 → 5)번으로

2) 투자를 하고 있다면, 대상기업은 어디입니까?(복수응답 가능)

　① 중국 조선족 기업

　② 중국기업

　③ 중국진출 한국기업

④ 한국기업

⑤ 중국진출 외국기업

⑥ 외국기업

⑦ 해외동포기업

⑧ 화상기업

⑨ 기타(   )

3) 귀사의 최근 3년간 투자실적을 기입하여 주십시오.

연 도	2006년	2007년	2008년
총 투자액	위안	위안	위안

4) 귀사가 투자를 하고 있는 목적은 무엇입니까?(복수응답 가능)

① 원료확보   ② 시장확보   ③ 원가절감   ④ 새로운 기술습득

⑤ 기타(   )

5) 현재 귀사의 투자방식은 무엇입니까?

① 독자 → 7번으로   ② 합자   ③ 합작   ④ 기타

5-1) 귀사의 투자방식이 합자(합작)라면 투자대상은 어떤 기업입니까?

① 한국기업   ② 중국기업 ③ 한국 이외의 외국기업

④ 해외동포기업 ⑤기타(   )

5-2) 귀사의 합자(합작)비율은 어떻게 됩니까?

조선족 기업(%), 한국기업(%),

중국기업(조선족 기업 제외)(%),

한국 이외의 외국기업(%),   해외동포기업(%)

6) 귀사는 중국 내에서 한국기업과 합자(합작)투자를 한 경험이 있습니까?

① 있다   ② 없다 → 8번으로

6-1) 있다면 귀사의 투자방식은 무엇이었습니까?

① 합자   ② 합작

6-2) 귀사의 합자(합작)비율은 어느 정도였습니까? (%)

6-3) 합자(합작)투자의 주된 동기는 무엇이었습니까?

　　① 기술 도입　　② 자본 도입　　③ 위험 분담

　　④ 경영비법(노우하우) 습득　　⑤ 기타(　　　　　)

6-4) 합자(합작)투자에 대해서는 어느 정도 만족하십니까?

　　① 매우 불만족　　② 불만족　　③ 보통　　④ 만족

　　⑤ 매우 만족

7) 귀사는 한국에의 투자를 고려하고 있습니까?

　① 있다 → 6)번으로　　　　　　② 없다

8) 고려하고 있다면, 투자 시 한국정부에 어떤 점을 요구하고 싶습니까?

　(복수응답 가능)

　① 법제도의 정비　　② 경제인프라 구축　　③ 외자우대 정책

　④ 한상투자 우대정책　⑤ 내국민 대우　　⑥ 재외국민 우대조치

　⑦ 조선족과 자녀의 한국취업 및 진학 시 우대

　⑧ 기타(　　　　　)

Ⅳ. 다음은 귀사가 거래나 교류하고 있는 **중국내 기업 및 해외**(한국 포함)**기업과의 네트워크**에 대한 질문입니다. 해당되는 란에 **기입**하거나 해당 번호에 "**∨**"**표시**해 주십시오.

---

1. 다음은 중국 내에 있는 "조선족 기업"과의 네트워크에 대한 질문입니다.

　1) 귀사가 경영활동상 가장 많이 활용하고 있는 네트워크는 무엇입니까?(복수응답 가능)

　　① 혈연　　　　② 지연　　　　③ 업연(동일업종)

　　④ 학연　　　　⑤ 물연(동일상품)　⑥ 신연(동일종교)

　　⑦ 기타(　　　　　)

2) 귀사가 소재하고 있는 지역이나 다른 지역의 조선족 기업 중 사업상 상호협력이나 교류관계에 있는 기업이 있습니까?

① 있다 → 아래 (1), (2), (3)번에 응답   ② 없다 → 아래 (4)번에 응답

(1) 어떤 것들을 상호협력이나 교류하였습니까?(복수응답 가능)	(4) 상호협력이나 교류관계가 없는 이유는 무엇입니까?(복수응답 가능)
① 원재료 제품조달 ② 투자 및 자본조달 ③ 기술제휴 ④ 사업정보 교환 ⑤ 판로개척 ⑥ 합자·합작 ⑦ 기타( )	① 상호협력이나 교류의 필요성을 못 느낌 ② 신뢰할 만한 기업이 없음 ③ 조선족 기업과의 상호협력이나 교류하는 것이 불편함 ④ 경쟁업체이니까 ⑤ 특별한 이유는 없음 ⑥ 기타( )
(2) 조선족 기업과의 상호협력이나 교류 비중은? ① 매우 작은 편임 ② 작은 편임 ③ 보통 ④ 많은 편임 ⑤ 매우 많은 편임	
(3) 그 성과는 어떠했습니까? ① 매우 불만족 ② 불만족 ③ 보통 ④ 만족 ⑤ 매우 만족	

3) 귀사 소재 지역내 또는 다른 지역 조선족 기업과의 상호협력이나 교류의 장애요인은 무엇이라고 생각하십니까?(복수응답 가능)

① 치열한 경쟁

② 조선족 기업협회의 매개역할 미비

③ 신뢰성 있는 기업이 없음

④ 원활한 정보네트워크 부족

⑤ 기업가정신과 상도의 부재

⑥ 기타(   )

4) 조선족 기업 상호간 협력이나 교류를 활성화하기 위한 방안은 무엇이라고 생각하십니까? (복수응답 가능)

① 자발적 정보제공과 협조체제 구축

② 조선족 기업협회의 통합

③ 상호경쟁보다는 상생의 마인드를 길러야 함

④ 한국정부(재외동포재단)의 적극적인 지원

⑤ 기타(   )

2. 중국내에는 현재 약 5만여 개(흑룡강신문사 조사)의 "한국투자기업"이 있습니다. 다음은 귀사의 "한국투자기업"과 상호협력이나 교류관계에 대한 질문입니다.

1) 중국내에 있는 한국투자기업과 상호협력이나 교류를 한 적이 있습니까?

① 있다 → 아래 (1), (2), (3)번에 응답   ② 없다 → 아래 (4)번에 응답

(1) 어떤 것들을 상호협력이나 교류하였습니까?(복수응답 가능) ① 원재료·제품조달 ② 투자 및 자본조달 ③ 기술제휴 ④ 사업정보 교환 ⑤ 판로개척 ⑥ 합자·합작 ⑦ 기타( ) (2) 한국투자기업과의 상호협력이나 교류 비중은? ① 매우 작은 편임 ② 작은 편임 ③ 보통 ④ 많은 편임 ⑤ 매우 많은 편임 (3) 그 성과는 어떠했습니까? ① 매우 불만족 ② 불만족 ③ 보통 ④ 만족 ⑤ 매우 만족	(4) 상호협력이나 교류관계가 없는 이유는 무엇입니까?(복수응답 가능) ① 상호협력이나 교류의 필요성을 못 느낌 ② 신뢰할 만한 기업이 없음 ③ 한국투자기업과의 상호협력이나 교류하는 것이 불편함 ④ 경쟁업체이니까 ⑤ 특별한 이유는 없음 ⑥ 기타( )

2) 귀사 소재 지역내 또는 타지역 한국투자기업과의 상호협력이나 교류의 장애요인은 무엇이라고 생각하십니까?(복수응답 가능)

① 치열한 경쟁

② 중국한국상회나 조선족 기업협회의 매개역할 부족

③ 신뢰성 있는 기업이 없음

④ 상호간 원활한 정보네트워크 부족

⑤ 기업가정신과 상도의 부재

⑥ 기타(   )

3) 조선족 기업과 한국투자기업 상호간 협력이나 교류를 활성화하기 위한 방안은 무엇이라고 생각하십니까?(복수응답 가능)

① 상호간 정보제공과 적극협조

② 정기적인 교류를 통한 활성화

③ 상호경쟁보다는 상생의 마인드를 길러야 함

④ 중국 주재 한국대사관의 역할기대

⑤ 기업간 상품전시회 개최

⑥ 기타(   )

3. 다음은 현재 "한국에 있는 기업"과의 상호협력이나 교류관계에 대한 질문입니다.

1) 귀사는 한국에 있는 기업과 사업상 상호협력이나 교류를 한 적이 있습니까?

① 있다 → 아래 (1), (2), (3)번에 응답   ② 없다 → 아래 (4)번에 응답

(1) 어떤 것들을 상호협력이나 교류하였습니까?(복수응답 가능)	(4) 상호협력이나 교류관계가 없는 이유는 무엇입니까?(복수응답 가능)
① 원재료·제품조달 ② 투자 및 자본조달 ③ 기술제휴 ④ 사업정보 교환 ⑤ 판로개척 ⑥ 합자·합작 ⑦ 기타( ) (2) 한국에 있는 기업과의 상호협력이나 교류 비중은? ① 매우 작은 편임 ② 작은 편임 ③ 보통 ④ 많은 편임 ⑤ 매우 많은 편임 (3) 그 성과는 어떠했습니까? ① 매우 불만족 ② 불만족 ③ 보통 ④ 만족 ⑤ 매우 만족	① 상호협력이나 교류의 필요성을 못 느낌 ② 신뢰할 만한 기업이 없음 ③ 상호협력이나 교류하는 것이 불편함 ④ 경쟁업체이니까 ⑤ 특별한 이유는 없음 ⑥ 기타( )

2) 귀사는 한국에 있는 기업과 상호협력이나 교류의 장애요인은 무엇이

라고 생각하십니까?(복수응답 가능)

① 상호 원활한 정보네트워크 부족

② 한국정부의 재외동포정책 미흡

③ 온라인상의 한상네트워크 구축 미비

④ 조선족 기업의 상호협력이나 교류정신 부족

⑤ 기타(   )

3) 조선족 기업과 한국에 있는 기업 상호간 협력이나 교류를 활성화하기
위한 방안은 무엇이라고 생각하십니까?(복수응답 가능)

① 온라인상의 한상네트워크 구축

② 한국상회 등을 통한 한국기업의 정보 제공 및 홍보

③ 상호경쟁보다는 상생의 마인드를 길러야 함

④ 한국정부의 중국 조선족 기업을 위한 우대정책

⑤ 기타(   )

4. 다음은 중국이나 기타 외국에 있는 다음의 기업과의 상호협력이나 교
류에 관한 질문입니다. 해당란에 "∨"표시 하십시오.

교류품목＼기업구분	중국기업과의 교류		중국내 외국기업과의 (한국투자기업 제외)교류		해외 외국기업과의 (한국기업 제외)교류		화상기업과의 교류	
	있다	없다	있다	없다	있다	없다	있다	없다
① 원재료·제품조달								
② 투자 및 자본조달								
③ 기술제휴								
④ 사업정보 교환								
⑤ 판로개척								
⑥ 합자·합작								
⑦ 기 타								

5. 다음은 금융기관, 단체와의 네트워크에 대한 질문입니다.

1) 귀하는 「민족금융기관」의 설립이 필요하다고 생각하십니까?

    ① 예   ② 아니오

2) 귀사는 사업상 어떤 단체나 조직에 참여하고 있습니까?(복수선택)

    ① 조선족 기업협회   ② 조선족 기업인골프협회

    ③ 조선족기독실업인협회   ④ 동종업종 기업인협회

    ⑤ 기업인 친목단체   ⑥ 기타(   )

3) 귀사가 조직이나 단체에 참여하는 것이 사업활동상 어떤 도움이 됩니까?(복수응답)

    ① 사업정보 교환   ② 인적네트워크 구축   ③ 판로 및 시장개척

    ④ 자금조달 용이   ⑤ 경영자문   ⑥ 수출입 용이

    ⑦ 노동력 조달 용이 ⑧ 기타(   )

4) 귀사는 중국진출 한국기업의 조직인 한국상회나 코트라 등 기업관련 단체와 상호교류가 있습니까?

    ① 있다 → 5)번으로   ② 없다 → 6)번으로

5) 상호교류가 있다면, 어떠한 연유로 교류하게 됐습니까?

    ① 같은 민족 단체이니까

    ② 합자나 합작을 위해서

    ③ 선진 경영기법의 도입을 위해서

    ④ 한국으로의 진출을 위해서

    ⑤ 기타(   )

6) 상호 교류가 없다면, 향후 교류를 추진하시겠습니까?

    ① 하겠다   ② 하지 않겠다

7) 귀사의 기업활동에 「온라인 한상네트워크」를 현재 어느 정도 활용하고 계십니까?

    ① 전혀 활용하지 않음   ② 활용하지 않음   ③ 보통

    ④ 자주 활용함   ⑤ 매우 자주 활용함

8) 「온라인 한상네트워크」(한인기업의 포털사이트)를 통하여 귀사가 가장 먼저 얻고싶은 정보는 무엇입니까?(복수응답 가능)

① 해외한상기업의 수출입정보　　② 자본유치 및 투자정보

③ 인력채용정보　　④ 중국 및 해외시장 개척

⑤ 해외한상기업의 기술 및 상품정보　　⑥ 기타(　　　　　)

V. 귀사의 아래 사항에 대해서 기록하여 주십시오.

1. 소재지 및 전화번호는 무엇입니까?

주　소			
전화번호		팩　스	
홈페이지		이메일	

2. 귀사 대표자의 인적사항에 대해서 기록하여 주십시오.

성　명		연　령		세
성　별	남　　여	고　향	성	시

- 수고하셨습니다. 대단히 감사합니다. -

〈부록 2〉 면담 양식

〈심층면접 내용〉

1) 기업정보

（1） 기업의 개요

회사명		대표자명	（ 세）
소재지		전화번호	
		E-mail	
회사형태	독자， 합자， 합작， （ ）	업태 및 업종	（ ）

자본	자본금		주식 출자 상황		
			총주식수	주주수	대주주
	총자본				

종업원수	조선족	명	합계 （ 명）	
	한족	명		
	기타	명		

（2） 기업의 연혁

창 업	년 월 일			
연간매출액	2006	2007	2008	2009년 판매목표
경영이념 （사훈）				

2) 경영자의 경영역량

	면 접 항 목	내 용 요 약
(1)	사업동기와 만족도는	
(2)	경영자의 개인적 · 사회적 배경은	
(3)	회사의 발전과정(경영상태)에 대해서	
(4)	경영자의 가치관과 기업 문화는	
(5)	경영상 애로점은	
(6)	회사의 약점과 강점은	
(7)	기업의 노하우는	
(8)	회사의 위기상황 및 극복 방안은	
(9)	기업의 내 · 외부적 환경변화에 따른 대처는 (내)인건비상승 (외)경쟁심화	
(10)	기업의 성장전략은 (예)기술, 시장확대, 무역 등	
(11)	경쟁자에 대한 대처방안은	
(12)	타사와의 하청관계는 (원재료 · 제품 · 판매)	
(13)	주력제품 서비스는 (고객만족 서비스)	
(14)	현지진출 한국기업과의 관련성 및 제휴 희망	
(15)	기업의 당면 과제는	
(16)	향후계획은